취약영역 타파하기!

금융권
NCS

의사소통능력

SD에듀
㈜시대고시기획

2023 최신판
취약영역 타파하기!
금융권 NCS
의사소통능력

Always with you

사람의 인연은 길에서 우연하게 만나거나 함께 살아가는 것만을 의미하지는 않습니다.
책을 펴내는 출판사와 그 책을 읽는 독자의 만남도 소중한 인연입니다.
SD에듀는 항상 독자의 마음을 헤아리기 위해 노력하고 있습니다. 늘 독자와 함께하겠습니다.

머리말

최근 금융권에서는 객관적인 평가를 위해 필기시험의 비중을 높이고 있다. 또한, 금융 NCS가 도입되면서 NCS 기반 블라인드 채용이 은행권 채용문화로 확산되었고, NCS 필기시험 준비는 필수가 되었다.

실제 금융권 필기시험의 기출문제를 살펴보면 평소 꾸준히 준비하지 않으면 쉽게 통과할 수 없도록 구성되어 있다.

그중에서도 NCS 기반 능력중심채용을 진행하는 대부분의 금융권에서는 의사소통능력을 핵심영역으로 출제하고 있다. 의사소통능력은 문제를 푸는 데 많은 시간과 집중을 요하기 때문에 수험생들이 단기간에 실력을 향상시키기 어려운 영역 중 하나이다.

이에 SD에듀는 수험생들에게 좋은 길잡이가 되어 주고자, 금융권 필기시험 의사소통능력의 출제 경향을 파악하고 시험에 효과적으로 대응할 수 있도록 다음과 같은 특징의 본서를 출간하였다.

도서의 특징

❶ 2022년 주요 금융권 NCS 의사소통능력 기출문제를 복원하여 출제 경향을 파악할 수 있도록 하였다.

❷ NCS 의사소통능력 세부 영역을 3단계에 걸친 체계적인 문제풀이로 학습하여 단기간 실력 향상에 도움이 될 수 있도록 하였다.

❸ 자신의 향상된 실력을 점검하고 실전에 대비할 수 있도록 최종점검 모의고사 2회를 수록하였다.

끝으로 본서로 금융권 채용 시험을 준비하는 여러분 모두에게 합격의 기쁨이 있기를 진심으로 기원한다.

SD적성검사연구소 씀

금융권 필기시험 분석

주요 금융권 NCS 출제영역

구분	의사소통 능력	수리 능력	문제해결 능력	자원관리 능력	대인관계 능력	정보 능력	조직이해 능력	직업윤리 능력	기술 능력
신한은행	○	○	○						
KB국민은행	○	○	○						
NH농협은행	○	○	○			○			
지역농 · 축협	○	○	○	○			○		
IBK기업은행	○	○	○	○		○			
Sh수협은행	○	○	○			○	○		
새마을금고	○	○	○		○		○		
하나은행	○	○	○			○			○
신협중앙회	○	○	○	○		○	○		
KDB산업은행	○	○	○			○			
한국수출입은행	○	○	○				○		
국민건강보험공단	○	○	○						
건강보험심사평가원	○	○	○			○			
국민연금공단	○	○	○	○		○	○	○	○
신용보증기금	○	○	○			○			
기술보증기금	○	○	○			○	○		
주택도시보증공사	○	○	○		○		○		
예금보험공사	○		○			○			

❖ 최근 시행된 필기시험을 기준으로 정리한 것으로, 변동 가능하니 반드시 채용공고의 평가영역을 확인하시기 바랍니다.

NCS 의사소통능력은 무엇을 중심으로 공부해야 하나요?

NCS 필기시험 경험자만 알고 있는 핵심 Tip

의사소통능력은 업무를 수행함에 있어 글과 말을 읽고 들음으로써 다른 사람의 의도를 파악하고, 자신의 의사를 글과 말을 통해 정확하게 표현하는 능력을 말합니다.

☑ 만점 전략 포인트

기본적인 언어능력을 향상시켜라!

높은 수준의 언어능력이 아니라 업무에 필요한 기본적인 언어능력을 요구합니다. 그러므로 두려워하지 말고 글의 주제, 흐름 등을 잘 파악할 수 있도록 연습하면 됩니다.

직무와 관련된 문서, 업무 보고서, 보도자료 등은 필히 챙겨라!

실무와 관련된 각종 문서(보고서, 기획안 등)가 문제의 자료로 자주 활용됩니다. 보도자료나 업무보고서의 내용을 파악하는 문제는 독해만으로도 거의 해결이 되지만, 직장에서 실제 쓰이는 문서의 구성과 특징은 별도로 정리하고 알아두 어야 합니다.

업무를 담당하는 실무자의 시선에서 접근하라!

의사소통능력에서는 직장 동료와의 대화, 고객과의 대화 등 다양한 상황이 주어 집니다. 따라서 주관적인 판단을 가능한 한 줄이고 실무자의 입장에서 생각해 보아야 합니다.

도서 200% 활용하기

기출복원문제로 출제 경향 파악!

2022년 주요 금융권 NCS 의사소통능력 기출문제를 복원하여 출제 경향을 파악할 수 있도록 하였다.

체계적으로 학습할 수 있는 단계별 문제

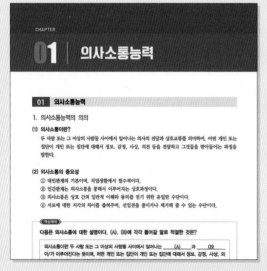

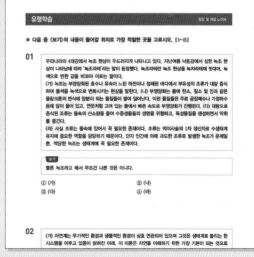

모듈이론과 함께 대표유형, 유형학습, 심화학습을 통해 단계별 풀이가 가능하도록 하였다.

최종점검 모의고사로 본격적인 실력 점검

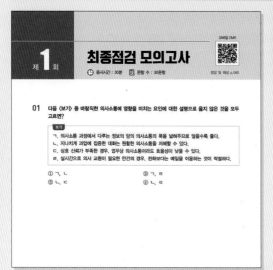

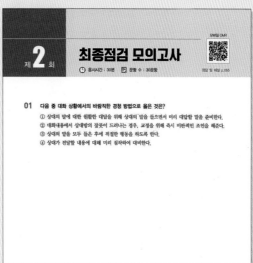

실제 시험과 유사한 최종점검 모의고사 2회분을 수록하여 지금까지 익혔던 학습내용을 정리하고, 자신의 실력을 분석·점검할 수 있도록 하였다.

상세한 정답 및 해설로 실전 연습

상세한 정답 및 해설로 혼자서도 실제 시험을 보는 것처럼 연습할 수 있도록 하였다.

이 책의 차례

Add+

2022년 주요 금융권 NCS
의사소통능력 기출복원문제

2022 | 주요 금융권 NCS
의사소통능력 기출복원문제

※ 정답 및 해설은 기출복원문제 바로 뒤 p.027에 있습니다.

| IBK기업은행

01 다음 글을 읽고 제시할 수 있는 질문으로 적절한 것은?

인간의 신경 조직을 수학적으로 모델링하여 컴퓨터가 인간처럼 기억·학습·판단할 수 있도록 구현한 것이 인공 신경망 기술이다. 신경 조직의 기본 단위는 뉴런인데, 인공 신경망에서는 뉴런의 기능을 수학적으로 모델링한 퍼셉트론을 기본 단위로 사용한다.

퍼셉트론은 입력값들을 받아들이는 여러 개의 입력 단자와 이 값을 처리하는 부분, 처리된 값을 내보내는 한 개의 출력 단자로 구성되어 있다. 퍼셉트론은 각각의 입력 단자에 할당된 가중치를 입력값에 곱한 값들을 모두 합하여 가중합을 구한 후, 고정된 임계치보다 가중합이 작으면 0, 그렇지 않으면 1과 같은 방식으로 출력값을 내보낸다.

이러한 퍼셉트론은 출력값에 따라 두 가지로만 구분하여 입력값들을 판정할 수 있을 뿐이다. 이에 비해 복잡한 판정을 할 수 있는 인공 신경망은 다수의 퍼셉트론을 여러 계층으로 배열하여 한 계층에서 출력된 신호가 다음 계층에 있는 모든 퍼셉트론의 입력 단자에 입력값으로 입력되는 구조로 이루어진다. 이러한 인공 신경망에서 가장 처음에 입력값을 받아들이는 퍼셉트론들을 입력층, 가장 마지막에 있는 퍼셉트론들을 출력층이라고 한다.

어떤 사진 속 물체의 색깔과 형태로부터 그 물체가 사과인지 아닌지를 구별할 수 있도록 인공 신경망을 학습시키는 경우를 생각해 보자. 먼저 학습을 위한 입력값들 즉 학습 데이터를 만들어야 한다. 학습 데이터를 만들기 위해서는 사과 사진을 준비하고 사진에 나타난 특징인 색깔과 형태를 수치화해야 한다. 이 경우 색깔과 형태라는 두 범주를 수치화하여 하나의 학습 데이터로 묶은 다음, '정답'에 해당하는 값과 함께 학습 데이터를 인공 신경망에 제공한다. 이때 같은 범주에 속하는 입력값은 동일한 입력 단자를 통해 들어가도록 해야 한다. 그리고 사과 사진에 대한 학습 데이터를 만들 때에 정답인 '사과이다.'에 해당하는 값을 '1'로 설정하였다면 출력값 '0'은 '사과가 아니다.'를 의미하게 된다.

① 인공 신경망 기술에서 뉴런에 대응될 수 있는 기본 단위는 무엇일까?

② 퍼셉트론이 출력값을 도출하는 방법은 무엇일까?

③ 퍼셉트론은 0과 1의 출력값만을 도출할 수 있는데, 과연 인공 신경망은 복잡한 판단을 할 수 있을까?

④ 앞으로 인공 신경망을 활용할 수 있는 분야는 어떤 것들이 있을까?

02 다음 글의 제목으로 가장 적절한 것은?

동물성 지방은 혈중 콜레스테롤을 높일 수 있으므로 특히 주의하는 것이 좋습니다. 콜레스테롤은 두 종류가 있는데, LDL 콜레스테롤은 나쁜 콜레스테롤이라고 부르며, HDL 콜레스테롤은 혈관 건강에 도움이 되는 착한 콜레스테롤로 알려져 있습니다. 소고기, 돼지고기 등 육류와 튀김을 먹으면 LDL 콜레스테롤이 몸에 흡수되어 혈중 콜레스테롤 농도를 높입니다. 하지만 몸속 콜레스테롤 농도에 가장 많은 영향을 미치는 것은 음식보다 간에서 합성되는 LDL 콜레스테롤입니다. 이때 간의 LDL 콜레스테롤 합성을 촉진하는 것이 포화지방입니다. LDL 콜레스테롤이 들어간 음식을 적게 먹어도, 포화지방을 많이 먹으면 혈중 LDL 콜레스테롤 수치가 높아지게 됩니다. 불포화지방은 포화지방과 달리 간세포의 기능을 높여 LDL 콜레스테롤의 분해를 도와 혈중 수치를 낮추는 데 도움이 됩니다. 특히 생선기름에 들어있는 불포화지방인 EPA, DHA는 콜레스테롤을 감소시키는 효과가 있습니다. 트랜스지방은 불포화지방에 수소를 첨가하여 구조를 변형시켜 만든 것입니다. 식물성 기름을 고형화시키면 액상 기름보다 운송과 저장이 손쉽고 빨리 상하지 않기 때문에 트랜스지방이 생기게 되는 겁니다. 트랜스지방은 혈중 LDL 콜레스테롤을 상승하게 하고, HDL 콜레스테롤을 감소하게 만들어 심혈관질환의 발생위험을 높입니다.

① 혈중 콜레스테롤의 비밀
② 비만의 원인, 지방을 줄여라
③ 몸에 좋은 지방과 좋지 않은 지방
④ 심혈관질환의 적, 콜레스테롤

03 다음 글에서 필자가 주장하는 핵심 내용으로 적절한 것은?

> 현대 사회는 대중 매체의 영향을 많이 받는 사회이며, 그중에서도 텔레비전의 영향은 거의 절대적입니다. 언어 또한 텔레비전의 영향을 많이 받습니다. 그런데 텔레비전의 언어는 우리의 언어 습관을 부정적인 방향으로 흐르게 하고 있습니다.
>
> 텔레비전은 시청자들의 깊이 있는 사고보다는 감각적 자극에 호소하는 전달 방식을 사용하고 있습니다. 또 현대 자본주의 사회에서의 텔레비전 방송은 상업주의에 편승하여 대중을 붙잡기 위한 방편으로 쾌락과 흥미 위주의 언어를 무분별하게 사용합니다. 결국 텔레비전은 대중의 이성적 사고 과정을 마비시켜 오염된 언어 습관을 무비판적으로 수용하게 합니다. 그렇기 때문에 언어 사용을 통해 발전시킬 수 있는 상상적 사고를 기대하기 어렵게 하며, 창조적인 언어 습관보다는 단편적인 언어 습관을 갖게 만듭니다.
>
> 따라서 좋은 말 습관의 형성을 위해서는 또 다른 문화 매체가 필요합니다. 이러한 문제의 대안으로 문학 작품 독서를 제시하려고 합니다. 문학은 언어를 매개로 작가적 현실을 형상화한 예술입니다. 작가적 현실을 작품으로 형상화하기 위해서 작가의 복잡한 사고 과정을 거치듯이, 작품을 바르게 이해·해석·평가하기 위해서는 독자의 상상적 사고를 거치게 됩니다. 또한 문학은 아름다움을 지향하는 언어 예술로서 정제된 언어를 사용하므로 문학 작품의 감상을 통해 습득된 언어 습관은 아름답고 건전하리라 믿습니다.

① 쾌락과 흥미 위주의 언어 습관을 지양하고 사고 능력을 기를 수 있는 언어 습관을 길러야 한다.
② 사고 능력을 기르고 건전한 언어 습관을 길들이기 위해서 문학 작품 독서가 필요하다.
③ 바른 언어 습관의 형성과 건전하고 창의적인 사고를 위해 텔레비전을 멀리해야 한다.
④ 언어는 자신의 사상을 표현하는 매체일 뿐만 아니라 그것을 사용하는 사람의 인격을 가늠하는 척도이므로 바른 언어 습관이 중요하다.

04 다음 중 (가) ~ (라) 문단의 핵심 화제로 적절하지 않은 것은?

> (가) 최근 대출금리는 큰 폭으로 상승한 반면, 예금금리는 낮아 청년층이 안정적으로 목돈을 마련할 수 있는 고금리 금융상품이 부족하다. 이로 인해 청년층의 안정적 주거를 위한 주택구입 및 전월세 자금 마련에 어려움이 있어 청년층이 목돈을 마련할 수 있는 금융상품이 절실한 상황이다. 이때 등장한 청년 우대형 청약통장은 기존의 청약기능은 그대로 유지하면서, 우대금리와 이자소득 비과세 혜택을 통해 청약통장의 재형기능을 대폭 강화하여 청년층의 주거안정 및 목돈 마련 기회를 제공하기 위한 것이다.
>
> (나) 이미 주택청약종합저축에 가입한 사람도 가입요건을 충족하면 청년 우대형 청약통장으로 전환·가입이 가능하다. 청년 우대형 청약통장으로의 전환·가입하는 경우 기존 주택청약종합저축의 납입기간, 납입금액은 인정된다. 다만, 전환·가입으로 인한 전환원금은 우대금리 적용에서 제외된다.
>
> (다) 현재 주택청약종합저축은 누구나 가입이 가능한 반면, 청년 우대형 청약통장은 일정 요건(나이, 소득, 무주택 등) 충족 시 가입이 가능해 이에 대한 확인이 필요하다. 가입 시 주민등록등본 및 무주택확약서 등으로 확인하고, 해지 시 지방세 세목별 과세증명서 및 주택소유시스템 등으로 가입기간에 대한 무주택 여부를 확인한다. 또한 ISA 가입용 소득확인증명서 및 소득원천징수영수증 등으로 직전년도 소득을 확인하며, 이 밖에도 병역기간은 병적증명서를 통해 확인한다.
>
> (라) 그리고 청년 우대형 청약통장은 주택청약종합저축의 일종으로, 재형기능 강화를 위해 우대금리와 이자소득 비과세 혜택을 제공하는 상품이며 주택청약종합저축의 하위 상품이라 할 수 있다. 따라서 현재 주택청약종합저축에서 제공하고 있는 소득공제 조건(조세특례제한법 제87조)을 그대로 적용받게 된다. 연소득 7,000만 원 이하 무주택세대주로 무주택확인서를 제출하는 경우 연간 납입액 240만 원 한도로 40%까지 소득공제가 가능하다.

① (가) : 청년 우대형 청약통장의 출시 목적
② (나) : 청년 우대형 청약통장의 문제점
③ (다) : 청년 우대형 청약통장의 가입요건 확인 방법
④ (라) : 청년 우대형 청약통장의 소득공제 혜택

05 다음 뜻을 나타내는 사자성어로 옳은 것은?

> '배에 표시를 새겨 칼을 구하다.'라는 뜻으로, 어리석고 미련하여 융통성이 없다는 말

① 신언서판　　　　　　　　　② 신상필벌
③ 순망치한　　　　　　　　　④ 어불성설
⑤ 각주구검

06 다음 제시된 단어와 그 의미가 다른 것은?

> 새벽

① 여명　　　　　　　　　　　② 동트기
③ 상오　　　　　　　　　　　④ 개동

07 다음 글을 읽고 추론한 내용으로 적절하지 않은 것은?

커피 찌꺼기를 일컫는 커피박이라는 단어는 우리에게 생소한 편이지만, 외국에서는 커피 웨이스트 (Coffee Waste), 커피 그라운드(Coffee Ground) 등 다양한 이름으로 불린다. 커피박은 커피원두로부터 액을 추출한 후 남은 찌꺼기를 말하는데, 유기물뿐만 아니라 섬유소, 리그닌, 카페인 등 다양한 물질을 풍부하게 함유하고 있어 재활용 가치가 높은 유기물 자원으로 평가받고 있다.

특히 우리나라는 커피 소비량이 높은 국가로, 2007년부터 2010년까지의 관세청 자료에 의하면 매년 지속적으로 커피원두 및 생두 수입이 지속적으로 증가한 것으로 나타났다. 1인당 연간 커피 소비량은 2019년 기준 평균 328잔 정도에 달하며 커피 한 잔에 사용되는 커피콩은 0.2%, 나머지는 99.8%로 커피박이 되어 생활폐기물 혹은 매립지에서 소각 처리된다.

이렇게 커피 소비량이 증가하고 있는 가운데 커피를 마시고 난 후 생기는 부산물인 커피박도 연평균 12만 톤 이상 발생하고 있는 것으로 알려졌다. 이렇듯 막대한 양의 커피박은 폐기물로 분류되며 폐기 처리만 해도 큰 비용이 발생된다.

따라서 비료 원자재 대부분을 수입산에 의존하고 있는 우리나라와 같이 농업분야의 유기성 자원이 절대적으로 부족한 곳에서는 원재료 매입비용이 적은 반면 부가가치를 창출할 수 있는 수익성이 매우 높은 재료로 고가로 수입된 커피박 자원을 재활용할 수 있다면 자원절감과 비용절감이라는 두 마리 토끼를 잡을 수 있을 것으로 기대된다.

또한 전문가들은 부재료 선택에 신경을 쓴다면 커피박이 분명 더 나은 품질의 퇴비가 될 수 있다고 지적한다. 그 가운데 톱밥, 볏짚, 버섯폐배지, 한약재 찌꺼기, 쌀겨, 스테비아분말, 채종유박, 깻묵 등의 부재료 화학성 pH는 4.9 ~ 6.4, 총탄소 4 ~ 54%, 총질소 0.08 ~ 10.4%, 탈질률 7.8 ~ 680으로 매우 다양했다. 그중에서 한약재 찌꺼기의 질소 함량이 가장 높았고, 유기물 함량은 톱밥이 가장 높았다.

유기물 퇴비를 만들기 위한 조건으로는 수분 함량, 공기, 탄질비, 온도 등이 중요하다. 유기 퇴비의 원료로는 농가에서 쉽게 찾아볼 수 있는 볏짚, 나무껍질, 깻묵, 쌀겨 등이 있다. 그 밖에 낙엽이나 산야초를 베어 퇴비를 만들어도 되지만 일손과 노동력이 다소 소모된다는 단점이 있다. 무엇보다 양질의 퇴비를 만들기 위해서는 재료로 사용되는 자재가 지닌 기본적인 탄소와 질소의 비율이 중요한데, 탄질률은 20 ~ 30 : 1인 것이 가장 이상적이다. 농촌진흥청 관계자는 이에 대해 "탄질률은 퇴비의 분해 속도와 관련이 있어 지나치게 질소가 많거나 탄소성분이 많을 경우 양질의 퇴비를 얻을 수 없다. 또한 퇴비 재료에 미생물이 첨가되면서 자연 분해되면 열이 발생하는데 이는 유해 미생물을 죽일 수 있어 양질의 퇴비를 얻기 위해서는 퇴비 더미의 온도를 50℃ 이상으로 유지하는 것이 바람직하다."고 밝혔다.

① 커피박을 이용하여 유기농 비료를 만드는 것은 환경 보호뿐만 아니라 경제적으로도 이득이다.

② 커피박과 함께 비료에 들어갈 부재료를 고를 때에는 질소나 유기물이 얼마나 들어있는지가 중요한 기준이다.

③ 비료에서 중요한 성분인 질소가 많이 함유되어 있을수록 좋은 비료라고 할 수 있다.

④ 퇴비 재료에 있는 유해 미생물은 50℃ 이상의 고온을 통해 없앨 수 있다.

⑤ 커피박을 이용하여 유기 비료를 만들 때, 질소 보충이 필요하다면 한약재 찌꺼기를 첨가하는 것이 좋다.

08 다음 글의 주제로 가장 적절한 것은?

> 인지부조화는 한 개인이 가지는 둘 이상의 사고, 태도, 신념, 의견 등이 서로 일치하지 않거나 상반
> 될 때 생겨나는 심리적인 긴장상태를 의미한다. 인지부조화는 불편함을 유발하기 때문에 사람들은
> 이것을 감소시키려고 한다. 인지부조화를 감소시키는 방법은 서로 모순관계에 있어서 양립할 수 없
> 는 인지들 가운데 하나 이상의 인지가 갖는 내용을 바꾸어 양립할 수 있게 만들거나, 서로 모순되는
> 인지들 간의 차이를 좁힐 수 있는 새로운 인지를 추가하여 부조화된 인지상태를 조화된 상태로 전환
> 하는 것이다.
> 그런데 실제로 부조화를 감소시키는 행동은 비합리적인 면이 있다. 그 이유는 그러한 행동들이 사람
> 들로 하여금 중요한 사실을 배우지 못하게 하고 자신들의 문제에 대하여 실제적인 해결책을 찾지
> 못하도록 할 수 있기 때문이다. 부조화를 감소시키려는 행동은 자기방어적인 행동이고, 부조화를
> 감소시킴으로써 우리는 자신의 긍정적인 이미지, 즉 자신이 선하고 현명하며 상당히 가치 있는 인물
> 이라는 긍정적인 측면의 이미지를 유지하게 된다. 비록 자기방어적인 행동이 유용한 것으로 생각될
> 수 있지만, 이러한 행동은 부정적 결과를 초래할 수 있다.

① 인지부조화를 극복하기 위해 합리적인 사고가 필요하다.
② 인지부조화를 감소시키는 방법의 비합리성으로 인해 부정적 결과가 초래될 수 있다.
③ 인지부조화는 합리적인 사고에 도움을 준다는 점에서 긍정적이다.
④ 인지부조화는 자기방어적 행동을 유발하여 정신건강을 해친다.
⑤ 인지부조화를 감소시키는 과정은 긍정적인 자기 이미지 만들기에 효과적이다.

09 다음은 올해 상반기 및 하반기에 보도되었던 I사의 채용 관련 자료 중 일부이다. 자료를 보고 이해한 내용으로 적절하지 않은 것은?

I사, 올해 상반기 신규직원 458명 채용

I사는 '코로나19' 사태로 위축된 채용시장에 활기를 불어넣고 사회적 가치를 실현하기 위해 상반기 신규직원 458명을 채용한다고 밝혔다.

채용인원 458명 중 일반 채용 393명, 사회형평적 채용 65명(장애인 15명, 국가유공자 50명)을 채용할 계획으로, 원서접수는 4.2.(목)부터 4.16.(목)까지이며, 이후 서류심사, 필기, 면접시험을 거쳐 선발된 최종합격자는 7월 20일 임용될 예정이다.

전년도 채용과 달라지는 점은 모집지역이 6개 지역본부에서 14개 지역으로 세분화되고, 기존 자격기준인 모집지역에서 3년 이상 거주 또는 최종학력 소재지 응시자격을 없앴다는 것이다. 또 근무조건을 모집지역 5년 이상 근무로 하여 지원자는 본인의 생활권을 고려하여 지원해야 할 것으로 보인다.

I사는 현재 코로나19 사태와 관련, 안전한 채용을 위해 고사장 사전·사후 방역은 물론 마스크 착용, 발열 확인 등 안전 대책방안을 수립하고 철저히 대비하여 추진할 것이나, 앞으로의 코로나19 확산추이 및 정부의 지침에 따라서 필기시험 및 면접일정은 변경될 수도 있다고 보도했다.

I사, 올해 하반기 신규직원 465명 채용

I사는 '코로나19'로 위축된 채용시장에 활기를 불어넣고 은행의 직무역량에 맞는 전문성 있는 신규직원 465명을 채용한다고 밝혔다.

채용인원 465명 중 일반 채용 345명, 사회형평적 채용 120명(고졸 70명, 국가유공자 50명)을 채용할 계획으로, 원서접수는 8.13.(목)부터 8.27.(목)까지이며 상반기와 달리 채용 지원서를 온라인 접수로만 진행하기로 하였다. 또한 하반기 채용에서는 사회배려계층인 한부모가정과 북한이탈주민까지 우대가점 대상을 확대하였다. 이후 서류심사, 필기, 면접시험을 거쳐 선발된 최종합격자는 12월에 임용될 예정이다.

모집지역은 상반기 채용과 동일하게 14개 지역이며, 근무조건 또한 모집지역 내에서 5년 이상 근무하는 것으로 이 역시 상반기와 동일하다.

I사는 '코로나19' 감염을 대비하여 상반기 신규직원 채용을 안전하게 치른 경험을 바탕으로 고사장 사전·사후 방역은 물론 마스크 착용, 발열 확인 등 철저한 안전 대책방안을 수립하여 대비할 것이라고 밝혔다.

---

① 상반기 대비 하반기의 전체 채용인원은 증가하였지만, 일반 채용인원은 감소하였다.
② 국가유공자 채용인원은 상반기와 하반기가 동일하다.
③ 하반기보다는 상반기에 사회적 가치실현에 더 중점을 두었다.
④ 하반기 지원 역시 지원자 본인의 생활권을 고려하여 지원해야 할 것이다.

10 다음 글의 주제로 가장 적절한 것은?

> 맹자는 다음과 같은 이야기를 전한다. 송나라의 한 농부가 밭에 나갔다 돌아오면서 처자에게 말한다. "오늘 일을 너무 많이 했다. 밭의 싹들이 빨리 자라도록 하나하나 잡아당겨줬더니 피곤하구나." 아내와 아이가 밭에 나가보았더니 싹들이 모두 말라 죽어 있었다. 이렇게 자라는 것을 억지로 돕는 일, 즉 조장(助長)을 하지 말라고 맹자는 말한다. 싹이 빨리 자라기를 바란다고 싹을 억지로 잡아 올려서는 안 된다. 목적을 이루기 위해 가장 빠른 효과를 얻고 싶겠지만 이는 도리어 효과를 놓치는 길이다. 억지로 효과를 내려고 했기 때문이다. 싹이 자라기를 바라 싹을 잡아당기는 것은 이미 시작된 과정을 거스르는 일이다. 효과가 자연스럽게 나타날 가능성을 방해하고 막는 일이기 때문이다. 당연히 싹의 성장 가능성은 땅속의 씨앗에 들어있는 것이다. 개입하고 힘을 쏟고자 하는 대신에 이 잠재력을 발휘할 수 있도록 하는 것이 중요하다.
>
> 피해야 할 두 개의 암초가 있다. 첫째는 싹을 잡아당겨서 직접적으로 성장을 이루려는 것이다. 이는 목적성이 있는 적극적 행동주의로써 성장의 자연스러운 과정을 존중하지 않는 것이다. 달리 말하면 효과가 숙성되도록 놔두지 않는 것이다. 둘째는 밭의 가장자리에 서서 자라는 것을 지켜보는 것이다. 싹을 잡아당겨서도 안 되고 그렇다고 단지 싹이 자라는 것을 지켜만 봐서도 안 된다. 그렇다면 무엇을 해야 하는가? 싹 밑의 잡초를 뽑고 김을 매주는 일을 해야 하는 것이다. 경작이 용이한 땅을 조성하고 공기를 통하게 함으로써 성장을 보조해야 한다. 기다리지 못함도 삼가고 아무것도 안함도 삼가야 한다. 작동 중에 있는 자연스런 성향이 발휘되도록 기다리면서도 전력을 다할 수 있도록 돕는 노력도 멈추지 말아야 한다.

① 인류사회는 자연의 한계를 극복하려는 인위적 노력에 의해 발전해 왔다.

② 싹이 스스로 성장하도록 그대로 두는 것이 수확량을 극대화하는 방법이다.

③ 어떤 일을 진행할 때 가장 중요한 것은 명확한 목적성을 설정하는 것이다.

④ 잠재력을 발휘하도록 하려면 의도적 개입과 방관적 태도 모두를 경계해야 한다.

11 다음 글의 제목으로 가장 적절한 것은?

> 20세기 한국 사회는 내부 노동시장에 의존한 평생직장 개념을 갖고 있었으나, 그 개념은 1997년 외환 위기 이후 인력 관리의 유연성이 향상되면서 사라지기 시작하였다. 기업은 필요한 우수 인력을 외부 노동시장에서 적기에 채용하고, 저숙련 인력은 주변화하여 비정규직을 계속 늘려간다는 전략을 구사하고 있다. 이러한 기업의 인력 관리 방식에 따라서 실업률은 계속 하락하는 동시에 주당 18시간 미만으로 일하는 불완전 취업자가 많이 증가하고 있다.
> 이러한 현상은 우리나라의 경제가 지식 기반 산업 위주로 점차 바뀌고 있음을 말해 준다. 지식 기반 산업이 주도하는 경제 체제에서는 고급 지식을 갖거나 숙련된 노동자는 더욱 높은 임금을 받게 된다. 다시 말해, 지식 기반 경제로의 이행은 지식 격차에 의한 소득 불평등의 심화를 의미한다. 우수한 기술과 능력을 갖춘 핵심 인력은 능력 개발 기회를 얻게 되어 '고급 기술 → 높은 임금 → 양질의 능력 개발 기회'의 선순환 구조를 갖지만, 비정규직·장기 실업자 등 주변 인력은 악순환을 겪을 수밖에 없다. 이러한 '양극화' 현상을 국가가 적절히 통제하지 못할 경우, 사회 계급 간의 간극은 더욱 확대될 것이다. 결국 고도 기술 사회가 온다고 해도 자본주의 사회 체제가 지속되는 한 사회 불평등 현상은 여전히 계급 간 균열선을 따라 존재하게 될 것이다. 국가가 포괄적 범위에서 강력하게 사회 정책적 개입을 추진하면 계급 간 차이를 현재보다는 축소시킬 수 있겠지만, 아주 없애지는 못할 것이다.
> 사회 불평등 현상은 나라들 사이에서도 발견된다. 각국 간 발전 격차가 지속 확대되면서 전 지구적 생산의 재배치는 이미 20세기 중엽부터 진행됐다. 정보통신 기술은 지구의 자전 주기와 공간적 거리를 '장애물'에서 '이점'으로 변모시켰다. 그 결과, 전 지구적 노동시장이 탄생하였다. 기업을 비롯한 각 사회 조직은 국경을 넘어 인력을 충원하고, 재화와 용역을 구매하고 있다. 개인들도 인터넷을 통해 이러한 흐름에 동참하고 있다. 생산 기능은 저개발국으로 이전되고, 연구·개발·마케팅 기능은 선진국으로 모여드는 경향이 지속·강화되어, 나라 간 정보 격차가 확대되고 있다. 유비쿼터스 컴퓨팅 기술에 의거하여 전 지구 사회를 잇는 지역 간 분업은 앞으로 더욱 활발해질 것이다. 나라 간의 경제적 불평등 현상은 국제 자본 이동과 국제 노동 이동으로 표출되고 있다. 노동 집약적 부문의 국내 기업이 해외로 생산 기지를 옮기는 현상에서 나아가, 초적적 기업화 현상이 본격적으로 대두되고 있다. 전 지구에 걸친 외부 용역 대치가 이루어지고, 콜센터를 외국으로 옮기는 현상도 보편화될 것이다.

① 국가 간 노동 인력의 이동이 가져오는 폐해
② 사회 계급 간 불평등 심화 현상의 해소 방안
③ 지식 기반 산업 사회에서의 노동시장의 변화
④ 선진국과 저개발국 간의 격차 축소 정책의 필요성

12 다음 글에서 알 수 있는 내용으로 적절하지 않은 것은?

> 1982년 프루시너는 병에 걸린 동물을 연구하다가, 우연히 정상 단백질이 어떤 원인에 의해 비정상적인 구조로 변하면 바이러스처럼 전염되며 신경 세포를 파괴한다는 사실을 밝혀냈다. 프루시너는 이 단백질을 '단백질(Protein)'과 '바이러스 입자(Viroid)'의 합성어인 '프리온(Prion)'이라 명명하고 이를 학계에 보고했다.
>
> 프루시너가 프리온의 존재를 발표하던 당시, 분자 생물학계의 중심 이론은 1957년 크릭에 의해 주창된 '유전 정보 중심설'이었다. 이 이론의 핵심은 유전되는 모든 정보는 DNA 속에 담겨 있다는 것과, 유전 정보는 핵산(DNA, RNA)에서 단백질로만 이동이 가능하다는 것이다. 크릭에 따르면 모든 동식물의 세포에서 DNA의 유전 정보는 DNA로부터 세포핵 안의 또 다른 핵산인 RNA가 전사되는 과정에서 전달되고, 이 RNA가 세포질로 나와 단백질을 합성하는 번역의 과정을 통해 단백질로의 전달이 이루어진다. 따라서 단백질은 핵산이 없으므로 스스로 정보를 저장할 수 없고 자기 복제를 할 수 없다는 것이다.
>
> 그런데, 프루시너는 프리온이라는 단백질은 핵산이 아예 존재하지 않음에도 자기 복제를 한다고 주장하였다. 이 주장은 크릭의 유전 정보 중심설에 기반한 분자 생물학계의 중심 이론을 흔들게 된다. 아직 논란이 끝난 것은 아니지만 '자기 복제하는 단백질'이라는 개념이 분자 생물학자들에게 받아들여지기까지는 매우 험난한 과정이 필요했다.
>
> 과학자들은 충분하지 못한 증거를 가진 주장에 대해서는 매우 보수적일 뿐만 아니라, 기존의 이론으로 설명할 수 없는 현상을 대했을 때는 어떻게든 기존의 이론으로 설명해내려 노력하기 때문이다. 프루시너가 프리온을 발견한 공로로 노벨 생리학·의학상을 받은 것은 1997년에 이르러서였다.

① 프리온은 신경 세포를 파괴하는 단백질로서, 병에 걸린 동물에게서 나타난다.
② 프루시너에 따르면 프리온은 다른 단백질과 달리 핵산을 가지고 있다.
③ 프리온을 제외한 단백질은 스스로 정보를 저장할 수 없고, 자기 복제도 할 수 없다.
④ 프루시너의 프리온에 대한 주장은 크릭의 유전 정보 중심설과 대립되는 내용이다.

13 다음 중 밑줄 친 말의 쓰임이 적절하지 않은 것은?

① 큰일이 닥쳤을 때 이겨내고 전진하는 사람과 <u>답보하는</u> 사람이 있다.

② 여름이 되자 포도나무에 포도가 <u>알알이</u> 탐스럽게 열렸다.

③ 빨랫줄에 널어놓은 차렵이불이 <u>강직하게</u> 펄럭인다.

④ 작은 것까지 <u>옴니암니</u> 따지는 사람을 대하는 것은 피곤하다.

⑤ 주머니에서 꺼낸 지폐가 <u>구김져</u> 있다.

14 다음 제시된 단어의 뜻으로 옳은 것은?

뜨더귀

① 폐지   ② 새내기

③ 간격   ④ 조각

15 환율에 대한 다음 기사를 읽고 추론한 내용으로 적절한 것은?

세계화 시대에는 국가 간 교류가 활발하여 우리 국민들이 외국으로 여행을 가기도 하고 외국인들도 한국으로 여행을 많이 온다. 또한 외국으로부터 경제활동에 필요한 원자재는 물론이고 자동차나 의약품 등 다양한 상품을 수입하기도 한다. 이처럼 외국 상품을 구입하거나 외국 여행을 할 때는 물론이고 해외 투자를 할 때도 외국 돈, 즉 외화가 필요하다.

이러한 외화를 살 때 지불하는 원화의 가격을 환율이라 하며, 달러당 환율이 1,000원이라는 것은 1달러를 살 때 지불하는 가격이 1,000원이라는 것이고 유로(Euro) 환율이 1,300원이라는 것은 1유로의 가격이 1,300원이라는 것을 의미한다. 외화를 외국 상품과 같은 의미로 이해하면 환율은 다른 상품의 가격처럼 외국돈 한 단위의 가격으로 이해할 수 있다. 100달러를 환전하는 것, 즉 100달러를 구입하는 것은 개당 1,000원인 상품을 100개 구입하는 것과 같다고 생각할 수 있는 것이다. 환율을 표시할 때는 외국돈 1단위당 원화의 금액으로 표시한다. 따라서 환율의 단위는 원/$, 원/€와 같은 것이 된다(예 1,000원/$, 1,300원/€). 수입품과 수출품의 가격은 이러한 환율의 단위를 고려하면 쉽게 계산할 수 있다. 국산품의 수출가격은 국내가격을 환율로 나누어서 구할 수 있고 반대로 수입상품의 수입가격은 국제가격에 환율을 곱해서 구할 수 있다.

- 환율이 1,000원/$일 때 국내시장에서 가격이 1만 원인 상품의 수출가격
  - 수출가격(달러)=국내가격/환율=10,000원/(1,000원/$)=$10
- 환율이 1,000원/$일 때 국제시장에서 가격이 $100인 상품의 수입가격
  - 수입가격(원)=국제가격×환율=$100×(1,000원/$)=100,000원

앞에서 외화를 마치 상품처럼 이해한다고 하였는데 상품의 가격이 수요와 공급에 의해서 변동하는 것처럼 외화의 가격인 환율도 외환시장의 수요와 공급에 의해서 결정된다. 수출이 늘어나거나 외국인들의 한국여행 그리고 외국인 투자가 늘어나면 외화 공급이 증가하기 때문에 환율이 떨어진다. 상품 가격이 하락하면 화폐 가치가 올라가는 것처럼 환율이 하락하면 외국돈에 비해서 우리 돈의 가치가 올라간다고 할 수 있다.

반면에 한국의 수입 증가, 국민들의 외국 여행 증가 그리고 자본의 유출이 일어나면 외화 수요가 증가하기 때문에 환율이 올라간다. 상품의 가격이 올라가면 화폐 가치가 떨어지는 것처럼 환율이 상승한다는 것은 화폐, 즉 우리 돈의 가치가 떨어진다는 것을 의미한다. 이처럼 환율이 상승하면 원화 가치가 하락하고 반대로 환율이 하락하면 원화 가치가 올라간다고 생각할 수 있다. 환율 상승을 '원화 약세'라고 하고 환율 하락을 '원화 강세'라고 이해하면 편하다.

① 환율이 하락하는 원인으로는 수입 증가를 볼 수 있겠어.
② 환율이 상승하면 국산품의 수출가격은 하락하겠구나.
③ 중국인 관광객들이 우리나라에 많이 여행 온다면 환율이 상승하겠네.
④ 환율이 하락하면 수입품의 수입가격은 상승하겠구나.
⑤ 외화를 많이 보유할수록 우리 돈의 가치가 하락한다고 볼 수 있겠군.

16 다음 글의 제목으로 가장 적절한 것은?

시장경제는 국민 모두가 잘살기 위한 목적을 달성하는 수단으로서 선택한 나라 살림의 운영 방식이다. 그러나 최근에 재계, 정계, 그리고 경제 관료 사이에 벌어지고 있는 시장경제에 대한 논쟁은 마치 시장경제 그 자체가 목적인 것처럼 왜곡되고 있다. 국민들이 잘살기 위해서는 경제가 성장해야 한다. 그러나 경제가 성장했는데도 다수의 국민들이 잘사는 결과를 가져오지 못하고 경제적 강자들의 기득권을 확대 생산하는 결과만을 가져온다면 국민들은 시장경제를 버리고 대안적 경제 체제를 찾을 것이다. 그렇기 때문에 시장경제를 유지하기 위해서는 성장과 분배의 균형이 중요하다.

시장경제는 경쟁을 통해서 효율성을 높이고 성장을 달성한다. 경쟁의 동기는 사적인 이익을 추구하는 인간의 이기적 속성에 기인한다. 국민 각자는 모두가 함께 잘살기 위해서가 아니라 내가 잘살기 위해서 경쟁을 한다. 모두가 함께 잘살기 위한 공동의 목적을 달성하는 수단으로 시장경제를 선택한 것이지만 개개인은 이기적인 동기로 시장에 참여하는 것이다. 이와 같이 시장경제는 개인과 공동의 목적이 서로 상반되는 모순을 갖는 것이 그 본질이다. 그래서 시장경제가 제대로 운영되기 위해서는 국가의 소임이 중요하다.

시장경제에서 국가가 할 일은 크게 세 가지로 나누어 볼 수 있다. 첫째는 경쟁을 유도하는 시장 체제를 만드는 것이고, 둘째는 공정한 경쟁이 이루어지도록 시장 질서를 세우는 것이며, 셋째는 경쟁의 결과로 얻은 성과가 모두에게 공평하게 분배되도록 조정하는 것이다. 최근에 벌어지고 있는 시장경제의 논쟁은 세 가지 국가의 역할 중에서 논쟁의 주체들이 자신의 이해관계에 따라서 선택적으로 시장경제를 왜곡하고 있다는 것이다. 경쟁에서 강자의 위치를 확보한 재벌들은 경쟁 촉진을 주장하면서 공정 경쟁이나 분배를 말하는 것은 반시장적이라고 매도한다. 정치권은 인기 영합의 수단으로, 그리고 일부 노동계는 이기적 동기에서 분배를 주장하면서 분배의 전제가 되는 성장을 위해서 필요한 경쟁을 훼손하는 모순된 주장을 한다. 경제 관료들은 자신의 권력을 강화하기 위한 부처의 이기적인 관점에서 경쟁 촉진과 공정 경쟁 사이에서 줄타기 곡예를 하며 분배에 대해서 말하는 것은 금기시한다. 모두가 자신들의 기득권을 위해서 선택적으로 왜곡하고 있다.

경쟁은 원천적으로 공정성을 보장하지 못한다. 서로 다른 능력이 주어진 천부적인 차이는 물론이고, 물려받는 재산과 환경의 차이로 인하여 출발선에서부터 불공정한 경쟁이 시작된다. 그럼에도 불구하고 경쟁은 창의력을 가지고 노력하는 사람에게 성공을 가져다주는 체제이다. 그래서 출발점이 다를지라도 노력과 능력에 따라서 성공의 기회가 제공되도록 보장하기 위해서 공정 경쟁이 중요하다. 경쟁은 또한 분배의 공평성을 보장하지 못한다. 경쟁의 결과는 경쟁에 참여한 모든 사람의 노력으로 이루어진 것이지, 승자만의 노력으로 이루어진 것은 아니다. 경쟁의 결과가 승자에 의해서 독점된다면 국민들은 경쟁의 참여를 거부할 수밖에 없다. 그래서 경쟁에 참여한 모두에게 공평한 분배가 이루어지는 것이 중요하다.

① 시장경제에서의 개인과 경쟁의 상호 관계
② 시장경제에서의 국가의 역할
③ 시장경제에서의 개인 상호 간의 경쟁
④ 시장경제에서의 경쟁의 양면성과 그 한계
⑤ 시장경제에서의 경쟁을 통한 개개인의 관계

17 다음 글을 읽고, 〈보기〉의 의뢰인이 사용하면 좋을 기술 유형과 그 기술에 대한 설명을 바르게 연결한 것을 고르면?

인터넷 뱅킹이나 전자 상거래를 할 때 온라인상에서 사용자 인증은 필수적이다. 정당한 사용자인지를 인증받는 흔한 방법은 아이디(ID)와 비밀번호를 입력하는 것으로, 사용자가 특정한 정보를 알고 있는지 확인하는 방식이다. 그러나 이러한 방식은 고정된 정보를 반복적으로 사용하기 때문에 정보가 노출될 수 있다. 이러한 문제점을 보완하기 위해 개발된 인증 기법이 OTP(One-Time Password, 일회용 비밀번호) 기술이다. OTP 기술은 사용자가 금융 거래 인증을 받고자 할 때마다 해당 기관에서 발급한 OTP 발생기를 통해 새로운 비밀번호를 생성하여 인증받는 방식이다.

OTP 기술은 크게 비동기화 방식과 동기화 방식으로 나눌 수 있다. 비동기화 방식은 OTP 발생기와 인증 서버 사이에 동기화된 값이 없는 방식으로, 인증 서버의 질의에 사용자가 응답하는 방식이다. OTP 기술 도입 초기에 사용된 질의 응답방식은 인증 서버가 임의의 6자리 수, 즉 질윗값을 제시하면 사용자는 그 수를 OTP 발생기에 입력하고, OTP 발생기는 질윗값과 다른 응답값을 생성한다. 사용자는 그 값을 로그인 서버에 입력하고 인증 서버는 입력된 값을 확인한다. 이 방식은 사용자가 OTP 발생기에 질윗값을 직접 입력해 응답값을 구해야 하는 번거로움이 있기 때문에 사용이 불편하다. 이와 달리 동기화 방식은 OTP 발생기와 인증 서버 사이에 동기화된 값을 설정하고 이에 따라 비밀번호를 생성하는 방식으로, 이벤트 동기화 방식이 있다. 이벤트 동기화 방식은 기촛값과 카운트값을 바탕으로 OTP 발생기는 비밀번호를, 인증 서버는 인증값을 생성하는 방식이다. 기촛값이란 사용자의 신상 정보와 해당 금융 기관의 정보 등이 반영된 고유한 값이며, 카운트값이란 비밀번호를 생성한 횟수이다. 사용자가 인증을 받아야 할 경우 이벤트 동기화 방식의 OTP 발생기는 기촛값과 카운트값을 바탕으로 비밀번호를 생성하게 되며, 생성된 비밀번호를 사용자가 로그인 서버에 입력하면 된다. 이때 OTP 발생기는 비밀번호를 생성할 때마다 카운트값을 증가시킨다. 인증 서버 역시 기촛값과 카운트값으로 인증값을 생성하여 로그인 서버로 입력된 OTP 발생기의 비밀번호와 비교하는 것이다. 이때 인증에 성공하면 인증 서버는 카운트값을 증가시켜서 저장해 두었다가 다음 번 인증에 반영한다. 그러나 이 방식은 OTP 발생기에서 비밀번호를 생성만 하고 인증하지 않으면 OTP 발생기와 인증 서버 간에 카운트 값이 달라지는 문제점이 있다.

보기

의뢰인 : 안녕하세요. 저희 I은행에서는 OTP 기기를 사용해서 고객님들의 본인 인증을 받고 있습니다. 그런데 기존에 사용하던 OTP 기술은 고객님들이 비밀번호를 발급받으시고 인증을 받지 않으시는 경우가 종종 있어 인증 서버에 문제가 자주 발생하여 저희 은행이 피해를 보고 있습니다. 그래서 이번에 다른 유형의 OTP를 사용해보면 어떨까 하는데, 사용하면 좋을 OTP 기술의 유형을 추천해주실 수 있을까요?

① 비동기화 방식 OTP : OTP 발생기는 비밀번호를, 서버는 인증값을 각각 생성한다.
② 비동기화 방식 OTP : OTP 발생기와 인증 서버 사이에 동기화된 값이 없다.
③ 이벤트 동기화 방식 : 인증 서버는 인증값, OTP 발생기는 비밀번호를 생성한다.
④ 이벤트 동기화 방식 : 사용자가 직접 응답값을 구해야 하는 번거로움이 있다.

18 다음 글을 통해 알 수 있는 내용으로 적절하지 않은 것은?

> 인간의 삶과 행위를 하나의 질서로 파악하고 개념과 논리를 통해 이해하고자 하는 시도는 소크라테스와 플라톤을 기점으로 시작된 가장 전통적인 방법론이라고 할 수 있다. 이는 결국 경험적이고 우연적인 요소를 배제하여 논리적 필연으로 인간을 규정하고자 한 것이다. 이에 반해 경험과 감각을 중시하고 욕구하는 실체로서의 인간을 파악하고자 한 이들이 소피스트들이다. 이 두 관점은 두 개의 큰 축으로 서구 지성사에 작용해 온 것이 사실이다.
>
> 하지만 이는 곧 소크라테스와 플라톤의 관점에서는 삶과 행위의 구체적이고 실제적인 일상이 무시된 채 본질적이고 이념적인 영역을 추구하였다는 것이며, 소피스트들의 관점에서는 고정적 실체로서의 도덕이나 정당화의 문제보다는 변화하는 실제적 행위만이 인정되었다는 이야기로 환원되어왔다. 그리고 이와 같은 문제를 제대로 파악한 것이 바로 고대 그리스의 웅변가이자 소피스트인 '이소크라테스'이다.
>
> 이소크라테스는 소피스트들에 대해서는 그들의 교육이 도덕이나 시민적 덕성의 함양과는 무관하게 탐욕과 사리사욕을 위한 교육에 그치고 있다고 비판했으며, 동시에 영원불변하는 보편적 지식의 무용성을 주장했다. 그는 시의적절한 의견들을 통해 더 좋은 결과에 이를 수 있는 능력을 얻으려는 자가 바로 철학자라고 주장했다. 그렇기에 이소크라테스의 수사학은 플라톤의 이데아론은 물론 소피스트들의 무분별한 실용성을 지양하면서도, 동시에 삶과 행위의 문제를 이론적이고도 실제적으로 해석하는 것으로 평가할 수 있다.

① 이소크라테스의 주장에 따르면 플라톤의 이데아론은 과연 그것이 현실을 살아가는 이들에게 무슨 의미가 있는가에 대한 필연적인 물음에 맞닥뜨리게 된다.

② 소피스트들의 주장과 관점은 현대사회의 물질만능주의를 이해하기에 적절한 사례가 된다.

③ 소피스트와 이소크라테스는 영원불변하는 보편적 지식의 존재를 부정하며 구체적이고 실제적인 일상을 중요하게 여겼다.

④ 이소크라테스를 통해 절대적인 진리를 추구하지 않는 것이 반드시 비도덕적인 일로 환원된다고는 볼 수 없음을 확인할 수 있다.

19 다음 글에서 이야기하는 '자본주의 정신'에 대한 설명으로 적절하지 않은 것은?

『프로테스탄트 윤리와 자본주의 정신(The Protestant Ethic and the Spirit of Capitalism)』은 독일의 경제학자이자 사회학자인 막스 베버의 저서로, 베버의 사망 직후인 1920년 간행된 이래 현재까지도 자본주의의 발생과 발전을 연구하는 학자들에게 귀한 고전으로 평가받고 있다.

당시 베버는 영국이나 미국, 네덜란드 등 개신교의 영향이 강한 나라에서는 자본주의가 발달하는 반면 이탈리아, 스페인 등 가톨릭의 영향이 강한 나라나 이슬람교, 힌두교, 유교 등의 영향이 강한 나라에서는 자본주의의 발달이 늦는 것을 발견하고 모종의 인과관계를 느꼈다. 『프로테스탄트 윤리와 자본주의 정신』은 바로 그러한 의문에 대한 베버 나름의 해답을 담고 있다.

책에서 베버는 근대 자본주의의 근본이 당시의 통념과는 전혀 다른 것이라고 기술한다. 즉, 끝없이 자신의 이윤만을 추구하는 것은 자본주의는 물론, 자본주의의 정신과는 더더욱 관계가 없으며, 오히려 비합리적인 충동의 억제나 합리적 조절과 동일시할 수 있다는 것이다. 일견 이해가 가지 않는 이 주장은 개신교, 그중에서도 당시 개인의 생활을 극도로 엄격하고 진지하게 통제하던 칼뱅주의가 득세한 지역에서 특히 근대 자본주의가 발달했다는 사실을 통해 설득력을 지니게 되었다.

그렇다면 근대 자본주의의 정신을 움직이는 원동력은 무엇인가? 이에 대해 베버는 자본의 증식을 개인의 의무로 여기는 사고방식, 보다 정확하게는 자신의 직업에 엄격한 의무감과 소명의식을 갖고 근면하고 성실하며 정직하게 자본을 늘리고자 하는 정신이라고 대답한다. 현실의 근면한 삶에 종교적 의미를 강하게 부여한 칼뱅주의는 근대 자본주의를 움직이는 근본적인 정신이 된 셈이다.

다만 서구의 근대 자본주의 정신이 꾸준하게 이어질 수 있는가에 대하여는 베버 또한 부정적인 전망을 내놓기도 했다. 그는 자본주의의 합리성이 직업적 소명의식과 종교적 청빈함, 근면함 같은 가치합리적 행위 없이 재화만을 탐하는 목적합리적 행위만으로 굴러가는 것을 경고한 것이다. 직업적 소명의식이나 청렴함과 같은 내용물이 없이, 비윤리적이며 불법적인 행위를 해서라도 이윤이라는 겉껍데기를 탐하는 현대 자본주의를 과연 베버는 어떻게 생각할까?

① 개신교 종파 중에서도 칼뱅주의가 득세한 지역에서 근대 자본주의가 발달한 경향을 보였다는 점에서 자본주의 정신과 칼뱅주의는 밀접하게 연관되어 있다.

② 베버는 당시 자본주의 정신의 근본은 일반적인 사회의 편견과는 다른 것으로, 지나친 탐욕이나 이기주의와는 거리가 멀다고 생각했다.

③ 베버는 비록 개신교의 정신이 자본주의 정신과 밀접하게 연관이 있을지라도 노력 여하에 따라 다른 종교관을 지닌 지역 또한 근대 자본주의가 발달할 수 있을 것이라고 생각했다.

④ 베버는 자본주의 정신에서 자본의 증식은 일종의 의무이며, 종교적인 직업 소명의식에 의한 일종의 결과물이자 성실함의 증거라고 생각했다.

20 다음은 예금보험공사의 금융부실관련자 책임추궁에 관한 내용이다. 이를 보고 추론한 내용으로 적절하지 않은 것은?

〈금융부실관련자 책임추궁〉

공사는 자금이 투입된 금융회사에 대하여 예금자보호법 제21조 2에 따라 부실에 책임이 있는 금융회사 전·현직 임직원 등에 대한 책임추궁과 금융회사에 빌린 돈을 갚지 아니함으로써 금융회사 부실의 부분적인 원인을 제공한 부실채무기업의 기업주와 임직원 등에 대하여도 책임추궁을 위한 조사를 실시하고 있습니다.

• 금융부실책임조사본부 운영

부실금융회사 및 부실채무기업에 대한 부실책임조사는 부실을 초래한 관련자들에게 민사상 책임을 묻기 위한 것으로, 업무처리과정에서 법령, 정관 위반 등으로 해당 금융회사 또는 해당 기업에 손실을 끼친 행위를 찾아내고 그 내용과 행위자 등 구체적인 사실관계와 입증자료 등을 확보하는 것입니다. 공사는 지난 2008년 3월 검찰과 협조하여 부실금융회사와 부실채무기업에 대한 조사를 총괄하는 '금융부실책임조사본부'를 발족하였으며, 2013년 3월에는 부실저축은행에서 빌린 돈을 갚지 않은 부실채무기업의 수가 3천여 개가 넘어감에 따라 전담조직(조사2국)을 신설하여 부실채무 기업에 대한 조사를 강화하고 있습니다.

• 외부 전문가 위주의 금융부실책임심의위원회 운영

공사는 부실책임조사 결과에 대한 객관적이고 공정한 심의를 위하여 변호사 등 전문가 위주로 「금융부실책임심의위원회」를 구성하여 운영하고 있으며, 객관적이고도 철저한 부실책임심의를 통해 부실관련자 책임 내용과 범위, 책임금액 등을 심의하고 있습니다.

• 금융부실관련자에 대한 재산조사 실시

공사는 부실관련자에 대한 손해배상청구에 따른 책임재산을 확보하기 위해 부실관련자에 대한 철저한 재산조사를 실시하고 있으며, 부실책임조사결과 및 부실관련자 재산조사 결과를 토대로 해당 금융회사 등을 통하여 손해배상청구소송 및 채권보전조치 등 필요한 법적조치를 취하고 있습니다.

이와 같이 공사는 부실관련자에 대한 철저한 책임추궁을 통하여 기존의 잘못된 경영관행을 혁신하여 건전한 책임경영 풍토를 정착시키고, 투입된 자금을 한푼이라도 더 회수하여 국민부담을 최대한 경감시키고자 최선을 다하고 있습니다.

---

① 금융부실관련자에 대한 예금보험공사의 책임추궁은 법률에 근거한다.
② 예금보험공사는 타 기관과 협조하여 부실채무기업에 대해 조사를 수행하고 있다.
③ 금융회사 부실에 대해 핵심 원인을 제공한 인물만 예금보험공사의 조사 대상이 된다.
④ 예금보험공사는 부실채무기업의 증가에 대해 전담조직 신설을 통해 대응하고 있다.

21 다음 중 제시문과 동일한 오류를 범하고 있는 것은?

> 예수님은 존재하지 않아. 우리 중에 예수님을 본 사람이 있으면 나와 보라고 해. 거 봐, 없잖아.

① 얘, 빨리 가서 공부해. 공부를 못하면 착한 어린이가 아니야.

② 저는 학생에게서 돈을 빼앗지 않았습니다. 제가 돈을 뺏는 걸 본 사람이 없는 걸요.

③ 여러분, 저 사람이 바로 민족의 명예를 더럽힌 사건의 주범입니다.

④ 그 집의 막내아들도 좋은 대학에 합격할 거야. 그 아이의 형들이 다 명문대 학생이거든.

⑤ 지난번 돼지꿈을 꾸고 복권에 당첨되었어. 이번에도 돼지꿈을 꾸었으니까 복권에 당첨될 거야.

22 다음 글과 가장 밀접하게 관련된 사자성어는?

> 농협 농가희망봉사단 소속 60여 명은 16일 A지역 내 L씨를 비롯하여 C씨, M씨 등 3개 농가의 주택을 개보수하는 사랑의 집 고치기 봉사를 했다. 봉사단원들은 이날 이른 아침부터 저녁 늦게까지 지붕을 덧씌우고 낡은 벽을 수리하는 한편, 전선과 전등 등 전기시설 교체, 보일러 점검, 노후화된 장판과 싱크대 교체, 주거용 하우스 철거 및 이동식 주택 설치, 가스레인지 가설 등으로 온종일 구슬땀을 흘렸다.
> 이번 작업은 사전에 현지를 방문, 필요한 자재 등을 파악한 뒤 이뤄진 것이어서 매우 순조롭게 진행되었으며, 봉사단의 정성과 노력으로 새롭게 단장된 집 모습에 농가들은 연신 "고맙다."는 감사의 마음을 전했다.

① 음마투전(飮馬投錢)　　　　　② 해의추식(解衣推食)

③ 괄목상대(刮目相對)　　　　　④ 반계곡경(盤溪曲徑)

23 다음 글의 내용으로 적절하지 않은 것은?

> 주식회사는 오늘날 회사 기업의 전형이라고 할 수 있다. 이는 주식회사가 다른 유형의 회사보다 뛰어난 자본 조달력을 가지고 있기 때문인데, 주식회사의 자본 조달은 자본금, 주식, 유한책임이라는 주식회사의 본질적 요소와 관련된다.
>
> 주식회사의 자본금은 회사 설립의 기초가 되는 것으로, 주식 발행을 통해 조성된다. 현행 상법에서는 주식회사를 설립할 때 최저 자본금에 대한 제한을 두지 않고 있으며, 자본금을 정관*의 기재사항으로도 규정하지 않고 있다. 대신 수권주식총수를 정관에 기재하게 하여 자본금의 최대한도를 표시하도록 하고 있다. 수권주식총수란 회사가 발행할 주식총수로, 수권주식총수를 통해 자본금의 최대한도인 수권자본금을 알 수 있다. 주식회사를 설립할 때는 수권주식총수 중 일부의 주식만을 발행해도 되는데, 발행하는 주식은 모두 인수되어야 한다. 여기서 주식을 인수한다는 것은 출자자를 누구로 하는지, 그 출자자가 인수하려는 주식이 몇 주인지를 확정하는 것을 말한다. 회사가 발행하는 주식을 출자자가 인수하고 해당 금액을 납입하면, 그 금액의 총합이 바로 주식회사의 자본금이 된다. 회사가 수권주식총수 가운데 아직 발행하지 않은 주식은 추후 이사회의 결의만으로 발행할 수 있는데, 이는 주식회사가 필요에 따라 자본금을 쉽게 조달할 수 있도록 하기 위한 것이다.
>
> 주식은 자본금을 구성하는 단위로, 주식회사는 주식 발행을 통해 다수의 사람들로부터 대량의 자금을 끌어 모을 수 있다. 주식은 주식시장에서 자유롭게 양도되는데, 1주의 액면주식은 둘 이상으로 나뉘어 타인에게 양도될 수 없다. 주식회사가 액면가액을 표시한 액면주식을 발행할 때, 액면주식은 그 금액이 균일하여야 하며 1주의 금액은 100원 이상이어야 한다. 주식회사가 발행한 액면주식의 총액은 주식회사 설립 시에 출자자가 주식을 인수하여 납입한 금액의 총합과 같다.
>
> *정관 : 회사를 운영하기 위한 규칙을 마련하여 기록한 문서

① 주식회사는 주식 발행을 통해 다른 회사보다 쉽게 자본을 조달할 수 있다.

② 어떤 회사의 자본금의 최대한도를 알기 위해선 수권주식총수를 알아야 한다.

③ 주식을 인수하기 위해서는 출자자와 인수하고자 하는 주식 수를 알아야 한다.

④ 수권주식총수 중 아직 발행하지 않은 주식은 주주총회의 결의만으로 발행할 수 있다.

⑤ 주식은 주식시장을 통해 양도가 가능하다.

24 다음 글의 내용으로 적절하지 않은 것은?

1930년대 대공황 상황에서 케인스는 당시 영국과 미국에 만연한 실업의 원인을 총수요의 부족이라고 보았다. 그는 총수요가 증가하면 기업의 생산과 고용이 촉진되고 가계의 소득이 늘어 경기를 부양할 수 있다고 주장했다. 따라서 정부의 재정정책을 통해 총수요를 증가시킬 필요성을 제기하였다. 케인스는 총수요를 늘리기 위해서 총수요 중 많은 부분을 차지하는 가계의 소비에 주목하였고, 소비는 소득과 밀접한 관련이 있다고 생각하였다. 케인스는 절대소득가설을 내세워, 소비를 결정하는 요인들 중에서 가장 중요한 것은 현재의 소득이라고 하였다. 그리고 소득이 없더라도 생존을 위해 꼭 필요한 소비인 기초소비가 존재하며, 소득이 증가함에 따라 일정 비율로 소비도 증가한다고 주장하였다. 이러한 절대소득가설은 1950년대까지 대표적인 소비결정이론으로 사용되었다.

그러나 쿠즈네츠는 절대소득가설로는 설명하기 어려운 소비 행위가 이루어지고 있음에 주목하였다. 쿠즈네츠가 미국에서 장기간에 걸쳐 일어난 각 가계의 실제 소비 행위를 분석한 결과는 절대소득가설로는 명확히 설명하기 어려운 것이었다.

이러한 현상을 설명하기 위해 프리드만은 소비가 장기적인 기대소득으로서의 항상소득에 의존한다는 항상소득가설을 내세웠다. 프리드만은 실제로 측정되는 소득을 실제소득이라 하고, 실제소득은 항상소득과 임시소득으로 구성된다고 보았다. 항상소득이란 평생 동안 벌어들일 것으로 기대되는 소득의 매기 평균 또는 장기적 평균 소득이며, 임시소득은 장기적으로 예견되지 않은 일시적인 소득으로서 양(+)일 수도, 음(−)일 수도 있다. 프리드만은 소비가 임시소득과는 아무런 상관관계가 없고 오직 항상소득에만 의존한다고 보았으며, 임시소득의 대부분은 저축된다고 설명했다. 사람들은 월급과 같이 자신이 평균적으로 벌어들이는 돈을 고려하여 소비를 하지, 예상치 못한 복권 당첨이나 주가 하락에 의한 손실을 고려하여 소비하지는 않는다는 것이다.

항상소득가설을 바탕으로 프리드만은 쿠즈네츠가 발견한 현상을, 단기적인 소득의 증가는 임시소득이 증가한 것에 해당하므로 소비가 늘어나지 않은 것이라고 설명하였다. 항상소득가설에 따른다면 소비를 늘리기 위해서는 단기적 재정정책보다 장기적인 재정정책을 펴는 것이 바람직하다. 가령 정부가 일시적으로 세금을 줄여 가계의 소득을 증가시키고 그에 따른 소비 진작을 기대한다 해도 가계는 일시적인 소득의 증가를 항상소득의 증가로 받아들이지 않아 소비를 늘리지 않기 때문이다.

① 케인스는 소득이 없어도 기초소비가 발생한다고 보았다.
② 케인스는 대공황 상황에서 총수요를 늘릴 것을 제안했다.
③ 쿠즈네츠는 미국에서 실제로 일어난 소비 행위를 분석하였다.
④ 프리드만은 쿠즈네츠의 연구 결과를 설명하는 가설을 내놓았다.
⑤ 케인스는 가계가 미래의 소득을 예측하여 소비를 결정한다고 주장했다.

25 다음은 부동산금융사업과 관련한 리츠에 관한 자료이다. 〈보기〉 중 자료의 (가) ~ (다)에 들어갈 내용으로 적절하지 않은 것은?

- (가)

  리츠(REITs; Real Estate Investment Trusts)란 주식 또는 증권을 발행해 다수의 투자자로부터 자금을 모집하고, 이를 부동산에 투자하여 얻은 운용수익을 투자자에게 90% 이상 배당하는 부동산투자회사를 말한다. 리츠는 1960년 미국에서의 최초 도입을 시작으로 2000년 이후 유럽 및 아시아로 급속히 확산되었다. 우리나라는 1997년 외환위기 이후 기업들의 보유 부동산 유동화를 통한 기업 구조조정을 촉진하고, 일반 국민에게 부동산에 대한 간접 투자 기회를 제공하기 위해 2001년 부동산투자회사법 제정과 함께 도입되었다.

- (나)

  - 공개시장에서 리츠 관련 정보가 투자자에게 용이하게 접근 가능하도록 유통됨으로써 부동산 시장의 투명성 제고
  - 주식 매입을 통해 부동산에 간접 투자한 경우 부동산 직접 관리에 따른 관리비용 부담 감소
  - 여러 종류의 부동산에 투자함으로써 단일 부동산에 내재되어 있는 위험을 희석할 수 있으며 분산투자 가능
  - 리츠 주식은 상장되어 거래되므로 자본조달이 용이하며 투자 원금의 회수 기회를 신속히 제공받을 수 있음

- (다)

  - 자기관리 리츠 : 부동산 투자를 전문으로 하는 영속적인 상법상의 주식회사로서, 자산운용 전문인력을 포함한 임직원을 상근으로 두고 자산의 투자ㆍ운용을 직접 수행하는 실체회사
  - 위탁관리 리츠 : 자산의 투자ㆍ운용을 자산관리회사(AMC)에 위탁하는 회사로서, 상근 임직원이 필요 없는 서류상 회사
  - 기업 구조조정 리츠 : 구조조정용 부동산 투자를 전문적으로 하는 서류상 회사로, 위탁관리 리츠와 마찬가지로 자산의 투자ㆍ운용을 자산관리회사(AMC)에 위탁하는 회사

종류	자기관리 리츠	위탁관리 리츠	기업 구조조정 리츠
영업 개시	국토교통부 영업인가		
투자 대상	일반 부동산, 개발 사업		기업 구조조정 부동산
회사 형태	실체회사(상근 임직원)	명목회사(상근 없음)	
최저 자본금	70억 원	50억 원	

보기

ㄱ. 리츠의 도입 배경　　　　　　ㄴ. 리츠의 정의

ㄷ. 리츠의 장ㆍ단점　　　　　　ㄹ. 리츠 유형 비교

---

① ㄱ　　　　　　　　　　　　② ㄴ

③ ㄷ　　　　　　　　　　　　④ ㄹ

26 다음 글의 내용으로 적절한 것은?

미국의 사회이론가이자 정치학자인 로버트 엑셀로드의 저서 『협력의 진화』에서 언급된 팃포탯(Tit for Tat) 전략은 '죄수의 딜레마'를 해결할 가장 유력한 전략으로 더 잘 알려져 있는 듯하다.

죄수의 딜레마는 게임 이론에서 가장 유명한 사례 중 하나로, 두 명의 실험자가 참여하는 비제로섬 게임(Non Zero-sum Game)의 일종이다. 두 명의 실험자는 각각 다른 방에 들어가 심문을 받는데, 둘 중 하나가 배신하여 죄를 자백한다면 자백한 사람은 즉시 석방되는 대신 나머지 한 사람이 10년 을 복역하게 된다. 다만 두 사람 모두 배신하여 죄를 자백할 경우는 5년을 복역하며, 두 사람 모두 죄를 자백하지 않는다면 각각 6개월을 복역하게 된다.

죄수의 딜레마에서 실험자들은 개인에게 있어 이익이 최대화된다는 가정 아래 움직이기 때문에 결 과적으로는 모든 참가자가 배신을 선택하는 결과가 된다. 즉, 자신의 최대 이익을 노리려던 선택이 오히려 둘 모두에게 배신하지 않는 선택보다 나쁜 결과를 불러오는 것이다.

팃포탯 전략은 1979년 엑셀로드가 죄수의 딜레마를 해결하기 위해 개최한 1·2차 리그 대회에서 우승한 프로그램의 짧고 간단한 핵심전략이다. 캐나다 토론토 대학의 심리학자인 아나톨 라포트 교 수가 만든 팃포탯은 상대가 배신한다면 나도 배신을, 상대가 의리를 지킨다면 의리로 대응한다는 내용을 담고 있다. 이 단순한 전략을 통해 팃포탯은 총 200회의 거래에서 유수의 컴퓨터 프로그램 을 제치고 우승을 차지할 수 있었다.

대회가 끝난 후 엑셀로드는 참가한 모든 프로그램들의 전략을 '친절한 전략'과 '비열한 전략'으로 나누었는데, 친절한 전략으로 분류된 팃포탯을 포함해 대체적으로 친절한 전략을 사용한 프로그램 들이 좋은 성적을 냈다는 사실을 확인할 수 있었다. 그리고 그중에서도 팃포탯이 두 차례 모두 우승 할 수 있었던 것은 비열한 전략을 사용하는 프로그램에게는 마찬가지로 비열한 전략으로 대응했기 때문임을 알게 되었다.

① 엑셀로드가 만든 팃포탯은 죄수의 딜레마에서 우승할 수 있는 가장 유력한 전략이다.

② 죄수의 딜레마에서 자신의 이득이 최대로 나타나는 경우는 죄를 자백하지 않는 것이다.

③ 엑셀로드는 리그 대회를 통해 팃포탯과 같이 대체로 비열한 전략을 사용하는 프로그램이 좋은 성적을 냈다는 사실을 알아냈다.

④ 팃포탯 전략이 우승한 것은 비열한 전략에 마찬가지로 비열하게 대응했기 때문이다.

27 평소 환경에 관심이 많은 A씨는 인터넷에서 다음과 같은 글을 보았다. A씨가 글을 읽고 이해한 내용으로 적절한 것은?

마스크를 낀 사람들이 더이상 낯설지 않다. "알프스나 남극 공기를 포장해 파는 시대가 오는 게 아니냐."는 농담을 가볍게 웃어넘기기 힘든 상황이 됐다. 황사·미세먼지·초미세먼지·오존·자외선 등 한 번 외출할 때마다 꼼꼼히 챙겨야 할 것들이 한둘이 아니다. 중국과 인접한 우리나라의 환경오염 피해는 더욱 심각한 상황이다. 지난 4월 3일 서울의 공기품질은 최악을 기록한 인도 델리에 이어 불명예 2위를 차지했다.

또렷한 환경오염은 급격한 기후 변화의 촉매제가 되고 있다. 지난 1912년 이후 지구의 연평균 온도는 꾸준히 상승해 평균 0.75℃가 올랐다. 우리나라는 세계적으로 유례를 찾아보기 어려울 만큼 연평균 온도가 100여 년간 1.8℃나 상승했으며, 이는 지구 평균치의 2배를 웃도는 수치이다. 기온 상승은 다양한 부작용을 낳고 있다. 1991년부터 2010년까지 20여 년간 폭염일수는 8.2일에서 10.5일로 늘어났고, 열대야지수는 5.4일에서 12.5일로 증가했다. 1920년대에 비해 1990년대 겨울은 한 달이 짧아졌다. 이러한 이상 기온은 우리 농어촌에 악영향을 끼칠 수밖에 없다.

기후 변화와 더불어, 세계 인구의 폭발적 증가는 식량난 사태로 이어지고 있다. 일부 저개발 국가에서는 굶주림이 일반화되고 있다. 올해 4월을 기준으로 전 세계 인구수는 74억 9,400만 명을 넘어섰다. 인류 역사상 가장 많은 인류가 지구에 살고 있는 셈이다. 이 추세대로라면 오는 2050년에는 97억 2,500만 명을 넘어설 것으로 전망된다. 한정된 식량 자원과 급증하는 지구촌 인구수 앞에 결과는 불을 보듯 뻔하다. 곧 글로벌 식량위기가 가시화될 전망이다.

우리나라는 식량의 75% 이상을 해외에서 조달하고 있다. 이는 국제 식량가격의 급등이 식량안보 위협으로 이어질 수도 있음을 뜻한다. 미 국방성은 '수백만 명이 사망하는 전쟁이나 자연재해보다 기후 변화가 가까운 미래에 더 심각한 재앙을 초래할 수 있다.'는 내용의 보고서를 발표하였다. 이뿐 아니라 식량이 부족한 상황에서 식량의 질적 문제도 해결해야 할 과제이다. 삶의 질을 중시하면서 친환경적인 안전 먹거리에 대한 관심과 수요는 증가하고 있지만, 급변하는 기후 변화와 부족한 식량자원은 식량의 저질화로 이어질 가능성을 높이고 있다. 일손 부족 등으로 인해 친환경 먹거리 생산의 대량화 역시 쉽지 않은 상황이다.

① 기후 변화는 환경오염의 촉매제가 되어 우리 농어촌에 악영향을 끼치고 있다.
② 알프스나 남극에서 공기를 포장해 파는 시대가 도래하였다.
③ 세계 인구의 폭발적인 증가는 저개발 국가의 책임이 크다.
④ 우리나라의 식량자급률 특성상 기후 변화가 계속된다면 식량난이 심각해질 것이다.

28 다음 문장들을 논리적 순서대로 바르게 나열한 것은?

> (가) 그렇기 때문에 사람들은 자신의 투자 성향에 따라 각기 다른 금융 상품을 선호한다.
> (나) 그중 주식은 예금에 비해 큰 수익을 얻을 수 있지만 손실의 가능성이 크고, 예금은 상대적으로 적은 수익을 얻지만 손실의 가능성이 적다.
> (다) 그렇다면 금융 회사가 고객들의 투자 성향을 판단하는 기준은 무엇일까?
> (라) 금융 상품에는 주식, 예금, 채권 등 다양한 유형의 투자 상품이 있다.
> (마) 그리고 금융 회사는 이러한 고객의 성향을 고려하여 고객에게 최적의 투자 상품을 추천한다.
> (바) 금융사는 투자의 기대 효용에 대한 고객들의 태도 차이를 기준으로 고객들을 위험 추구형, 위험 회피형 등으로 분류한다.

① (바) – (마) – (다) – (가) – (라) – (나)
② (라) – (나) – (다) – (바) – (가) – (마)
③ (라) – (나) – (가) – (마) – (다) – (바)
④ (바) – (마) – (가) – (다) – (라) – (나)

29 다음 제시된 단어의 반의어로 적절한 것은?

> 가지런하다

① 나란하다   ② 똑바르다
③ 균등하다   ④ 들쭉날쭉하다
⑤ 고르다

30 다음 중 밑줄 친 단어의 맞춤법이 적절하지 않은 것은?

① 그 일은 그렇게 <u>어물쩡</u> 넘어갈 일이 아니다.
② 그 이야기를 듣자 <u>왠지</u> 불길한 예감이 들었다.
③ 그 남자의 굳은살 <u>박인</u> 발을 봐.
④ 집에 가든지 학교에 <u>가든지</u> 해라.

01	02	03	04	05	06	07	08	09	10	11	12	13	14	15	16	17	18	19	20
④	③	②	②	⑤	③	③	②	③	④	③	②	③	④	②	②	②	③	③	③
21	22	23	24	25	26	27	28	29	30										
②	②	④	⑤	③	④	④	③	④	①										

01
정답 ④

제시문은 인공 신경망에 대해 설명하는 글이므로 '앞으로 인공 신경망을 활용할 수 있는 분야는 어떤 것들이 있을까?'라는 질문을 할 수 있다.

오답분석

① 기본 단위는 퍼셉트론으로, 이미 제시되어 있다.
② 퍼셉트론이 0 아니면 1의 출력값을 도출하는 방식은 이미 제시되어 있다.
③ 퍼셉트론을 층으로 배치하여 복잡한 판단을 내릴 수 있다고 언급되어 있다.

02
정답 ③

제시문은 혈관 건강에 좋지 않은 LDL 콜레스테롤을 높이는 포화지방과, LDL 콜레스테롤의 분해를 돕고 HDL 콜레스테롤을 상승하게 하는 불포화지방에 대해 설명하고 있다. 따라서 제목으로 가장 적절한 것은 ③이다.

03
정답 ②

필자가 주장하는 핵심을 파악하기 위해서는 글의 내용을 요약해야 한다. 제시문은 텔레비전의 언어가 개인의 언어 습관에 미치는 악영향을 경계하면서, 올바른 언어 습관을 길들이기 위해 문학 작품 독서를 강조하고 있다.

04
정답 ②

(나) 문단에서는 주택청약종합저축에 가입된 사람도 가입요건을 충족하면 청년 우대형 청약통장으로 전환하여 가입할 수 있음을 설명하고 있다. 따라서 '기존 주택청약종합저축 가입자의 청년 우대형 청약통장 가입 가능 여부'가 (나) 문단의 핵심 화제로 적절하다.

05
정답 ⑤

오답분석

① 신언서판(身言書判) : 중국 당나라 때 관리를 등용하는 시험에서 인물평가의 기준으로 삼았던 몸·말씨·글씨·판단의 네 가지를 이르는 말
② 신상필벌(信賞必罰) : 상을 줄 만한 훈공이 있는 자에게 반드시 상을 주고, 벌할 죄과가 있는 자에게는 반드시 벌을 준다는 뜻으로, 상벌(賞罰)을 공정(公正)·엄중(嚴重)히 하는 일을 말함
③ 순망치한(脣亡齒寒) : 입술이 없으면 이가 시리다는 말로, 서로 떨어질 수 없는 밀접한 관계라는 뜻
④ 어불성설(語不成說) : 말이 이치에 맞지 아니함

06

여명, 동트기, 개동은 '먼동이 트려 할 무렵인 새벽'을 의미하나, 상오는 '자정부터 낮 열두 시까지의 시간'을 의미한다.

07

무조건 질소가 많이 함유된 것이 좋은 비료가 아니라, 탄소와 질소의 비율이 잘 맞는 것이 중요하다.

오답분석

① 커피박을 이용해서 비료를 만들면 커피박을 폐기하는 데 필요한 비용을 절약할 수 있기 때문에 경제적으로도 이득이라고 할 수 있다.
② 비료에서 중요한 요소로 질소를 언급하고 있고, 유기 비료이기 때문에 유기물의 함량 또한 중요하다. 그리고 본문에서도 질소와 유기물 함량을 분석하고 있기에 중요한 고려 요소라고 할 수 있다.
④ 비료를 만드는 데 발생하는 열로 유해 미생물을 죽일 수 있다고 언급하였다.
⑤ 부재료로 언급된 것 중에서 한약재 찌꺼기가 가장 질소 함량이 높다고 하였다.

08

제시문에서는 인지부조화의 개념과 과정을 설명한 후, 이러한 인지부조화를 감소시키는 행동에 자기방어적인 행동을 유발하는 비합리적인 면이 있음을 지적하며, 이러한 행동이 부정적 결과를 초래할 수 있다고 밝히고 있다. 따라서 주제로 가장 적절한 것은 ②이다.

09

먼저 사회형평적 채용인원수 측면에서는 상반기 65명, 하반기 120명이므로 하반기에 더 중점을 두었음을 알 수 있다. 또한 사회적 약자에 대한 범위 역시 상반기에는 장애인과 국가유공자에 대해서만 혜택을 부여했지만, 하반기에는 더 나아가 고졸 및 국가유공자, 한부모가정, 북한이탈주민까지 범위를 넓혔다. 따라서 하반기가 상반기에 비해 사회적 가치실현에 더 중점을 두었음을 알 수 있다.

오답분석

① 전체 채용인원은 상반기가 458명, 하반기가 465명이고, 일반 채용인원은 상반기가 393명, 하반기가 345명이다.
② 국가유공자 채용인원은 상반기와 하반기 모두 동일하게 50명이다.
④ 상반기 보도자료에서 '근무조건을 모집지역 5년 이상 근무하는 것으로 하여 지원자 본인은 생활권을 고려하여 지원해야 할 것으로 보인다.'고 했으며, 하반기 보도자료에서도 '근무조건 또한 모집지역 내에서 5년 이상 근무하는 것으로 이 역시 상반기와 동일하다.'고 했으므로 하반기 지원 역시 상반기처럼 본인의 생활권을 고려하여 지원해야 할 것이라고 볼 수 있다.

10

마지막 문단의 '기다리지 못함도 삼가고 아무것도 안함도 삼가야 한다. 작동 중에 있는 자연스런 성향이 발휘되도록 기다리면서도 전력을 다할 수 있도록 돕는 노력도 멈추지 말아야 한다.'를 통해 ④ '잠재력을 발휘하도록 하려면 의도적 개입과 방관적 태도 모두를 경계해야 한다.'가 제시문의 주제로 적절하다는 것을 알 수 있다.

오답분석

① 인위적 노력을 가하는 것은 일을 '조장(助長)'하지 말라고 한 맹자의 말과 반대된다.
② 싹이 성장하도록 기다리는 것도 중요하지만 '전력을 다할 수 있도록 돕는 노력'도 해야 한다.
③ 명확한 목적성을 강조하는 부분은 제시문에 나와 있지 않다.

11

정답 ③

제시문에서는 우리나라가 지식 기반 산업 위주의 사회로 바뀌면서 내부 노동시장에 의존하던 인력 관리 방식이 외부 노동시장에서의 채용으로 변화함에 따라, 지식 격차에 의한 소득 불평등과 국가 간 경제적 불평등 현상이 심화되고 있다고 말하고 있다.

오답분석

① 정보통신 기술을 통해 전 지구적 노동시장이 탄생하여 기업을 비롯한 사회 조직들이 국경을 넘어 인력을 충원하고, 재화와 용역을 구매하고 있다고 언급했다. 하지만 이러한 국가 간 노동 인력의 이동이 가져오는 폐해에 대해서는 언급하고 있지 않다.
② 지식 기반 경제로의 이행은 지식 격차에 의한 소득 불평등 심화 현상을 일으킨다. 하지만 이것에 대한 해결책은 언급하고 있지 않다.
④ 생산 기능은 저개발국으로 이전되고 연구 개발 기능은 선진국으로 모여들어 정보 격차가 확대되고 있다. 하지만 국가 간의 격차 축소 정책의 필요성은 언급하고 있지 않다.

12

정답 ②

세 번째 문단의 첫 번째 문장을 통해서 ②의 내용이 적절하지 않다는 것을 알 수 있다.

13

정답 ③

'강직하다'는 '마음이 꼿꼿하고 곧다.'는 뜻으로, 문장에서의 쓰임은 적절치 않다.

오답분석

① 답보하다 : 상태가 나아가지 못하고 한자리에 머무르다.
② 알알이 : 한 알 한 알마다
④ 옴니암니 : 아주 자질구레한 것이나 그런 일까지 좀스럽게 셈하거나 따지는 모양
⑤ 구김지다 : 옷 따위에 구겨진 선이 생기다.

14

정답 ④

뜨더귀는 '조각조각으로 뜯어내거나 가리가리 찢어내는 짓, 또는 그 조각'을 뜻한다.

15

정답 ②

제시문에 언급되어 있는 수출가격을 구하는 계산식을 통해 확인할 수 있다. 환율이 1,000원/$일 때 국내시장에서 가격이 1만 원인 국산품의 수출가격이 $10라면, 환율이 상승한 2,000원/$일 경우 수출가격은 $5가 된다.

오답분석

① 수입 증가는 환율 상승의 원인으로 볼 수 있다.
③ 외국인들의 한국 여행은 환율 하락의 원인으로 작용한다.
④ 지문에 제시되어 있는 수입가격을 구하는 계산식을 통해 확인할 수 있다. 환율이 1,000원/$일 때 국제시장에서 가격이 $100인 수입품의 수입가격이 100,000원이라면 환율이 900원/$일 때 90,000원이 된다. 따라서 환율이 하락하면 수입가격도 하락한다.
⑤ 외화를 많이 보유하게 되면 환율이 하락하면서 우리 돈의 가치가 증가한다고 볼 수 있다.

16

정답 ②

두 번째 문단의 '시장경제가 제대로 운영되기 위해서는 국가의 소임이 중요하다.'라고 한 부분과 세 번째 문단의 '시장경제에서 국가가 할 일은 크게 세 가지로 나누어 볼 수 있다.'라고 한 부분에서 '시장경제에서의 국가의 역할'이라는 제목을 유추할 수 있다.

17

정답 ②

보기의 의뢰인이 이용하고 있는 방식은 이벤트 동기화 방식 OTP이다. 따라서 비동기화 방식 OTP를 추천해야 하며, 비동기화 방식은 OTP 발생기와 인증 서버 사이에 동기화된 값이 없다.

[오답분석]
① 이벤트 동기화 방식에 관한 설명이다.
③·④ 의뢰인이 사용하는 방식이 이벤트 동기화이기 때문에, 이벤트 동기화를 추천하는 것은 옳지 않다.

18

정답 ③

이소크라테스는 영원불변하는 보편적 지식의 무용성을 주장했을 뿐, 존재 자체를 부정했다는 내용은 제시문에서 확인할 수 없다.

19

정답 ③

제시문에서 베버가 다른 종교관을 지닌 지역에서 근대 자본주의가 발달할 수 있을 것이라고 생각했다는 내용은 찾아볼 수 없다.

[오답분석]
① 베버는 칼뱅주의의 종교관이 근대 자본주의 정신의 밑바탕이 된다고 생각했다.
② 세 번째 문단에서 당시 자본주의의 근본이 통념과는 다른 것이라는 사실을 주장한 베버의 생각에 대하여 서술하고 있다.
④ 네 번째 문단에서 근대 자본주의 정신의 가치관에 대한 베버의 답변을 서술하고 있다.

20

정답 ③

금융부실관련자 책임추궁에 따르면 금융회사 부실의 부분적인 원인을 제공한 경우에도 조사 대상이 된다.

[오답분석]
① 금융부실관련자에 대한 예금보험공사의 책임추궁은 예금자보호법에 근거하므로 적절한 설명이다.
② 예금보험공사는 검찰과 협조하여 금융부실책임조사본부를 발족하여 부실채무기업에 대해 조사를 수행하고 있다.
④ 예금보험공사는 2013년에 부실채무기업의 증가에 전담부서인 조사2국을 신설하여 대응하였다.

21

정답 ②

제시문은 어떤 주장에 대해 증명할 수 없거나 결코 알 수 없음을 들어 거짓이라고 반박하는 '무지에 호소하는 오류'를 범하고 있으며, ②의 문장 또한 이와 같은 오류에 해당한다.

[오답분석]
① 원천 봉쇄의 오류
③ 군중에 호소하는 오류
④ 결합의 오류
⑤ 원인 오판의 오류

22

정답 ②

해의추식(解衣推食)은 '옷을 입히고, 음식을 밀다'는 의미로, '입고 있던 옷을 벗어 입혀주고 음식을 나누어 준다.'는 뜻이다. 이는 남에게 은혜를 베푸는 것을 말하므로, 제시문의 봉사활동과 그 의미가 가장 일맥상통한다.

[오답분석]
① 음마투전(飮馬投錢) : 말에게 물을 마시게 할 때 먼저 돈을 물속에 던져서 물 값을 갚는다는 뜻으로, 결백한 행실을 비유함
③ 괄목상대(刮目相對) : 눈을 비비고 상대방을 대한다는 뜻으로, 상대방의 학식이나 재주가 갑자기 몰라볼 정도로 나아졌음을 이르는 말

④ 반계곡경(盤溪曲徑) : 꾸불꾸불한 길이라는 뜻으로, 정당하고 평탄한 방법으로 하지 아니하고 그릇되고 억지스럽게 함을 이르는 말

23

정답 ④

주주총회가 아닌 이사회의 결의만으로 발행 가능하다.

오답분석

① 주식회사의 자본금은 주식 발행을 통해 조달되며, 주식회사는 다른 유형의 회사보다 뛰어난 자본 조달력을 갖고 있다.
② 수권주식총수를 통해 자본금의 최대한도인 수권자본금을 알 수 있다.
③ 주식을 인수한다는 것은 출자자를 누구로 하는지, 그 출자자가 인수하려는 주식이 몇 주인지를 확정하는 것을 말한다.
⑤ 주식은 주식시장에서 자유롭게 양도된다.

24

정답 ⑤

케인스는 절대소득가설을 통해 소비를 결정하는 요인들 중에 가장 중요한 것은 현재의 소득이라고 주장했으므로, ⑤는 제시문의 내용으로 적절하지 않다.

25

정답 ③

(나)에서는 리츠의 여러 가지 장점을 나열하였을 뿐 단점에 관해서는 언급하고 있지 않으므로, (나)에는 리츠의 장·단점이 아니라 장점이 와야 한다.

오답분석

(가)에서는 리츠의 의미를 설명하며 우리나라에 리츠가 도입된 배경에 관해 이야기하고 있으므로 (가)에는 ㄱ과 ㄴ 모두 적절하다. 또한 (다)에서는 리츠의 세 가지 유형에 대해 설명하며, 유형별 특징을 표로 정리하여 비교하고 있으므로 (다)에는 ㄹ이 적절하다.

26

정답 ④

엑셀로드는 팃포탯 전략이 두 차례 모두 우승할 수 있었던 이유가 비열한 전략에는 비열한 전략으로 대응했기 때문임을 알게 되었다고 마지막 문단에서 언급하고 있다.

오답분석

① 네 번째 문단에 의하면, 팃포탯을 만든 것은 심리학자인 아나톨 라포트 교수이다.
② 두 번째 문단에 의하면, 죄수의 딜레마에서 자신의 이득이 최대로 나타나는 경우는 내가 죄를 자백하고 상대방이 죄를 자백하지 않는 것이다.
③ 다섯 번째 문단에서 엑셀로드는 팃포탯을 친절한 전략으로 분류했음을 확인할 수 있다.

27

정답 ④

제시문에 따르면 우리나라는 식량의 75% 이상을 해외에서 조달해오고 있으며, 이러한 특성상 기후 변화가 계속된다면 식량공급이 어려워져 식량난이 심각해질 수 있다.

오답분석

① 기후 변화가 환경오염의 촉매제가 된 것이 아니라, 환경오염이 기후 변화의 촉매제가 되었다.
② 알프스나 남극 공기를 포장해 파는 시대가 올지도 모른다는 말은 그만큼 공기질 저하가 심각하다는 것을 비유한 것이다.
③ 한정된 식량 자원에 의한 굶주림이 일부 저개발 국가에서 일반화되었지만, 저개발 국가에서 인구의 폭발적인 증가가 일어났다고는 볼 수 없다.

28

정답 ③

(라)에서 금융 상품의 종류를 분류하고, (나)에서 금융 상품의 하위분류 중 주식과 예금의 대조적인 특징을 설명한 후, (나)의 결과로 사람들이 성향에 따라 각기 다른 금융 상품을 선호한다는 사실을 (가)에서 설명한다. 다음으로 (가)의 고객의 성향에 따라 금융 회사들이 고객에게 최적의 상품을 추천한다는 내용의 (마), (가)에서 언급한 고객의 투자 성향 판단 기준에 대한 질문을 도입하는 (다), 투자 기대 효용에 대한 고객들의 태도 차이를 고객 분류의 기준으로 삼는다는 내용인 (바)의 순서로 이어진다. 따라서 (라) – (나) – (가) – (마) – (다) – (바)가 적절하다.

29

정답 ④

• 가지런하다 : 여럿이 층이 나지 않고 고르게 되어 있다.
• 들쭉날쭉하다 : 들어가기도 하고 나오기도 하여 가지런하지 아니하다.

30

정답 ①

어물쩡은 '말이나 행동을 분명하게 하지 않고 적당히 넘기는 모양'을 이르는 부사인 '어물쩍'의 잘못된 표기이다.

오답분석

② 왠지 : 왜 그런지 모르게. 또는 뚜렷한 이유도 없이
③ 박이다 : 손바닥, 발바닥 따위에 굳은살이 생기다.
④ –든지 : 나열된 동작이나 상태, 대상 중에서 어느 것이든 선택될 수 있음을 나타내는 연결 어미

PART 1

모듈형

01 | 의사소통능력

01 의사소통능력

1. 의사소통능력의 의의

(1) 의사소통이란?

두 사람 또는 그 이상의 사람들 사이에서 일어나는 의사의 전달과 상호교류를 의미하며, 어떤 개인 또는 집단이 개인 또는 집단에 대해서 정보, 감정, 사상, 의견 등을 전달하고 그것들을 받아들이는 과정을 말한다.

(2) 의사소통의 중요성

① 대인관계의 기본이며, 직업생활에서 필수적이다.
② 인간관계는 의사소통을 통해서 이루어지는 상호과정이다.
③ 의사소통은 상호 간의 일반적 이해와 동의를 얻기 위한 유일한 수단이다.
④ 서로에 대한 지각의 차이를 좁혀주며, 선입견을 줄이거나 제거해 줄 수 있는 수단이다.

《 핵심예제 》

다음은 의사소통에 대한 설명이다. (A), (B)에 각각 들어갈 말로 적절한 것은?

> 의사소통이란 두 사람 또는 그 이상의 사람들 사이에서 일어나는 _____(A)_____ 과 _____(B)_____ 이/가 이루어진다는 뜻이며, 어떤 개인 또는 집단이 개인 또는 집단에 대해서 정보, 감정, 사상, 의견 등을 전달하고 그것들을 받아들이는 과정이라고 할 수 있다.

	(A)	(B)
①	의사의 전달	상호분석
②	의사의 이행	상호분석
③	의사의 전달	상호교류
④	의사의 이행	상호교류

> 의사소통이란 기계적으로 무조건적인 정보의 전달이 아니라 두 사람 또는 그 이상의 사람들 사이에서 '의사의 전달'과 '상호교류'가 이루어진다는 뜻이며, 어떤 개인 또는 집단에 대해서 정보, 감정, 사상, 의견 등을 전달하고 그것들을 받아들이는 과정이다.
>
> 정답 ③

(3) 성공적인 의사소통의 조건

내가 가진 정보를 상대방이 이해하기 쉽게 표현

+

상대방이 어떻게 받아들일 것인가에 대한 고려

||

일방적인 말하기가 아닌 의사소통의 정확한 목적을 알고, 의견을 나누는 자세

2. 의사소통능력의 종류

(1) 문서적인 의사소통능력

문서이해능력	업무와 관련된 다양한 문서를 읽고 핵심을 이해, 정보를 획득하고, 수집·종합하는 능력
문서작성능력	목적과 상황에 적합하도록 정보를 전달할 수 있는 문서를 작성하는 능력

(2) 언어적인 의사소통능력

경청능력	원활한 의사소통을 위해 상대의 이야기를 집중하여 듣는 능력
의사표현능력	자신의 의사를 목적과 상황에 맞게 설득력을 가지고 표현하는 능력

(3) 특징

구분	문서적인 의사소통능력	언어적인 의사소통능력
장점	권위감, 정확성, 전달성, 보존성 높음	유동성 높음
단점	의미의 곡해	정확성 낮음

(4) 기초외국어능력

외국어로 된 간단한 자료를 이해하거나, 외국인과의 간단한 대화 또는 전화응대 등 외국인의 의사표현을 이해하고, 자신의 의사를 기초외국어로 표현할 수 있는 능력을 말한다.

3. 의사소통의 저해요인

(1) 의사소통 기법의 미숙, 표현 능력의 부족, 이해 능력의 부족

'일방적으로 말하고', '일방적으로 듣는' 무책임한 태도

(2) 복잡한 메시지, 경쟁적인 메시지

너무 복잡한 표현, 모순되는 메시지 등 잘못된 정보 전달

(3) 의사소통에 대한 잘못된 선입견

'말하지 않아도 아는 문화'에 안주하는 태도

(4) 기타요인

정보의 과다, 메시지의 복잡성, 메시지의 경쟁, 상이한 직위와 과업지향성, 신뢰의 부족, 의사소통을 위한 구조상의 권한, 잘못된 의사소통 매체의 선택, 폐쇄적인 의사소통 분위기

◀핵심예제▶

다음 중 의사소통의 저해요인에 해당하지 않는 것은?

① 표현능력의 부족
② 평가적이며 판단적인 태도
③ 상대방을 배려하는 마음가짐
④ 선입견과 고정관념

> 의사소통 시 '상대방을 배려하는 마음가짐'은 성공적인 대화를 위해 필수적으로 갖춰야 하는 요소이다. 그러므로 의사소통의 저해요인이 될 수 없다.
>
> 정답 ③

---

4. 키슬러의 대인관계 의사소통 유형

유형	특징	제안
지배형	자신감이 있고 지도력이 있으나, 논쟁적이고 독단이 강하여 대인 갈등을 겪을 수 있음	타인의 의견을 경청하고 수용하는 자세 필요
실리형	이해관계에 예민하고 성취지향적으로, 경쟁적이며 자기중심적임	타인의 입장을 배려하고 관심을 갖는 자세 필요
냉담형	이성적인 의지력이 강하고 타인의 감정에 무관심하며 피상적인 대인관계를 유지함	타인의 감정상태에 관심을 가지고 긍정적 감정을 표현하는 것이 필요
고립형	혼자 있는 것을 선호하고 사회적 상황을 회피하며 지나치게 자신의 감정을 억제함	대인관계의 중요성을 인식하고 타인에 대한 비현실적인 두려움의 근원을 성찰하는 것이 필요
복종형	수동적이고 의존적이며 자신감이 없음	적극적인 자기표현과 주장이 필요
순박형	단순하고 솔직하며 자기주관이 부족함	자기주장을 적극적으로 표현하는 것이 필요
친화형	따뜻하고 인정이 많고 자기희생적이나 타인의 요구를 거절하지 못함	타인과의 정서적인 거리를 유지하는 노력이 필요
사교형	외향적이고 인정하는 욕구가 강하며 타인에 대한 관심이 많고 쉽게 흥분함	심리적으로 안정을 취할 필요가 있으며 지나친 인정욕구에 대한 성찰 필요

5. 의사소통능력의 개발

(1) 사후검토와 피드백의 활용

직접 말로 물어보거나 표정, 기타 표시 등을 통해 정확한 반응을 살핀다.

(2) 언어의 단순화

명확하고 쉽게 이해 가능한 단어를 선택하여 이해도를 높인다.

(3) 적극적인 경청

감정을 이입하여 능동적으로 집중하며 경청한다.

(4) 감정의 억제

감정에 치우쳐 메시지를 곡해하지 않도록 침착하게 의사소통한다.

6. 입장에 따른 의사소통전략

화자의 입장	• 의사소통에 앞서 생각을 명확히 할 것 • 문서를 작성할 때는 주된 생각을 앞에 쓸 것 • 보편적인 단어를 쓸 것 • 편견 없는 언어를 사용할 것 • 사실뿐 아니라 감정을 의사소통할 것 • 어조, 표정 등 비언어적인 행동이 미치는 결과를 이해할 것 • 행동을 하면서 말로 표현할 것 • 피드백을 받을 것
청자의 입장	• 세세한 어휘를 모두 들으려고 노력하기보다는 요점, 즉 의미의 파악에 집중할 것 • 화자가 말하고 있는 바에 관한 생각과 사전 정보를 동원하여 몰입할 것 • 모든 이야기를 듣기 전에 결론에 이르지 말고 전체 생각을 청취할 것 • 말하는 사람의 관점에서 진술을 반복하여 피드백할 것 • 들은 내용을 요약할 것

1. 문서이해능력의 의의

(1) 문서이해능력이란?

다양한 종류의 문서에서 전달하고자 하는 핵심 내용을 요약·정리하여 이해하고, 문서에서 전달하는 정보의 출처를 파악하고 옳고 그름을 판단하는 능력을 말한다.

(2) 문서이해의 목적

문서이해능력이 부족하면 직업생활에서 본인의 업무를 이해하고 수행하는 데 막대한 지장을 끼친다. 따라서 본인의 업무를 제대로 수행하기 위해 문서이해능력은 필수적이다.

2. 문서의 종류

(1) 공문서

- 정부 행정기관에서 대내적·대외적 공무를 집행하기 위해 작성하는 문서
- 정부 기관이 일반회사, 단체로부터 접수하는 문서 및 일반회사에서 정부 기관을 상대로 사업을 진행할 때 작성하는 문서 포함
- 엄격한 규격과 양식에 따라 정당한 권리를 가진 사람이 작성
- 최종 결재권자의 결재가 있어야 문서로서의 기능 성립

(2) 보고서

특정 업무에 대한 현황이나 진행 상황 또는 연구·검토 결과 등을 보고할 때 작성하는 문서

종류	내용
영업보고서	영업상황을 문장 형식으로 기재해 보고하는 문서
결산보고서	진행됐던 사안의 수입과 지출결과를 보고하는 문서
일일업무보고서	매일의 업무를 보고하는 문서
주간업무보고서	한 주간에 진행된 업무를 보고하는 문서
출장보고서	출장을 다녀와 외부 업무나 그 결과를 보고하는 문서
회의보고서	회의 결과를 정리해 보고하는 문서

(3) 설명서

상품의 특성이나 사물의 성질과 가치, 작동 방법이나 과정을 소비자에게 설명하는 것을 목적으로 작성한 문서

종류	내용
상품소개서	• 일반인들이 친근하게 읽고 내용을 쉽게 이해하도록 하는 문서 • 소비자에게 상품의 특징을 잘 전달해 상품을 구입하도록 유도
제품설명서	• 제품의 특징과 활용도에 대해 세부적으로 언급하는 문서 • 제품의 사용법에 대해 알려주는 것이 주목적

(4) 비즈니스 메모

업무상 필요한 중요한 일이나 앞으로 체크해야 할 일이 있을 때 필요한 내용을 메모형식으로 작성하여 전달하는 글

종류	내용
전화 메모	• 업무적인 내용부터 개인적인 전화의 전달사항들을 간단히 작성하여 당사자에게 전달하는 메모 • 스마트폰의 발달로 현저히 줄어듦
회의 메모	• 회의에 참석하지 못한 구성원에게 회의 내용을 간략하게 적어 전달하거나 참고자료로 남기기 위해 작성한 메모 • 업무 상황 파악 및 업무 추진에 대한 궁금증이 있을 때 핵심적인 역할을 하는 자료
업무 메모	개인이 추진하는 업무나 상대의 업무 추진 상황을 메모로 적는 형태

(5) 비즈니스 레터(E-mail)

- 사업상의 이유로 고객이나 단체에 편지를 쓰는 것
- 직장업무나 개인 간의 연락, 직접 방문하기 어려운 고객관리 등을 위해 사용되는 비공식적 문서
- 제안서나 보고서 등 공식적인 문서를 전달하는 데도 사용

(6) 기획서

하나의 프로젝트를 문서형태로 만들어, 상대방에게 기획의 내용을 전달하여 해당 기획안을 시행하도록 설득하는 문서

(7) 기안서

회사의 업무에 대한 협조를 구하거나 의견을 전달할 때 작성하며 흔히 사내 공문서로 불림

(8) 보도자료

정부 기관이나 기업체, 각종 단체 등이 언론을 상대로 하여 자신들의 정보가 기사로 보도되도록 하기 위해 보내는 자료

(9) 자기소개서

개인의 가정환경과 성장과정, 입사 동기와 근무자세 등을 구체적으로 기술하여 자신을 소개하는 문서

3. 문서의 이해

(1) 문서이해의 절차

1. 문서의 목적을 이해하기

⬇

2. 이러한 문서가 작성되게 된 배경과 주제를 파악하기

⬇

3. 문서에 쓰인 정보를 밝혀내고, 문서가 제시하고 있는 현안을 파악하기

⬇

4. 문서를 통해 상대방의 욕구와 의도 및 내게 요구되는 행동에 관한 내용을 분석하기

⬇

5. 문서에서 이해한 목적 달성을 위해 취해야 할 행동을 생각하고 결정하기

⬇

6. 상대방의 의도를 도표나 그림 등으로 메모하여 요약·정리해보기

《 핵심예제 》

다음 중 문서이해를 위한 구체적인 절차 가운데 가장 먼저 행해져야 할 사항은?

① 문서의 목적을 이해하기
② 문서가 작성된 배경과 주제를 파악하기
③ 현안을 파악하기
④ 내용을 요약하고 정리하기

> 문서를 이해하기 위해 가장 먼저 행해져야 할 사항은 문서의 목적을 이해하는 것이다. 목적을 명확히 해야 문서의 작성 배경과 주제, 현안을 파악할 수 있으며, 궁극적으로 문서에서 이해한 목적 달성을 위해 취해야 할 행동을 생각하고 결정할 수 있게 된다.
>
> 정답 ①

---

(2) 내용종합능력의 배양

① 주어진 모든 문서를 이해했다 하더라도 그 내용을 모두 기억하기란 불가능하므로 문서내용을 요약하는 문서이해능력에 더해 내용종합능력의 배양이 필요하다.
② 이를 위해서는 다양한 종류의 문서를 읽고, 구체적인 절차에 따라 이해하고, 정리하는 습관을 들여야 한다.

1. 문서작성능력의 의의

(1) 문서작성능력이란?

① 문서의 의미

제안서 · 보고서 · 기획서 · 편지 · 메모 · 공지사항 등 문자로 구성된 것을 지칭하며 일상생활뿐만 아니라 직업생활에서도 다양한 문서를 자주 사용한다.

② 문서작성의 목적

치열한 경쟁상황에서 상대를 설득하거나 조직의 의견을 전달하고자 한다.

〈 핵심예제 〉

다음은 무엇에 대한 설명인가?

상황과 목적에 적합한 문서를 시각적이고 효과적으로 작성하기 위한 능력

① 문서이해능력   ② 문서작성능력
③ 언어이해능력   ④ 언어표현능력

제시된 설명은 문서작성능력에 대한 정의이다.

정답 ②

---

(2) 문서작성 시 고려사항

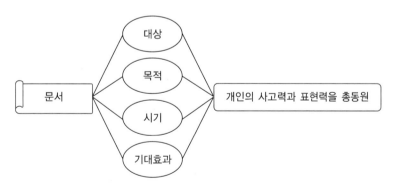

2. 문서작성의 실제

(1) 상황에 따른 문서의 작성

상황	내용
요청이나 확인을 위한 경우	• 공문서 형식 • 일정한 양식과 격식을 갖추어 작성
정보제공을 위한 경우	• 홍보물, 보도자료, 설명서, 안내서 • 시각적인 정보의 활용 • 신속한 정보 제공
명령이나 지시가 필요한 경우	• 업무 지시서 • 명확한 지시사항이 필수적
제안이나 기획을 할 경우	• 제안서, 기획서 • 종합적인 판단과 예견적인 지식이 필요
약속이나 추천을 위한 경우	• 제품의 이용에 대한 정보 • 입사지원, 이직 시 상사가 작성

(2) 문서의 종류에 따른 작성법

① 공문서

- '누가, 언제, 어디서, 무엇을, 어떻게(왜)'가 드러나도록 작성해야 함
- 날짜는 연도와 월일을 반드시 함께 기입해야 함
- 날짜 다음에 괄호를 사용할 때는 마침표를 찍지 않음
- 내용이 복잡할 경우 '-다음-', '-아래-'와 같은 항목을 만들어 구분함
- 한 장에 담아내는 것이 원칙
- 마지막엔 반드시 '끝' 자로 마무리함
- 대외문서이고 장기간 보관되는 문서이므로 정확하게 기술해야 함

② 설명서

- 간결하게 작성함
- 전문용어의 사용은 가급적 삼갈 것
- 복잡한 내용은 도표화
- 명령문보다 평서형으로, 동일한 표현보다는 다양한 표현으로 작성함
- 글의 성격에 맞춰 정확하게 기술해야 함

③ 기획서

- 무엇을 위한 기획서인지 핵심 메시지가 정확히 도출되었는지 확인
- 상대가 요구하는 것이 무엇인지 고려하여 작성
- 글의 내용이 한눈에 파악되도록 목차를 구성
- 분량이 많으므로 핵심 내용의 표현에 유념할 것
- 효과적인 내용전달을 위해 표나 그래프를 활용
- 제출하기 전에 충분히 검토할 것
- 인용한 자료의 출처가 정확한지 확인

④ 보고서

- 핵심내용을 구체적으로 제시
- 간결하고 핵심적인 내용의 도출이 우선이므로 내용의 중복을 피할 것
- 독자가 궁금한 점을 질문할 것에 대비할 것
- 산뜻하고 간결하게 작성
- 도표나 그림은 적절히 활용
- 참고자료는 정확하게 제시
- 개인의 능력을 평가하는 기본 자료이므로 제출하기 전 최종점검을 할 것

《 핵심예제 》

다음 중 설명서의 올바른 작성법에 해당하지 않는 것은?

① 정확한 내용 전달을 위해 명령문으로 작성한다.
② 상품이나 제품에 대해 설명하는 글의 성격에 맞춰 정확하게 기술한다.
③ 정확한 내용전달을 위해 간결하게 작성한다.
④ 소비자들이 이해하기 어려운 전문용어는 가급적 사용을 삼간다.

설명서는 명령문이 아닌 평서형으로 작성해야 한다.

정답 ①

3. 문서작성의 원칙

(1) 문장 구성 시 주의사항

- 간단한 표제를 붙일 것
- 결론을 먼저 작성
- 상대방이 이해하기 쉽게 구성
- 중요하지 않은 경우 한자의 사용은 자제
- 문장은 짧고, 간결하게
- 문장은 긍정문의 형식으로

(2) 문서작성 시 주의사항

- 문서의 작성 시기를 기입
- 제출 전 반드시 최종점검
- 반드시 필요한 자료만 첨부
- 금액, 수량, 일자는 정확하게 기재

다음 중 문서작성의 원칙으로 적절하지 않은 것은?

① 문장을 짧고, 간결하게 작성하도록 한다.

② 정확한 의미전달을 위해 한자어를 최대한 많이 사용한다.

③ 간단한 표제를 붙인다.

④ 문서의 주요한 내용을 먼저 쓰도록 한다.

불가피한 경우가 아니라면 한자사용을 최대한 자제하도록 하며, 상용한자의 범위 내에서 사용하는 것이 상대방의 문서이해에 도움이 될 것이다.

정답 ②

4. 문서표현의 시각화

(1) 시각화의 구성요소

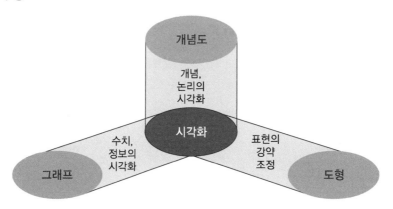

문서의 내용을 시각화하기 위해서는 전하고자 하는 내용의 개념이 명확해야 하고, 수치 등의 정보는 그래프 등을 사용하여 시각화하며, 특히 강조하여 표현하고 싶은 내용은 도형을 이용할 수 있다.

(2) 시각화 방법

① **차트 시각화** : 데이터 정보를 쉽게 이해할 수 있도록 시각적으로 표현하며, 주로 통계 수치 등을 도표나 차트를 통해 명확하고 효과적으로 전달한다.

② **다이어그램 시각화** : 개념이나 주제 등 중요한 정보를 도형, 선, 화살표 등 여러 상징을 사용하여 시각적으로 표현한다.

③ **이미지 시각화** : 전달하고자 하는 내용을 관련 그림이나 사진 등으로 표현한다.

04 경청능력

1. 경청능력의 의의

(1) 경청능력이란?

① 경청의 의미

상대방이 보내는 메시지에 주의를 기울이고 이해를 위해 노력하는 행동으로, 대화의 과정에서 신뢰를 쌓을 수 있는 최고의 방법이다.

② 경청의 효과

대화의 상대방이 본능적으로 안도감을 느끼게 되어 무의식적인 믿음을 갖게 되며, 이 효과로 인해 말과 메시지, 감정이 효과적으로 상대방에게 전달된다.

(2) 경청의 중요성

경청을 통해	+	대화의 상대방을(의)	⇨	• 한 개인으로 존중하게 된다. • 성실한 마음으로 대하게 된다. • 입장에 공감하며 이해하게 된다.

2. 효과적인 경청방법

(1) 적극적 경청과 소극적 경청

① 적극적 경청

상대의 말에 집중하고 있음을 행동을 통해 표현하며 듣는 것으로 질문, 확인, 공감 등으로 표현된다.

② 소극적 경청

상대의 말에 특별한 반응 없이 수동적으로 듣는 것을 말한다.

(2) 적극적 경청을 위한 태도

- 비판적·충고적인 태도를 버린다.
- 상대방이 말하고자 하는 의미를 이해한다.
- 단어 이외에 보여지는 표현에 신경쓴다.
- 경청하고 있다는 것을 표현한다.
- 흥분하지 않는다.

(3) 경청의 올바른 자세

- 상대를 정면으로 마주하여 의논할 준비가 되었음을 알린다.
- 손이나 다리를 꼬지 않는 개방적 자세를 취한다.
- 상대를 향해 상체를 기울여 경청하고 있다는 사실을 강조한다.
- 우호적인 눈빛 교환을 한다.
- 편안한 자세를 취한다.

(4) 효과적인 경청을 위한 트레이닝

종류	내용
준비	미리 나누어준 계획서 등을 읽어 강연 등에 등장하는 용어에 친숙해질 필요가 있음
집중	말하는 사람의 속도와 말을 이해하는 속도 사이에 발생하는 간격을 메우는 방법을 학습해야 함
예측	대화를 하는 동안 시간 간격이 있으면, 다음에 무엇을 말할 것인가를 추측하려고 노력해야 함
연관	상대방이 전달하려는 메시지가 무엇인가를 생각해보고 자신의 삶, 목적, 경험과 관련지어 보는 습관이 필요함
질문	질문에 대한 답이 즉각적으로 이루어질 수 없다고 하더라도 질문을 하려고 하면 경청하는 데 적극적이 되고 집중력이 높아지게 됨
요약	대화 도중에 주기적으로 대화의 내용을 요약하면 상대방이 전달하려는 메시지를 이해하고, 사상과 정보를 예측하는 데 도움이 됨
반응	상대방에 대한 자신의 지각이 옳았는지 확인할 수 있으며, 상대방에게 자신이 정확하게 의사소통을 하였는가에 대한 정보를 제공함

《 핵심예제 》

다음 중 효과적인 경청방법으로 적절하지 않은 것은?

① 주의를 집중한다.
② 나와 관련지어 생각해 본다.
③ 상대방의 대화에 적절히 반응한다.
④ 상대방의 말을 적당히 걸러내며 듣는다.

경청을 방해하는 요인으로 상대방의 말을 듣기는 하지만 임의로 그 내용을 걸러내는 것이 있다. 그러면 상대방의 의견을 제대로 이해할 수 없게 된다. 효과적인 경청자세는 상대방의 말을 전적으로 수용하며 듣는 태도이다.

 정답 ④

3. 경청의 방해요인

요인	내용
짐작하기	상대방의 말을 듣고 받아들이기보다 자신의 생각에 들어 맞는 단서들을 찾아 자신의 생각을 확인하는 것
대답할 말 준비하기	자신이 다음에 할 말을 생각하기에 바빠서 상대방이 말하는 것을 잘 듣지 않는 것
걸러내기	상대의 말을 듣기는 하지만 상대방의 메시지를 온전하게 듣지 않는 것
판단하기	상대방에 대한 부정적인 판단 때문에, 또는 상대방을 비판하기 위해 상대방의 말을 듣지 않는 것
다른 생각하기	상대방이 말을 할 때 다른 생각을 하는 것으로, 현실이 불만스럽지만 이러한 상황을 회피하고 있다는 신호임
조언하기	본인이 다른 사람의 문제를 지나치게 해결해 주고자 하는 것을 말하며, 말끝마다 조언하려고 끼어들면 상대방은 제대로 말을 끝맺을 수 없음
언쟁하기	단지 반대하고 논쟁하기 위해서만 상대방의 말에 귀를 기울이는 것
자존심 세우기	자존심이 강한 사람에게서 나타나는 태도로 자신의 부족한 점에 대한 상대방의 말을 듣지 않으려 함
슬쩍 넘어가기	문제를 회피하려 하거나 상대방의 부정적 감정을 회피하기 위해서 유머 등을 사용하는 것으로 이로 인해 상대방의 진정한 고민을 놓치게 됨
비위 맞추기	상대방을 위로하기 위해서 너무 빨리 동의하는 것을 말하며, 상대방에게 자신의 생각이나 감정을 충분히 표현할 시간을 주지 못하게 됨

다음 중 경청을 방해하는 요인에 해당하지 않는 것은?

① 상대방의 말을 짐작하면서 듣기
② 대답할 말을 미리 준비하며 듣기
③ 상대방의 마음상태를 이해하며 듣기
④ 상대방의 말을 판단하며 듣기

상대방의 마음상태를 이해하며 듣는 것은 올바른 경청방법으로, 방해요인에 해당하지 않는다.

정답 ③

4. 경청훈련

(1) 대화법을 통한 경청훈련

① 주의 기울이기

바라보기, 듣기, 따라하기가 이에 해당하며, 산만한 행동은 중단하고 비언어적인 것, 즉 상대방의 얼굴과 몸의 움직임뿐만 아니라 호흡하는 자세까지도 주의하여 관찰해야 한다.

② 상대방의 경험을 인정하고 더 많은 정보 요청하기

화자가 인도하는 방향으로 따라가고 있다는 것을 언어적 · 비언어적인 표현을 통하여 상대방에게 알려주는 것은 상대방이 더 많은 것을 말할 수 있는 수단이 된다.

③ 정확성을 위해 요약하기

상대방에 대한 이해의 정확성을 확인할 수 있게 하며, 자신과 상대방의 메시지를 공유할 수 있도록 한다.

④ 개방적인 질문하기

단답형의 대답이나 반응보다 상대방의 다양한 생각을 이해하고, 상대방으로부터 보다 많은 정보를 얻기 위한 방법이다.

⑤ '왜?'라는 질문 피하기

'왜?'라는 질문은 보통 진술을 가장한 부정적 · 추궁적 · 강압적인 표현이므로 사용하지 않는 것이 좋다.

(2) 경청능력을 높이는 공감하는 태도

① 공감적 태도

성숙된 인간관계를 유지하기 위해서는 서로의 의견을 공감하고 존중하며 의견 조율이 필요하다. 이를 위해 깊이 있는 대화가 필요하며 이때 필요한 것이 공감적 태도이다. 즉, 공감이란 상대방이 하는 말을 상대방의 관점에서 이해하고 느끼는 것이다.

② 공감적 반응

㉠ 상대방의 이야기를 자신의 관점이 아닌 그의 관점에서 이해한다.
㉡ 상대방의 말 속에 담겨 있는 감정과 생각에 민감하게 반응한다.

1. 의사표현능력의 의의

(1) 의사표현능력이란?

① 의사표현의 의미

말하는 이가 자신의 생각과 감정을 듣는 이에게 음성언어나 신체언어로 표현하는 행위로서 말하는 이의 목적을 달성하는 데 효과가 있다고 생각하는 말하기를 말한다.

② 의사표현의 종류

종류	내용
공식적 말하기	• 사전에 준비된 내용을 대중을 상대로 하여 말하는 것 • 연설, 토의, 토론 등
의례적 말하기	• 정치적·문화적 행사에서와 같이 의례 절차에 따라 말하는 것 • 식사, 주례, 회의 등
친교적 말하기	• 매우 친근한 사람들 사이에서 이루어지는 것으로 자연스러운 상황에서 떠오르는 대로 주고받는 말하기

(2) 의사표현의 중요성

언어에 의해 그려지는 이미지로 인해 자신의 이미지가 형상화될 수 있다. 즉, 자신이 자주 하는 말로써 자신의 이미지가 결정된다는 것이다.

2. 의사표현에 영향을 미치는 비언어적 요소

(1) 연단공포증

청중 앞에서 이야기를 해야 하는 상황일 때 정도의 차이는 있지만 누구나 가슴이 두근거리는 등의 현상을 느끼게 된다. 이러한 연단공포증은 소수가 경험하는 심리상태가 아니라, 90% 이상의 사람들이 호소하는 불안이므로 이를 걱정할 필요는 없으며, 오히려 이러한 심리현상을 잘 통제하면서 표현을 한다면 청자는 그것을 더 인간다운 것으로 생각하게 된다.

(2) 말

① 장단

표기가 같은 말이라도 소리가 길고 짧음에 따라 전혀 다른 뜻이 되는 단어의 경우 긴 소리와 짧은 소리를 구분하여 정확하게 발음해야 한다.

② 발음

발음이 분명하지 못하면 듣는 이에게 정확하게 의사를 전달하기 어렵다. 천천히 복식호흡을 하며 깊은 소리로 침착하게 이야기하는 습관을 가져야 한다.

③ 속도

발표할 때의 발화 속도는 10분에 200자 원고지 15장 정도가 적당하다. 이보다 빠르면 청중이 내용에 대해 생각할 시간이 부족하고 놓친 메시지가 있다고 느끼며, 말하는 사람이 바쁘고 성의 없다는 느낌을 주게 된다. 반대로 느리게 말하면, 분위기가 처지게 되어 청중이 내용에 집중을 하지 못한다.

발표에 능숙하게 되면 청중의 반응을 감지하면서 분위기가 처질 경우 좀 더 빠르게, 내용상 중요한 부분을 짚고 넘어가고자 할 경우는 조금 여유 있게 말하는 등의 조절을 할 수 있다.

④ 쉼

의도적으로 쉼을 잘 활용함으로써 논리성, 동질감 등을 확보할 수 있다.

(3) 몸짓

① 몸의 방향

몸의 방향을 통해 대화 상대를 향하는가, 피하는가가 판단된다. 예를 들어 대화 도중에 끼어든 제3자가 있다고 상상했을 때, 말하는 이가 제3자를 불편하게 생각하는 경우 살짝 몸을 돌릴 수 있다. 몸의 방향은 의도적일 수도 있고, 비의도적일 수도 있으나 말하는 이가 그 사람을 '피하고' 있음을 표현하는 방식이 된다.

② 자세

특정 자세를 보고 그 사람의 분노, 슬픔, 행복과 같은 일부 감정들을 맞히는 것은 90% 이상 일치한다는 연구 결과가 있다. 자신뿐 아니라 지금 대화를 나누고 있는 상대방의 자세에 주의를 기울임으로써 우리는 언어적 요소와는 다른 중요한 정보를 얻을 수 있다.

③ 몸짓

몸짓의 가장 흔한 유형은 몸동작으로 화자가 말을 하면서 자연스럽게 동반하는 움직임이다. 누군가 우리에게 길을 물어볼 때 자연스럽게 말과 함께 손가락과 몸짓을 통해 길을 알려준다. 몸동작은 말로 설명하기는 어려운 것들을 설명하는 데 자주 사용되며, 몸동작이 완전히 배제된 의사표현은 때로 어색함을 줄 수 있다. 또 "최고다."라는 긍정적 신호를 보내기 위해 엄지를 들어 올리는 등의 상징적 동작은 말을 동반하지 않아도 의사표현이 가능하게 한다. 상징적 동작은 문화권에 따라 다를 수 있으므로, 다른 문화권의 사람들과 의사소통을 해야 할 경우에는 문화적 차이를 고려해야 한다.

④ 유머

유머는 의사표현을 더욱 풍요롭게 도와준다. 하지만 하루아침에 유머를 포함한 의사표현을 할 수 있는 것은 아니며, 평소 일상생활 속에서 부단히 유머 감각을 훈련하여야만 자연스럽게 상황에 맞는 유머를 즉흥적으로 구사할 수 있다.

3. 효과적인 의사표현법

상황	내용
지적	• 충고나 질책의 형태로 나타난다. • '칭찬 – 질책 – 격려'의 샌드위치 화법을 사용한다. • 충고는 최후의 수단으로 은유적으로 접근한다.
칭찬	• 대화 서두의 분위기 전환용으로 사용한다. • 상대에 어울리는 중요한 내용을 포함한다.
요구	• 부탁 : 상대의 상황을 확인한 후 응하기 쉽도록 구체적으로 부탁하며, 거절을 당해도 싫은 내색을 하지 않는다. • 업무상 지시, 명령 : 강압적 표현보다는 청유식 표현이 효과적이다.
거절	• 거절에 대한 사과와 함께 응할 수 없는 이유를 설명한다. • 요구를 들어주는 것이 불가능할 경우 단호하게 거절하지만, 정색하는 태도는 지양한다.
설득	• 강요는 금물이다. • 문 안에 한 발 들여놓기 기법 • 얼굴 부딪히기 기법

1. 기초외국어능력의 의의

(1) 기초외국어능력이란?

일 경험에 있어 우리만의 언어가 아닌 세계의 언어로 의사소통을 가능하게 하는 능력을 말하며, 일 경험 중에 필요한 문서이해나 문서작성, 의사표현, 경청 등 기초적인 의사소통을 기초적인 외국어로 가능하게 하는 능력을 말한다.

(2) 기초외국어능력의 중요성

외국인들과의 업무가 잦은 특정 직무뿐만 아니라 컴퓨터 활용 및 공장의 기계사용, 외국산 제품의 사용법을 확인하는 경우 등 기초외국어를 모르면 불편한 경우가 많다.

2. 외국인과의 비언어적 의사소통

(1) 표정으로 알아채기

외국인과 마주하여 대화할 때 그들의 감정이나, 생각을 가장 쉽게 알 수 있는 것이 표정이다. 웃는 표정은 행복과 만족, 친절을 표현하는 데 비해, 눈살을 찌푸리는 표정은 불만족과 불쾌를 나타낸다. 또한 눈을 마주 쳐다보는 것은 흥미와 관심이 있음을, 그리고 그렇게 하지 않음은 무관심을 말해준다.

(2) 음성으로 알아채기

어조가 높으면 적대감이나 대립감을 나타내고, 낮으면 만족이나 안심을 나타낸다. 또한 목소리가 커지면 내용을 강조하는 것이거나 흥분, 불만족 등의 감정 상태를 표현하는 것이다. 또한 말의 속도와 리듬이 매우 빠르거나 짧게 얘기하면 공포나 노여움을 나타내는 것이며, 너무 자주 말을 멈추면 결정적인 의견이 없음을 의미하거나 긴장 또는 저항을 의미한다.

(3) 외국인과의 의사소통에서 피해야 할 행동

- 상대를 볼 때 흘겨보거나, 아예 보지 않는 것
- 팔이나 다리를 꼬는 것
- 표정이 없는 것
- 다리를 흔들거나 펜을 돌리는 것
- 맞장구를 치지 않거나, 고개를 끄덕이지 않는 것
- 생각 없이 메모하는 것
- 자료만 들여다보는 것
- 바르지 못한 자세로 앉는 것
- 한숨, 하품, 신음을 내는 것
- 다른 일을 하며 듣는 것
- 상대방에게 이름이나 호칭을 어떻게 부를지 묻지 않고 마음대로 부르는 것

다음 중 기초외국어능력을 대하는 마음가짐으로 적절하지 않은 것은?

① 상대방과 목적을 공유하라.

② 외국어를 너무 어렵게만 생각하지 마라.

③ 자신을 극복하라.

④ 자신의 부족한 외국어 실력을 의식하여, 실수하지 않도록 한다.

외국어에 대한 자신감이 부족한 사람들이 가지는 특징은 외국어를 잘 못한다는 지나친 의식, 불명확한 의사표현, 의견정리의 어려움, 표현력의 저하 등이다. 그러므로 이러한 마음상태를 극복하고, 자신만의 기초외국어로의 의사소통 방법을 만들어나가는 것도 기초외국어능력을 높이는 좋은 방법이라 할 수 있다.

정답 ④

02 | 유형문제

정답 및 해설 p.002

01 다음은 의사소통의 저해요인에 대한 직원들의 대화이다. 잘못된 설명을 한 직원을 모두 고르면?

> 김대리 : 우리 과장님은 일방적으로 듣기만 하셔서 의사를 파악하기가 정말 힘들어.
> 최대리 : 그래. 표현 능력이 부족하셔서 자신의 의사는 잘 전달을 못 하시는 걸 수도 있어.
> 박주임 : 그래도 일방적으로 듣기만 하는 것은 의사를 수용하는 것이니 소통상 문제가 아니지 않나요? 일방적으로 전달만 하는 분과의 의사소통이 문제인 것 같아요.
> 박사원 : 저는 이전 부서에서 대리님과 대화할 때, 대화 과정의 내용을 어느 정도 아시는 줄 알았는데 모르고 계셔서 놀란 적이 있어요.
> 임주임 : 전달한 줄 알았거나, 알고 있는 것으로 착각하는 건 평가적이고 판단적인 태도 때문이야.
> 양대리 : 맞아. 말하지 않아도 알 것이라 생각하는 문화는 선입견이나 고정관념의 한 유형이야.

① 김대리
② 박주임
③ 박사원, 임주임
④ 박주임, 양대리

02 다음 중 의사소통능력 개발 방안에 대한 설명으로 옳은 것은?

① 의사소통과정에 대한 사후 검토 시, 부정적 피드백은 오히려 이후 의사소통에 부정적 영향을 미칠 수 있으므로 긍정적 피드백을 중점적으로 주어야 한다.

② 단순히 상대방의 이야기를 듣는 것도 경청하는 것과 동일한 효과를 낸다.

③ 의사소통 과정에서는 감정을 최대한으로 담기 위해 노력해야 정확한 의사소통이 가능하다.

④ 집단 구성원이 아닌 외부 구성원과 대화할 때에는 전문용어의 사용이 비효율적일 수 있다.

03 다음 〈보기〉에서 인상적인 의사소통에 대한 설명으로 옳지 않은 것을 모두 고르면?

> **보기**
>
> ㄱ. 항상 주위의 언어 정보에 민감하게 반응할 수 있어야 한다.
> ㄴ. 의사를 전달받는 상대방의 이해방식을 고려하기 위해 노력한다.
> ㄷ. 인상적인 의사소통이란 동일한 내용이라도 새롭게 부각시켜 전달할 수 있는 능력을 가리킨다.
> ㄹ. 이전에 사용한 표현을 기반으로 안정적인 의사전달 방안을 고민한다.
> ㅁ. 일상 속에서 언어정보를 직접 활용할 수 있도록 노력하여야 한다.

① ㄹ   ② ㄱ, ㄷ, ㄹ
③ ㄴ, ㄷ   ④ ㄴ, ㄷ, ㄹ, ㅁ

04 다음 중 문서를 이해하는 과정에 대한 설명으로 옳지 않은 것은?

① 문서를 이해하기 위해서는 우선 문서의 목적을 이해하는 것이 첫 번째로 수행되어야 한다.
② 상대방의 의도를 도표, 그림 등으로 요약해보는 것은 문서의 이해에 큰 도움이 되는 과정이다.
③ 문서의 핵심내용만 아는 것으로는 문서를 이해하는 데에 한계가 있으므로, 모든 내용을 파악하는 것이 필수적이다.
④ 정확한 문서이해를 위해서는 문서의 내용을 분석하기 이전에 문서작성의 배경과 주체를 파악하여야 한다.

05 다음 중 의사소통능력에 대한 설명으로 옳지 않은 것은?

① 자신의 의견을 인상적으로 전달하기 위해서는 자신의 의견을 장식하는 것이 필요하다.
② 의사소통 과정을 통하여 상대방이 '과연'하며 감탄하도록 만드는 것이 좋다.
③ 인상적인 의사소통능력을 개발하기 위해서는 자주 사용하는 표현을 잘 섞어서 쓰는 것이 좋다.
④ 새로운 고객을 만나는 직업인이라도 매일 다른 사람을 만나기 때문에 항상 새로운 표현을 사용하여 인상적인 의사소통을 만든다.

06 의사소통능력은 다음 표와 같이 구분할 수 있다. ㉠에 들어갈 표현으로 적절한 것은?

말하기	듣기	㉠
쓰기	읽기	문자
산출	수용	

① 음성   ② 표현

③ 상징   ④ 의미

07 다음 글에서 나타나는 경청의 방해요인은?

> 내 친한 친구는 한 번도 약속을 지킨 적이 없던 것 같다. 작년 크리스마스 때의 약속, 지난 주말에 했던 약속 모두 늦게 오거나 당일에 문자로 취소 통보를 했었다. 그 친구가 오늘 학교에서 나에게 다음 주말에 개봉하는 영화를 함께 보러 가자고 했고, 나는 당연히 다음 주에는 그 친구와 만날 수 없을 것이라고 생각했다.

① 판단하기   ② 조언하기

③ 언쟁하기   ④ 걸러내기

08 다음에서 설명하는 문서의 종류는?

> 회사의 업무에 대한 협조를 구하거나 의견을 전달할 때 작성하며, 흔히 사내 공문서라고도 함

① 기안서   ② 기획서

③ 보고서   ④ 비즈니스 레터

09 다음 중 문서이해의 절차가 바르게 나열된 것은?

> ㄱ. 문서의 목적을 이해
> ㄴ. 상대방의 의도를 도표나 그림 등으로 메모하여 요약·정리
> ㄷ. 문서를 통해 상대의 욕구와 의도 및 요구되는 행동에 관한 내용 분석
> ㄹ. 문서의 정보를 밝혀내고 문서가 제시하고 있는 현안 문제 파악
> ㅁ. 문서에서 이해한 목적 달성을 위해 취해야 할 행동을 생각하고 결정
> ㅂ. 문서가 작성되게 된 배경과 주제 파악

① ㄱ - ㄴ - ㄷ - ㄹ - ㅁ - ㅂ
② ㄱ - ㅂ - ㄹ - ㄷ - ㅁ - ㄴ
③ ㄴ - ㄷ - ㄹ - ㅁ - ㅂ - ㄱ
④ ㅂ - ㄱ - ㄹ - ㄷ - ㅁ - ㄴ

10 다음 중 문서에 대한 설명으로 바르지 않은 것은?

① 기획서 : 제품의 특징과 활용도에 대해 세부적으로 언급하는 문서
② 보고서 : 특정한 일에 관한 현황이나 그 진행 상황 또는 연구·검토 결과 등을 보고하고자 할 때 작성하는 문서
③ 보도자료 : 각종 단체 등이 언론을 상대로 자신들의 정보가 기사로 보도되도록 하기 위해 보내는 문서
④ 설명서 : 상품의 특성이나 사물의 가치, 작동 방법이나 과정에 대해 소비자에게 설명하는 것을 목적으로 작성한 문서

11 다음 중 문서작성의 구성요소로 적절하지 않은 것은?

① 이해하기 쉬운 구조   ② 논리적으로 구체적인 문장
③ 주관적이고 투박한 내용   ④ 인상적이고 효과적인 배치

12 다음 중 문서작성 시 주의사항으로 옳지 않은 것은?

① 문서는 육하원칙에 의해서 써야 한다.

② 문서는 그 작성시기가 중요하다.

③ 한 사안은 한 장의 용지에 작성해야 한다.

④ 되도록 많은 첨부자료를 첨부해야 한다.

13 다음 중 문서를 시각화하는 포인트로 옳지 않은 것은?

① 보기 쉬워야 한다.   ② 이해하기 쉬워야 한다.

③ 문자는 그래프로 표시한다.   ④ 다채롭게 표현한다.

14 다음 중 상황과 대상에 따른 의사표현법으로 옳지 않은 것은?

① 잘못을 지적할 때는 상대방이 상처를 받을 수도 있으므로 모호한 표현을 해야 한다.

② 상대방을 칭찬할 때는 자칫 잘못하면 아부로 여겨질 수 있으므로 주의해야 한다.

③ 상대방에게 부탁해야 할 때는 상대의 사정을 우선시하는 태도를 보여줘야 한다.

④ 상대방의 요구를 거절해야 할 때는 먼저 사과하고 요구를 들어줄 수 없는 이유를 설명해야 한다.

15 다음 중 의사표현에 대한 설명으로 옳지 않은 것은?

① 의사표현에는 음성언어와 신체언어가 있다.

② 친구들끼리의 사적인 대화는 포함하지 않는다.

③ 말하는 이의 목적을 달성하는 데 효과가 있다고 생각하는 말하기이다.

④ 종류로는 공식적 말하기, 의례적 말하기 등이 있다.

16 다음 중 설득력 있는 의사표현의 지침으로 옳지 않은 것은?

① 대비효과로 분발심을 불러일으킨다.

② 여운을 남기는 말로 상대방의 감정을 누그러뜨린다.

③ 하던 말을 갑자기 멈추지 않는다.

④ 호칭을 바꿔서 심리적 간격을 좁힌다.

17 다음 중 가장 적절한 의사표현법을 사용하고 있는 사람은?

① A대리 : (늦잠으로 지각한 후배 사원의 잘못을 지적하며) "오늘도 지각을 했네요. 어제도 늦게 출근하지 않았나요? 왜 항상 지각하는 거죠?"

② B대리 : (후배 사원의 고민을 들으며) "방금 뭐라고 이야기했죠? 미안해요. 아까 이야기한 고민에 대해서 어떤 답을 해줘야 할지 생각하고 있었어요."

③ C대리 : (후배 사원의 실수가 발견되어 이를 질책하며) "이번 프로젝트를 위해 많이 노력했다는 것 압니다. 다만, 발신 메일 주소를 한 번 더 확인하는 습관을 갖는 것이 좋겠어요. 앞으로는 더 잘할 거라고 믿어요."

④ D대리 : (거래처 직원에게 변경된 계약서에 서명할 것을 설득하며) "이 정도는 그쪽에 큰 손해사항도 아니지 않습니까? 지금 서명해주지 않으시면 곤란합니다."

18 L사원은 신입사원 교육에서 직장생활에서 요구되는 문서적·언어적 의사소통능력에 대한 강연을 들었다. 강연을 들으면서 다음과 같이 메모하였다고 할 때, L사원이 작성한 메모의 빈칸에 들어갈 수 없는 것은?

> • 문서적 의사소통능력
>   – 문서이해능력
>   – 문서작성능력
> • 언어적 의사소통능력
>   – 경청능력
>   – 의사표현능력
> ⇒ 문서적인 의사소통은 언어적인 의사소통에 비해 _____이 있고, _____이 높고, _____도 크다.

① 권위감   ② 보존성

③ 전달성   ④ 유동성

19 얼마 전 지하철 역사 내에 교통약자를 위한 장애인 리프트가 설치되었다. 그러나 얼마 지나지 않아 장애인 리프트를 어떻게 이용해야 할지 모르겠다는 승객의 불만이 접수되었다. 승객의 불만 사항 처리 업무를 담당하는 L사원은 이를 처리하기 위한 방법을 표준화할 문서를 작성하려고 한다. 다음 중 L사원이 작성해야 할 문서의 종류는 무엇인가?

① 매뉴얼
② 보도자료
③ 보고서
④ 기획서

20 의사표현의 종류는 상황이나 사태를 고려하여 공식적 말하기, 의례적 말하기, 친교적 말하기로 구분할 수 있다. 다음 〈보기〉에서 공식적 말하기에 해당하는 것을 모두 고르면?

보기	
㉠ 토론	㉡ 연설
㉢ 토의	㉣ 주례
㉤ 회의	㉥ 안부전화

① ㉠, ㉡
② ㉠, ㉢
③ ㉠, ㉡, ㉢
④ ㉠, ㉡, ㉣

21 다음 상황의 A씨는 문서이해의 절차 중 어느 단계를 수행하고 있는가?

영업 지원팀의 A씨는 매일 협력업체들이 보내는 수십 건의 주문서를 처리하고, 상사의 지시에 따라 보고서나 기획서 등을 작성한다. 얼마 전 A씨는 급하게 처리해야 할 주문서를 찾아야 했는데, 책상에 가득 쌓인 주문서와 상사의 요청서, 보고서 등으로 곤욕을 치러야 했다. A씨는 문서를 종류별로 체계적으로 정리하기로 결심하였고, 고객의 주문서 중 핵심내용만 정리하여 요구사항별로 그룹화하고, 상사의 요청서에서 중요한 내용만 간추려 메모하기 시작하였다.

① 문서의 목적 이해하기
② 문서 작성의 배경과 주제 파악하기
③ 상대방의 의도를 메모하여 요약, 정리하기
④ 문서가 제시하는 현안문제 파악하기

22 다음 중 경청훈련을 위한 방법으로 적절하지 않은 것은?

① 바라보고 듣고 따라하는 등 주의를 기울인다.

② 상대방의 경험을 인정하고 더 많은 정보를 요청한다.

③ 정확성을 위해 요약한다.

④ '왜?'라는 질문을 하려고 노력한다.

23 다음 중 공문서의 특성에 대한 설명으로 적절한 것은?

① 반드시 일정한 양식과 격식을 갖추어 작성하여야 한다.

② 날짜 다음에 괄호를 사용할 경우 반드시 마침표를 찍어야 한다.

③ 복잡한 내용은 도표를 통해 시각화하여 이해도를 높인다.

④ 여러 장에 담아내는 것이 원칙이다.

24 얼마 전 H회사의 프로젝트 진행 과정에 문제가 있다는 뉴스가 보도되었다. H회사의 홍보팀에 근무 중인 A대리는 담당 부서의 설명 자료를 건네받아 뉴스에 반박하는 글을 작성하려고 한다. 이때 A대리가 작성해야 할 문서로 적절한 것은?

① 보도자료   ② 제품설명서

③ 업무지시서   ④ 제안서

25 다음 중 기초외국어능력 향상을 위한 방법으로 적절한 것은?

① 외국어가 능숙해지기 전까지는 외국인 친구와 대화를 하지 않는다.

② 라이벌이 있으면 지나친 경쟁심이 생길 수 있으므로 혼자 공부한다.

③ 외국어를 공부하는 목적은 공부가 어느 정도 진행된 다음에 정하면 된다.

④ 업무와 관련된 외국어 주요 용어를 메모해둔다.

26 다음 중 기초외국어능력의 향상에 대한 설명으로 옳은 것은?

① 외국어 공부의 목적부터 정한다.

② 출퇴근 시간에 외국어 방송을 보는 것만으로는 도움이 되지 않는다.

③ 매일 30분씩 공부하는 것은 안 하느니만 못하다.

④ 정확하게 말할 수 있는 것만 말해야 한다.

27 다음 중 기초외국어능력에 대한 설명으로 옳은 것은?

① 외국인과 유창하게 의사소통할 수 있는 능력을 의미한다.

② 외국어로 된 이메일을 받고 이를 해결하는 상황 등에 필요하다.

③ 외국인과의 업무가 잦은 사람만 필요하다.

④ 영어로만 의사소통이 가능하면 된다.

28 다음 중 외국어 자신감 부족형의 특징으로 옳지 않은 것은?

① 심한 긴장감으로 위축되어 표현력이 떨어진다.

② 자신의 의사를 명확히 표현하지 못한다.

③ 자신의 의사를 간단하게 정리하지 못한다.

④ 대화가 끝날 무렵 자신이 외국어를 잘 못한다는 사실을 지나치게 의식한다.

29 다음 중 기초외국어능력이 필요한 상황이 아닌 것은?

① 외국인과 함께 일하는 국제 비즈니스 상황

② 외국에서 들어온 기계가 어떻게 작동되는지 매뉴얼을 봐야 하는 상황

③ 외국으로 보낼 서류를 작성하는 상황

④ 같은 언어를 사용하는 상사에게 보고하는 상황

30 다음 중 외국인과의 의사소통에서 비언어적 의사소통에 대한 설명으로 옳지 않은 것은?

① 눈을 마주치지 않는 것은 무관심을 의미한다.

② 어조가 높은 것은 적대감이나 대립감을 나타낸다.

③ 목소리가 커지면 내용을 강조하는 것일 수도 있다.

④ 말을 자주 중지할수록 신중하게 생각하는 것이다.

PART 2

문서이해능력

01 | 문장삽입

대표유형 1 | 문장삽입 ①

다음 중 〈보기〉의 문장이 들어갈 위치로 가장 적절한 곳은?

> 밥상에 오르는 곡물이나 채소가 국내산이라고 하면 보통 그 종자도 우리나라의 것으로 생각하기 쉽다. (가) 하지만 실상은 벼, 보리, 배추 등을 제외한 많은 작물의 종자를 수입하고 있어 그 자급률이 매우 낮다고 한다. (나) 또한, 청양고추 종자는 우리나라에서 개발했음에도 현재는 외국 기업이 그 소유권을 가지고 있다. (다) 국내 채소 종자 시장의 경우 종자 매출액의 50%가량을 외국 기업이 차지하고 있다는 조사 결과도 있다. (라) 이런 상황이 지속될 경우, 우리 종자를 심고 키우기 어려워질 것이고 종자를 수입하거나 로열티를 지급하는 데 지금보다 훨씬 많은 비용이 들어가는 상황도 발생할 수 있다. 또한, 전문가들은 세계 인구의 지속적인 증가와 기상 이변 등으로 곡물 수급이 불안정하고, 국제 곡물 가격이 상승하는 상황을 고려할 때, 결국에는 종자 문제가 식량 안보에 위협 요인으로 작용할 수 있다고 지적한다.

보기

양파, 토마토, 배 등의 종자 자급률은 약 16%, 포도는 약 1%에 불과하다.

① (가) ② (나)
③ (다) ④ (라)

정답 | 해설

보기의 문장은 우리나라 작물의 낮은 자급률을 보여주는 구체적인 수치이다. 따라서 우리나라 작물의 낮은 자급률을 이야기하는 '하지만 실상은 벼, 보리, 배추 등을 제외한 많은 작물의 종자를 수입하고 있어 그 자급률이 매우 낮다고 한다.' 뒤에 위치하는 것이 가장 적절하다.

정답 ②

대표유형 2 | 문장삽입 ②

다음 중 〈보기〉의 ㉠과 ㉡이 들어갈 위치로 가장 적절한 곳은?

탄수화물은 사람을 비롯한 동물이 생존하는 데 필수적인 에너지원이다. (가) 탄수화물은 섬유소와 비섬유소로 구분된다. 사람은 체내에서 합성한 효소를 이용하여 곡류의 녹말과 같은 비섬유소를 포도당으로 분해하고 이를 소장에서 흡수하여 에너지원으로 이용한다. (나) 소, 양, 사슴과 같은 반추 동물도 섬유소를 분해하는 효소를 합성하지 못하는 것은 마찬가지이지만, 비섬유소와 섬유소를 모두 에너지원으로 이용하며 살아간다. (다) 위(胃)가 넷으로 나누어진 반추 동물의 첫째 위인 반추위에는 여러 종류의 미생물이 서식하고 있다. 반추 동물의 반추위에는 산소가 없는데, 이 환경에서 왕성하게 생장하는 반추위 미생물들은 다양한 생리적 특성이 있다. (라) 식물체에서 셀룰로스는 그것을 둘러싼 다른 물질과 복잡하게 얽혀 있는데, F가 가진 효소 복합체는 이 구조를 끊어 셀룰로스를 노출한 후 이를 포도당으로 분해한다. F는 이 포도당을 자신의 세포 내에서 대사 과정을 거쳐 에너지원으로 이용하여 생존을 유지하고 개체 수를 늘림으로써 생장한다. (마) 이런 대사 과정에서 아세트산, 숙신산 등이 대사산물로 발생하고 이를 자신의 세포 외부로 배출한다. 반추위에서 미생물들이 생성한 아세트산은 반추 동물의 세포로 직접 흡수되어 생존에 필요한 에너지를 생성하는 데 주로 이용되고 체지방을 합성하는 데에도 쓰인다.

보기

㉠ 반면, 사람은 풀이나 채소의 주성분인 셀룰로스와 같은 섬유소를 포도당으로 분해하는 효소를 합성하지 못하므로 섬유소를 소장에서 이용하지 못한다.

㉡ 그중 피브로박터 숙시노젠(F)은 섬유소를 분해하는 대표적인 미생물이다.

	㉠	㉡		㉠	㉡
①	(가)	(라)	②	(가)	(마)
③	(나)	(라)	④	(나)	(마)

정답 | 해설

• ㉠의 '사람은 섬유소를 분해하는 효소를 합성하지 못한다.'는 내용과 (나) 바로 뒤의 문장의 '반추 동물도 섬유소를 분해하는 효소를 합성하지 못하는 것은 마찬가지 …'로 보아 ㉠의 적절한 위치는 (나)임을 알 수 있다.

• ㉡은 대표적인 섬유소 분해 미생물인 피브로박터 숙시노젠(F)을 소개하고 있으므로 계속해서 피브로박터 숙시노젠을 설명하는 (라)의 뒤 문장보다 앞에 위치해야 한다.

정답 ③

30초 컷 풀이 Tip

보기를 먼저 읽고, 선택지로 주어진 빈칸 부분의 앞·뒤 문장을 읽어 본다. 그리고 빈칸 부분에 보기를 넣었을 때 그 흐름이 어색하지 않은 위치를 찾도록 한다. 또는 보기 문장의 중심이 되는 단어가 빈칸의 앞뒤에 언급되어 있는지를 확인하도록 한다.

※ 다음 중 〈보기〉의 내용이 들어갈 위치로 가장 적절한 곳을 고르시오. [1~8]

01

우리나라의 4대강에서 녹조 현상이 두드러지게 나타나고 있다. 지난여름 낙동강에서 심한 녹조 현상이 나타남에 따라 '녹조라테'라는 말이 등장했다. 녹조라테란 녹조 현상을 녹차라테에 빗대어, 녹색으로 변한 강을 비꼬아 이르는 말이다.

(가) 녹조는 부영양화된 호수나 유속이 느린 하천, 정체된 바다에서 부유성의 조류가 대량 증식하여 물색을 녹색으로 변화시키는 현상을 말한다. (나) 부영양화는 물에 탄소, 질소 및 인과 같은 플랑크톤의 번식에 양분이 되는 물질들이 쌓여 일어난다. 이런 물질들은 주로 공장폐수나 가정하수 등에 많이 들어 있고, 연못처럼 고여 있는 물에서 빠른 속도로 부영양화가 진행된다. (다) 대량으로 증식된 조류는 물속의 산소량을 줄여 수중생물들의 생명을 위협하고, 독성물질을 생성하면서 악취를 풍긴다.

(라) 사실 조류는 물속에 있어서 꼭 필요한 존재이다. 조류는 먹이사슬의 1차 생산자로 수생태계 유지에 중요한 역할을 담당하기 때문이다. 단지 인간에 의해 과도한 조류로 발생한 녹조가 문제일 뿐, 적당한 녹조는 생태계에 꼭 필요한 존재이다.

> **보기**
>
> 물론 녹조라고 해서 무조건 나쁜 것은 아니다.

① (가) 　　　　　　　　　　　　　　　② (나)
③ (다) 　　　　　　　　　　　　　　　④ (라)

02

(가) 자연계는 무기적인 환경과 생물적인 환경이 상호 연관되어 있으며 그것은 생태계로 불리는 한 시스템을 이루고 있음이 밝혀진 이래, 이 이론은 자연을 이해하기 위한 가장 기본이 되는 것으로 받아들여지고 있다. (나) 그동안 인류는 더 윤택한 삶을 누리기 위하여 산업을 일으키고 도시를 건설하며 문명을 이룩해왔다. (다) 이로써 우리의 삶은 매우 윤택해졌으나 우리의 생활환경은 오히려 훼손되고 있으며 환경오염으로 인한 공해가 누적되고 있고, 우리 생활에서 없어서는 안 될 각종 자원도 바닥이 날 위기에 놓이게 되었다. (라) 따라서 우리는 낭비되는 자원, 그리고 날로 황폐해져 가는 자연에 대하여 우리가 해야 할 시급한 임무가 무엇인지를 깨닫고, 이를 실천하기 위해 우리 모두의 지혜와 노력을 모아야만 한다.

> **보기**
>
> 만약 우리가 이 위기를 슬기롭게 극복해내지 못한다면 인류는 머지않아 파멸에 이르게 될 것이다.

① (가) 　　　　　　　　　　　　　　　② (나)
③ (다) 　　　　　　　　　　　　　　　④ (라)

03

유기농 농법으로 키운 작물보다 유전자 변형 식품이 더 안전할 수 있다. 사람들은 식품에 '자연산'이라는 표시가 있으면 무조건 안전하려니 믿는 경향이 있다. (가) 특히 유기농 식품이라면 무조건 좋다고 생각하는 사람이 많다. (나) 하지만 유기농 식품이 더 위험할 수 있다. (다) 이렇게 보면 자연식품이 안전하고 더 몸에 좋을 것이라는 생각은 편견일 가능성이 많다. (라) 자연 또는 천연이라는 말이 반드시 안전을 의미하지는 않는 것이다.

보기

세균 오염으로 인한 치명적인 결과를 초래할 수 있기 때문이다.

① (가)
② (나)
③ (다)
④ (라)

04

한국의 전통문화는 근대화의 과정에서 보존되어야 하는가, 아니면 급격한 사회 변동에 따라 해체되어야 하는가? 한국 사회 변동 과정에서 외래문화는 전통문화에 흡수되어 토착화되는가, 아니면 전통문화 자체를 전혀 다른 것으로 변질시키는가? 이러한 질문에 대해서 오늘 한국 사회는 진보주의와 보수주의로 나뉘어 뜨거운 논란을 빚고 있다. (가) 그러나 전통의 유지와 변화에 대한 견해 차이는 단순하게 진보주의와 보수주의로 나뉠 성질의 것이 아니다. 한국 사회는 한 세기 이상의 근대화 과정을 거쳐 왔으며 앞으로도 광범하고 심대한 사회 구조의 변동을 가져올 것이다. (나) 이런 변동 때문에 보수주의적 성향을 가진 사람들도 전통문화의 변질을 어느 정도 수긍하지 않을 수 없고, 진보주의 성향을 가진 사람 또한 문화적 전통의 가치를 인정하지 않을 수 없다. (다) 근대화는 전통문화의 계승과 끊임없는 변화를 다 같이 필요로 하며 외래문화의 수용과 토착화를 동시에 요구하기 때문이다. (라) 근대화에 따르는 사회 구조적 변동이 문화를 결정짓기 때문에 전통문화의 변화 문제는 특수성이나 양자택일이라는 기준으로 다룰 것이 아니라 끊임없는 사회 구조의 변화라는 시각에서 바라보고 분석하는 것이 중요하다.

보기

또한 이 논란은 단순히 외래문화나 전통문화 중 양자택일을 해야 하는 문제도 아니다.

① (가)
② (나)
③ (다)
④ (라)

05

(가) 턱관절(악관절)이란 양쪽 손가락을 바깥귀길(외이도) 앞쪽에 대고 입을 벌릴 때 움직이는 것을 알 수 있는 얼굴 부위의 유일한 관절이다. 사람의 머리뼈는 여러 개의 뼈가 맞물려 뇌를 보호하도록 되어 있는 구조인데 그중 머리 옆을 덮고 있는 좌우 관자뼈의 아래쪽에는 턱관절오목(하악와, 하악골과 접하기 때문에 붙여진 이름)이라 불리는 오목한 곳이 있다. (나) 국민건강보험공단이 2010년부터 2015년까지 건강보험 지급자료를 분석한 내용에 따르면, 주 진단명으로 '턱관절 장애'를 진료받은 환자는 2010년 25만 명에서 2015년 35만 명으로 40.5% 증가하였으며, 여성이 남성보다 1.5배 정도 더 많은 것으로 나타났다. (다) 2015년 성별·연령대별 진료현황을 살펴보면, 20대(9만 4천 명, 26.9%)가 가장 많았고, 10대(6만 명, 17.1%), 30대(5만 6천 명, 16.1%) 순이었으며, 젊은 연령층의 여성 진료인원이 많은 것으로 나타났다. 20대 여성이 5만 5천 명으로 같은 연령대 남성 3만 8천 명보다 1.4배 많았으며, 30대와 40대는 1.7배 등 9세 이하를 제외한 전 연령대에서 여성 진료인원이 많았다. (라) 2015년 연령대별 인구 10만 명당 진료인원에서도 20대 여성이 1,736명으로 가장 많았고, 다음으로 10대 1,283명, 30대 927명 순으로 나타났으며, 남성은 20대가 1,071명으로 가장 많았고, 9세 이하가 45명으로 가장 적었다. 진료 형태별로 '턱관절 장애' 진료인원을 비교해 본 결과, 외래 진료인원은 2010년 24만 8천 명에서 2015년 34만 8천 명으로 40.4%로 증가하였고, 입원 진료자 수도 2010년 322명에서 2015년 445명으로 38.2% 증가하였다.

보기

국민건강보험 일산병원 치과 K교수는 20대 여성 환자가 많은 이유에 대해 "턱관절 장애는 턱관절과 주위 저작근 등의 이상으로 나타나는 기질적 요인도 있으나, 정서적(또는 정신적) 기여요인 또한 영향을 미치는 것으로 알려져 있다. 턱관절 장애는 스트레스, 불안감 또는 우울증 등이 요인으로 작용할 수 있다. 일반적으로 여성이 턱관절 이상 증상에 대해서 더 민감하게 받아들이는 것으로 알려져 있다. 한 가지 고려 사항으로는 아직 명확하게 밝혀진 것은 아니나, 최근 여성호르몬이 턱관절 장애의 병인에 영향을 줄 수 있는 것으로 보고된 바 있다."라고 설명하였다.

① (가)   ② (나)
③ (다)   ④ (라)

06

오늘날 인류가 왼손보다 오른손을 선호하는 경향은 어디서 비롯되었을까? 오른손을 귀하게 여기고 왼손을 천대하는 현상은 어쩌면 산업화 이전 사회에서 배변 후 사용할 휴지가 없었다는 사실과 관련이 있을 법하다. (가)

맨손으로 배변 뒤처리를 하는 것은 불쾌할 뿐더러 병균을 옮길 위험을 수반하는 일이었다. 이런 위험의 가능성을 낮추는 간단한 방법은 음식을 먹거나 인사할 때 다른 손을 사용하는 것이었다. 기술 발달 이전의 사회는 대개 왼손을 배변 뒤처리에, 오른손을 먹고 인사하는 일에 사용했다. (나)

나는 이런 배경이 인간 사회에 널리 나타나는 '오른쪽'에 대한 긍정과 '왼쪽'에 대한 반감을 어느 정도 설명해 줄 수 있으리라고 생각한다. 그러나 이 설명은 왜 애초에 오른손이 먹는 일에, 그리고 왼손이 배변 처리에 사용되었는지 설명해주지 못한다. 동서양을 막론하고, 왼손잡이 사회는 확인된 바 없다. (다)

한쪽 손을 주로 쓰는 경향은 뇌 좌우반구의 기능 분화와 관련되어 있는 것으로 보인다. 보고된 증거에 따르면, 왼손잡이는 읽기와 쓰기, 개념적·논리적 사고 같은 좌반구 기능에서 오른손잡이보다 상대적으로 미약한 대신 상상력, 패턴 인식, 창의력 등 전형적인 우반구 기능에서는 상대적으로 기민한 경우가 많다. (라)

나는 이성 대 직관의 힘겨루기, 뇌의 두 반구 사이의 힘겨루기가 오른손과 왼손의 힘겨루기로 표면화된 것이 아닐까 생각한다. 즉, 오른손이 원래 왼손보다 더 능숙했기 때문이 아니라 뇌의 좌반구가 인간의 행동을 지배하는 권력을 갖게 되었기 때문에 오른손 선호에 이르렀다는 생각이다.

> **보기**
>
> 따라서 근본적인 설명은 다른 곳에서 찾아야 할 것 같다.

① (가)　　　　　　　　　　② (나)

③ (다)　　　　　　　　　　④ (라)

07

유럽, 특히 영국에서 가장 사랑받는 음료인 홍차의 기원은 16세기 중엽 중국에서 시작된 것으로 전해지고 있다. (가) 본래 홍차보다 덜 발효된 우롱차가 중국에서 만들어져 유럽으로 수출되기 시작했고, 그중에서도 강하게 발효된 우롱차가 환영을 받으면서 홍차가 탄생하게 되었다는 것이다. 중국인들이 녹차와 우롱차의 차이를 설명하는 과정에서 쓴 영어 'Black Tea'가 홍차의 어원이 되었다는 것이 가장 강력한 가설로 꼽히고 있다. (나)

홍차는 1662년 찰스 2세가 포르투갈 출신의 캐서린 왕비와 결혼하면서 영국에 전해지게 되는데, 18세기 초에 영국은 홍차의 최대 소비국가가 된다. (다) 영국에서의 홍차 수요가 급증함과 동시에 홍차의 가격이 치솟아 무역적자가 심화되자, 영국 정부는 자국 내에서 직접 차를 키울 수는 없을까 고민하지만 별다른 방법을 찾지 못했고, 홍차의 고급화는 점점 가속화됐다. (라)

하지만 영국의 탐험가인 로버트 브루스 소령이 아삼 지방에서 차나무의 존재를 발견하면서 홍차산업의 혁명이 도래하는데, 아삼 지방에서 발견한 차는 찻잎의 크기가 중국종의 3배쯤이며 열대기후에 강하고, 홍차로 가공했을 때 중국차보다 뛰어난 맛을 냈다.

그러나 아이러니하게도 아삼 홍차는 3대 홍차에 꼽히지 않는데 이는 19세기 영국인들이 지닌 차에 대한 인식 때문이다. 당시 중국차에 대한 동경과 환상을 지녔던 영국인들은 식민지에서 자생한 차나무가 중국의 차나무보다 우월할 것이라고 믿지 못했기에 아삼차를 서민적인 차로 취급한 것이었다.

보기

이처럼 홍차가 귀한 취급을 받았던 이유는 중국이 차의 수출국이란 유리한 입지를 지키기 위하여 차의 종자, 묘목의 수출 등을 엄중하게 통제함과 동시에 차의 기술이나 제조법을 극단적으로 지켰기 때문이다.

① (가) 　　　　　　　　　② (나)

③ (다) 　　　　　　　　　④ (라)

08

루트비히 판 베토벤(Ludwig van Beethoven)의 〈교향곡 9번 d 단조〉 Op. 125는 그의 청력이 완전히 상실된 상태에서 작곡한 교향곡으로 유명하다. (가) 1824년에 완성된 이 작품은 4악장에 합창 및 독창이 포함된 것이 특징이다. 당시 시대적 배경을 볼 때, 이는 처음으로 성악을 기악곡에 도입한 획기적인 작품이었다. (나) 이 작품은 베토벤의 다른 작품들을 포함해 서양음악 전체에서 가장 뛰어난 작품 가운데 하나로 손꼽히며, (다) 현재 유네스코의 세계기록유산으로 지정되어 있다. (라) 또한, 4악장의 전주 부분은 유럽 연합의 공식 상징가로 사용되며, 자필 원본 악보는 2003년 런던 소더비 경매에서 210만 파운드에 낙찰되기도 했다.

> **보기**
>
> 이 작품에 '합창교향곡'이라는 명칭이 붙은 것도 바로 4악장에 나오는 합창 때문이다.

① (가)   ② (나)

③ (다)   ④ (라)

※ 다음 글의 빈칸에 들어갈 내용을 〈보기〉에서 골라 순서대로 나열한 것을 고르시오. [9~10]

09

1950년대 이후 부국이 빈국에 재정지원을 하는 개발원조 계획이 점차 시행되었다. 하지만 그 결과는 그다지 좋지 못했다. 부국이 개발협력에 배정하는 액수는 수혜국의 필요가 아니라 공여국의 재량에 따라 결정되었고, 개발지원의 효과는 보잘것없었다. ＿＿＿＿＿＿＿＿＿＿＿ 개발원조를 받았어도 라틴 아메리카와 아프리카의 많은 나라들은 여전히 부채에 시달리고 있다.

공여국과 수혜국 간에는 문화 차이가 있기 마련이다. ＿＿＿＿＿＿＿＿＿＿＿ 공여국 쪽에서는 실제 도움이 절실한 개인들에게 우선적으로 혜택이 가기를 원하지만, 수혜국 쪽에서는 자국의 경제개발에 필요한 부문에 개발원조를 우선 지원하려고 한다.

개발협력의 성과는 두 사회 성원의 문화 간 상호 이해 정도에 따라 결정된다는 것이 최근 분명해졌다. 자국민 말고는 어느 누구도 그 나라를 효율적으로 개발할 수 없다. ＿＿＿＿＿＿＿＿＿＿＿ 원조 내용도 수혜국에서 느끼는 필요와 우선순위에 부합해야 효과적이다. 이 일은 문화 간 이해와 원활한 의사소통을 필요로 한다.

> **보기**
>
> ㉠ 공여국은 개인주의적 문화가 강한 반면 수혜국은 집단주의적 문화가 강하다.
> ㉡ 원조에도 불구하고 빈국은 대부분 더욱 가난해졌다.
> ㉢ 그러므로 외국 전문가는 현지 맥락을 고려하여 자신의 기술과 지식을 이전해야 한다.

① ㉠, ㉡, ㉢   ② ㉠, ㉢, ㉡
③ ㉡, ㉠, ㉢   ④ ㉡, ㉢, ㉠

10

인간이 서로 협력하지 않을 수 없게 하는 힘은 무엇인가? 사회는 타인과 어울리고 싶어 하는 끊임없는 충동이나 노동의 필요 때문에 생겨나지 않았다. 인간이 협력하고 단합하는 원인은 다름 아닌 폭력의 경험이다. 사회란 공동체의 구성원들끼리 공동의 보호를 위해 만든 예방조치이다. 사회가 구성되면 모든 것이 허용되는 시절은 끝나게 된다. _____

행동을 제한하는 규약이 없다면 도처에 수시로 간섭이나 침해가 이뤄질 수밖에 없다. 결국 살아남기 위한 투쟁이 불가피해진다. 그런데 이 말은 누구나 항상 폭력을 행사하고 무법천지의 상태를 만든다는 뜻이 아니라, 누구나 언제든지 의도적이건 의도적이지 않건 간에 주먹질을 할 가능성이 열려 있다는 뜻이다. 만인에 대한 만인의 투쟁 상태는 끊임없는 유혈 사태가 아니라 그런 사태가 일어날 가능성으로 인한 지속적인 불안감에서 비롯된다. _____

모든 인간은 신체를 갖고 있다는 점에서 동등하다. 사람들은 상처를 받을 수 있기 때문에, 그리고 자신의 몸에 발생할지도 모르는 고통의 가능성을 너무나 두려워하기 때문에 각종 계약을 맺어야 할 필요성을 느낀다. _____ 결국 사회의 탄생은 인간이라는 존재의 육체적 속성에 뿌리를 두고 있다. 사회가 생겨난 근원은 신체상의 고통이다. 그래서 인간은 자신의 대인기피증을 완화하며 동시에 자신의 신체를 방어하기 위해 다양한 사회 형태를 고안했다.

보기

㉠ 사회를 구성하는 동기와 근거는 바로 인간이 서로에 대해 느끼는 공포와 불안이다.

㉡ 무제약적으로 자유를 추구하던 시절이 끝나게 되는 것이다.

㉢ 상대방으로부터 안전을 확보하기 위해 서로 손을 잡고, 서로 관계를 맺음으로써 스스로를 보존한다.

① ㉠, ㉡, ㉢   ② ㉠, ㉢, ㉡

③ ㉡, ㉠, ㉢   ④ ㉡, ㉢, ㉠

01 다음 글에서 〈보기〉가 들어갈 위치로 가장 적절한 곳은?

> (가) 생물학에서 이기주의와 이타주의에 대한 문제는 학문적으로 흥미로울 뿐 아니라 인간사 일반에서도 중요한 의미를 갖는다. 예를 들어 사랑과 증오, 다툼과 도움, 주는 것과 훔치는 것 그리고 욕심과 자비심 등이 모두 이 문제와 밀접히 연관되어 있다.
>
> (나) 만약 인간 사회를 지배하는 유일한 원리가 인간 유전자의 철저한 이기주의라면 이 세상은 매우 삭막한 곳이 될 것이다. 그럼에도 불구하고 우리가 원한다고 해서 인간 유전자의 철저한 이기성이 사라지는 것도 아니다. 인간이나 원숭이나 모두 자연의 선택 과정을 거쳐 진화해 왔다. 그리고 자연이 제공하는 선택 과정의 살벌함을 이해한다면 그 과정을 통해서 살아남은 모든 개체는 이기적일 수밖에 없음을 알게 될 것이다.
>
> (다) 따라서 만약 우리가 인간, 원숭이 혹은 어떤 살아있는 개체를 자세히 들여다보면 그들의 행동 양식이 매우 이기적일 것이라고 예상할 수 있다. 우리의 이런 예상과 달리, 인간의 행동양식이 진정한 이타주의를 보여준다면 이는 상당히 놀라운 일이며 뭔가 새로운 설명을 필요로 한다.
>
> (라) 이 문제에 대해서는 이미 많은 연구와 저서가 있었다. 그러나 이 연구들은 대부분 진화의 원리를 정확히 이해하지 못해서 잘못된 결론에 도달했다. 즉, 기존의 이기주의 – 이타주의 연구에서는 진화에 있어서 가장 중요한 것이 개체의 살아남음이 아니라 종 전체 혹은 어떤 종에 속하는 한 그룹의 살아남음이라고 가정했다.

보기

나는 성공적인 유전자가 갖는 가장 중요한 특성은 이기주의이며 이러한 유전자의 이기성은 개체의 행동 양식에 철저한 이기주의를 심어주었다고 주장한다. 물론 어떤 특별한 경우에 유전자는 그 이기적 목적을 달성하기 위해서 개체로 하여금 제한된 형태의 이타적 행태를 보이도록 하기도 한다. 그럼에도 불구하고 조건 없는 사랑이나 종 전체의 이익이라는 개념은, 우리에게 그런 개념들이 아무리 좋아 보이더라도, 진화론과는 상충되는 생각들이다.

① (가) 문단의 뒤　　　　　　　② (나) 문단의 뒤
③ (다) 문단의 뒤　　　　　　　④ (라) 문단의 뒤

02 다음은 스마트 그리드(Smart Grid)를 소개하는 기사 내용이다. 기사에서 〈보기〉의 ㉠과 ㉡이 들어갈 위치로 가장 적절한 곳은?

스마트 그리드는 '발전 – 송전·배전 – 판매'의 단계로 이루어지던 기존의 단방향 전력망에 정보기술을 접목하여 전력 공급자와 소비자가 양방향으로 실시간 정보를 교환함으로써 에너지 효율을 최적화하는 '지능형 전력망'을 가리킨다. (가) 발전소와 송전·배전 시설, 전력 소비자를 정보통신망으로 연결하고 양방향으로 공유하는 정보를 통하여 전력시스템 전체가 한 몸처럼 효율적으로 작동하는 것이 기본 개념이다. (나) 전력 소비자는 전력 사용 현황을 실시간으로 파악함으로써 이에 맞게 요금이 비싼 시간대를 피하여 사용 시간과 사용량을 조절할 수 있으며, 태양광 발전이나 연료전지, 전기자동차의 전기에너지 등 가정에서 생산되는 전기를 판매할 수도 있게 된다. (다) 또한 자동조정 시스템으로 운영되므로 고장 요인을 사전에 감지하여 정전을 최소화하고, 기존 전력시스템과는 달리 다양한 전력 공급자와 소비자가 직접 연결되는 분산형 전원체제로 전환되면서 풍량과 일조량 등에 따라 전력 생산이 불규칙한 한계를 지닌 신재생에너지 활용도가 증대된다. (라) 이처럼 스마트 그리드는 많은 장점을 지니고 있어 세계 여러 나라에서 차세대 전력망으로 구축하기 위한 사업을 추진하고 있다. (마) 한국도 2004년부터 산학연구 기관과 전문가들을 통하여 기초기술을 개발해왔으며, 2008년 그린에너지산업 발전전략의 과제로 스마트 그리드를 선정하고 법적·제도적 기반을 마련하기 위하여 지능형전력망구축위원회를 신설하였다.

> **보기**
>
> ㉠ 신재생에너지 활용도가 높아지면 화력발전소를 대체하여 온실가스와 오염물질을 줄일 수 있게 되어 환경문제를 해소하는 데도 도움이 된다.
> ㉡ 이를 활용하여 전력 공급자는 전력 사용 현황을 실시간으로 파악하여 공급량을 탄력적으로 조절할 수 있다.

	㉠	㉡			㉠	㉡
①	(다)	(가)		②	(라)	(나)
③	(나)	(마)		④	(라)	(가)

03

_____(가)_____ 다시 말해서 현상학적 측면에서 볼 때 철학도 지식의 내용이 존재하는 어떤 것이라는 점에서는 과학적 지식의 구조와 다를 바가 없다. 존재하는 것과 그 존재하는 무엇으로 의식되는 것 사이에는 근본적인 구별이 선다. 백두산의 금덩어리는 누가 그것을 의식하든 말든 그대로 있고, 화성에서 일어나는 여러 가지 물리적 현상도 누가 의식하든 말든 그대로 존재한다. 존재와 의식의 위와 같은 관계를 우리는 존재차원과 의미차원이란 말로 구별할 수 있을 것이다. 여기서 차원이란 말을 붙인 까닭은 의식 이전의 백두산과 의식 이후의 백두산은 순전히 관점의 문제, 즉 백두산을 생각할 수 있는 차원의 문제이기 때문이다.

현상학적 사고를 존재차원에서 이루어지는 것이라고 말할 수 있다면 분석철학에서 주장하는 사고는 의미차원에서 이루어진다. 바꿔 말하자면 현상학적 측면에서 볼 때 철학은 아무래도 어떤 존재를 인식하는 데 그 근본적인 기능이 있다고 보아야 하는 데 반해서, 분석철학의 측면에서 볼 때 철학은 존재와는 아무런 직접적인 관계가 없이 존재에 대한 이야기, 서술을 대상으로 한다. 구체적으로 말해서 철학은 그것이 서술할 존재의 대상을 갖고 있지 않고, 오직 어떤 존재를 서술한 언어만을 갖고 있다. 그러나 철학이 언어를 사고의 대상으로 삼는다고 해도, 철학은 언어학과 다르다.

_____(나)_____ 그래서 언어학은 한 언어의 기원이라든지, 한 언어가 왜 그러한 특정 기호, 발음 혹은 문법을 갖게 되었는가, 또는 그것들이 각기 어떻게 체계화되는가 등을 알려고 한다. 이에 반해서 분석철학은 언어를 대상으로 하되, 그 언어의 구체적인 면에는 근본적인 관심을 두지 않고 그와 같은 구체적인 언어가 가진 의미를 밝히고자 한다. 여기서 철학의 기능은 한 언어가 가진 개념을 해명하고 이해하는 데 있다. 바꿔 말해서, 철학의 기능은 언어가 서술하는 어떤 존재를 인식하는 데 있지 않고, 그와는 관계없이 한 언어가 무엇인가를 서술하는 경우, 무엇인가의 느낌을 표현하는 경우 또는 그 밖의 경우에 그 언어가 정확히 어떻게 의미가 있는가를 이해하는 데 있다.

_____(다)_____ 개념은 어떤 존재하는 대상을 표상(表象)하는 경우도 많으므로 존재와 그것을 의미하는 개념은 언뜻 보아서 어떤 인과적 관계가 있는 듯하다.

보기

㉠ 과학에서 말하는 현상과 현상학에서 말하는 현상은 다른 내용을 가지고 있지만, 그것들은 다 같이 어떤 존재, 즉 우주 안에서 일어나는 사건을 가리킨다.

㉡ 언어학은 과학의 한 분야로서 그 연구의 대상을 하나의 구체적 사물로 취급한다.

㉢ 따라서 분석철학자들은 흔히 말하기를, 철학은 개념의 분석에 지나지 않는다는 주장을 하게 되는 것이다.

	(가)	(나)	(다)		(가)	(나)	(다)
①	㉠	㉡	㉢	②	㉠	㉢	㉡
③	㉡	㉢	㉠	④	㉡	㉠	㉢

04

근대와 현대가 이어지는 지점에서, 많은 사상가들은 지식과 이해가 인간의 삶에 미치는 영향, 그리고 그것이 형성되는 과정들을 포착하려고 노력했다. 그러한 입장들은 여러 가지가 있겠지만, 그중 세 가지 정도를 소개하고자 한다.

첫 번째 입장은 다음과 같이 말한다. 진보적 사유라는 가장 포괄적인 의미에서, 계몽은 예로부터 공포를 몰아내고 인간을 주인으로 세운다는 목표를 추구해왔다. 그러나 완전히 계몽된 지구에는 재앙만이 승리를 구가하고 있다. 인간은 더이상 알지 못하는 것이 없다고 느낄 때 무서울 것이 없다고 생각한다. 이러한 생각이 신화와 계몽주의의 성격을 규정한다. 신화가 죽은 것을 산 것과 동일시한다면, 계몽은 산 것을 죽은 것과 동일시한다. 계몽주의는 신화적 삶이 더욱 더 철저하게 이루어진 것이다. 계몽주의의 최종적 산물인 실증주의의 순수한 내재성은 보편적 금기에 불과하다. _____ _____(가)_____

두 번째 입장은 다음과 같이 말한다. 인간의 이해라는 것은 인간 현존재의 사실성, 즉 우리가 처해 있는 역사적 상황과 문화적 전통의 근원적인 제약 속에 있는 현존재가 부단히 미래의 가능성으로 기획하여 나아가는 자기 이해이다. 따라서 이해는 탈역사적, 비역사적인 것을, 즉 주관 내의 의식적이고 심리적인 과정 또는 이를 벗어나 객관적으로 존재하는 것을 파악하는 사건이 아니다. _____ _____(나)_____ 인간은 시간 속에 놓여 있는 존재로서, 그의 이해 역시 전승된 역사와 결별하여 어떤 대상을 순수하게 객관적으로 인식하는 것이 아니라 전통과 권위의 영향 속에서 이루어진다. 따라서 선(先)판단은 이해에 긍정적인 기능을 한다.

세 번째 입장은 다음과 같이 말한다. 우리는 권력의 관계가 중단된 곳에서만 지식이 있을 수 있다는, 그리고 지식은 권력의 명령, 요구, 관심의 밖에서만 발전될 수 있다는 전통적인 생각을 포기해야 한다. 그리고 아마도 권력이 사람을 미치도록 만든다고 하여, _____(다)_____ 오히려 권력은 지식을 생산한다는 것을 인정해야 한다. 권력과 지식은 서로를 필요로 하는 관계에 놓여 있다. 결과적으로 인식하는 주체, 인식해야 할 대상, 그리고 인식의 양식들은 모두 '권력, 즉 지식'에 근본적으로 그만큼 연루되어 있다. 따라서 권력에 유용하거나 반항적인 지식을 생산하는 것도 인식 주체의 자발적 활동의 산물이 아니다. 인식의 가능한 영역과 형태를 결정하는 것은 그 주체를 관통하고, 그 주체가 구성되는 투쟁과 과정, 그리고 권력 및 지식이다.

<보기>

㉠ 이해는 어디까지나 시간과 역사 속에서 가능하며, 진리라는 것도 이미 역사적 진리이다.

㉡ 바로 이 권력을 포기할 경우에만 학자가 될 수 있다는 이와 같은 믿음도 포기해야 한다.

㉢ 내가 알지 못하는 무언가가 바깥에 있다고 하는 것은 바로 공포의 원인이 되기 때문에, 내가 관계하지 못하는 무언가가 바깥에 머물러 있는 상태를 허용할 수 없다.

	(가)	(나)	(다)		(가)	(나)	(다)
①	㉢	㉡	㉠	②	㉢	㉠	㉡
③	㉡	㉠	㉢	④	㉡	㉢	㉠

05

무한한 자원, 물에서 얻는 혁신적인 친환경 에너지
- 세계 최초 '수열에너지 융·복합 클러스터' 조성 -

수열에너지는 말 그대로 물의 열(熱)에서 추출한 에너지를 말한다. (가) 겨울에는 대기보다 높고, 여름에는 낮은 물의 온도 차를 이용해 에너지를 추출하는 첨단 기술이다. 이 수열에너지를 잘 활용하면 기존 냉난방 시스템보다 최대 50%까지 에너지를 절약할 수 있다. (나) 특히, 지구의 70%를 차지하는 물을 이용해 만든 에너지는 친환경적이며 보존량도 무궁무진한 것이 최대 장점이다. (다) 지난 2014년에는 경기도 하남의 팔당호 물을 활용해 롯데월드타워의 냉난방 비용을 연간 30%나 절감하는 성과를 거두기도 했다. 이에 한강권역본부는 소양강댐의 차가운 냉수가 지니는 수열에너지를 이용해 세계 최초의 수열에너지 기반 친환경 데이터센터 집적 단지를 조성하는 융·복합 클러스터 조성사업(K-Cloud Park)을 추진하고 있다.

(라) 생활이 불편할 만큼 차가운 소양강의 물이 기술의 발달과 발상의 전환으로 4차 산업혁명시대에 걸맞은 사업을 유치하며 새로운 가치를 발굴한 사례다. 2021년까지 5년간 진행되는 프로젝트가 마무리되면, 수열에너지 활용에 따른 에너지 절감효과는 물론, 5,517명의 일자리 창출 및 연 220억가량의 지방세 세수 증가가 이뤄질 것으로 기대된다.

보기

이를 통해 수열에너지 기반의 스마트팜 첨단농업단지, 물 기업 특화 산업단지까지 구축하게 되면 새로운 부가가치를 창출하는 비즈니스 플랫폼은 물론, 아시아·태평양 지역의 클라우드 데이터센터 허브로 자리 잡게 될 것으로 전망된다.

---

① (가)
② (나)
③ (다)
④ (라)

06

정보란 무엇인가? 이 점은 정보화 사회를 맞이하면서 우리가 가장 깊이 생각해 보아야 할 문제이다. 정보는 그냥 객관적으로 주어진 대상인가? 그래서 그것은 관련된 당사자들에게 항상 가치중립적이고 공정한 지식이 되는가? 결코 그렇지 않다. 똑같은 현상에 대해 정보를 만들어 내는 방식은 매우 다양할 수 있다. 정보라는 것은 인간에 의해 가공되는 것이고 그 배경에는 언제나 나름대로의 입장과 가치관이 깔려 있게 마련이다.

정보화 사회가 되어 정보가 넘쳐나는 듯하지만 사실 우리 대부분은 그 소비자로 머물러 있을 뿐 적극적인 생산의 주체로 나서지 못하고 있다. 이런 상황에서는 우리의 생활을 질적으로 풍요롭게 해주는 정보를 확보하기가 대단히 어렵다. 사실 우리가 일상적으로 구매하고 소비하는 정보란 대부분이 일회적인 심심풀이용이 많다. (가)

또한 정보가 많을수록 좋은 것만은 아니다. 오히려 정보의 과잉은 무기력과 무관심을 낳는다. 네트워크와 각종 미디어, 통신 기기의 회로들 속에서 정보가 기하급수적인 속도의 규모로 증식하고 있는데 비해, 그것을 수용하고 처리할 수 있는 우리 두뇌의 용량은 진화하지 못하고 있다. 이 불균형은 일상의 스트레스 또는 사회적인 교란으로 표출된다. 정보 그 자체에 집착하는 태도에서 벗어나 무엇이 필요한지를 분별할 수 있는 능력이 배양되어야 한다. (나)

정보는 얼마든지 새롭게 창조될 수 있다. 컴퓨터의 기계적인 언어로 입력되기 전까지의 과정은 인간의 몫이다. 기계가 그것을 대신하기는 불가능하다. 따라서 정보화 시대의 중요한 관건은 컴퓨터에 대한 지식이나 컴퓨터를 다루는 방법이 아니라, 무엇을 담을 것인가에 대한 인간의 창조적 상상력이다. 그것은 마치 전자레인지가 아무리 좋아도 그 자체로 훌륭한 요리를 보장하지는 못하는 것과 마찬가지이다. (다)

정보와 지식 그 자체로는 딱딱하게 굳어 있는 물건처럼 존재하는 듯 보인다. 그러나 그것은 커뮤니케이션 속에서 살아 움직이며 진화한다. 끊임없이 새로운 의미가 발생하고 또한 더 고급으로 갱신되어 간다. 따라서 한 사회의 정보화 수준은 그러한 소통의 능력과 직결된다. 정보의 순환 속에서 끊임없이 새로운 정보로 거듭나는 역동성이 없이는 아무리 방대한 데이터베이스라 해도 그 기능에 한계가 있기 때문이다. (라)

> **보기**
>
> 한 가지 예를 들어 보자. 어떤 나라에서 발행하는 관광 안내 책자는 정보가 섬세하고 정확하다. 그러나 그 책을 구입해 관광을 간 소비자들은 종종 그 내용의 오류를 발견한다. 그리고 많은 이들이 그것을 그냥 넘기지 않고 수정 사항을 엽서에 적어서 출판사에 보내준다. 출판사는 일일이 현지에 직원을 파견하지 않고도 책자를 개정할 수 있다.

① (가)　　　　　　　　　　　　② (나)

③ (다)　　　　　　　　　　　　④ (라)

(가) 피타고라스학파는 사실 학파라기보다는 오르페우스(Orpheus)교라는 신비주의 신앙을 가진 하나의 종교 집단이었다 한다. 피타고라스가 살던 당시 그리스에서는 막 철학적 사유가 싹트고 있었다. 당시 철학계에서는 이 세상의 다양한 사물과 변화무쌍한 현상 속에서 변하지 않는 어떤 '근본적인 것(Arkhe)'을 찾는 것이 유행이었다. 어떤 사람은 그것을 '물'이라 하고, 어떤 사람은 '불'이라 했다. 그런데 피타고라스는 특이하게도 그런 눈에 보이는 물질이 아니라 추상적인 것, 곧 '수(數)'가 만물의 근원이라고 생각했다.

(나) 피타고라스학파가 신봉하던 오르페우스는 인류 최초의 음악가였다. 이 때문에 그들은 음악에서도 수적 비례를 찾아냈다. 음의 높이는 현(絃)의 길이와의 비례 관계로 설명된다. 현의 길이를 1/3만 줄이면 음은 정확하게 5도 올라가고 반으로 줄이면 한 옥타브 올라간다. 여러 음 사이의 수적 비례는 아름다운 화음을 만들어 낸다.

(다) 이 신비주의자들이 밤하늘에 빛나는 별의 신비를 그냥 지나쳤을 리 없다. 하늘에도 수의 조화가 지배하고 있다. 별은 예정된 궤도를 따라 움직이고 일정한 시간에 나타나 일정한 시간에 사라진다. 그래서 그들에게 별의 움직임은 리드미컬한 춤이었다. 재미있게도 그들은 별들이 현악기 속에 각자의 음을 갖고 있다고 믿었다. 그렇다면 천체의 운행 자체가 거대한 교향곡이 아닌가.

(라) 아득한 옛날 사람들은 우리와는 다른 태도로 자연과 세계를 대했다. 그들은 세상의 모든 것에 생명이 있다고 믿었고, 그 생명과 언제든지 교감할 수 있었다. 무정한 밤하늘에서조차 그들은 별들이 그려내는 아름다운 그림을 보고, 별들이 연주하는 장엄한 곡을 들었다.

언제부터인가 우리는 불행하게도 세계를 이렇게 느끼길 그만두었다. 다시 그 시절로 되돌아갈 수는 없을까? 물론 그럴 수는 없다. 하지만 놀랍게도 우리 삶의 한구석엔 고대인들의 심성이 여전히 남아있다. 여기서는 아직도 그들처럼 세계를 보고 느낄 수 있다. 바로 예술의 세계다.

보기

세상의 모든 것은 수로 표시된다. 수를 갖지 않는 사물은 없다. 그러면 모든 것에 앞서 존재하는 것이 바로 수가 아닌가. 수는 모든 것에 앞서 존재하며 혼돈의 세계에 질서를 주고 형체 없는 것에 형상을 준다. 따라서 수를 연구하는 것이 바로 존재의 가장 깊은 비밀을 탐구하는 것이었다. 그러므로 수학 연구는 피타고라스 교단에서 지켜야 할 계율 가운데 가장 중요한 것으로 여겨졌다.

① (가) 문단의 뒤   ② (나) 문단의 뒤
③ (다) 문단의 뒤   ④ (라) 문단의 뒤

08

1950년대 프랑스의 영화 비평계에는 작가주의라는 비평 이론이 새롭게 등장했다. 작가주의란 감독을 단순한 연출자가 아닌 '작가'로 간주하고, 작품과 감독을 동일시하는 관점을 말한다. 이 이론이 대두될 당시, 프랑스에는 유명한 문학 작품을 별다른 손질 없이 영화화하거나 화려한 의상과 세트, 인기 연극배우에 의존하는 제작 관행이 팽배해 있었다. 작가주의는 이렇듯 프랑스 영화에 만연했던 문학적·연극적 색채에 대한 반발로 주창되었다. (가)

작가주의는 상투적인 영화가 아닌 감독 개인의 영화적 세계와 독창적인 스타일을 일관되게 투영하는 작품들을 옹호한다. (나) 감독의 창의성과 개성은 작품 세계를 관통하는 감독의 세계관 혹은 주제 의식, 그것을 표출하는 나름의 이야기 방식, 고집스럽게 되풀이되는 특정한 상황이나 배경 혹은 표현 기법 같은 일관된 문체상의 특징으로 나타난다는 것이다.

한편, 작가주의적 비평은 영화 비평계에 중요한 영향을 끼쳤는데, 그중에서도 주목할 점은 할리우드 영화를 재발견한 것이다. 할리우드에서는 일찍이 미국의 대량 생산 기술을 상징하는 포드 시스템과 흡사하게 제작 인력들의 능률을 높일 수 있는 표준화·분업화한 방식으로 영화를 제작했다. (다) 이는 계량화가 불가능한 창작자의 재능, 관객의 변덕스런 기호 등의 변수로 야기될 수 있는 흥행의 불안정성을 최소화하면서 일정한 품질의 영화를 생산하기 위함이었다.

그러나 작가주의적 비평가들은 할리우드라는 가장 산업화된 조건에서 생산된 상업적인 영화에서도 감독 고유의 표지를 찾아낼 수 있다고 보았다. (라) 작가주의적 비평가들은 제한적인 제작 여건이 오히려 감독의 도전 의식과 창의성을 끌어낸 사례들에 주목한 것이다. 그에 따라 B급 영화(적은 예산으로 단시일에 제작되어 완성도가 낮은 상업적인 영화)와 그 감독들마저 수혜자가 되기도 했다. 이처럼 할리우드 영화의 재평가에 큰 영향을 끼쳤던 작가주의의 영향력은 오늘날까지도 이어지고 있다. 예컨대 작가주의로 인해 '좋은' 영화 혹은 '위대한' 감독들이 선정되었고, 이들은 지금도 영화 교육 현장에서 활용되고 있다.

보기

이에 따라 재정과 행정의 총괄자인 제작자가 감독의 작업 과정에도 관여하게 되었고, 감독은 제작자의 생각을 화면에 구현하는 역할에 머물렀다.

① (가)   ② (나)
③ (다)   ④ (라)

09 다음 중 빈칸에 들어갈 내용으로 적절한 것은?

포논(Phonon)이라는 용어는 소리(Pho-)라는 접두어에 입자(-non)라는 접미어를 붙여 만든 단어로, 실제로 포논이 고체 안에서 소리를 전달하기 때문에 이런 이름이 붙었다. 어떤 고체의 한쪽을 두드리면 포논이 전파해 반대쪽에서 소리를 들을 수 있다.

아인슈타인이 새롭게 만든 고체의 비열 공식(아인슈타인 모형)은 실험결과와 상당히 잘 맞았다. 그런데 그의 성공은 고체 내부의 진동을 포논으로 해석한 데에만 있지 않다. 그는 포논이 보존(Boson) 입자라는 사실을 간파하고, 고체 내부의 세상에 보존의 물리학(보즈 – 아인슈타인 통계)을 적용했다. 비로소 고체의 비열이 온도에 따라 달라진다는 결론을 얻을 수 있었다.

양자역학의 세계에서 입자는 스핀 상태에 따라 분류된다. 스핀이 1/2의 홀수배(1/2, 3/2, …)인 입자들은 원자로를 개발한 유명한 물리학자 엔리코 페르미의 이름을 따 '페르미온'이라고 부른다. 오스트리아의 이론물리학자 볼프강 파울리는 페르미온들은 같은 에너지 상태를 가질 수 없고 서로 배척한다는 사실을 알아냈다(즉, 같은 에너지 상태에서는 + / – 반대의 스핀을 갖는 페르미온끼리만 같이 존재할 수 있다). 이를 '파울리의 배타원리'라고 한다. 페르미온은 대개 양성자, 중성자, 전자 같은 물질을 구성하며, 파울리의 배타원리에 따라 페르미온 입자로 이뤄진 물질은 우리가 손으로 만질 수 있다.

스핀이 0, 1, 2, … 등 정수 값인 입자도 있다. 바로 보존이다. 인도의 무명 물리학자였던 사티엔드라 나트 보즈의 이름을 본 땄다. 보즈는 페르미가 개발한 페르미 통계를 공부하고 보존의 물리학을 만들었다. 당시 그는 박사학위도 없는 무명의 물리학자여서 논문을 작성한 뒤 아인슈타인에게 편지로 보냈다. 다행히 아인슈타인은 그 논문을 쓰레기통에 넣지 않고 꼼꼼히 읽어본 뒤 자신의 생각을 첨가하고 독일어로 번역해 학술지에 제출했다. 바로 보존 입자의 물리학(보즈 – 아인슈타인 통계)이다. 이에 따르면, 보존 입자는 페르미온과 달리 파울리의 배타원리를 따르지 않는다. 따라서 같은 에너지 상태를 지닌 입자라도 서로 겹쳐서 존재할 수 있다. 만져지지 않는 에너지 덩어리인 셈이다. 이들 보존 입자는 대개 힘을 매개한다.

빛 알갱이, 즉 _____ 빛은 실험을 해보면 입자의 특성을 보이지만, 질량이 없고 물질을 투과하며 만져지지 않는다. 포논은 어떨까? 원자 사이의 용수철 진동을 양자화 한 것이므로 물질이 아니라 단순한 에너지의 진동으로서 파울리의 배타원리를 따르지 않는다. 즉, 포논은 광자와 마찬가지로 스핀이 0인 보존 입자다.

① 광자는 보존의 대표적인 예다.
② 광자는 스핀 상태에 따라 분류할 수 없다.
③ 광자는 스핀이 1/2의 홀수배인 입자의 대표적인 예다.
④ 광자는 파울리의 배타원리를 따른다.

10 다음 밑줄 친 내용을 뒷받침하는 사례로 빈칸 (가) ~ (다)에 들어갈 내용을 〈보기〉에서 골라 순서대로 바르게 나열한 것은?

> 아파트 주거환경은 일반적으로 공동체적 연대를 약화하는 것으로 인식됐다. 그러나 오늘날 한국 사회에서 보편화되어 있는 아파트 단지에는 도시화의 진전에 따른 공동체적 연대의 약화를 예방하거나 치유하는 집단적 노력이 존재한다. _____(가)_____ 물론 아파트의 위치나 평형, 단지의 크기 등에 따라 공동체 형성의 정도가 서로 다른 것은 사실이다. _____(나)_____
>
> 더 심각한 문제는 사회문화적 동질성에 입각한 아파트 근린관계가 점차 폐쇄적이고 배타적인 공동체로 변하고 있다는 것이다. 이에 대한 대책이 '소셜 믹스(Social Mix)'이다. 이는 동일 지역에 다양한 계층이 더불어 살도록 함으로써 계층 간 갈등을 줄이려는 정책이다.
>
> 그러나 이 정책의 실제 효과에 대해서는 회의적 시각이 많다. 대형 아파트 주민들도 소형 아파트 주민들과 이웃이 되기를 싫어하지만, 저소득층이 대부분인 소형 아파트 주민들 역시 부자들에게 위화감을 느끼면서 굳이 같은 공간에서 살려고 하지 않기 때문이다. 그럼에도 불구하고 우리나라에서는 사회 통합적 주거환경을 규범적 가치로 인식하여, 아파트 단지 구성에 있어 대형과 소형, 분양과 임대가 공존하는 수평적 공간 통합을 지향한다. 부자 동네와 가난한 동네가 뚜렷이 구분되지 않는 주거환경을 우리 사회가 규범적으로는 지향한다는 것이다. _____(다)_____
>
> 아파트를 둘러싼 계층 간의 공간 통합 혹은 공간 분리 문제를 단순히 주거환경의 문제로만 보면 근본적인 해결이 어려울 수도 있다. 지금의 한국인에게 아파트는 주거공간으로서의 의미를 넘어 부의 축적 수단이라는 의미를 담고 있기 때문이다.

보기

> ㉠ 아파트 부녀회의 자원 봉사자들이 단지 내의 경로당과 공부방을 중심으로 다양한 프로그램을 운영하여 주민들 사이의 교류를 활성화한 사례
> ㉡ 대규모 아파트 단지를 조성할 때 소형 및 임대 아파트를 포함해야 한다는 법령과 정책 사례
> ㉢ 대형 고급 아파트 단지에서는 이웃에 누가 사는지도 잘 모르지만 중소형 서민 아파트 단지에서는 학부모 모임이 활발한 사례

① ㉠, ㉢, ㉡
② ㉡, ㉢, ㉠
③ ㉡, ㉠, ㉢
④ ㉢, ㉡, ㉠

02 | 빈칸추론

대표유형 1	빈칸추론

※ 다음 빈칸에 들어갈 내용으로 가장 적절한 것을 고르시오. [1~2]

01

> 우리의 생각과 판단은 언어에 의해 결정되는가 아니면 경험에 의해 결정되는가? 언어결정론자들은 우리의 생각과 판단이 언어를 반영하고 있고 실제로 언어에 의해 결정된다고 주장한다. 언어결정론자들의 주장에 따르면 에스키모인들은 눈에 관한 다양한 언어 표현을 갖고 있어서 눈이 올 때 우리가 미처 파악하지 못한 미묘한 차이점들을 찾아낼 수 있다. 또 언어결정론자들은 '노랗다', '샛노랗다', '누르스름하다' 등 노랑에 대한 다양한 우리말 표현들이 있어서 노란색들의 미묘한 차이가 구분되고 그 덕분에 색에 관한 우리의 인지능력이 다른 언어 사용자들보다 뛰어나다고 본다. 이렇듯 언어결정론자들은 사용하는 언어에 의해서 우리의 사고능력이 결정된다고 본다.
> 정말 그럴까? 모든 색은 명도와 채도에 따라 구성된 스펙트럼 속에 놓이고, 각각의 색은 여러 언어로 표현될 수 있다. 이러한 사실에 비추어보면 우리말이 다른 언어에 비해 보다 풍부한 표현을 갖고 있다고 볼 수 없다. 나아가 ＿＿＿＿＿＿＿＿＿＿＿ 따라서 우리의 생각과 판단은 언어가 아닌 경험에 의해 결정된다고 보는 쪽이 더 설득력 있다.

① 개개인의 언어습득능력과 속도는 모두 다르기 때문에 인지능력에 대한 언어의 영향도 제각기 다르다.

② 경험이 언어에 미치는 영향과 경험이 언어에 미치는 영향을 계량화하여 비교하기는 곤란한 일이다.

③ 어떤 것을 가리키는 단어가 있을 때에만 우리는 그 단어에 대하여 사고할 수 있다.

④ 더 풍부한 표현을 가진 언어를 사용함에도 불구하고 인지능력이 뛰어나지 못한 경우들도 있다.

정답	해설

제시문은 앞부분에서 언어가 사고능력을 결정한다는 언어결정론자들의 주장을 소개하고, 이어지는 문단에서 이에 대하여 반박하면서 우리의 생각과 판단이 언어가 아닌 경험에 의해 결정된다고 결론짓고 있다. 따라서 빈칸에 들어갈 문장은 언어결정론자들이 내놓은 근거를 반박하면서 사고능력이 경험에 의해 결정된다는 주장에 위배되지 않는 내용이어야 한다. 따라서 풍부한 표현을 가진 언어를 사용함에도 인지능력이 뛰어나지 못한 경우가 있다는 내용이 들어가는 것이 적절하다.

정답 ④

02

어느 시대든 사람들은 원인이 무엇인지 알고 있다고 믿었다. 사람들은 그런 앎을 어디서 얻는가? 원인을 안다고 믿는 사람들의 믿음은 어디서 생기는 것일까?

새로운 것, 체험되지 않은 것, 낯선 것은 원인이 될 수 없다. 알려지지 않은 것에서는 위험, 불안정, 걱정, 공포감이 뒤따르기 때문이다. 우리 마음의 불안한 상태를 없애고자 한다면, 우리는 알려지지 않은 것을 알려진 것으로 환원해야 한다. 이러한 환원은 우리 마음을 편하게 해주고 안심시키며 만족을 느끼게 한다. 이 때문에 우리는 이미 알려진 것, 체험된 것, 기억에 각인된 것을 원인으로 설정하게 된다. '왜?'라는 물음의 답으로 나온 것은 그것이 진짜 원인이기 때문에 우리에게 떠오른 것이 아니다. 그것이 우리에게 떠오른 것은 그것이 우리를 안정시켜주고 성가신 것을 없애주며 무겁고 불편한 마음을 가볍게 해주기 때문이다. 따라서 원인을 찾으려는 우리의 본능은 위험, 불안정, 걱정, 공포감 등에 의해 촉발되고 자극받는다.

우리는 '설명이 없는 것보다 설명이 있는 것이 언제나 더 낫다.'고 믿는다. 우리는 특별한 유형의 원인만을 써서 설명을 만들어 낸다. ＿＿＿＿＿＿＿＿＿＿＿＿＿ 그래서 특정 유형의 설명만이 점점 더 우세해지고, 그러한 설명들이 하나의 체계로 모아져 결국 그런 설명이 우리의 사고방식을 지배하게 된다. 기업인은 즉시 이윤을 생각하고, 기독교인은 즉시 원죄를 생각하며 소녀는 즉시 사랑을 생각한다.

① 이것은 우리의 호기심과 모험심을 자극한다.
② 이것은 인과관계에 대한 우리의 지식을 확장시킨다.
③ 이것은 우리가 왜 불안한 심리 상태에 있는지를 설명해 준다.
④ 이것은 낯설고 체험하지 않았다는 느낌을 가장 빠르고 가장 쉽게 제거해 버린다.

정답 | 해설

알려지지 않은 것에서는 불안정, 걱정, 공포감이 뒤따라 나오기 때문에 우리 마음의 불안한 상태를 없애고자 한다면, 알려지지 않은 것을 알려진 것으로 바꿔야 한다. 이러한 환원은 우리의 마음을 편하게 해주고 만족하게 한다. 이 때문에 우리는 이미 알려진 것, 체험한 것, 기억에 각인된 것을 원인으로 설정하게 되고, 낯설고 체험하지 않았다는 느낌을 빠르게 제거해 버려, 특정 유형의 설명만이 남아 우리의 사고방식을 지배하게 만든다. 따라서 빈칸에는 '낯설고 체험하지 않았다는 느낌을 제거해 버린다.'는 내용이 가장 적절하다.

정답 ④

30초 컷 풀이 Tip

주어진 지문을 모두 읽고 풀기에는 시간이 부족하다. 따라서 빈칸의 전후 문장만을 통해 내용을 파악할 수 있어야 한다. 주어진 문장을 각각 빈칸에 넣었을 때 그 흐름이 어색하지 않은지 살펴보는 것도 좋은 방법이다.

※ 다음 빈칸에 들어갈 내용으로 가장 적절한 것을 고르시오. [1~10]

01

'_____'는 슬로건이 대두되는 이유는 우리가 작품의 맥락과 내용에 대한 지식에 의존하여 작품을 감상하는 일이 자주 있기 때문이다. 맥락에 있어서건 내용에 있어서건 지식이 작품의 가치 평가에서 하는 역할이란 작품의 미적인 측면과는 관련이 없는 것처럼 보인다. 단토는 일찍이 '어떤 것을 예술로 보는 것은 눈이 알아보지 못하는 무엇[예술 이론의 분위기와 예술사에 대한 지식, 즉 예술계(Artworld)]을 요구한다.'고 주장했다. 그가 드는 고전적인 예는 앤디 워홀이 복제한 브릴로 상자들인데, 이 상자들은 1960년대의 평범한 슈퍼마켓에 깔끔하게 쌓아올려진 채 진열되어 있었던 그런 종류의 물건이었다. 어떤 의도와 목적을 가지고 보든지 워홀의 브릴로 상자들은 그것이 모사하는 일상의 대상인 실제 브릴로 상자들과 조금도 달라 보이지 않지만, 그래도 우리는 워홀의 상자는 예술로 대하고 가게에 있는 상자들은 그렇게 대하지 않는다. 그 차이는 워홀이 만든 대상이 지닌 아름다움으로는 설명될 수 없다. 왜냐하면 이 측면에서라면 두 종류의 상자가 지닌 특질은 동일하다고 볼 수 있기 때문이다. 그렇다면 우리는 워홀의 브릴로 상자가 지닌 아름다움에 대해 그것은 그 작품의 예술로서의 본성과 의미와 관련하여 외적이라고 말할 수 있을 것이다.

① 의미가 중요하다.　　　　　　　　② 대중성이 중요하다.
③ 실천이 중요하다.　　　　　　　　④ 지식이 중요하다.

02

과학을 이야기할 때 꼭 언급하고 지나가야 할 문제는 과학적인 방법으로 얻어진 결과를 어느 정도 신뢰할 수 있느냐 하는 문제이다. 과학은 인간의 이성으로 진리를 추구해 가는 가장 합리적인 방법이다. 따라서 과학적인 방법으로 도출해 낸 결론은 우리가 얻을 수 있는 가장 신뢰할 수 있는 결론이라고 해야 할 것이다. 그러나 인간의 이성으로 얻은 결론이므로 인간이라는 한계를 뛰어넘을 수는 없다. 인간의 지식이나 이성이 완벽하지 못하다는 것은 누구나 인정하고 있는 사실이다. 그러므로
_____

① 과학에 대하여 보다 더 적극적인 관심을 가질 필요가 있다.
② 과학적인 방법으로 얻어진 결론도 완벽하다고 할 수는 없다.
③ 과학으로써 인간의 지식이나 이성의 한계를 넘어서야 한다.
④ 과학 탐구에 있어서도 결국 그 주체는 인간임을 잊어서는 안 된다.

03

"너는 냉면 먹어라, 나는 냉면 먹을게."와 같은 문장이 어딘가 이상한 문장이라는 사실과, 어떻게 고쳐야 바른 문장이 된다는 사실을 특별히 심각하게 따져 보지 않고도 거의 순간적으로 파악해 낼 수 있다. 그러나 막상 이 문장이 틀린 이유가 무엇인지 설명하라고 하면, ＿＿＿＿＿＿＿＿＿ 이를 논리적으로 설명해 내기 위해서는 국어의 문법 현상에 관한 상당한 수준의 전문적 식견이 필요하기 때문이다.

① 일반인으로서는 매우 곤혹스러움을 느끼게 된다.
② 전문가들은 설명이 불가능하다고 말한다.
③ 이 역시 특별한 문제없이 설명할 수 있다.
④ 대부분의 사람들은 틀린 이유를 명확하게 찾아낼 수 있다.

04

일본 젊은이의 '자동차 이탈(차를 사지 않는 것)' 현상은 어제오늘 일이 아니다. 니혼게이자이 신문이 2007년 도쿄의 20대 젊은이 1,270명을 조사했을 때 자동차 보유 비율은 13%였다. 2000년 23.6%에서 10%p 이상 떨어졌다. 자동차를 사지 않는 풍조를 넘어, 자동차 없는 현실을 멋지게 받아들이는 단계로 접어들었다는 것이다. ＿＿＿＿＿＿＿＿＿ '못' 사는 것을 마치 '안' 사는 것인 양 귀엽게 포장한 것이다. 사실 일본 젊은이들의 자동차 이탈에는 장기 침체와 청년 실업이라는 경제적 배경이 버티고 있다.

① 이런 풍조는 사실 일종의 자기 최면이다.
② 이런 상황에는 자동차 산업 불황이 한몫했다.
③ 이런 현상은 젊은이들의 사행심에서 비롯되었다.
④ 이는 젊은이들의 의식이 건설적으로 바뀐 결과이다.

05

현대 자본주의 사회에서 대중은 예술미보다 상품미에 더 민감하다. 상품미란 이윤을 얻기 위해 대량으로 생산하는 상품이 가지는 아름다움을 의미한다. '_____'(라)고, 요즈음 생산자는 상품을 많이 팔기 위해 디자인과 색상에 신경을 쓰고, 소비자는 같은 제품이라도 겉모습이 화려하거나 아름다운 것을 사려고 한다. 결국, 우리가 주위에서 보는 거의 모든 상품은 상품미를 추구하고 있다. 그래서인지 모든 것을 다 상품으로 취급하는 자본주의 사회에서는 돈벌이를 위해서라면 모든 사물, 심지어는 인간까지도 상품미를 추구하는 대상으로 삼는다.

① 같은 값이면 다홍치마
② 술 익자 체 장수 지나간다.
③ 원님 덕에 나팔 분다.
④ 구슬이 서 말이라도 꿰어야 보배

06

과학은 한 형태의 자연에 대한 지식이라는 사실 그 자체만으로도 한없이 귀중하고, 과학적 기술이 인류에게 가져온 지금까지의 혜택은 아무리 부정하려 해도 부정될 수 없다. 앞으로도 보다 많고 보다 정확한 과학 지식과 고도로 개발된 과학적 기술이 필요하다. 그러나 문제의 핵심은 생태학적이고 예술적인 자연관, 즉 존재 일반에 대한 넓고 새로운 시각, 포괄적인 맥락에서 과학적 지식과 기술의 의미에 눈을 뜨고 그러한 지식과 기술을 활용함에 있다. 그렇지 않고 오늘날과 같은 추세로 그러한 지식과 기술을 당장의 욕망을 위해서 인간 중심적으로 개발하고 이용한다면 그 효과가 당장에는 인간에게 만족스럽다 해도 머지않아 자연의 파괴뿐만 아니라 인간적 삶의 파괴, 그리고 궁극적으로는 인간 자신의 멸망을 초래하고 말 것이다. 한마디로 지금 우리에게 필요한 것은 과학적 비전과 과학적 기술의 의미를 보다 포괄적인 의미에서 이해하는 작업이다. 이러한 작업을 _____라 불러도 적절할 것 같다.

① 예술의 다양화   ② 예술의 기술화
③ 과학의 예술화   ④ 과학의 현실화

07

19세기 중반 화학자 분젠은 불꽃 반응에서 나타나는 물질 고유의 불꽃색에 대한 연구를 진행하고 있었다. 그는 버너 불꽃의 색을 제거한 개선된 버너를 고안함으로써 물질의 불꽃색을 더 잘 구별할 수 있도록 하였다. _____ 이에 물리학자 키르히호프는 프리즘을 통한 분석을 제안했고 둘은 협력하여 불꽃의 색을 분리시키는 분광 분석법을 창안했다. 이것은 과학사에 길이 남을 업적으로 이어졌다.

① 이를 통해 잘못 알려져 있었던 물질 고유의 불꽃색을 정확히 판별할 수 있었다.
② 하지만 두 종류 이상의 금속이 섞인 물질의 불꽃은 색깔이 겹쳐서 분간이 어려웠다.
③ 그러나 불꽃색은 물질의 성분뿐만 아니라 대기의 상태에 따라 큰 차이를 보였다.
④ 이 버너는 현재에도 실험실에서 널리 이용되고 있다.

08

_____ 사람과 사람이 직접 얼굴을 맞대고 하는 접촉이 라디오나 텔레비전 등의 매체를 통한 접촉보다 결정적인 영향력을 미친다는 것이 일반적인 견해로 알려져 있다. 매체는 어떤 마음의 자세를 준비하게 하는 구실을 한다. 예를 들어 어떤 사람에게서 새 어형을 접했을 때 그것이 텔레비전에서 자주 듣던 것이면 더 쉽게 그쪽으로 마음의 문을 열게 된다. 하지만, 새 어형이 전파되는 것은 매체를 통해서보다 상면(相面)하는 사람과의 직접적인 접촉에 의해서라는 것이 더 일반적인 견해이다. 사람들은 한두 사람의 말만 듣고 언어 변화에 가담하지 않고 주위의 여러 사람이 다 같은 새 어형을 쓸 때 비로소 그것을 받아들이게 된다고 한다. 매체를 통한 것보다 자주 접촉하는 사람들을 통해 언어 변화가 진전된다는 사실은 언어 변화의 여러 면을 바로 이해하는 핵심적인 내용이라 해도 좋을 것이다.

① 언어 변화는 결국 접촉에 의해 진행되는 현상이다.
② 연령층으로 보면 대개 젊은 층이 언어 변화를 주도한다.
③ 접촉의 형식도 언어 변화에 영향을 미치는 요소로 지적되고 있다.
④ 매체의 발달이 언어 변화에 중요한 영향을 미치는 것으로 알려져 있다.

09

멋이라는 것도 일상생활의 단조로움이나 생활의 압박에서 해방되려는 노력의 하나일 것이다. 끊임없이 일상의 복장, 그 복장이 주는 압박감으로부터 벗어나기 위해 옷을 잘 차려 입는 사람은 그래도 멋쟁이다. 또는 삶을 공리적 계산으로서가 아니라 즐김의 대상으로 볼 수 있게 해 주는 활동, 가령 서도(書道)라든가 다도(茶道)라든가 꽃꽂이라든가 하는 일을 과외로 즐길 줄 아는 사람을 우리는 생활의 멋을 아는 사람이라고 말한다. 그러나 그렇다고 해서 값비싸고 화려한 복장, 어떠한 종류의 스타일과 수련을 전제하는 활동만이 멋을 나타내는 것이 아니다. 경우에 따라서는 털털한 옷차림, 아무런 세련도 거죽에 내세울 것이 없는 툭툭한 생활 태도가 멋있게 생각될 수도 있다. 기준적인 것에 변화를 더하는 것이 중요한 것이다. 그러나 기준으로부터 편차가 너무 커서는 안 된다. 혐오감을 불러일으킬 정도의 몸가짐, 몸짓 또는 생활 태도는 멋이 있는 것으로 생각되지 않는다. 편차는 어디까지나 기준에 의해서만 존재하는 것이다. 따라서 _____

① 멋은 어떤 의도가 결부되지 않았을 때 자연스럽게 창조되는 것이다.
② 멋은 다른 사람의 관점을 존중하며 사회적 관습에 맞게 창조해야 한다.
③ 멋은 일상적인 것을 뛰어넘는 비범성을 가장 본질적인 특징으로 삼는 것이다
④ 멋은 나와 남의 눈이 부딪치는 사회적 공간에서 형성되는 것이라고 할 수 있다.

10

발전은 항상 변화를 내포하고 있다. 그러나 모든 형태의 변화가 전부 발전에 해당하는 것은 아니다. 이를테면 교통신호등이 빨강에서 파랑으로, 파랑에서 빨강으로 바뀌는 변화를 발전으로 생각할 수는 없다. 즉, _____ 좀 더 구체적으로 말해, 사태의 진전 과정에서 나중에 나타나는 것은 적어도 그 이전 단계에 내재적으로나마 존재했던 것의 전개에 해당한다는 것이다. 이렇게 볼 때, 발전은 선적(線的)인 특성이 있다. 순전한 반복의 과정으로 보이는 것을 발전이라고 규정하지 않는 이유는 그 때문이다. 반복 과정에서는 최후에 명백히 나타나는 것이 처음에 존재했던 것과 거의 다르지 않다. 그러나 또 한편으로 우리는 비록 반복의 경우라도 때때로 그 과정 중의 특정 단계를 따로 떼어서 그것을 발견이라고 생각하기도 한다. 즉, 전체 과정에서 어떤 종류의 질이 그 시기에 특정의 수준까지 진전한 경우를 말한다.

① 발전은 어떤 특정한 방향으로 일어나는 변화라는 의미를 내포하고 있다.
② 변화는 특정한 방향으로 발전하는 것을 의미한다.
③ 발전은 불특정 방향으로 일어나는 변모라는 의미이다.
④ 발전은 어떤 특정한 반복으로 일어나는 변화라는 의미로 사용된다.

※ 다음 빈칸에 들어갈 내용으로 가장 적절한 것을 고르시오. **[1~10]**

01

> 상품을 만들어 파는 사람이 그 수고의 대가를 받고 이익을 누리는 것은 당연하다. 하지만 그 이익이 다른 사람의 고통을 무시하고 얻어진 경우에는 정당하지 않을 수 있다. 제3세계에 사는 많은 환자가 신약 가격을 개발국인 선진국의 수준으로 유지하는 거대 제약회사의 정책 때문에 고통 속에서 죽어가고 있다. 그 약값을 감당할 수 있는 선진국이 보기에도 이는 이익이란 명분 아래 발생하는 끔찍한 사례이다. 이러한 비난의 목소리가 높아지자 제약회사의 대규모 투자자 중 일부는 자신들의 행동이 윤리적인지 고민하기 시작했다. 사람들이 약값 때문에 약을 구할 수 없다는 것은 분명히 잘못된 일이다. 하지만 그렇다고 해서 국가가 제약회사들에게 손해를 감수하라는 요구를 할 수는 없다는 데 사태의 복잡성이 있다.
>
> 신약을 개발하는 일에는 막대한 비용과 시간이 들며, 그 안전성 검사가 법으로 정해져 있어서 추가 비용이 발생한다. 이를 상쇄하기 위해 제약회사들은 시장에서 최대한 이익을 뽑아내려 한다. 얼마나 많은 환자가 신약을 통해 고통에서 벗어나는가에 대한 관심을 이들에게 기대하긴 어렵다. 그러나 만약 제약회사들이 존재하지 않는다면 신약개발도 없을 것이다.
>
> 그렇다면 상업적 고려와 인간의 건강 사이에 존재하는 긴장을 어떻게 해소해야 할까? 제3세계의 환자를 치료하는 일은 응급사항이며, 제약회사들이 자선하리라고 기대하는 것은 비현실적이다. 그렇다면 그 대안은 명백하다. _____ 물론 여기에도 문제는 있다. 이 대안이 왜 실현되기 어려운 걸까? 그 이유가 무엇인지는 우리가 자신의 주머니에 손을 넣어 거기에 필요한 돈을 꺼내는 순간 분명해질 것이다.

① 제3세계에 제공되는 신약 가격을 선진국과 같게 해야 한다.

② 제3세계 국민에게 필요한 신약을 선진국 국민이 구매하여 전달해야 한다.

③ 선진국들은 자국의 제약회사가 제3세계에 신약을 저렴하게 공급하도록 강제해야 한다.

④ 각국 정부는 거대 제약회사의 신약 가격 결정에 자율권을 주어 개발 비용을 보상받을 수 있게 해야 한다.

02

우리는 도시의 세계에 살고 있다. 2010년에 인류 역사상 처음으로 세계 전체에서 도시 인구수가 농촌 인구수를 넘어섰다. 이제 우리는 도시가 없는 세계를 상상하기 힘들며, 세계 최초의 도시들을 탄생시킨 근본적인 변화가 무엇이었는지를 상상하는 것도 쉽지 않다.

인류는 약 1만 년 전부터 5천 년 전까지 도시가 아닌 작은 농촌 마을에서 살았다. 이 시기 농촌 마을의 인구는 대부분 약 2천 명 정도였다. 약 5천 년 전부터 이라크 남부, 이집트, 파키스탄, 인도 북서부에서 1만 명 정도의 사람이 모여 사는 도시가 출현하였다. 이런 세계 최초의 도시들을 탄생시킨 원인은 무엇인가? 이 질문에 대해서 몇몇 사람들은 약 1만 년 전부터 5천 년 전 사이에 일어난 농업의 발전에 의해서 농촌의 인구가 점차적으로 증가해 도시가 되었다고 말한다. 과연 농촌의 인구는 점차적으로 증가했는가? 고고학적 연구는 그렇지 않다고 말해주는 듯하다. 농업 기술의 발전에 의해서 마을이 점차적으로 거대해졌다면, 거주 인구가 2천 명과 1만 명 사이인 마을들이 빈번하게 발견되어야 한다. 그러나 2천 명이 넘는 인구를 수용한 마을은 거의 발견되지 않았다. 이 점은 약 5천 년 전 즈음 마을의 거주 인구가 비약적으로 증가했다는 것을 보여준다.

무엇 때문에 이런 거주 인구의 비약적인 변화가 가능했는가? 이 질문에 대한 답은 사회적 제도의 발명에서 찾을 수 있다. _____ 따라서 거주 인구가 비약적으로 증가하기 위해서는 사람들을 조직하고, 이웃들 간의 분쟁을 해소하는 것과 같은 문제들을 해결하는 사회적 제도의 발명이 필수적이다. 이런 이유에서 도시의 발생은 사회적 제도의 발명에 영향을 받았다고 생각할 수 있다. 그리고 이런 사회적 제도의 출현은 이후 인류 역사의 모습을 형성하는 데 결정적인 역할을 한 사건이었다.

① 사회적 제도 없이 사람들이 함께 모여 살 수 있는 인구 규모의 최대치는 2천 명 정도밖에 되지 않는다.

② 농업 기술의 발전에 의해서 마을이 점차적으로 거대해졌다면, 약 1만 년 전 농촌 마을의 거주 인구는 2천 명 정도여야 한다.

③ 거주 인구가 2천 명이 넘지 않는 마을은 도시라고 할 수 없다.

④ 2천 명 정도의 인구를 가진 농촌 마을도 행정조직과 같은 사회적 제도를 가지고 있었다.

03

한 존재가 가질 수 있는 욕망과 그 존재가 가졌다고 할 수 있는 권리 사이에는 모종의 개념적 관계가 있는 것 같다. 권리는 침해될 수 있는 것이며, 어떤 것에 대한 개인의 권리를 침해하는 것은 그것과 관련된 욕망을 좌절시키는 것이다. 예를 들어 당신이 차를 가지고 있다고 가정해 보자. 그럴 때 나는 우선 그것을 당신으로부터 빼앗지 말아야 한다는 의무를 가진다. 그러나 그 의무는 무조건적인 것이 아니다. 이는 부분적으로 당신이 그것과 관련된 욕망을 가지고 있는지 여부에 달려 있다. 만약 당신이 차를 빼앗기든지 말든지 관여치 않는다면, 내가 당신의 차를 빼앗는다고 해서 당신의 권리를 침해하는 것은 아닐 수 있다.

물론 권리와 욕망 간의 관계를 정확히 설명하는 것은 어렵다. 이는 졸고 있는 경우나 일시적으로 의식을 잃는 경우와 같은 특수한 상황 때문인데, 그러한 상황에서도 졸고 있는 사람이나 의식을 잃은 사람에게 권리가 없다고 말하는 것은 옳지 않을 것이다. 그러나 이와 같이 권리의 소유가 실제적인 욕망 자체와 연결되지는 않는다고 하더라도, 권리를 소유하려면 어떤 방식으로든 관련된 욕망을 가지는 능력이 있어야 한다. 어떤 권리를 소유할 수 있으려면 최소한 그 권리와 관련된 욕망을 가질 수 있어야 한다는 것이다.

이러한 관점을 '생명에 대한 권리'라는 경우에 적용해보자. 생명에 대한 권리는 개별적인 존재의 생존을 지속시킬 권리이고, 이를 소유하는 데 관련되는 욕망은 개별존재로서 생존을 지속시키고자 하는 욕망이다. 따라서 자신을 일정한 시기에 걸쳐 존재하는 개별존재로서 파악할 수 있는 존재만이 생명에 대한 권리를 가질 수 있다. 왜냐하면, _____

① 생명에 대한 권리를 가질 수 있는 존재만이 개별존재로서 생존을 지속시키고자 하는 욕망을 가질 수 있기 때문이다.

② 자신을 일정한 시기에 걸쳐 존재하는 개별존재로서 파악할 수 있는 존재는 다른 존재자의 생명을 빼앗지 말아야한다는 의무를 지니기 때문이다.

③ 자신을 일정한 시기에 걸쳐 존재하는 개별존재로서 파악할 수 있는 존재만이 개별존재로서 생존을 지속시키고자 하는 욕망을 가질 수 있기 때문이다.

④ 개별존재로서 생존을 지속시키고자 하는 욕망을 가질 수 있는 존재만이 자신을 일정한 시기에 걸쳐 존재하는 개별존재로서 파악할 수 있기 때문이다.

04

몰랐지만 넘겨짚어 시험의 정답을 맞힌 경우와 제대로 알고 시험의 정답을 맞힌 경우를 구별할 수 있을까? 또 무작정 외워서 쓴 경우와 제대로 이해하고 쓴 경우는 어떤가? 전자와 후자는 서로 다르게 평가받아야 할까, 아니면 동등한 평가를 받아야 할까?

선택형 시험의 평가는 오로지 답안지에 표기된 선택지가 정답과 일치하는가의 여부에만 달려 있다. 이는 위의 첫 번째 물음이 항상 긍정으로 대답되지는 않으리라는 사실을 말해준다. 그러나 만일 시험관에게 답안지를 놓고 응시자와 면담할 기회가 주어진다면, 시험관은 응시자에게 정답지를 선택한 근거를 물음으로써 그가 문제에 관해 올바른 정보와 추론 능력을 가지고 있는지 검사할 수 있을 것이다. 예를 들어 한 응시자가 '대한민국의 수도가 어디냐'는 물음에 대해 '서울'이라고 답했다고 하자. 그렇게 답한 이유가 단지 '부모님이 사시는 도시라 이름이 익숙해서'였을 뿐, 정작 대한민국의 지리나 행정에 관해서는 아는 바 없다는 사실이 면접을 통해 드러난 것이다. 이 경우에 시험관은 이 응시자가 대한민국의 수도에 관한 올바른 정보를 갖고 있다고 인정하기 어려울 것이다. 이 예는 응시자가 올바른 답을 제시하는 데 필요한 정보가 부족한 경우이다.

그렇다면 어떤 사람이 문제의 올바른 답을 추론해내는 데 필요한 모든 정보를 갖고 있었고 실제로도 정답을 제시했다고 해서, 그가 문제에 대한 올바른 추론 능력을 가지고 있다고 할 수 있는가? 어느 도난사건을 함께 조사한 홈즈와 왓슨이 사건의 모든 구체적인 세부사항, 예컨대 범행 현장에서 발견된 흙발자국의 토양 성분뿐 아니라 올바른 결론을 내리는 데 필요한 모든 일반적 정보, 가령 영국의 지역별 토양의 성분에 관한 정보 등을 똑같이 갖고 있었고, 실제로 동일한 용의자를 범인으로 지목했다고 하자. 이 경우 두 사람의 추론을 동등하게 평가해야 하는가? 그렇지 않다.

예를 들어, 왓슨은 모든 정보를 완비하고 있었음에도 불구하고, 이름에 모음의 수가 가장 적다는 엉터리 이유로 범인을 지목했다고 하자. 이런 경우에도 우리는 왓슨의 추론에 박수를 보낼 수 있을까? 아니다. 왜냐하면 _____

① 왓슨은 일반적으로 타당한 개인적 경험을 토대로 추론했기 때문이다.

② 왓슨은 올바른 추론의 방법을 알고 있음에도 불구하고 요행을 우선시했기 때문이다.

③ 왓슨은 추론에 필요한 전문적인 훈련을 받지 못해서 범인을 잘못 골랐기 때문이다.

④ 왓슨은 올바른 추론에 필요한 정보를 가지고 있긴 했지만 그 정보와 무관하게 범인을 지목했기 때문이다.

05

서울의 청계광장에는 '스프링(Spring)'이라는 다슬기 형상의 대형 조형물이 설치되어 있다. 이것을 기획한 올덴버그는 공공장소에 작품을 설치하여 대중과 미술의 소통을 이끌어내려 했다. 이와 같이 대중과 미술의 소통을 위해 공공장소에 설치된 미술 작품 또는 공공영역에서 이루어지는 예술 행위 및 활동을 공공미술이라 한다.

1960년대 후반부터 1980년까지의 공공미술은 대중과 미술의 소통을 위해 작품이 설치되는 장소를 점차 확장하는 쪽으로 전개되었기 때문에 장소 중심의 공공미술이라 할 수 있다. 초기의 공공미술은 이전까지는 미술관에만 전시되던 작품을 사람들이 자주 드나드는 공공건물에 설치한 것에서 시작했다. 하지만 이렇게 공공건물에 설치된 작품들은 건물의 장식으로 인식되어 대중과의 소통에 한계가 있었기 때문에, 작품이 설치되는 공간은 공원이나 광장 같은 공공장소로 확장되었다. 그러나 이번에는 공공장소에 놓이게 된 작품들이 주변 공간과 어울리지 않거나, 미술가의 미학적 입장이 대중에게 수용되지 못하는 일들이 벌어졌다. 이는 소통에 대한 미술가의 반성으로 이어졌고, 시간이 지남에 따라 공공미술은 점차 주변의 삶과 조화를 이루는 방향으로 발전하였다.

1990년대 이후의 공공미술은 참된 소통이 무엇인가에 대해 진지하게 성찰하며, 대중을 작품 창작 과정에 참여시키는 쪽으로 전개되었기 때문에 참여 중심의 공공미술이라 할 수 있다. 이때의 공공미술은 대중들을 작품 제작에 직접 참여하게 하거나, 작품을 보고 만지며 체험하는 활동 속에서 작품의 의미를 완성할 수 있도록 하여 미술가와 대중, 작품과 대중 사이의 소통을 강화하였다. 장소 중심의 공공미술이 이미 완성된 작품을 어디에 놓느냐에 주목하던 '결과 중심'의 수동적 미술이라면, 이는 '과정 중심'의 능동적 미술이라고 볼 수 있다.

그런데 공공미술에서는 대중과의 소통을 위해 누구나 쉽게 다가가 감상할 수 있는 작품을 만들어야 하므로, 미술가는 자신의 미학적 입장을 어느 정도 포기해야 한다고 우려할 수도 있다. 그러나 이러한 우려는 대중의 미적 감상 능력을 무시하는 편협한 시각이다. 왜냐하면 추상적이고 난해한 작품이라도 대중과의 소통의 가능성은 늘 존재하기 때문이다. 따라서 _____ 공공미술가는 예술의 자율성과 소통 가능성을 높이기 위해 대중의 예술적 감성이 어떠한지, 대중이 어떠한 작품을 기대하는지 면밀히 분석하여 작품을 창작해야 한다.

① 공공미술은 대중과의 소통에 한계가 있으므로 대립되기 마련이다.
② 공공영역에서 이루어지는 예술은 대중과의 소통을 위한 작품이기 때문에 수동적 미술이어야 한다.
③ 공공미술에서 예술의 자율성은 소통의 가능성과 대립하지 않는다.
④ 공공미술은 예술의 자율성이 보장되어야 하므로, 대중의 뜻이 미술작품에 반드시 반영되어야 한다.

범죄가 언론 보도의 주요 소재가 되고 있다. 그 이유는 언론이 범죄를 취잿거리를 찾아내기가 쉽고 편의에 따라 기사화할 수 있을 뿐만 아니라, 범죄 보도를 통하여 시청자의 관심을 끌 수 있기 때문이다. 이러한 보도는 범죄에 대한 국민의 알 권리를 충족시키는 공적 기능을 수행하기 때문에 사회적으로 용인되는 경향이 있다. 그러나 지나친 범죄 보도는 범죄자나 범죄 피의자의 초상권을 침해하여 법적·윤리적 문제를 일으키기도 한다.

일반적으로 초상권은 얼굴 및 기타 사회 통념상 특정인임을 식별할 수 있는 신체적 특징을 타인이 함부로 촬영하여 공표할 수 없다는 인격권과 이를 광고 등에 영리적으로 이용할 수 없다는 재산권을 포괄한다. 언론에 의한 초상권 침해의 유형으로는 본인의 동의를 구하지 않은 무단 촬영·보도, 승낙의 범위를 벗어난 촬영·보도, 몰래 카메라를 동원한 촬영·보도 등을 들 수 있다.

법원의 판결로 이어진 대표적인 사례로는 교내에서 불법으로 개인 지도를 하던 대학 교수를 현행범으로 체포하려는 현장을 방송 기자가 경찰과 동행하여 취재하던 중 초상권을 침해한 경우를 들 수 있다. 법원은 '원고의 동의를 구하지 않고, 연습실을 무단으로 출입하여 취재한 것은 원고의 사생활과 초상권을 침해하는 행위'라고 판시했다. 더불어 취재의 자유를 포함하는 언론의 자유는 다른 법익을 침해하지 않는 범위 내에서 인정되며, 비록 취재 당시 원고가 현행범으로 체포되는 상황이라 하더라도, 원고의 연습실과 같은 사적인 장소는 수사 관계자의 동의 없이는 출입이 금지되고, 이를 무시한 취재는 원칙적으로 불법이라고 판결했다.

이 사례는 법원이 언론의 자유와 초상권 침해의 갈등을 어떤 기준으로 판단하는지 보여 주고 있다. 또한 이 판결은 사적 공간에서의 취재 활동이 어디까지 허용되는가에 대한 법적 근거를 제시하고 있다. 언론 보도에 노출된 범죄 피의자는 경제적·직업적·가정적 불이익을 당할 뿐만 아니라, 인격이 심하게 훼손되거나 심지어는 생명을 버리기까지도 한다. 따라서 사회적 공기(公器)인 언론은 개인의 초상권을 존중하고 언론 윤리에 부합하는 범죄 보도가 될 수 있도록 신중을 기해야 한다. 범죄 보도가 초래하는 법적·윤리적 논란은 언론계 전체의 신뢰도에 치명적인 손상을 가져올 수도 있다. 이는 범죄가 언론에는 매혹적인 보도 소재이지만, 자칫 _____이 될 수도 있음을 의미한다.

① 시금석
② 부메랑
③ 아킬레스건
④ 악어의 눈물

07

스마트팩토리는 인공지능(AI), 사물인터넷(IoT) 등 다양한 기술이 융합된 자율화 공장으로, 제품 설계와 제조, 유통, 물류 등의 산업 현장에서 생산성 향상에 초점을 맞췄다. 이곳에서는 기계, 로봇, 부품 등의 상호 간 정보 교환을 통해 제조 활동을 하고, 모든 공정 이력이 기록되며, 빅데이터 분석으로 사고나 불량을 예측할 수 있다. 스마트팩토리에서는 컨베이어 생산 활동으로 대표되는 산업 현장의 모듈형 생산이 컨베이어를 대체하고 IoT가 신경망 역할을 한다. 센서와 기기 간 다양한 데이터를 수집하고, 이를 서버에 전송하면 서버는 데이터를 분석해 결과를 도출한다. 서버는 AI 기계학습 기술이 적용돼 빅데이터를 분석하고 생산성 향상을 위한 최적의 방법을 제시한다.

스마트팩토리의 대표 사례로는 고도화된 시뮬레이션 '디지털 트윈'을 들 수 있다. 디지털 트윈은 데이터를 기반으로 가상공간에서 미리 시뮬레이션하는 기술이다. 시뮬레이션을 위해 빅데이터를 수집하고 분석과 예측을 위한 통신·분석 기술에 가상현실(VR), 증강현실(AR)과 같은 기술을 더한다. 이를 통해 산업 현장에서 작업 프로세스를 미리 시뮬레이션하고, VR·AR로 검증함으로써 실제 시행에 따른 손실을 줄이고, 작업 효율성을 높일 수 있다.

한편 '에지 컴퓨팅'도 스마트팩토리의 주요 기술 중 하나이다. 에지 컴퓨팅은 산업 현장에서 발생하는 방대한 데이터를 클라우드로 한 번에 전송하지 않고, 에지에서 사전 처리한 후 데이터를 선별해서 전송한다. 서버와 에지가 연동해 데이터 분석 및 실시간 제어를 수행하여 산업 현장에서 생산되는 데이터가 기하급수로 늘어도 서버에 부하를 주지 않는다. 현재 클라우드 컴퓨팅이 중앙 데이터센터와 직접 소통하는 방식이라면 에지 컴퓨팅은 기기 가까이에 위치한 일명 '에지 데이터 센터'와 소통하며, 저장을 중앙 클라우드에 맡기는 형식이다. 이를 통해 데이터 처리 지연 시간을 줄이고 즉각적인 현장 대처를 가능하게 한다.

이러한 스마트팩토리의 발전은 _____ 최근 선진국에서 나타나는 주요 현상 중의 하나는 바로 '리쇼어링'의 가속화이다. 리쇼어링이란 인건비 등 각종 비용 절감을 이유로 해외에 나간 자국 기업들이 다시 본국으로 돌아오는 현상을 의미하는 용어이다. 2000년대 초반까지는 국가적 차원에서 세제 혜택 등의 회유책을 통해 추진되어왔지만, 스마트팩토리의 등장으로 인해 자국 내 스마트팩토리에서의 제조 비용과 중국이나 멕시코와 같은 제3국에서 제조 후 수출 비용에 큰 차이가 없어 리쇼어링 현상은 더욱 가속화되고 있다.

① 공장의 제조 비용을 절감시키고 있다.
② 공장의 세제 혜택을 사라지게 하고 있다.
③ 공장의 위치를 변화시키고 있다.
④ 수출 비용을 줄이는 데 도움이 된다.

08

글은 회사에서 쓰는 보고서, 제안서, 품의서, 기획안, 발표문, 홍보문과 학창시절 써야 하는 자기소개서, 과제 리포트, 그리고 서평, 기행문 등 종류가 많다.

글을 쓸 때 가장 중요한 것은 독자가 무엇을 기대하는지 파악하는 것이다. 따라서 독자가 글에서 무엇을 알고 싶어 하는지, 무엇을 줘야 만족할 것인지를 파악하는 것이 중요하다. 독자가 무엇을 원하는지 안다는 것은 글을 어떻게 써야 하는지 아는 것이다. 그러나 대부분 이를 소홀히 한다. 글에 있어서 무게중심은 읽는 사람이 아니라, 쓰는 사람에게 있다. '내가 많이 알고 있는 것처럼 보여야겠다, 내가 글을 잘 쓰는 것처럼 보여야겠다.'라는 생각이 앞설수록 중언부언하게 되고, 불필요한 수식어와 수사법을 남발한다. 이때 독자는 헷갈리고 화가 나게 된다.

독자에게 필요한 것은 글이 자신에게 전하고자 하는 내용이 무엇인가 하는 것이다. 그리고 그 전하고자 하는 내용이 자신에게 어떤 도움을 주는가 하는 것이다. 모르던 것을 알게 해주는지, 새로운 관점과 해석을 제공해주는지, 통찰을 주는지, 감동을 주는지, 하다못해 웃음을 주는지 하는 것이다. 예를 들어 자기소개서를 읽었는데, 그 사람이 어떤 사람인지 확연히 그려지면 합격이다. 제안서를 읽고 제안한 내용에 관해 확신이 들면 성공이다.

그렇다면 글은 어떻게 써야 할까? 방법은 간단하다. 먼저 구어체로 쓰는 것이다. 그래야 읽는 사람이 말을 듣듯이 편하게 읽는다. 눈으로 읽는 것 같지만 독자는 스스로 소리 내 귀로 듣는다. 구어체로 쓰기 위해서는 누군가를 만나 먼저 말해보는 것이 중요하다. "내가 무슨 글을 써야 하는데, 주로 이런 내용이야." 이렇게 말하다 쓸거리가 정리될 뿐만 아니라 없던 생각도 새롭게 생겨난다. 그리고 말할 때 느낌이 글에서 살아난다.

글을 쓸 때도 독자를 앞에 앉혀놓고 써야 한다. 독자는 구체적으로 한 사람 정해놓고 쓰는 게 좋다. 연애편지 쓰는 것처럼. 그러면 그 사람의 목소리를 들으며 쓸 수 있다. '아, 됐고 결론이 뭐야?' 또는 '다짜고짜 무슨 말이야, 좀 쉽게 설명해봐.' 뭐 이런 소리 말이다.

_____ 대상이 막연하지 않기 때문에 읽는 사람이 공감할 확률이 높아진다. 나를 위해 무언가를 전해주려고 노력한다는 것을 느끼면서 고마워한다. 말을 심하게 더듬는 사람이 내게 무엇인가를 전해주려고 노력하는 모습을 상상해보라. 그런 진심이 전해지면 된다. 글을 유려하게 잘 쓰고 박식한 것보다 더 독자의 심금을 울린다. 글에도 표정과 느낌이 있다. 독자를 위하는 마음으로 쓰면 그 마음이 전해진다.

① 무엇이 틀렸는지 알고 잘 고쳐 쓰면 된다.
② 독자를 정해놓고 쓰면 진정성이 살아난다.
③ 독자에게 주는 것이 없으면 백전백패다.
④ 글을 일정한 시간, 장소에서 습관적으로 쓰라.

09

민주주의의 목적은 다수가 폭군이나 소수의 자의적인 권력행사를 통제하는 데 있다. 민주주의의 이상은 모든 자의적인 권력을 억제하는 것으로 이해되었는데 이것이 오늘날에는 자의적 권력을 정당화하기 위한 장치로 변화되었다. 이렇게 변화된 민주주의는 민주주의 그 자체를 목적으로 만들려는 이념이다. 이것은 법의 원천과 국가권력의 원천이 주권자 다수의 의지에 있기 때문에 국민의 참여와 표결 절차를 통하여 다수가 결정한 법과 정부의 활동이라면 그 자체로 정당성을 갖는다는 것이다. 즉, 유권자 다수가 원하는 것이면 무엇이든 실현할 수 있다는 말이다.

이런 민주주의는 '무제한적 민주주의'이다. 어떤 제약도 없는 민주주의라는 의미이다. 이런 민주주의는 자유주의와 부합할 수가 없다. 그것은 다수의 독재이고 이런 점에서 전체주의와 유사하다. 폭군의 권력이든, 다수의 권력이든, 군주의 권력이든, 위험한 것은 권력행사의 무제한성이다. 중요한 것은 이러한 권력을 제한하는 일이다.

민주주의 그 자체를 수단이 아니라 목적으로 여기고 다수의 의지를 중시한다면, 다수의 독재를 초래하고, 그것은 전체주의만큼이나 위험하다. 민주주의 존재 그 자체가 언제나 개인의 자유에 대한 전망을 밝게 해준다는 보장은 없다. 개인의 자유와 권리를 보장하지 못하는 민주주의는 본래의 민주주의가 아니다. 본래의 민주주의는 _____

① 다수의 의견을 수렴하여 이를 그대로 정책에 반영해야 한다.

② 서로 다른 목적의 충돌로 인한 사회적 불안을 해소할 수 있어야 한다.

③ 다수 의견보다는 소수 의견을 채택하면서 진정한 자유주의의 실현에 기여해야 한다.

④ 민주적 절차 준수에 그치는 것이 아니라 과도한 권력을 실질적으로 견제할 수 있어야 한다.

10

일반적으로 물체, 객체를 의미하는 프랑스어 오브제는 라틴어에서 유래된 단어로, 어원적으로는 앞으로 던져진 것을 의미한다. 미술에서 대개 인간이라는 '주체'와 대조적인 '객체'로서의 대상을 지칭할 때 사용되는 오브제가 미술사 전면에 나타나게 된 것은 입체주의 이후이다.

20세기 초 입체파 화가들이 화면에 나타나는 공간을 자연의 모방이 아닌 독립된 공간으로 인식하기 시작하면서 회화는 재현미술로서의 단순한 성격을 벗어나기 시작한다. 즉, '미술은 그 자체가 실재이다. 또한 그것은 객관세계의 계시 혹은 창조이지 그것의 반영이 아니다.'라는 세잔의 사고에 의하여 공간의 개방화가 시작된 것이다. 이는 평면에 실제 사물이 부착되는 콜라주 양식의 탄생과 함께 일상의 평범한 재료들이 회화와 자연스레 연결되는 예술과 비예술의 결합으로 차츰 변화하게 된다. 이러한 오브제의 변화는 다다이즘과 쉬르리얼리즘에서 '일용의 기성품과 자연물 등을 원래의 그 기능이나 있어야 할 장소에서 분리하고, 그대로 독립된 작품으로서 제시하여 일상적 의미와는 다른 상징적·환상적인 의미를 부여하는 것'으로 일반화된다. 그리고 동시에 기존 입체주의에서 단순한 보조수단에 머물렀던 오브제를 캔버스와 대리석을 대체하는 확실한 표현방법으로 완성시켰다.

이후 오브제는 그저 예술가가 지칭하는 것만으로도 우리의 일상생활과 환경 그 자체가 곧 예술작품이 될 수 있음을 주장한다. ＿＿＿＿＿＿＿＿＿＿＿＿＿ 거기에서 더 나아가 오브제는 일상의 오브제를 다양하게 전환시켜 다양성과 대중성을 내포하고, 오브제의 진정성과 상징성을 제거하는 팝아트에서 다시 한 번 새롭게 변화하기에 이른다.

① 무너진 베를린 장벽의 조각을 시내 한복판에 장식함으로써 예술과 비예술이 결합한 것이다.
② 화려하게 채색된 소변기를 통해 일상성에 환상적인 의미를 부여한 것이다.
③ 평범한 세면대일지라도 예술가에 의해 오브제로 정해진다면 일상성을 간직한 미술과 일치되는 것이다.
④ 폐타이어나 망가진 금관악기 등으로 제작된 자동차를 통해 일상의 비일상화를 나타낸 것이다.

03 | 내용일치

대표유형 1	내용일치 ①

다음 글의 내용으로 적절하지 않은 것은?

> 사람의 눈이 원래 하나였다면 세계를 입체적으로 지각할 수 있었을까? 입체 지각은 대상까지의 거리를 인식하여 세계를 3차원으로 파악하는 과정을 말한다. 입체 지각은 눈으로 들어오는 시각 정보로부터 다양한 단서를 얻어 이루어지는데 이를 양안 단서와 단안 단서로 구분할 수 있다.
>
> 양안 단서는 양쪽 눈이 함께 작용하여 얻어지는 것으로, 양쪽 눈에서 보내오는 시차(視差)가 있는 유사한 상이 대표적이다. 단안 단서는 한쪽 눈으로 얻을 수 있는 것인데, 사람은 단안 단서만으로도 이전의 경험으로부터 추론에 의하여 세계를 3차원으로 인식할 수 있다. 망막에 맺히는 상은 2차원이지만 그 상들 사이의 깊이의 차이를 인식하게 해 주는 다양한 실마리들을 통해 입체 지각이 이루어진다.
>
> 동일한 물체의 크기가 다르게 시야에 들어오면 우리는 더 큰 시각(視角)을 가진 쪽이 더 가까이 있다고 인식한다. 이렇게 물체의 상대적 크기는 대표적인 단안 단서이다. 또 다른 단안 단서로는 '직선 원근'이 있다. 우리는 앞으로 뻗은 길이나 레일이 만들어 내는 평행선의 폭이 좁은 쪽이 넓은 쪽보다 멀리 있다고 인식한다. 또 하나의 단안 단서인 '결 기울기'는 같은 대상이 집단적으로 어떤 면에 분포할 때, 시야에 동시에 나타나는 대상들의 연속적인 크기 변화로 얻어진다. 예를 들면 들판에 만발한 꽃을 보면 앞쪽은 꽃이 크고 뒤로 가면서 서서히 꽃이 작아지는 것으로 보이는데 이러한 시각적 단서가 쉽게 원근감을 일으킨다.
>
> 어떤 경우에는 운동으로부터 단안 단서를 얻을 수 있다. '운동 시차'는 관찰자가 운동할 때 정지한 물체들이 얼마나 빠르게 움직이는 것처럼 보이는지가 물체들까지의 상대적 거리에 대한 실마리를 제공하는 것이다. 예를 들어 기차를 타고 가다 창밖을 보면 가까이에 있는 나무는 빨리 지나가고 멀리 있는 산은 거의 정지해 있는 것처럼 보인다.

① 세계를 입체적으로 지각하기 위해서는 단서가 되는 다양한 시각 정보가 필요하다.
② 단안 단서에는 물체의 상대적 크기, 직선 원근, 결 기울기, 운동 시차 등이 있다.
③ 사고로 한쪽 눈의 시력을 잃은 사람은 입체 지각이 불가능하다.
④ 대상까지의 거리를 인식할 수 있어야 세계를 입체적으로 지각할 수 있다.

정답	해설

사람은 한쪽 눈으로 얻을 수 있는 단안 단서만으로도 이전의 경험으로부터의 추론에 의하여 세계를 3차원으로 인식할 수 있다. 즉, 사고로 한쪽 눈의 시력을 잃어도 남은 한쪽 눈에 맺히는 2차원의 상들은 다양한 실마리를 통해 입체 지각이 가능하다.

정답 ③

K은행 영업점에 방문한 고객은 귀하에게 다음 이벤트에 대해서 문의하였다. 귀하가 안내한 답변 중 적절한 것은?

한 곳으로 모두 모아! 모으면 혜택이 온다!
자동이체 모두多모아 이벤트

■ 응모기간 : 2023년 2월 1일 ~ 3월 31일

■ 이벤트 상세안내

Event 1 **자동이체 신규·변경**

[자동이체 신규 또는 변경]
• 응모요건
 − 행사기간 중 자동이체 신규
 − 금융결제원 Payinfo 또는 영업점 창구를 통해 K은행으로 자동이체 변경
• 경품내용
 − 1등 : 골드바(순금 10돈, 1명)
 − 2등 : 40인치 TV(5명)
 − 3등 : K은행 1,000포인트(응모자 모두)

[자동이체 변경]
• 응모요건
 − 2월 중 금융결제원 Payinfo 또는 영업점 창구를 통해 K은행으로 자동이체 변경
• 경품내용
 − 편의점 모바일 상품권 5천 원(2,000명)
 ※ 단, 매일 선착순 100명에 한하여 지급

Event 2 **자동이체 더블혜택**

• 응모요건
 − 추첨일 현재 자동이체 5건 이상 등록한 고객(계좌당 등록건수 기준, 5건 이상 기등록고객도 추첨기회 제공)
• 경품내용
 − 1등 : 여행상품권(50만 원 상당, 1명)
 − 2등 : 믹서기(3명)
 − 3등 : 상품권(3만 원 상당, 500명)

※ 상기 이벤트 당첨자 중 연락처 불능, 수령 거절 등 고객 사유로 1개월 이상 경품 미수령 시 당첨이 취소됩니다.
※ 제세공과금은 K은행이 부담(1백만 원 이상 상품 제외)하며, 본 이벤트는 당행의 사정으로 변경 또는 중단될 수 있습니다.
※ 당첨고객은 추첨일 현재 자동이체 유지고객에 한하며 당첨발표는 추첨일 기준 익월 중 K은행 홈페이지에서 확인하실 수 있습니다.
※ 기타 자세한 내용은 가까운 영업점이나 고객센터(1500-1500)에 문의하시기 바랍니다.

---

① 행사기간 내에 저희 은행에서 사용하고 있는 통장으로 자동이체를 신규 설정하거나 타 은행의 것을 저희 은행으로 변경하신 후 개별적인 연락을 통해 응모할 수 있습니다.

② 지금 저희 은행으로 자동이체를 변경하시면, 바로 1,000포인트와 편의점 상품권을 받을 수 있습니다.

③ 고객님이 보유한 통장 2개에 각각 3건, 2건의 자동이체가 등록되어 있으므로 자동이체 더블혜택에 바로 응모할 수 있습니다.

④ 아직 추첨일이 정해지지 않았지만 4월에 진행된다면 당첨자 명단은 5월 중에 저희 은행 홈페이지에서 확인할 수 있습니다.

정답 | 해설

이벤트 상세안내에서 당첨발표는 추첨일 기준으로 익월 중에 K은행 홈페이지에서 확인할 수 있다고 적혀 있다. 따라서 추첨이 4월에 진행된다면, 5월 중에 당첨결과를 확인할 수 있다는 안내는 적절하다.

오답분석
① 요건을 충족한 후 개별적인 연락을 통해 이벤트에 응모할 수 있다는 내용은 나와 있지 않으므로 적절하지 않다.
② K은행 1,000포인트는 응모자 모두 받을 수 있는 경품이지만, 편의점 상품권은 2월 중 매일 선착순 100명에게 지급되는 것이다. 따라서 현재 고객이 받을 수 있는 조건이 모두 충족되었는지 확인할 수 없으므로 적절하지 않다.
③ 자동이체 더블혜택 이벤트는 한 계좌(통장)당 등록건수가 5건 이상이어야 하므로 적절하지 않다.

정답 ④

30초 컷 풀이 Tip

주어진 글의 내용과 일치하는 것 또는 일치하지 않는 것을 고르는 문제의 경우 지문을 읽기 전에 문제와 선택지를 먼저 읽어보는 것이 좋다. 이를 통해 지문 속에서 찾아내야 할 정보가 무엇인지를 먼저 인지한 후 글을 읽어야 문제 푸는 시간을 단축할 수 있다.

01 다음 글의 내용으로 적절하지 않은 것은?

초음파 진단 장치는 인체 내부를 들여다보기 위해 소리를 사용한다. 일반적인 소리는 사람의 귀로 감지할 수 있지만, 초음파는 진동수가 20,000Hz가 넘어서 사람의 귀로 들을 수 없는 소리이다. 인체를 진단하는 도구로 초음파를 사용하게 된 것은 그것이 짧은 파장을 가지므로 투과성이 강하고 직진성이 탁월할 뿐 아니라 미세한 구조까지 자세하게 볼 수 있게 해 주기 때문이다.

이 진단 장치에는 초음파를 만들어 내고 감지하기 위한 압전(壓電) 변환기라는 특수한 장치가 있다. 압전 변환기의 핵심 부품인 압전 소자는 압력을 받으면 전기를 발생시키는데 이것을 압전 효과라고 한다. 초음파를 압전 소자에 가해 주면 압전 소자에 미치는 공기의 압력이 변하면서 압전 효과로 인해 고주파 교류가 발생한다. 역으로 높은 진동수의 교류 전압을 압전 소자에 걸어 주면 압전 소자가 주기적으로 신축하면서 초음파를 발생시키는데, 이를 역압전 효과라고 한다. 이렇게 압전 소자는 압전 변환기에서 초음파를 발생시키고, 반사되어 돌아오는 초음파를 감지하는 중요한 역할을 담당한다. 즉, 압전 변환기는 마이크와 스피커의 역할을 모두 하는 셈이다.

검사하고자 하는 인체 부위에 압전 변환기를 접촉시킬 때에는 그 부위에 젤리를 발라 준다. 이는 압전 변환기와 피부 사이에 공기층을 없애 반사로 인한 음파의 손실을 최소화하기 위한 것이다. 압전 변환기에서 나온 초음파는 상이한 생체 조직을 각기 다른 속력으로 통과하며, 각 조직 사이의 경계 부위를 지날 때에는 부분적으로 반사된다. 반사되어 압전 변환기로 돌아오는 초음파의 세기는 통과한 조직의 밀도와 두께가 클수록 약해진다. 이렇게 각 조직이나 기관에서 다층적으로 반사된 초음파는 수신 모드로 전환된 압전 변환기에서 시간차를 두고 각기 다른 세기의 교류 전기 신호를 발생시킨다. 컴퓨터는 전기 신호들의 세기와 지체 시간을 분석하여 모니터 화면에 영상을 만들어 낸다.

돌고래는 빛이 들어오지 않는 깊은 바닷속에서, 박쥐는 칠흑같이 어두운 동굴 속에서 초음파를 발생시키고 사물에서 반사되어 돌아오는 음파를 감지해서 대상이나 장애물의 형태와 위치를 인지한다. 초음파 진단 장치는 이러한 동물들의 놀라운 능력을 모방한 생체 모방 기술의 쾌거이다.

① 일반적으로 인간은 20,000Hz를 초과하는 진동수의 소리를 들을 수 없다.
② 투과성과 직진성이 뛰어난 초음파는 일정한 속력으로 인체 내부의 조직을 통과한다.
③ 압전 변환기와 피부 사이의 공기층은 초음파를 손실시킨다.
④ 통과한 조직의 밀도와 두께가 작을수록 돌아오는 초음파의 세기는 강해진다.

02 다음 글을 읽고 레드 와인의 효능으로 볼 수 없는 것을 고르면?

PART 2

알코올이 포함된 술은 무조건 건강에 좋지 않다고 생각하는 사람들이 많다. 그러나 포도를 이용하여 담근 레드 와인은 의외로 건강에 도움이 되는 성분들을 다량으로 함유하고 있어 적당량을 섭취할 경우 건강에 효과적일 수 있다.

레드 와인은 심혈관 질환을 예방하는 데 특히 효과적이다. 와인에 함유된 식물성 색소인 플라보노이드 성분은 나쁜 콜레스테롤의 수치를 떨어트리고, 좋은 콜레스테롤의 수치를 상대적으로 향상시킨다. 이는 결국 혈액 순환 개선에 도움이 되어 협심증이나 뇌졸중 등의 심혈관 질환 발병률을 낮출 수 있다.

레드 와인은 노화 방지에도 효과적이다. 레드 와인은 항산화 물질인 폴리페놀 성분을 다량 함유하고 있는데, 활성산소를 제거하는 항산화 성분이 몸속에 쌓여 노화를 빠르게 촉진시키는 활성산소를 내보냄으로써 노화를 자연스럽게 늦출 수 있는 것이다.

또한 레드 와인을 꾸준히 섭취할 경우 섭취하기 이전보다 뇌의 활동량과 암기력이 높아지는 것으로 알려져 있다. 레드 와인에 함유된 레버라트롤이란 성분이 뇌의 노화를 막아주고 활동량을 높이는 데 도움을 주기 때문이다. 이를 통해 인지력과 기억력이 향상되고 나아가 노인성 치매와 편두통 등의 뇌와 관련된 질병을 예방할 수 있다.

레드 와인은 면역력을 상승시켜주기도 한다. 면역력이란 외부의 바이러스나 세균 등의 침입을 방어하는 능력을 말하는데, 레드 와인에 포함된 퀘르세틴과 갈산이 체온을 상승시켜 체내의 면역력을 높인다.

이외에도 레드 와인은 위액의 분비를 촉진하여 소화를 돕고 식욕을 촉진시키기도 한다. 그러나 와인을 마실 때 상대적으로 떫은맛이 강한 레드 와인부터 마시게 되면 탄닌 성분이 위벽에 부담을 주고 소화를 방해할 수 있다. 따라서 단맛이 적고 신맛이 강한 스파클링 와인이나 화이트 와인부터 마신 후 레드 와인을 마시는 것이 좋다.

① 위벽 보호
② 식욕 촉진
③ 노화 방지
④ 기억력 향상

03 다음 중 시각장애인 유도블록 설치에 대한 설명으로 적절하지 않은 것은?

점자블록으로도 불리는 시각장애인 유도블록은 블록 표면에 돌기를 양각하여 시각장애인이 발바닥이나 지팡이의 촉감으로 위치나 방향을 알 수 있도록 유도한다. 횡단보도나 버스정류장 등의 공공장소에 설치되며, 블록의 형태는 발바닥의 촉감, 일반 보행자와의 관계 등 다양한 요인에 따라 결정된다. 점자블록은 크게 위치 표시용의 점형블록과 방향 표시용의 선형블록 두 종류로 나뉜다. 먼저 점형블록은 횡단지점, 대기지점, 목적지점, 보행 동선의 분기점 등의 위치를 표시하거나 위험지점을 알리는 역할을 한다. 보통 30cm(가로)×30cm(세로)×6cm(높이)의 콘크리트제 사각 형태가 많이 쓰이며, 양각된 돌기의 수는 외부용 콘크리트 블록의 경우 36개, 내부용의 경우 64개가 적절하다. 일반적인 위치 감용으로 점형블록을 설치할 경우 가로 폭은 대상 시설의 폭만큼 설치하며, 세로 폭은 보도의 폭을 고려하여 30 ~ 90cm 범위 안에서 설치한다.

다음으로 선형블록은 방향 유도용으로 보행 동선의 분기점, 대기지점, 횡단지점에 설치된 점형블록과 연계하여 목적 방향으로 일정한 거리까지 설치한다. 정확한 방향을 알 수 있도록 하는 게 목적이며, 보행 동선을 확보·유지하는 역할을 한다. 양각된 돌출선의 윗면에는 평면이 주로 쓰이고, 돌출선의 양끝은 둥글게 처리한 것이 많다. 선형블록은 시각장애인이 안전하고 장애물이 없는 도로를 따라 이동할 수 있도록 설치하는데, 이때 블록의 돌출선은 유도 대상 시설의 방향과 평행해야 한다.

① 선형블록은 보행 동선의 분기점에 설치한다.
② 횡단지점의 위치를 표시하기 위해서는 점형블록을 설치한다.
③ 외부에는 양각된 돌기의 수가 36개인 점형블록을 설치한다.
④ 선형블록은 돌출선의 방향이 유도 대상 시설과 평행하도록 설치한다.

04 다음 글의 내용으로 적절하지 않은 것은?

조금 예민한 문제이지만 외몽고와 내몽고라는 용어도 문제가 있다. 외몽고는 중국을 중심으로 바깥쪽이라는 뜻이고, 내몽고는 중국의 안쪽에 있다는 말이다. 이러한 영토 내지는 귀속 의식을 벗어나서 객관적으로 표현한다면 북몽골, 남몽골로 구분하는 것이 더 낫다. 그러나 이렇게 하면 중국과의 불화는 불을 보듯이 뻔하다. 중국의 신강도 '새 영토'라는 뜻이므로 지나치게 중화주의적이다. 그곳에 사는 사람들의 고유 전통을 완전히 무시한 것이기도 하다. 미국과 캐나다, 그리고 호주의 원주민 보호 구역 역시 '보호'라는 의미를 충족하지 못한다. 수용 지역이라고 하는 것이 더욱 객관적이다. 그러나 그렇게 한다면 외교적인 부담을 피할 길이 없다. 이처럼 예민한 지명 문제는 학계 목소리로 남겨 두는 것이 좋다.

① 정부는 외몽고를 북몽골로 불러야 한다.
② 지명 문제로 외교 마찰을 빚는 것은 바람직하지 않다.
③ 외몽고, 내몽고, 신강 등과 같은 표현은 객관적인 표현이라 할 수 없다.
④ 외교적 마찰이 예상되는 지명 문제에 대해서는 학계에서 논의하는 것이 좋다.

05 다음 기사를 읽고 이해한 내용으로 적절하지 않은 것은?

> ○○은행이 모바일 전문은행 '□□뱅크'를 통해 은행 방문 없이 스마트폰으로 간편하게 전세대출을 신청할 수 있는 '□□뱅크 전월세보증금대출'을 14일 출시했다. '□□뱅크 전월세보증금대출'은 스마트폰에서 대출 신청정보를 입력하면 스크래핑 기술을 통해 대출 필요서류가 자동으로 수집되어 별도의 서류 제출 없이도 대출 한도와 금리 등을 실시간으로 확인할 수 있다. 대출 대상자는 1년 이상 재직 중인 근로소득자로 공인중개사를 통해 공동주택(아파트, 연립 / 다세대 주택) 임대차계약을 체결하고 계약금 5% 이상을 지급한 개인고객이다. 대출 심사기간을 최소화해 대출 신청 후 10일 만에 대출금 지급이 가능하며 △△시 협약 청년 임차보증금 지원제도인 '머물자리론'도 '□□뱅크'를 통해 신청이 가능하다. 대출 금리는 금융권 최저 금리 수준인 최저 연 2.74%이며, △△시에서 추천한 청년 및 사회초년생의 경우 최저 연 0.99%까지 지원된다.
> ○○은행은 지역주민의 주거안정에 기여하기 위해 영업점에서 취급하고 있는 전세자금대출 상품 금리도 인하한다고 밝혔다. 전세자금대출 상품 금리를 은행 거래실적에 따라 최대 0.4% 인하하여 최저 연 2.84%에 지원 가능하다.
> 또한 전세금대출 상품 금리에서 최대 0.2% 추가 금리 우대를 받을 수 있는 '전세자금대출 특별펀드'도 시행한다. '전세자금대출 특별펀드'는 1,000세대 이상의 대단지 아파트 및 현재 입주 중인 신규 아파트에 대한 전세자금대출 수요고객을 타깃으로 한 펀드이다.
> ○○은행 영업본부장은 "이번 □□뱅크 전월세보증금대출 출시로 지역을 넘어서 전국적인 영업망을 갖춘 은행으로 한 단계 성장하는 계기가 될 것으로 예상한다."며 "향후에도 정부가 추진 중인 포용적 금융 실천은 물론 항상 고객의 관점에서 서비스를 개선해 나가는 고객 중심 경영을 위해 최선의 노력을 다해 나가겠다."고 전했다.

① ○○은행은 전세자금대출 상품 금리도 인하할 예정이다.
② ○○은행의 전세자금대출 특별펀드는 대단지 아파트 및 신규 아파트의 수요고객을 타깃으로 한 펀드이다.
③ □□뱅크 전월세보증금대출은 은행 방문을 통해 간편하게 전세대출을 신청할 수 있다.
④ □□뱅크 전월세보증금대출은 스크래핑 기술을 통해 대출 한도와 금리를 실시간으로 확인할 수 있다.

06 다음 글을 읽고 이해한 내용으로 적절한 것은?

〈사고·재난 발생 시 대처 요령〉

1. 사고나 차량고장이 발생하면 비상등을 켜고 차량을 갓길로 신속하게 이동한 후 차량의 후방에 안전삼각대 혹은 불꽃신호기를 설치하고 운전자와 동승자 모두 가드레일 밖 안전지대로 대피해야 한다. 만일 차량이동이 어려우면 차량이 정지해 있다는 신호(비상등, 삼각대, 불꽃신호기, 트렁크 열기)를 뒤따르는 차량에 알려주는 조치를 취한 후 신속히 가드레일 밖 안전지대로 대피한다.

2. 고속도로 같은 자동차 전용도로의 경우 사고차량을 갓길로 빼냈다고 해서 결코 안심할 수 있는 것은 아니다. 갓길에도 2차 사고 위험이 크므로 될 수 있는 대로 빨리 견인조치를 하는 것이 가장 안전한 방법이다.

3. 사고차량을 도로 한가운데 세워 놓고 잘잘못을 따지는 사람들을 볼 수 있는데, 뒤따르는 차들이 알아서 피해가겠거니 생각하면 오산이다. 이때는 신속하게 차량을 갓길로 이동시켜야 한다. 가벼운 접촉사고임에도 불구하고 다투느라 도로에 서 있는 것은 정말 위험천만한 일이다.

4. 사고지점 통과 요령 및 사고 제보 방법
   – 고속도로 운전의 경우 가능한 한 시야를 넉넉하게 유지함으로써 전방의 돌발 상황에 기민하게 대처할 수 있다. 전방 돌발 상황 발견 시 비상등을 신속하게 작동하여 후행차량에게 알리고 차량의 흐름에 따라 통과하되 사고현장을 구경하기 위해 서행하거나 정차하는 일은 지양하여야 한다.
   – 돌발 상황 발생 시 한국도로공사 콜센터로 신고하고, 인명피해가 발생한 경우에는 119로 신고하여 신속하게 안전조치가 이루어질 수 있도록 하여야 한다. 아울러 후속차량의 유도나 사고수습 등을 이유로 고속도로 본선은 물론 갓길을 확보하는 사례는 2차 사고의 위험이 높으므로 지양하여야 한다.

① 사고 시에 차량을 갓길로 이동시킨 후 운전자와 동승자 모두 가드레일 밖으로 대피한다.
② 고속도로에서 사고가 난 경우 2차 사고가 일어나지 않는 갓길로 이동시킨다.
③ 접촉사고가 일어났을 경우 사고현장의 보존을 위하여 차량이동을 될 수 있는 대로 자제한다.
④ 돌발 상황을 발견한 경우 후행차량의 접근을 막기 위해 일시적으로 정차해야 한다.

07 다음은 새내기 직장인을 상대로 진행하는 '새내기 급여통장 · 적금 이벤트'와 관련한 공고이다. 자료를 읽고 이해한 내용으로 옳지 않은 것은?

똑똑한 재테크의 시작, "새내기 급여통장 · 적금 이벤트"

◇ 행사기간

2022. 12. 15. ～ 2023. 02. 28.

◇ 대상고객

만 22세 ～ 39세인 새내기 직장인으로 급여이체 및 적금 신규고객

◇ 응모요건

K은행 첫 급여이체(건당 50만 원 이상)＋적금(신규)

(단, 적금은 1년 이상, 자동이체 등록분에 한함)

◇ 응모방법

응모요건 충족 시 자동 응모(랜덤 추첨)

◇ 당첨자발표

홈페이지 공지 및 개별 통보(2023년 3월 15일 예정)

◇ 경품내용(총 365명)

1등(5명) : 기프트카드 20만 원

2등(60명) : H브랜드 ID 카드 홀더

3등(300명) : 스타○○ 텀블러

◇ 유의사항

• 상기 이벤트 당첨자 중 연락처 불능, 수령 거절 등 고객 사유로 1개월 이상 경품 미수령 시 당첨이 취소될 수 있습니다.

• 제세공과금은 K은행이 부담하며, 본 이벤트는 당행의 사정으로 변경 또는 중단될 수 있습니다.

• 당첨고객은 추첨일 현재 유효계좌(급여이체, 적금 유지고객) 보유고객에 한하며, 당첨발표는 K은행 홈페이지에서 확인할 수 있습니다.

• 기타 자세한 내용은 인터넷 홈페이지를 참고하시거나, 가까운 영업점 고객행복센터(1500-0000)에 문의하시기 바랍니다.

---

① 대상고객은 만 22세 ～ 39세의 새내기 직장인으로 급여이체 및 적금 신규고객이어야 한다.

② 당첨자는 2023년 3월 15일(예정)에 홈페이지 공지 및 개별로 통보를 받는다.

③ 본인이 응모요건을 충족할 경우 홈페이지에 접속해서 서류를 제출하면 된다.

④ 이벤트 당첨자 중 고객 사유로 1개월 이상 경품 미수령 시 당첨이 취소될 수 있다.

08 다음 기사를 읽고 직원들이 나눈 대화로 옳지 않은 것은?

⟨숙련인력 붙잡기 궁여지책 … 조선소 '무급휴직' 확산⟩

'조선 불황'에 시달리는 경남 거제·통영지역 대형 및 중형 조선소에 '무급휴직' 한파가 몰아치고 있다. 지난해 극심했던 수주난이 올해도 이어질 것으로 예상되면서 조선소들이 중·대형 가릴 것 없이 임금을 주지 않고 일정기간 쉬도록 하는 무급휴직으로 버텨가고 있다. 8일 조선업계에 따르면 거제 D조선해양에선 지난달에 이어 이달에도 200여 명이 무급휴직에 들어갔다. D조선은 구조조정 차원에서 인건비 절감을 위해 지난달 창사 이래 처음으로 200여 명에 대해 무급휴직을 시행했다. 지난달 첫 무급휴직자 대상자들은 이달부터 전원 업무에 복귀했다. D조선은 수주난에 따른 경영위기가 해소될 때까지 무급휴직제를 지속적으로 시행한다는 방침이다. D조선의 경우 H중공업과 S중공업과는 달리 올해 들어 이렇다 할 수주 소식이 없는 상황이다. S중공업은 아직 무급휴직을 검토하지 않고 있다. 다만 자구안에 무급휴직이 포함된 만큼 수주난이 장기간 해소되지 않으면 무급휴직에 나설 가능성은 남아 있다. 통영의 중형 조선소인 SD조선해양은 다음 달부터 무급휴직에 들어갈 것으로 보인다. 무급휴직 대상자는 전체 근로자지만 일부 부서 근로자들이 먼저 무급휴직에 들어간다. 이에 따라 이 회사 생산직의 경우 한 차례 100명 정도가 무급휴직에 들어갈 것으로 알려졌다. SD조선해양 관계자는 "전 사원을 대상으로 하되, 업무 부담이 상대적으로 적은 직원들을 대상으로 먼저 무급휴직을 시행한다는 방침"이라고 말했다. SD조선해양은 추가 수주가 이뤄지지 않으면 하반기 일감이 모두 떨어지게 돼 강도 높은 구조조정을 피할 수 없을 것으로 예상된다.

---

① A사원 : D조선은 인건비 절감을 위해 지난달에 이어 이달에도 200여 명이 무급휴직에 들어가니 총 400여 명이 쉬게 되겠어.

② B사원 : D조선은 경영위기가 해소될 때까지 무급휴직제를 지속적으로 실시한다는군.

③ C사원 : S중공업은 아직 무급휴직을 검토하고 있진 않지만 수주난에 따라 무급휴직에 나설 가능성이 있어.

④ D사원 : SD조선해양은 다음 달부터 일부 부서 근로자들이 먼저 무급휴직에 들어갈 거야.

09 다음은 여성들의 삶을 추론하기 위해 조사한 통계에 관련된 글이다. 글을 읽고 이해한 내용으로 적절하지 않은 것은?

올해 여성 가구주는 전체 30.7%인 607만 2,000가구로 조사됐다. 여성 가구주가 600만 가구를 넘어선 건 최초로, 여성 가구주 비율은 2000년에 비해 12.2%p 올랐다. 이 가운데 미혼 여성 가구주는 23.7%인 143만 6,000가구로 추산됐다. 미혼 여성 가구주는 올해 처음으로 140만 가구를 넘어섰다. 10년 전과 비교하면 47.8% 늘어난 수치이다.

2017년 여성 고용률은 50.8%로 전년(50.3%)보다 0.5%p 증가했다. 남성 고용률은 71.2%로 전년과 동일했다. 남녀 고용률 차이는 2003년 24.7%p에서 여성 고용률의 지속적인 증가로 2017년 20.4%p까지 감소했다. 2017년 여성의 고용률은 40대 후반이 69.7%로 가장 높았고 이어 20대 후반(69.6%), 50대 전반(66.3%) 순서로 높았다.

지난해 여성 취업자 중 임금근로자 비중은 77.2%로 전년과 같았다. 근로 형태별로 보면 지난해 8월 기준 여성 임금근로자 총 881만 8,000명 중 정규직 근로자는 518만 6,000명으로 58.8%를 차지했다. 41.2%인 363만 2,000명은 비정규직 형태로 일하고 있었다. 남성 비정규직 근로자가 294만 6,000명(26.3%)인 것과 비교해 68만 6,000명(14.9%p) 더 많았다. 여성 비정규직 근로자의 연령대는 50~59세가 22.7%로 가장 많았으며 이 밖에 60대 이상, 40~49세가 각각 21.8%, 21.2%를 차지했다.

여성 근로자의 월평균 임금 수준과 사회보험 가입률은 남성에 비해 저조했다. 지난해 상용근로자 5인 이상 사업체의 여성 월평균 임금은 229만 8,000원으로 전년보다 9만 5,000원 증가했다. 이는 남성 임금(341만 8,000원)의 67.2% 수준이다. 다만 월 근로시간은 173시간으로 남성보다 12.4시간 짧았다. 지난해 4월 기준 여성 임금근로자의 사회보험 가입률은 국민연금 64.4%, 건강보험 68.8%, 고용보험 66.2%로 나타났는데, 이는 남성과 비교하면 각각 9.2%p, 10.7%p, 10.2%p 낮은 수치였다.

① 올해 여성 가구주와 미혼 여성 가구주는 각각 2000년과 10년 전에 비해 증가하였다.

② 2017년 여성 고용률이 2016년 대비 증가했지만, 여전히 남성과 20%p 이상 차이가 난다.

③ 40대 후반 여성 고용률이 높은 이유는 30대에 결혼, 출산 등으로 경력단절 후 40대에 재취업하기 때문이다.

④ 2017년 여성 임금근로자의 비중은 전년과 같고, 비정규직 형태보다 정규직 형태의 근로자 수가 더 많다.

10 다음은 귀하의 업체가 주로 거래하는 ○○은행에서 공지한 내용이다. 이를 바르게 이해하지 못한 것은?

〈서비스 개선 작업에 따른 ○○은행 거래 일시 중단 안내〉

항상 ○○은행을 이용해 주시는 고객님께 진심으로 감사드립니다.
고객님들께 더욱 편리하고 유용한 서비스를 제공하기 위한 개선작업으로 인해 서비스가 일시 중단되오니 양해를 부탁드립니다.

• 제한일시 : 2022년 12월 7일(수) 00:00 ~ 24:00
• 제한서비스
 − 현금 입출금기(ATM, CD) 이용 거래
 − 인터넷뱅킹, 폰뱅킹, 모바일·스마트폰 뱅킹, 펌뱅킹 등 모든 전자 금융 거래
 − 체크카드, 직불카드를 이용한 물품 구매, 인출 등 모든 거래(외국에서의 거래 포함)
 − 타 은행 ATM, 제휴 CD기(지하철, 편의점 등)에서 ○○은행 계좌 거래
 ※ 인터넷뱅킹을 통한 대출 신청·실행·연기 및 지방세 처리 ARS 업무는 12월 10일(토) 12시(정오)까지 계속해서 중지됩니다.

단, 신용카드를 이용한 물품 구매, 고객센터 전화를 통한 카드·통장 분실 신고(외국에서의 신고 포함) 및 자기앞수표 조회 같은 사고 신고는 정상 이용 가능하다는 점을 참고하시기 바랍니다.

항상 저희 ○○은행을 이용해 주시는 고객님께 늘 감사드리며, 이와 관련하여 더 궁금하신 점이 있다면 아래 고객센터 번호로 문의 부탁드리겠습니다.

○○은행 1500−1234 / 1500−5678
○○은행 카드사업부 1500−9875

---

① 12월 8일 내내 ○○은행의 지방세 처리 ARS 업무를 이용할 수 없다.
② 12월 10일 12시 이후부터 ○○은행에서 대출 신청이 가능하다.
③ 12월 7일 해외에서 체류 중이더라도, ○○은행의 고객센터를 통해 신용카드 분실 신고는 언제든지 가능하다.
④ 12월 7일 친구의 ○○은행 계좌로 돈을 입금하기 위해 다른 은행의 ATM기를 이용하더라도 정상적인 거래를 할 수 없다.

01 다음 기사를 읽고 핀테크에 대해 이해한 내용으로 적절하지 않은 것을 고르면?

> 스마트폰을 사용할 줄 알면 은행갈 일이 없다. 은행에 가도 은행원이 해주는 건 스마트폰이 해줄 수 있는 일이다. 즉 스마트폰이 은행원의 일을 한다. 송금도 다 스마트폰으로 하며, 심지어 쉽다. 예를 들어, 핀테크 간편 송금 앱 '토스(Toss)'를 사용하면 1개의 비밀번호로 3단계만 거쳐도 송금 완료다. 토스 이전에 송금의 절차에는 평균적으로 5개의 암호와 약 37회의 클릭이 필요했지만 이제 다 사라졌다. 이게 핀테크다. 핀테크(FinTech)란 금융(Finance)과 기술(Technology)의 합성어로, 금융과 IT의 결합을 통한 금융 서비스를 의미한다.
>
> 핀테크의 가장 강력한 장점은 지급과 결제의 간편성으로 볼 수 있다. 그냥 앱을 열고 기기에 갖다 대기만 하면 된다. 스마트폰에 저장된 신용카드나 계좌정보가 NFC 결제 기기와 자연스럽게 반응하여 처리된다. 송금 서비스는 더 쉽다. 곧 사라지겠지만 '공인인증서'가 당신에게 선사했던 절망의 시간을 떠올려 보라. 핀테크의 물결 속에서 보수적이었던 금융권 역시 오픈 뱅킹으로 속속 전환하고 있다. 외환 송금 또한 무리 없다. 심지어 수수료도 절감할 수 있다. 여기에 우리나라 핀테크의 꽃이라고 할 수 있는 인터넷 전문은행도 있다. 가입부터 개설까지 10분도 걸리지 않는다. 조만간 핀테크는 지갑 속 신분증과 카드까지도 담아낼 것이다. 100년 후에 지갑이라는 물건은 조선시대 상투처럼 사라질지도 모른다.
>
> 핀테크는 리스크 관리 수준 또한 끌어올리고 있다. 과거의 경우 통장을 만들기 위해서는 은행 창구 방문이 필수였다. 신분증을 내밀고 본인 확인을 거쳐야만 했다. 지금은 어떤가? 비대면 실명 인증이라는 기술이 금융을 만나 핀테크로 완성되었다. 더이상 은행에 가지 않아도 된다. 인터넷 전문은행 또한 비대면 실명 인증을 통해 실현된 핀테크다. 물론 여전히 보안 문제가 걱정이긴 하다. 개인정보를 캐내는 해킹 수법도 날이 갈수록 발전하고 있다. 하지만 핀테크는 기존의 방식을 넘어 발전하고 있다. 이미 스마트폰에는 지문 인식, 안면 인식을 통한 본인 인증 기술이 쓰이고 있다. 조만간 핀테크는 간편성을 넘어 보이스피싱과 같은 금융 범죄를 근본적으로 방지하는 형태로 발전할 것이다. 다음으로 핀테크는 이상적인 금융 플랫폼을 실현하고 있다. 과거에는 수수료를 당연하게 여기던 때가 있었다. 마치 문자 하나에 50원의 가격을 매기는 것처럼 말이다. 어떤 거래에 있어 은행이나 금융기관의 매개 비용은 당연한 대가였다. 이제 핀테크는 그 당연함을 지웠다. 또한 핀테크는 온라인 플랫폼을 통해 새로운 형태의 대출을 만들어냈다. 바로 P2P(Peer to Peer)대출이다. P2P대출은 공급자(투자)와 수요자(대출)가 금융기관의 개입 없이도 직접 자금을 주고받을 수 있게끔 만들었다. 크라우드 펀딩도 하나의 핀테크다. 크라우드 펀딩은 사업자 등이 익명의 다수(Crowd)로부터 SNS를 통해 후원을 받거나 특정 목적으로 인터넷과 같은 플랫폼을 통해 자금을 모으는 투자 방식이다. 실험적이고 번뜩이는 아이템을 가졌지만, 수익성을 이유로 투자받지 못했던 창업가에게는 기적 같은 통로가 생긴 것이다.

① 핀테크를 활용한 P2P대출은 금융기관의 개입을 통한 투자와 대출을 가능하게 한다.
② 핀테크는 비대면 실명 인증을 가능하게 하여, 고객들은 은행에 가지 않아도 된다.
③ 핀테크는 수수료 절감을 통해 이상적인 금융 플랫폼을 실현하고 있다.
④ 핀테크의 크라우드 펀딩은 자금력이 부족한 창업자들에게 기회가 될 수 있다.

PART 2

02

서양에서는 왜 동양에 비해 약 1,200년이나 지난 뒤에야 풍경화가 그려진 것일까? 이것은 결코 우연한 결과가 아니다. 동양과 같은 전원적(全元的) 일원론의 우주관이 결여되었던 서양에서는 풍경화가 애초부터 중요시될 수 없었다. 그들 문화권에서 자연성이란 신성(神性)과 반대 개념으로 이해되었고, 인간과 자연도 대립 관계로 생각되었다. 또한 신과 인간도 합치될 수 없는 분리 개념으로 이해되었다. 이 때문에 서양 정신은 그 오랜 세월 동안 이원론적 대립과 분리의 한계를 넘어설 수가 없었다.

이와 같은 사유 형태는 미술에도 절대적인 영향을 끼쳐 풍경화가 정당한 가치를 인정받으며 출현할 수 없는 문화 배경으로 작용하였다. 그리하여 중세와 르네상스의 미술은 거의 모두가 신과 인간을 주제로 한 것들이다. 특히 중세의 본격적인 회화 작품에서 풍경화란 전무하다. 신성과 반대되는 개념으로 자연성을 바라본 중세 정신 속에서 도저히 자연 풍경이 주제가 될 수는 없었을 것이다. 그러다가 르네상스로 넘어오면서부터 극히 예외적으로 작품의 주제를 살리기 위해 자연 풍경을 배경으로 도입하고 있는 작품을 몇몇 볼 수 있다. 이는 16세기에 종전의 신(神) 중심적 권위가 인간의 세속적 권위로 서서히 바뀌면서 자연에 대한 태도 역시 중세와 같은 폐쇄적인 생각이 사라지고 점차 열린 생각이 대두되었기 때문이다. 그러나 인간 중심적, 자아 중심적 세계관이 지배하고 있던 서양에서 미술의 중심 주제는 여전히 인간일 수밖에 없었다.

17세기에 대두됐던 풍경화가 본격적으로 각광을 받으며 많이 그려진 것은 낭만주의 시대이다. 본질상 낭만적이라고 불릴 수 있는 자연 풍경화가 낭만주의의 대두와 함께 크게 번성했던 것은 당연한 이치라고 할 수 있다. 낭만주의 정신은 자연의 불가사의한 깊은 힘에 대하여 친화감을 느끼면서 종래와는 다른 시각으로 자연을 바라보기 시작하며 대두되었다. 따라서 인간 중심적이고 자아 중심적인 존재 세계의 편협한 구성이 사라지고, 인간은 오히려 우주의 작은 먼지에 불과할지도, 자연의 하찮은 존재에 불과할지도 모른다는 자각이 고개를 들기 시작했다. 이러한 정신적 배경은 자연스럽게 풍경화를 번성케 한 원인이 되었다. 그리하여 우리는 낭만주의 정신이 풍경화에서 가장 아름답게 개화하는 것을 보게 된다. 이렇듯 서양의 풍경화는 낭만주의 사조에 의해 비로소 가치를 인정받고 무한한 발전의 토대를 다질 수 있었다.

그러나 서양의 풍경화는 그 문화적 배경이 다른 만큼 동양의 산수화와는 현격히 다를 수밖에 없었다. 서양은 주객 분리의 이원론적 사유 전통 속에서 세계와 자아를 대립 관계에 있는 것으로 보고 자아의 주관성을 강조하는 입장에서 모든 것을 이해하려고 했다. 그들이 생각하는 '나'란 우주 만물과 별개의 것으로 존립하면서 만물을 타자(他者)로 바라보는 주관성이다. 이러한 태도는 풍경화 양식에도 그대로 반영되어 자연 풍경을 그리는 자와 대립적 관계로 바라보면서, '나'라고 하는 한 시점(視點)에서 정지된 주관성을 강조하는 풍경화 양식을 구축했다. 이것이 자연 풍경과 일체가 되어 그 속에서 다시점(多視點)의 유동성을 보이는 동양의 산수화와는 다른 점이다.

① 낭만주의 사조를 계기로 발달하기 시작한 서양의 풍경화에서는 '나'와 '자연'을 보는 대립적 인식이 드러난다.

② 과거 서양의 우주관에서 신과 자연, 인간은 각각 분리된 존재로 인식되었다.

③ 중세가 가고 르네상스 시대가 도래한 이후에도 여전히 미술의 중심 주제는 자연이 될 수 없었다.

④ 동양이 서양보다 1,200년이나 앞서 풍경화가 발달한 까닭은 인간이 자연보다 작고 힘없는 존재라는 인식 때문이다.

03

경제학에서는 가격이 한계 비용과 일치할 때를 가장 이상적인 상태로 본다. '한계 비용'이란 재화의 생산량을 한 단위 증가시킬 때 추가되는 비용을 말한다. 한계 비용 곡선과 수요 곡선이 만나는 점에서 가격이 정해지면 재화의 생산 과정에 들어가는 자원이 낭비 없이 효율적으로 배분되며, 이때 사회 전체의 만족도가 가장 커진다. 가격이 한계 비용보다 높아지면 상대적으로 높은 가격으로 인해 수요량이 줄면서 거래량이 따라 줄고, 결과적으로 생산량도 감소한다. 이는 사회 전체의 관점에서 볼 때 자원이 효율적으로 배분되지 못하는 상황이므로 사회 전체의 만족도가 떨어지는 결과를 낳는다.

위에서 설명한 일반 재화와 마찬가지로 수도, 전기, 철도와 같은 공익 서비스도 자원배분의 효율성을 생각하면 한계 비용 수준으로 가격(＝공공요금)을 결정하는 것이 바람직하다. 대부분의 공익 서비스는 초기 시설 투자비용은 막대한 반면 한계 비용은 매우 적다. 이러한 경우, 한계 비용으로 공공요금을 결정하면 공익 서비스를 제공하는 기업은 손실을 볼 수 있다.

예컨대 초기 시설 투자비용이 6억 달러이고, 톤당 1달러의 한계 비용으로 수돗물을 생산하는 상수도 서비스를 가정해보자. 이때 수돗물 생산량을 '1톤, 2톤, 3톤, …'으로 늘리면 총비용은 '6억 1달러, 6억 2달러, 6억 3달러, …'로 늘어나고, 톤당 평균 비용은 '6억 1달러, 3억 1달러, 2억 1달러, …'로 지속적으로 줄어든다. 그렇지만 평균 비용이 계속 줄어들더라도 한계 비용 아래로는 결코 내려가지 않는다. 따라서 한계 비용으로 수도 요금을 결정하면 총비용보다 총수입이 적으므로 수도 사업자는 손실을 보게 된다.

이를 해결하는 방법에는 크게 두 가지가 있다. 하나는 정부가 공익 서비스 제공 기업에 손실분만큼 보조금을 주는 것이고, 다른 하나는 공공요금을 평균 비용 수준으로 정하는 것이다. 전자의 경우 보조금을 세금으로 충당한다면 다른 부문에 들어갈 재원이 줄어드는 문제가 있다. 평균 비용 곡선과 수요 곡선이 교차하는 점에서 요금을 정하는 후자의 경우에는 총수입과 총비용이 같아져 기업이 손실을 보지는 않는다. 그러나 요금이 한계 비용보다 높기 때문에 사회 전체의 관점에서 자원의 효율적 배분에 문제가 생긴다.

① 자원이 효율적으로 배분될 때 사회 전체의 만족도가 극대화된다.

② 평균 비용이 한계 비용보다 큰 경우, 공공요금을 평균 비용 수준에서 결정하면 자원의 낭비를 방지할 수 있다.

③ 공익 서비스와 일반 재화의 생산 과정에서 자원을 효율적으로 배분하기 위한 조건은 서로 같다.

④ 정부는 공공요금을 한계 비용 수준으로 유지하기 위하여 보조금 정책을 펼 수 있다.

04

지대는 3가지 생산요소, 즉 토지, 자본, 노동의 소유자인 지주, 자본가, 노동자에게 돌아가는 정상적인 분배 몫을 제외하고 남는 잉여 부분을 말한다. 가령 시장에서 인기가 많은 과일이 어느 특정 지역에서만 생산된다면 이곳에 땅을 가진 사람들은 자신들이 정상적으로 땅을 빌려주고 받을 수 있는 소득보다 훨씬 높은 잉여이익을 챙길 수 있을 것이다. 강남에 부동산을 가진 사람들은 그곳에 좋은 학군이 있고 좋은 사설학원들이 있기 때문에 다른 곳보다 훨씬 비싼 값에 부동산을 팔거나 임대할 수 있다. 정상적인 이익을 넘어서는 과도한 이익, 이것이 전통적인 지대 개념이다.

마셜은 경제가 발전하고 복잡해짐에 따라 원래 땅에서 생겨난 이 지대 개념을 다른 산업분야로 확장하고 땅으로부터 잉여이익과 차별화하기 위해 '준지대'라는 이름을 붙였다. 즉, 특정 산업부문에 진입 장벽이나 규제가 있어 진입 장벽을 넘은 사람들이 실제보다 더 많은 잉여이익을 얻는 경우를 모두 총괄해서 준지대라고 하는 것이다. 가령 정부가 변호사와 의사 숫자를 대폭 제한하는 법이나 규제를 만들 경우 이미 진입 장벽을 넘은 변호사나 의사들은 자신들이 제공하는 전문적 서비스 이상으로 소득이 늘게 되는데 이것이 준지대가 되는 것이다. 또 특정 IT 기술자에 대한 수요가 급증한 반면 자격을 가진 사람이 적어서 노동 공급이 한정된 경우 임금이 정상적 상태를 넘어서 대폭 상승한다. 이때의 임금상승은 생산요소의 한정적 공급에 따른 것으로 역시 준지대적 성격을 가진다.

원래 마셜이 생각했던 준지대는 일시적 현상으로서 시간이 지나면 해소되는 것이었다. 가령 특정 IT 기술자에 대한 수요가 오랫동안 꾸준할 경우 이 기술을 배우려는 사람이 늘어나고 노동 공급이 증가해 임금이 하락하게 된다. 시간이 지나면서 준지대가 해소되는 것이다. 그러나 정부가 어떤 이유로든 규제 장치나 법률을 제정해서 장벽을 쌓으면 준지대는 계속 유지될 수 있을 것이다. 이렇게 특정 산업의 로비스트들이 준지대를 유지하기 위하여 정부에 로비하고 정치권에 영향력을 행사하는 행위를 '지대추구 행위'라고 한다.

역사적으로 지대추구의 대표적인 사례는 길드조직이었다. 남들보다 먼저 도시에 자리잡은 수공업자들은 각종 길드를 만들어 업종 칸막이를 했다. 한 길드는 비슷한 품목을 만들어내는 다른 길드의 영역을 침범할 수 없었고 심지어 큰 포도주 통을 만드는 사람은 작은 포도주 통을 만들지 못하도록 금지되었다. 당시 길드의 가장 큰 목적은 새로운 인력의 진입을 봉쇄하는 것이었다.

중세 봉건사회가 해체되면서 도시로 몰려들고 있는 저임금 노동자들이 더 싼 임금으로 수공업에 진출하려고 하자, 기득권을 지닌 도시 수공업자들이 귀족들의 비호 아래 길드조직을 법으로 보호해 저임금 신규 인력의 진출을 막고 자신들의 높은 이익을 보호하려 한 것이다.

① 지대는 토지와 자본, 노동의 대가를 제외한 나머지 부분을 일컫는다.

② 전통적으로 지대를 통해 비정상적으로 과도한 이익을 얻는 경우가 많았다.

③ 특정 농산물의 수요가 증가한다면, 그 농산물이 생산되는 지역의 지대는 평소보다 증가한다.

④ 정부는 규제 장치나 법률 제정으로 지대추구 행위를 해소하려고 노력한다.

05

모든 동물들은 생리적 장치들이 제대로 작동하기 위해서 체액의 농도를 어느 정도 일정하게 유지해야 한다. 이를 위해 수분의 획득과 손실의 균형을 조절하는 작용을 삼투 조절이라 한다. 동물은 서식지와 체액의 농도, 특히 염도 차이가 있을 경우, 삼투 현상에 따라 체내 수분의 획득과 손실이 발생하기 때문에, 이러한 상황에서 체액의 농도를 일정하게 유지하는 것이 중요한 생존 과제이다.

삼투 현상이란 반(半)투과성 막을 사이에 두고 농도가 다른 양쪽의 용액 중, 농도가 낮은 쪽의 용매가 농도가 높은 쪽으로 옮겨 가는 현상이다. 소금물에서는 물에 녹아 있는 소금을 용질, 그 물을 용매라고 할 수 있는데, 반투과성 막의 양쪽에 농도가 다른 소금물이 있다면, 농도가 낮은 쪽의 물이 높은 쪽으로 이동하게 된다. 이때 양쪽의 농도가 같다면, 용매의 순이동은 없다고 한다.

동물들은 이러한 삼투 현상에 대응하여 수분 균형을 어떻게 유지하느냐에 따라 삼투 순응형과 삼투 조절형으로 분류된다. 먼저 삼투 순응형 동물은 모두 해수(海水) 동물로 체액과 해수의 염분 농도, 즉 염도가 같기 때문에 수분의 순이동은 없다. 게나 홍합, 갯지네 등이 여기에 해당한다. 이와 달리 삼투 조절형 동물은 체액의 염도와 서식지의 염도가 달라, 체액의 염도가 변하지 않도록 삼투 조절을 하며 살아간다.

삼투 조절형 동물 중 해수에 사는 대다수 어류의 체액은 해수에 비해 염도가 낮기 때문에 체액의 수분이 빠져나갈 수 있다. 그래서 표피는 비투과성이지만, 아가미의 상피세포를 통해 물을 쉽게 빼앗긴다. 이렇게 삼투 현상에 의해 빼앗긴 수분을 보충하기 위하여 이들은 계속 바닷물을 마시게 된다. 이로 인해 이들의 창자에서 바닷물의 70~80%가 혈관 속으로 흡수되는데, 이때 염분도 혈관 속으로 들어간다. 그러면 아가미의 상피 세포에 있는 염분 분비 세포를 작동시켜 과도해진 염분을 밖으로 내보낸다.

담수에 사는 동물들이 직면한 삼투 조절의 문제는 해수 동물과 정반대이다. 담수 동물의 체액은 담수에 비해 염도가 높기 때문에 아가미를 통해 수분이 계속 유입될 수 있다. 그래서 담수 동물들은 물을 거의 마시지 않고 많은 양의 오줌을 배출하여 문제를 해결하고 있다. 이들의 비투과성 표피는 수분의 유입을 막기 위한 것이다.

한편 육상에 사는 동물들 또한 다양한 경로를 통해 수분이 밖으로 빠져나간다. 오줌, 대변, 피부, 가스교환 기관의 습한 표면 등을 통해 수분을 잃기 때문이다. 그래서 육상 동물들은 물을 마시거나 음식을 통해, 그리고 세포호흡으로 물을 생성하여 부족한 수분을 보충한다.

① 동물들은 체액의 농도가 크게 달라지면 생존하기 어렵다.
② 동물들이 삼투 현상에 대응하는 방법은 서로 다를 수 있다.
③ 동물의 체액과 서식지 물의 농도가 같으면 삼투 현상에 의한 수분의 순이동은 없다.
④ 담수 동물은 육상 동물과 마찬가지로 많은 양의 오줌을 배출하여 체내 수분을 일정하게 유지한다.

06 월요일 회의를 앞두고 회의에 필요한 자료조사를 하던 A사원은 통계청에서 한국의 고용률과 실업률에 관련된 글을 찾았다. 이 글을 보고 회의에서 나눈 대화로 적절하지 않은 것은?

한국의 고용률은 2014년 현재 65.3%이다. 이는 15 ~ 64세 인구를 기준으로 전년 대비 42만 8천 명의 취업자가 늘어난 것이다. 2014년 고용률 증가 폭은 0.9%p로 2012년의 0.4%p와 2013년의 0.2%p에 비해 상당히 커졌다. 남성 고용률은 2014년 75.7%로 전년 대비 0.8%p 증가하였고, 여성 고용률은 54.9%로 1%p 증가하였다.

남녀 간 고용률 격차는 2014년 20.7%p로 전년(21%p)과 비슷한 수준으로 유지되었다. 한국은 OECD 주요 국가들 중에서 남녀 간 고용률 격차가 가장 크고 격차의 감소 추세도 가장 완만하다. 남녀 간 고용률 격차에서 한국이 완만한 감소 추세를 보이는 것과 달리 일본이나 이탈리아는 가파른 감소 추세를 나타낸다. OECD 주요 국가들은 최근 20년간 여성 고용률을 높여 남녀 간 격차를 10%p 내외로 줄이는 데 성공했다. 한편, 2014년 고용률 증가는 청년층(15 ~ 29세) 취업자와 중고령층(50 ~ 64세) 취업자 증가에 주로 기인한다. 특히 청년층에서는 2013년보다 1.0%p 증가한 40.7%가 취업하였다. 청년층 중에서도 20 ~ 24세 연령층의 고용률 증가가 현저한데, 이들은 2013년 대비 1.6%p 늘어난 44.8%가 취업한 것으로 나타난다. 이 연령층의 경우, 여성 고용률은 49.5%로 1.9%p 증가하였고 남성 고용률은 39.3%로 1.2%p 증가하여 여성이 남성보다 고용률이 높고 고용률의 증가 폭도 더 크다. 20 ~ 24세 여성의 고용률이 높아진 것은 이 연령계층의 많은 여성이 최근 늘어난 시간제 일자리에 흡수되었기 때문으로 여겨진다. 더불어 최근 중고령층의 취업자 증가도 뚜렷하다. 이들은 전년 대비 1.0%p 증가한 70.3%의 고용률을 나타냈고, 역시 남성보다 여성의 증가 폭(1.3%p)이 더 크다. 청년층과 중고령층에서 여성의 고용률이 상대적으로 빠른 속도로 증가하고 있음에도 불구하고 남녀 간 고용률 격차가 크게 줄어들지 않는 이유는 경력의 성숙기라 할 수 있는 20대 후반에서 40대 여성의 노동시장 참가가 계속 낮은 수준을 유지하고 있기 때문임을 확인할 수 있다.

---

① A사원 : 한국에 비해 일본과 이탈리아는 남녀 간 고용률 격차가 가파른 감소 추세를 보이는데 우리나라는 어떤 노력이 필요하다고 생각합니까?

② B부장 : 20 ~ 24세 연령층의 경우 여성이 남성보다 고용률이 높고 증가폭도 크네. 이는 고용시장에서 여성의 정규직 채용이 늘어났기 때문이지.

③ C사원 : 청년층과 중·고령층에서 여성의 고용률이 빠르게 증가하고 있지만 남녀 간 고용률 격차가 크게 줄어들지 않는 이유는 20대 후반 ~ 40대 여성의 노동시장 참가가 낮은 수준이기 때문입니다.

④ D주임 : 청년층은 2014년에 2013년보다 1.0%p 증가한 40.7%가 취업했네요.

07 다음 글을 읽고 이해한 내용으로 적절하지 않은 것은?

블록체인이 무엇일까. 일반적으로 블록체인은 '분산화된 거래장부' 방식의 시스템으로 거래 정보를 개인 간 거래(P2P) 네트워크에 분산해 장부에 기록하고 참가자가 그 장부를 공동관리함으로써 중앙집중형 거래 기록보관 방식보다 보안성이 높은 시스템이라고 정의한다. 보통 사람들은 모든 사용자가 동일한 장부를 보유하고 거래가 일어나면 한쪽에서 고친 내용이 네트워크를 타고 전체에 전파된다는 사실까지는 쉽게 이해하지만, 왜 이런 분산원장 방식이 중앙집중형 관리 방식보다 안전한지까지는 쉽사리 납득하지 못하고 있다. 이는 블록체인에 대한 중요한 특성 한 가지를 간과했기 때문인데, 바로 합의(Consensus) 알고리즘이다. 블록체인 네트워크에서 '합의'는 모든 네트워크 참여자가 같은 결괏값을 결정해 나아가는 과정을 뜻한다. 블록체인은 탈중앙화된 즉, 분산된 원장을 지니고 있는 개개인이 운영해나가는 시스템으로 개인들이 보유하고 있는 장부에 대한 절대 일치성(Conformity)이 매우 중요하며, 이를 위해 블록체인은 작업증명(Proof of Work)이라는 합의 알고리즘을 사용한다.

작업증명은 컴퓨터의 계산 능력을 활용하여 거래 장부(블록)를 생성하기 위한 특정 숫자 값을 산출하고 이를 네트워크에 참여한 사람에게 전파함으로써 장부를 확정한다. 여기서 특정 숫자 값을 산출하는 행위를 채굴이라 하고 이 숫자 값을 가장 먼저 찾아내서 전파한 노드 참가자에게 비트코인과 같은 보상이 주어진다. 네트워크 참여자들은 장부를 확정하기 위한 특정 숫자 값을 찾아내려는 목적으로 지속적으로 경쟁하며, 한 명의 채굴자가 해답을 산출하여 블록을 생성·전파하면 타 채굴자는 해당 블록에 대한 채굴을 멈추고 전파된 블록을 연결하는 작업을 수행한다. 그렇다면 동시에 여러 블록들이 완성되어 전파되고 있다면 어떤 일이 발생할까?

예를 들어 내가 100번 블록까지 연결된 체인을 가지고 있고, 101번째 블록을 채굴하고 있던 도중 이웃으로부터 101번(a)이라는 블록을 받아 채택한 후 102번째 블록을 채굴하고 있었다. 그런데 타 참가자로부터 101번(b)이라는 블록으로부터 생성된 102번째 블록이 완성되어 전파되었다. 이런 경우, 나는 102번째 블록과 103번째 블록을 한꺼번에 채굴하여 전파하지 않는 이상 101(a)를 포기하고 101(b)와 102번째 블록을 채택, 103번째 블록을 채굴하는 것이 가장 합리적이다.

블록체인의 일치성은 이처럼 개별 참여자가 자기의 이익을 최대로 얻기 위해 더 긴 블록체인으로 갈아타게 되면서 유지되는 것이다. 마치 선거를 하듯 노드 투표를 통해 과반수의 지지를 받은 블록체인이 살아남아 승자가 되는 방식으로 블록체인 네트워크 참여자들은 장부의 일치성을 유지시켜 나간다. 이 점 때문에 블록체인 네트워크에서 이미 기록이 완료된 장부를 조작하려면, 과반수 이상의 참여자가 가지고 있는 장부를 동시에 조작해야 하는데 실질적으로 이는 거의 불가능에 가까워 "분산원장 방식이 중앙집중형 방식보다 보안에 강하다."라는 주장이 도출되는 것이다.

① 작업증명에서 특정 숫자 값을 먼저 찾아내서 전파할 경우 보상이 주어진다.
② 블록체인의 일치성은 개별 참여자가 더 긴 블록체인으로 갈아타게 되면서 유지된다.
③ 거래장부 기록 방식은 분산원장 방식이 중앙집중형 관리 방식보다 안전하다.
④ 타인으로부터 특정 블록이 완성되어 전파된 경우, 특정 블록에 대해 경쟁하는 것이 합리적이다.

08 다음은 ○○은행에서 발급하고 있는 국제학생증에 대한 안내문이다. A사원이 해당 상품을 S대학 무용과에 재학 중인 K고객에게 설명할 경우 확인해야 할 사항으로 적절하지 않은 것은?

〈국제학생증 체크카드〉

1. **발급대상 안내**
   - 만 14세 이상의 Full Time Student
   - 만 7세 이상 ~ 13세 이하는 체크카드 겸용은 발급이 불가능하며, 일반 국제학생증을 발급받아야 함
   - 국제학생증 체크카드에는 학과명이 기입되지 않음(예술대 및 건축학과는 온라인으로 신청 시 학과명이 기입된 국제학생증 발급 가능)

2. **주요 서비스**

구분	내용	비고
신분증 기능	사진, 생년월일, 국적이 표시되어 신분증으로 사용 가능	-
해외 직불카드 및 할인 서비스	제휴를 맺은 박물관, 유적지, 미술관 및 각종 교통 이용에서 학생 할인 적용	'VISA' 마크가 부착되어 있는 2,400만여 개 해외 가맹점에서 이용 가능
국내 체크카드 및 할인 서비스	항공권 할인, 숙소 예약비 할인 등	-
긴급의료지원 서비스	여행 중 발생한 긴급사태에 대한 법률, 의료 등 다양한 분야에서의 지원혜택	24개국 언어로 지원이 되며, 한국어 서비스도 지원이 됨

3. **발급절차 안내**
   구비서류 준비 → ○○은행 방문 → 직접 수령 or 배송

4. **유의사항**
   - 할인 서비스 이용 시 현장에서 카드만 제출해도 할인을 받지만 몇몇 업체 및 명소에서는 이용 전 예약을 해야만 할인을 적용받을 수 있음
   - 모든 나라, 모든 지역에서 서비스를 받을 수 있는 것이 아니며 주요 국가(미국・캐나다・호주・유럽 등)에서 서비스를 지원함
   - 국제학생증 체크카드 수령 후 카드사용 등록을 해야 서비스 이용이 가능함
   ※ 기타사항에 대한 정보는 ○○은행 카드상담센터 또는 홈페이지에서 확인하실 수 있습니다.

---

① 자세한 정보는 ○○은행 카드상담센터 또는 홈페이지를 방문하시라고 설명해야겠구나.
② 해외에서 'VISA' 마크가 없는 곳에서는 국제학생증 체크카드를 이용할 수 없겠네.
③ 긴급의료지원 서비스는 한국어로도 지원이 된다는 것을 알면 고객들이 안심할 수 있을 거야.
④ 국제학생증 체크카드는 수령 즉시 사용이 가능하구나.

09 다음 안내문에 따라 국회도서관을 이용하는 사람이 이해한 내용으로 적절하지 않은 것은?

〈국회도서관 이용 안내〉

1. **이용 대상**
   - 전·현직 국회의원 및 국회 소속 공무원
   - 평생 열람증 및 명예 열람증 소지자
   - 대학생 또는 만 18세 이상인 자
   - 중·고등학생 중 소속 학교의 학교장 또는 사서교사 또는 도서업무 담당 교직원의 추천을 받은 자
   - 만 2세 이상 ~ 17세 이하의 비재학 청소년 중 선출직 공직자(국회의원, 교육감, 교육위원, 광역자치단체장, 광역의회의원, 기초자치단체장, 기초의회의원) 또는 공공도서관장 또는 기초행정구역의 책임자(구청장, 동장, 읍장, 면장)의 추천을 받은 자
   - 그 밖에 도서관 소장 자료가 필요하다고 국회도서관장이 인정한 자
   - 외국인의 경우 여권 또는 외국인등록증 소지자

2. **이용 시간**
   - 월요일 ~ 금요일 : 오전 9시 ~ 오후 10시(야간 이용 시간 : 오후 6시 ~ 10시)
   - 토요일 ~ 일요일 : 오전 9시 ~ 오후 5시
   - 휴관일 안내
     - 매월 둘째, 넷째 주 토요일
     - 일요일을 제외한 공휴일(공휴일과 겹친 토요일·일요일 휴관)

3. **출입 절차**
   - 국회도서관을 이용하기 위해서는 국회도서관 홈페이지에서 이용자 등록을 한 후 안내대에서 일일 열람증 또는 장기 열람증을 발급받아야 합니다(첫 방문 시에는 반드시 본인 확인을 위하여 신분증 제시 필요). 단, 첫 방문 이후의 일일 열람증은 출입구 앞에 설치된 열람증 발급기에서도 발급받을 수 있습니다(아이디와 암호 필요).
   - 도서관 방문 전에 미리 국회도서관 홈페이지에서 이용자 등록(국회도서관 안내대 앞의 이용자 등록대에서 등록하여도 됨) → 안내대에서 열람증 및 물품보관함 열쇠 수령 → 출입대 통과(열람증을 단말기에 접촉) → 자료 이용(외출 시 열람증을 외출등록기 단말기에 접촉하여 외출등록) → 퇴실(장기 열람증은 출입대 단말기에 접촉, 일일 열람증은 투입구에 반납)

4. **이용자 등록 방법**
   이용자 등록을 하려면 다음과 같은 절차에 따라 회원 가입을 하여야 합니다. 개인 정보 등록(또는 수정) 시 휴대폰 단문문자서비스(SMS)와 메일링서비스를 신청하면 됩니다. 그리고 장기 열람증을 발급받고자 하는 분은 인터넷으로 증명사진을 등록한 후(사진을 직접 제출해도 가능) 안내대에서 장기 열람증을 받으십시오.

5. **이용자 등록 순서**
   국회도서관 홈페이지(회원 가입) → 이용약관 동의 → 본인 확인(개인 ID 인증 또는 가상 식별 실명 확인 서비스) → 개인 정보 등록 → 가입 완료

---

① 일일 열람증은 매번 안내대에서 직접 발급받아야 한다.

② 중·고등학생이 이용하려면 소속 학교의 추천이 필요하다.

③ 도서관에 가기 전에 도서관 홈페이지에서 이용자 등록을 해야 한다.

④ 장기 열람증을 발급받기 위해서는 증명사진을 직접 안내대에 제출해도 된다.

10 다음은 우리나라 예금의 역사를 설명한 기사이다. 이를 읽고 이해한 내용으로 적절하지 않은 것은?

우리나라에서 예금업무를 보는 민족계 은행이 설립되기 시작한 것은 1894년(고종 31)의 갑오경장 이후이다. 그런데 우리나라에서는 민족계 은행이 설립된 뒤에도 예금이라는 용어는 사용되지 않았으며, 그 대신 임치(任置)라는 말이 사용되었다. 이를테면 1906년 3월에 우리나라에서 제정된 최초의 조례로 은행법의 모체가 되는 '은행 조례'가 공포되었다. 은행 조례에서 '임치'라는 말이 사용되었고, 당시 예금자는 임주(任主)라고 불렀다.

1912년 3월 은행설립에 관한 법령을 일원화하기 위하여 '은행령'이 공포되었는데, 여기서 임치 대신 예금이라는 용어가 등장하게 되었다. 일제강점기에는 중앙은행격인 조선은행이나 장기신용은행이라 할 수 있는 조선식산은행도 일반은행과 예금수수에 있어 경쟁적인 관계에 있었다.

1939년 이후 통계는 작성되지 않았으나, 일반은행의 예금에서 동업자·공공예금을 뺀 일반예금에 있어 1910~1938년간의 평균구성비를 보면 대체로 우리나라 사람이 21.6%, 일본인이 74.4%, 그리고 기타 외국인이 4.0%를 차지하고 있었다. 이와 같이 우리 민족의 예금이 차지하는 구성비는 상대적으로 미약한 상태였다.

1945년 광복 이후 1950년대 초까지는 정치적·사회적 혼란과 경제적 무질서, 그리고 극심한 인플레이션뿐만 아니라 일반 국민의 소득도 적었고 은행금리가 실세금리보다 낮았기 때문에 예금실적은 미미한 상태였다. 1954년 '은행법'이 시행되었으며, 1961년 7월 예금금리의 인상과 예금이자에 대하여 면세조치가 이루어지고, 1965년 9월 금리기능의 회복을 도모하고 자금의 합리적인 배분을 도모하는 각종 조치가 수반됨에 따라 은행예금은 저축성예금을 위주로 증가하였다.

특히, 1960년대 경제개발계획의 추진으로 인하여 물자 동원에 예금이 중요한 비중을 차지한 관계로 각종 조치에 따라 1965년에 783억 원이던 예금은행의 총예금이 1970년에는 7,881억 원으로 증가하였다. 1970년대에는 통화공급억제와 몇 차례의 금리인하로 증가세가 다소 둔화되었다. 그런데 1972년 8월 '경제의 안정과 성장에 관한 긴급명령'에 따른 8·3조치로 사채동결, 금리대폭인하, 특별금융조치 등 대폭적인 개혁이 이루어져 1974년과 1979년을 제외하고 대체로 30% 이상의 신장세를 유지하였다.

1980년대에는 물가안정과 각종 우대금리의 확대에 따라 예금은행의 총예금이 1980년 12조 4,219억 원, 1985년 31조 226억 원, 그리고 1990년에는 84조 2,655억 원에 이르렀다. 1991년부터 4단계로 나누어 실시된 금리자유화 조치와 1992년에 실시된 금융실명제는 금융자산의 흐름을 비금융권으로부터 금융권으로 바꾸어 놓아 1995년에는 예금은행의 총예금이 154조 3,064억 원으로 크게 신장되었다.

① 1945년 광복 이후 1950년대 초까지는 은행금리가 실세금리보다 낮았다.
② 예금 이전에 임치라는 용어가 은행 조례에서 사용되었다.
③ 물가안정과 각종 우대금리 확대로 1980년대에는 총예금이 지속적으로 증가했다.
④ 1972년 8월 8·3조치로 1970년대에 총예금은 매년 30% 이상의 신장세를 유지하였다.

04 | 배열하기

대표유형 1 | 배열하기 ①

다음 문장들을 논리적 순서대로 바르게 나열하면?

> (가) 여름에는 찬 음식을 많이 먹거나 냉방기를 과도하게 사용하는 경우가 많은데, 그렇게 되면 체온이 떨어져 면역력이 약해지기 때문이다.
> (나) 만약 감기에 걸렸다면 탈수로 인한 탈진을 방지하기 위해 수분을 충분히 섭취해야 한다.
> (다) 특히 감기로 인해 열이 나거나 기침을 할 때에는 따뜻한 물을 여러 번에 나누어 먹는 것이 좋다.
> (라) 여름철 감기를 예방하기 위해서는 찬 음식은 적당히 먹어야 하고 냉방기에 장시간 노출되는 것을 피해야 하며, 충분한 휴식을 취하고, 집에 돌아온 후에는 손발을 꼭 씻어야 한다.
> (마) 일반적으로 감기는 겨울에 걸린다고 생각하지만 의외로 여름에도 감기에 걸린다.

① (가) – (라) – (다) – (마) – (나)
② (마) – (다) – (라) – (나) – (가)
③ (가) – (다) – (나) – (라) – (마)
④ (마) – (가) – (라) – (나) – (다)

정답 | 해설

제시문은 여름에도 감기에 걸리는 이유와 예방 및 치료방법에 대해 설명하고 있다. 따라서 (마) 의외로 여름에도 감기에 걸림 → (가) 찬 음식과 과도한 냉방기 사용으로 체온이 떨어져 면역력이 약해짐 → (라) 감기 예방을 위해 찬 음식은 적당히 먹고 충분한 휴식을 취하고, 귀가 후 손발을 씻어야 함 → (나) 감기에 걸렸다면 수분을 충분히 섭취해야 함 → (다) 열이나 기침이 날 때에는 따뜻한 물을 여러 번 나눠 먹는 것이 좋음의 순서로 연결되어야 한다.

정답 ④

다음 제시된 단락을 읽고, 이어질 글을 논리적 순서대로 바르게 나열하면?

현대 대부분 국가가 선택하는 정치체제는 민주주의이다. 민주주의는 물론 단점도 가지고 있지만, 여태까지 성립된 정치체제 중에서 가장 나은 체제라는 평가를 받고 있다.

(가) 일반적으로 민주주의에서 가장 중요한 것은 국민주권이며, 따라서 사회적 계급은 존재할 수 없다. 민주주의 체제가 성립되기 이전에 대부분 국가의 정치체제는 전제주의였는데, 전제주의에서는 특권자인 국왕에게 주권이 있는 것과 극명히 대비되는 부분이다.

(나) 입헌군주제에서 국왕은 통치능력이 없다. 일종의 국가 상징으로서만 받아들여지는 것이다. 이러한 입헌군주제에서의 국왕을 가장 잘 표현하는 말이 '군림하나 통치하지 않는다.'일 것이다.

(다) 아무리 상징으로서만 국왕이 존재한다고 해도 영국에서 입헌군주제를 폐지하자는 움직임이 존재한다. 이들은 입헌군주제를 옹호하는 '근왕파'와 대비되어 '공화파'라 불리며, 어떤 신문은 공화파를 위한 신문 사이트를 따로 개설, 국왕의 소식이 보이지 않게 하기도 했다.

(라) 그럼에도 불구하고 민주주의가 시작된 나라 중 하나인 영국에는 아직도 국왕이 있다. 이러한 정치체제를 입헌군주제라 하는데, 입헌군주제에서의 왕은 입법, 사법, 행정의 모든 권력을 행사하던 전제주의에서의 국왕과는 다르다.

① (가) – (다) – (나) – (라)
② (가) – (라) – (나) – (다)
③ (가) – (라) – (다) – (나)
④ (라) – (나) – (다) – (가)

정답 | 해설

제시문은 민주주의의 특성과 과거 전제주의와의 차이점, 입헌군주제와 전제주의의 차이점, 입헌군주제의 특성과 입헌군주제를 폐기하려는 움직임에 대하여 차례대로 설명하고 있다. 제시된 단락의 마지막에서 민주주의에 대해 '여태까지 성립된 정치체제 중에서 가장 나은 체제라는 평가를 받고 있다.'고 하였으므로 민주주의에 대하여 설명하고 있는 (가)가 이어지는 것이 적절하다. 따라서 (가) 민주주의의 특성과 전제주의와의 차이점 → (라) 민주주의의 탄생국이면서 동시에 입헌군주제인 영국 → (나) 입헌군주제 국왕의 특징 → (다) 입헌군주제를 폐지하려는 영국 내 공화파의 순서로 배열하는 것이 적절하다.

정답 ②

30초 컷 풀이 Tip

우선 각 문단에 위치한 지시어와 접속어를 살펴본다. 문두에 접속어가 오거나 문장 중간에 지시어가 나오는 경우 글의 첫 번째 문단이 될 수 없다. 따라서 이러한 문장들을 하나씩 소거해 나가다 보면 첫 문단이 될 수 있는 것을 찾을 수 있을 것이다. 또한, 선택지를 참고하여 문단의 순서를 생각해 보는 것도 시간을 단축하는 좋은 방법이 될 수 있다.

※ 다음 문단을 논리적 순서대로 바르게 나열하시오. [1~5]

01

(가) 그런데 '의사, 변호사, 사장' 등은 그 직업이나 직책에 있는 모든 사람을 가리키는 것이어야 함에도 불구하고, 실제로는 남성을 가리키는 데 주로 사용되고, 여성을 가리킬 때는 '여의사, 여변호사, 여사장' 등이 따로 사용되고 있다. 즉, 여성을 예외적인 경우로 취급함으로써 남녀차별의 가치관을 이 말들에 반영하고 있는 것이다.

(나) 언어에는 사회상의 다양한 측면이 반영되어 있다. 그렇기 때문에 남성과 여성의 차이도 언어에 반영되어 있다. 한편 우리 사회는 꾸준히 양성평등을 향해서 변화하고 있지만, 언어의 변화 속도는 사회의 변화 속도를 따라가지 못한다. 따라서 국어에는 남녀차별의 사회상을 알게 해 주는 증거들이 있다.

(다) 오늘날 남녀의 사회적 위치가 과거와 다르고 지금 이 순간에도 계속 변하고 있다. 여성의 사회적 지위 향상의 결과가 앞으로 언어에 반영되겠지만, 현재 언어에 남아 있는 과거의 흔적은 우리 스스로의 노력으로 지워감으로써 남녀의 '차이'가 더이상 '차별'이 되지 않도록 노력을 기울여야 하겠다.

(라) 우리말에는 그 자체에 성별을 구분해 주는 문법적 요소가 없다. 따라서 남성을 지칭하는 말과 여성을 지칭하는 말, 통틀어 지칭하는 말이 따로 존재해야 하지만, 국어에는 그런 경우도 있고 그렇지 않은 경우도 있다. 예를 들어 '아버지'와 '어머니'는 서로 대등하게 사용되고, '어린이'도 남녀를 구별하지 않고 가리킬 때 쓰인다.

① (나) – (가) – (라) – (다)   ② (나) – (라) – (가) – (다)
③ (다) – (가) – (라) – (나)   ④ (다) – (나) – (라) – (가)

02

(가) 정해진 극본대로 연기를 하는 연극의 서사는 논리적이고 합리적이다. 그러나 연극 밖의 현실은 비합리적이고, 그 비합리성을 개인의 합리에 맞게 해석한다. 연극 밖에서도 각자의 합리성에 맞춰 연극을 하고 있는 것이다.

(나) 사전적 의미로 불합리한 것, 이치에 맞지 않는 것을 의미하는 부조리는 실존주의 철학에서는 현실에서는 전혀 삶의 의미를 발견할 가능성이 없는 절망적인 한계상황을 나타내는 용어이다.

(다) 이것이 비합리적인 세계에 대한 자신의 합목적적인 희망이라는 사실을 깨달았을 때, 삶은 허망해지고 인간은 부조리를 느끼게 된다.

(라) 부조리라는 개념을 처음 도입한 대표적인 철학자인 알베르 카뮈는 연극에 비유하여 부조리에 대해 설명한다.

① (나) – (다) – (가) – (라)   ② (가) – (다) – (나) – (라)
③ (나) – (라) – (가) – (다)   ④ (가) – (라) – (나) – (다)

03

> (가) 친환경 농업은 최소한의 농약과 화학비료만을 사용하거나 전혀 사용하지 않은 농산물을 일컫는다. 친환경 농산물이 각광받는 이유는 우리가 먹고 마시는 것들이 우리네 건강과 직결되기 때문이다.
>
> (나) 사실상 병충해를 막고 수확량을 늘리는 데 있어, 농약은 전 세계에 걸쳐 관행적으로 사용됐다. 깨끗이 씻어도 쌀에 남아있는 잔류농약을 완전히 제거하기는 어렵다. 잔류농약은 아토피와 각종 알레르기를 유발한다. 출산율을 저하하고 유전자 변이의 원인이 되기도 한다. 특히 제초제 성분이 체내에 들어올 경우, 면역체계에 치명적인 손상을 일으킨다.
>
> (다) 미국 환경보호청은 제초제 성분의 60%를 발암물질로 규정했다. 결국 더 많은 농산물을 재배하기 위한 농약과 제초제 사용이 오히려 인체에 치명적인 피해를 줄지 모를 '잠재적 위험요인'으로 자리매김한 셈이다.

① (가) – (나) – (다)   ② (나) – (가) – (다)
③ (나) – (다) – (가)   ④ (다) – (가) – (나)

04

> (가) 그러나 인권 침해에 관한 문제 제기도 만만치 않아 쉽게 결정할 수 없는 상황이다.
> (나) 지난 석 달 동안만 해도 벌써 세 건의 잔혹한 살인 사건이 발생하였다.
> (다) 반인륜적인 범죄가 갈수록 증가하고 있다.
> (라) 이에 따라 반인륜적 범죄에 대한 처벌을 강화해야 한다는 목소리가 날로 높아지고 있다.

① (가) – (나) – (다) – (라)
② (나) – (다) – (가) – (라)
③ (다) – (나) – (라) – (가)
④ (다) – (라) – (나) – (가)

05

(가) 상품의 가격은 기본적으로 수요와 공급의 힘으로 결정된다. 시장에 참여하고 있는 경제 주체들은 자신이 가진 정보를 기초로 하여 수요와 공급을 결정한다.

(나) 이런 경우에는 상품의 가격이 우리의 상식으로는 도저히 이해하기 힘든 수준까지 일시적으로 뛰어오르는 현상이 나타날 가능성이 있다. 이런 현상은 특히 투기의 대상이 되는 자산의 경우 자주 나타나는데, 우리는 이를 '거품 현상'이라고 부른다.

(다) 그러나 현실에서는 사람들이 서로 다른 정보를 갖고 시장에 참여하는 경우가 많다. 어떤 사람은 특정한 정보를 갖고 있는데 거래 상대방은 그 정보를 갖고 있지 못한 경우도 있다.

(라) 일반적으로 거품 현상이란 것은 어떤 상품 − 특히 자산 − 의 가격이 지속해서 급격히 상승하는 현상을 가리킨다. 이와 같은 지속적인 가격 상승이 일어나는 이유는 애초에 발생한 가격 상승이 추가적인 가격 상승의 기대로 이어져 투기 바람이 형성되기 때문이다.

(마) 이들이 똑같은 정보를 함께 갖고 있으며 이 정보가 아주 틀린 것이 아닌 한, 상품의 가격은 어떤 기본적인 수준에서 크게 벗어나지 않을 것이라고 예상할 수 있다.

① (마) − (가) − (다) − (라) − (나)
② (라) − (가) − (다) − (나) − (마)
③ (가) − (다) − (나) − (라) − (마)
④ (가) − (마) − (다) − (나) − (라)

PART 2

※ 다음 단락을 읽고, 이어질 내용을 논리적 순서대로 나열한 것을 고르시오. **[6~10]**

06

봄에 TV를 켜면 황사를 조심하라는 뉴스를 볼 수 있다. 많은 사람이 알고 있듯이, 황사는 봄에 중국으로부터 바람에 실려 날아오는 모래바람이다. 그러나 황사를 단순한 모래바람으로 치부할 수는 없다.

(가) 물론 황사도 나름대로 장점은 존재한다. 황사에 실려 오는 물질들이 알칼리성이기 때문에 토양의 산성화를 막을 수 있다. 그러나 이러한 장점만으로 황사를 방지하지 않아도 된다는 것은 아니다.

(나) 그러므로 황사에는 중국에서 발생하는 매연이나 화학물질이 모두 함유되어 있다. TV에서 황사를 조심하라는 것은 단순히 모래바람을 조심하라는 것이 아니라 중국 공업지대의 유해물질을 조심하라는 것과 같은 말이다.

(다) 황사는 중국의 내몽골자치구나 고비 사막 등의 모래들이 바람에 실려 중국 전체를 돌고 나서 한국 방향으로 넘어오게 된다. 중국 전체를 돈다는 것은, 중국 대기의 물질을 모두 흡수한다는 것이다.

(라) 개인적으로는 황사 마스크를 쓰고 외출 후에 손발을 청결히 하는 등 황사 피해에 대응할 수 있겠지만, 국가적으로는 쉽지 않다. 국가적으로는 모래바람이 발생하지 않도록 나무를 많이 심고, 공장지대의 매연을 제한하여야 하기 때문이다.

① (다) − (가) − (나) − (라)
② (나) − (다) − (가) − (라)
③ (다) − (나) − (가) − (라)
④ (다) − (나) − (라) − (가)

07

맨체스터 유나이티드는 한때 지역의 축구팀에 불과했지만 브랜딩 과정을 통해 글로벌 스포츠 브랜드로 성장했다. 이런 변화는 어떻게 시작되었을까?

(가) 먼저 맨체스터 유나이티드는 최고의 잠재력을 지닌 전 세계 유소년 선수들을 모아 청소년 아카데미를 운영했다. 1986년 맨체스터 유나이티드의 감독 퍼거슨은 베컴을 비롯한 많은 스타선수들을 유소년기부터 훈련시켰다.

(나) 이를 바탕으로 맨체스터 유나이티드는 지역의 작은 축구팀이 아니라 전 세계인이 알고 있는 글로벌 브랜드가 되었고, 단기간의 팀 경기력 하락 등에 의해 쉽게 영향을 받지 않는 튼튼한 소비층을 구축하게 되었다.

(다) 이후 맨체스터 유나이티드는 자사 제품의 품질을 강화시킨 후 경영 전략에 변화를 주었다. 이들은 클럽을 '브랜드'로, 선수를 '자산'으로, 팬을 '소비자'로, 세계를 '시장'으로 불렀다.

(라) 이렇게 만들어진 맨체스터 유나이티드의 브랜드를 팀 테마 레스토랑, 스포츠 용품점, TV 등 다양한 경로를 통해 유통하기 시작했다.

① (다) – (가) – (나) – (라)   ② (다) – (가) – (라) – (나)
③ (가) – (다) – (라) – (나)   ④ (가) – (라) – (다) – (나)

08

초콜릿은 많은 사람들이 좋아하는 간식이다. 어릴 때 초콜릿을 많이 먹으면 이가 썩는다는 부모님의 잔소리를 안 들어본 사람은 별로 없을 것이다. 그러면 초콜릿은 어떻게 등장하게 된 것일까?

(가) 한국 또한 초콜릿의 열풍을 피할 수는 없었는데, 한국에 초콜릿이 전파된 것은 개화기 이후 서양 공사들에 의해서였다고 전해진다. 일제강점기 이후 한국의 여러 제과회사는 다양한 변용을 통해 다채로운 초콜릿 먹거리를 선보이고 있다.

(나) 초콜릿의 원료인 카카오 콩의 원산지는 남미로 전해진다. 대항해 시대 이전, 즉 유럽인들이 남미에 진입하기 이전에는 카카오 콩은 예식의 예물로 선물하기도 하고 의약품의 대용으로 사용되는 등 진귀한 대접을 받는 물품이었다.

(다) 유럽인들이 남미로 진입한 이후, 여타 남미산 작물이 그러하였던 것처럼 카카오 콩도 유럽으로 전파되어 선풍적인 인기를 끌게 된다. 다만, 남미에서 카카오 콩에 첨가물을 넣지 않았던 것과는 달리 유럽에서는 설탕을 넣어 먹었다고 한다.

(라) 카카오 콩에 설탕을 넣어 먹은 것이 바로 우리가 간식으로 애용하는 초콜릿의 원형이라고 생각된다. 설탕과 카카오 콩의 결합물로서의 초콜릿은 알다시피 이후 세계를 풍미하는 간식의 대표 주자가 된다.

① (나) – (다) – (라) – (가)   ② (나) – (라) – (다) – (가)
③ (나) – (라) – (가) – (다)   ④ (다) – (나) – (라) – (가)

09

청바지는 모든 사람이 쉽게 애용할 수 있는 옷이다. 말 그대로 캐주얼의 대명사인 청바지는 내구력과 범용성 면에서 다른 옷에 비해 뛰어나고, 패션으로도 무난하다는 점에서 옷의 혁명이라 일컬을 만하다. 그러나 청바지의 시초는 그렇지 않았다.

(가) 청바지의 시초는 광부들의 옷으로 알려졌다. 정확히 말하자면 텐트용으로 주문받은 천을 실수로 푸른색으로 염색한 바람에 텐트납품계약이 무산되자, 재고가 되어 버린 질긴 천을 광부용 옷으로 변용해보자는 아이디어에 의한 것이다.

(나) 청바지의 패션 아이템화는 한국에서도 크게 다르지 않다. 나팔바지, 부츠컷, 배기 팬츠 등 다양한 변용이 있으나, 세대차라는 말이 무색할 만큼 과거의 사진이나 현재의 사진이나 많은 사람들이 청바지를 캐주얼한 패션 아이템으로 활용하는 것을 볼 수 있다.

(다) 비록 시작은 그리하였지만, 청바지는 이후 패션 아이템으로 선풍적인 인기를 끌었다. 과거 유명한 서구 남성 배우들의 아이템에는 꼭 청바지가 있었다고 해도 과언이 아닌데, 그 예로는 제임스 딘이 있다.

(라) 다만, 청바지는 주재료인 데님의 성질로 활동성을 보장하기 어려웠던 부분을 단점으로 들 수 있겠으나, 2000년대 들어 스판덱스가 첨가된 청바지가 사용되기 시작하면서 그러한 문제도 해결되어, 전천후 의류로 기능하고 있다.

① (라) – (다) – (가) – (나) 　　② (다) – (가) – (라) – (나)
③ (가) – (다) – (라) – (나) 　　④ (가) – (다) – (나) – (라)

10

'낙수 이론(Trickle Down Theory)'은 '낙수 효과(Trickle Down Effect)'에 의해서 경제상황이 개선될 수 있다는 것을 골자로 하는 이론이다. 이 이론은 경제적 상위계층의 생산 혹은 소비 등의 전반적 경제활동에 따라 경제적 하위계층에게도 그 혜택이 돌아간다는 모델에 기반을 두고 있다.

(가) 한국에서 이 낙수 이론에 의한 경제구조의 변화를 실증적으로 나타내는 것이 바로 70년대 경제발전기의 경제발전방식과 그 결과물이다. 한국은 대기업 중심의 경제발전을 통해서 경제의 규모를 키웠고, 이는 기대 수명 증가 등 긍정적 결과로 나타났다.

(나) 그러나 낙수 이론에 기댄 경제정책이 실증적인 효과를 낸 전력이 있음에도 불구하고, 낙수 이론에 의한 경제발전모델이 과연 전체의 효용을 바람직하게 증가시켰는지에 대해서는 비판들이 있다.

(다) 사회적 측면에서는 계층 간 위화감 조성이라는 문제점 또한 제기된다. 결국 상류층이 돈을 푸는 것으로 인하여 하류층의 경제적 상황에 도움이 되는 것이므로, 상류층과 하류층의 소비력의 차이가 여실히 드러나고, 이는 사회적으로 위화감을 조성시킨다는 것이다.

(라) 제일 많이 제기되는 비판은 경제적 상류계층이 경제활동을 할 때까지 기다려야 한다는 낙수 효과의 본질적인 문제점에서 연유한다. 결국 낙수 효과는 상류계층의 경제활동에 의해 이루어지는 것이므로, 당사자가 움직이지 않는다면 발생하지 않기 때문이다.

① (가) – (라) – (나) – (다) 　　② (가) – (다) – (라) – (나)
③ (가) – (나) – (라) – (다) 　　④ (나) – (라) – (다) – (가)

※ 다음 문단을 논리적 순서대로 바르게 나열하시오. [1~5]

01

(가) 그렇다면 우리나라는 어떻게 신뢰를 확보할 수 있을까? 전문가들은 고위 공직자들이 솔선수범하여 스스로 부패를 없애는 일이야말로 신뢰를 쌓기 위한 첫 번째 조건이라고 말한다. 언론은 사실에 입각하여 객관적이고 공정한 보도를 하여야 독자들이 신뢰할 것이다. 가짜 뉴스는 걸러야 하며 오보는 반드시 정정 보도를 내보내야 한다. 또한 법과 원칙이 사회를 지배해야 하며, 법은 누구에게나 정의롭고 공정해야 한다. 힘 있는 사람이 법망을 빠져나가고 거리마다 자기의 주장을 외쳐대는 행위는 신뢰를 크게 무너뜨린다. 마지막으로 아프리카의 보츠와나처럼 학생들에게 어릴 때부터 청렴 교육을 할 필요가 있다.

(나) 프랑스 혁명 당시 시민 혁명군이 왕궁을 포위했을 때 국왕 루이 16세와 왕비를 마지막까지 지킨 것은 프랑스 군대가 아니었다. 모든 프랑스 수비대는 도망갔지만 스위스 용병 700여 명은 남의 나라 왕과 왕비를 위해 용맹스럽게 싸우다가 장렬하게 전사했다. 프랑스 시민 혁명군이 퇴각할 기회를 주었는데도 스위스 용병들은 그 제의를 거절했다. 당시 전사한 한 용병이 가족에게 보내려던 편지에는 이렇게 쓰여 있었다. '우리가 신뢰를 잃으면 우리 후손들은 영원히 용병을 할 수 없을 것이다. 우리는 죽을 때까지 왕궁을 지키기로 했다.' 오늘날까지 스위스 용병이 로마 교황의 경비를 담당하는 것은 이러한 용병들의 신뢰성 덕분이다. 젊은 용병들이 목숨을 바치며 송금한 돈도 결코 헛되지 않았다. 스위스 은행은 용병들이 송금했던 핏값을 목숨을 걸고 지켜냈다. 그 결과 스위스 은행은 안전과 신뢰의 대명사가 되어 이자는커녕 돈 보관료를 받아 가면서 세계 부호들의 자금을 관리해주는 존재가 되었다.

(다) 신뢰(信賴)란 무엇인가? 신뢰에 대한 정의는 다양하지만 일반적으로 '타인의 미래 행동이 자신에게 호의적일 것이라는 기대와 믿음'을 말한다. 우리가 가족을 믿고 친구를 믿고 이웃을 믿는 것은 신뢰가 있기 때문이다. 로버트 퍼트넘은 신뢰란, 한 사회를 유지하는 데 꼭 필요한 요소로 사회적 자본이라고 했다. 프랜시스 후쿠야마는 신뢰가 낮은 나라는 큰 사회적 비용이 발생한다고 지적했다.

(라) 한국의 신뢰지수는 아주 낮다. OECD 사회신뢰도(2016년)에 의하면, 한국은 '믿을 사람이 없다.', '사법시스템도 못 믿겠다.', '정부도 못 믿겠다.'라는 질문에 모두 높은 순위를 기록했다. '미래에 대한 심각한 불안감을 가지고 있느냐.'는 질문에 대해 한국의 청년 응답자들은 무려 79.7%가 '그렇다.'고 답했다. 신뢰가 낮은 국가는 이해당사자 간에 발생하는 갈등을 사회적 대타협으로 해결하지 못한다. 일례로 한국에서 노사정 대타협이 성공했다는 소식을 들은 적이 없다. 서로가 서로를 신뢰하지 못하기 때문이다.

(마) 스위스는 우리나라와 비슷한 점이 많다. 독일, 프랑스, 이탈리아, 오스트리아 등 주변국에 시달리며 비극적인 역사를 이어왔다. 국토의 넓이는 우리나라 경상도와 전라도를 합한 크기로 국토의 75%가 산이며, 자원이라곤 사람 밖에 없다. 150년 전까지만 하여도 최빈국이었던 스위스가 지금은 1인당 GDP가 세계 2위(2016년)인 $78,000의 선진국이 되었다. 그 이유는 무엇일까? 가장 큰 이유는 신앙에 기초를 둔 '신뢰' 덕분이었다.

(바) 이제 우리나라는 자본, 노동과 같은 경제적 자본만으로는 성장의 한계에 도달했다. 이제 튼튼한 신뢰성이 산업계 전반으로 퍼져 나감으로써 신뢰와 같은 사회적 자본을 확충해 경제 성장을 도모해야 나라 경제가 부강해질 수 있을 것이다.

① (나) – (바) – (다) – (가) – (라) – (마)

② (나) – (마) – (다) – (라) – (가) – (바)

③ (다) – (라) – (바) – (마) – (나) – (가)

④ (다) – (라) – (가) – (나) – (마) – (바)

02

(가) 킬러 T세포는 혈액이나 림프액을 타고 몸속 곳곳을 순찰하는 일을 담당하는 림프 세포의 일종
이다. 킬러 T세포는 감염된 세포를 직접 공격하는데, 세포 하나하나를 점검하여 바이러스에
감염된 세포를 찾아낸다. 이 과정에서 바이러스에 감염된 세포가 킬러 T세포에게 발각이 되면
죽게 된다. 그렇다면 킬러 T세포는 어떤 방법으로 바이러스에 감염된 세포를 파괴할까?

(나) 지금도 우리 몸의 이곳저곳에서는 비정상적인 세포분열이나 바이러스 감염이 계속되고 있다.
하지만 우리 몸에 있는 킬러 T세포가 병든 세포를 찾아내 파괴하는 메커니즘이 정상적으로 작
동하고 있는 한 건강한 상태를 유지할 수 있다. 이렇듯 면역 시스템은 우리 몸을 지켜주는 수호
신이다. 또한 우리 몸이 유기적으로 잘 짜인 구조임을 보여주는 좋은 예라고 할 수 있다.

(다) 그다음 킬러 T세포가 활동한다. 킬러 T세포는 자기 표면에 있는 TCR(T세포 수용체)을 통해
세포의 밖으로 나온 MHC와 펩티드 조각이 결합해 이루어진 구조를 인식함으로써 바이러스
감염 여부를 판단한다. 만약 MHC와 결합된 펩티드가 바이러스 단백질의 것이라면 T세포는
활성화되면서 세포를 공격하는 단백질을 감염된 세포 속으로 보낸다. 이렇게 T세포의 공격을
받은 세포는 곧 죽게 되며 그 안의 바이러스 역시 죽음을 맞이하게 된다.

(라) 우리 몸은 자연적 치유의 기능을 가지고 있다. 자연적 치유는 우리 몸에 바이러스(항원)가 침투
하더라도 외부의 도움 없이 이겨낼 수 있는 면역 시스템을 가지고 있다는 것을 의미한다. 그런
데 이러한 면역 시스템에 관여하는 세포 중에서 매우 중요한 역할을 하는 세포가 있다. 그것은
바로 바이러스에 감염된 세포를 직접 찾아내 제거하는 킬러 T세포(Killer T Cells)이다.

(마) 면역 시스템에서 먼저 활동을 시작하는 것은 세포 표면에 있는 MHC(주요 조직 적합성 유전자
복합체)이다. MHC는 꽃게 집게발 모양의 단백질 분자로 세포 안에 있는 단백질 조각을 세포
표면으로 끌고 나오는 역할을 한다. 본래 세포 속에는 자기 단백질이 대부분이지만, 바이러스
에 감염되면 원래 없던 바이러스 단백질이 세포 안에 만들어진다. 이렇게 만들어진 자기 단백
질과 바이러스 단백질은 단백질 분해효소에 의해 펩티드 조각으로 분해되어 세포 속을 떠돌아
다니다가 MHC와 결합해 세포 표면으로 배달되는 것이다.

① (라) – (가) – (마) – (다) – (나)

② (가) – (나) – (마) – (라) – (다)

③ (다) – (가) – (마) – (나) – (라)

④ (라) – (나) – (가) – (다) – (마)

03

(가) 어떤 모델이든지 상품의 특성에 적합한 이미지를 갖는 인물이어야 광고 효과가 제대로 나타날 수 있다. 예를 들어, 자동차, 카메라, 치약과 같은 상품의 경우에는 자체의 성능이나 효능이 중요하므로 대체로 전문성과 신뢰성을 갖춘 모델이 적합하다. 이와 달리 상품이 주는 감성적인 느낌이 중요한 보석, 초콜릿, 여행 등과 같은 상품은 매력과 친근성을 갖춘 모델이 잘 어울린다. 그런데 유명인이 그들의 이미지에 상관없이 여러 유형의 상품 광고에 출연하면 모델의 이미지와 상품의 특성이 어울리지 않는 경우가 많아 광고 효과가 나타나지 않을 수 있다.

(나) 광고에서 소비자의 눈길을 확실하게 사로잡을 수 있는 요소는 유명인 모델이다. 일부 유명인들은 여러 상품 광고에 중복하여 출연하고 있는데, 이는 광고계에서 관행이 되어 있고, 소비자들도 이를 당연하게 여기고 있다. 그러나 유명인의 중복 출연은 과연 높은 광고 효과를 보장할 수 있을까? 유명인이 중복 출연하는 광고의 효과를 점검해 볼 필요가 있다.

(다) 여러 광고에 중복 출연하는 유명인이 많아질수록 외견상으로는 중복 출연이 광고 매출을 증대시켜 광고 산업이 활성화되는 것으로 보일 수 있다. 하지만 모델의 중복 출연으로 광고 효과가 제대로 나타나지 않으면 광고비가 과다 지출되어 결국 광고주와 소비자의 경제적인 부담으로 이어진다. 유명인을 비롯한 광고 모델의 적절한 선정이 요구되는 이유가 여기에 있다.

(라) 유명인의 중복 출연이 소비자가 모델을 상품과 연결시켜 기억하기 어렵게 한다는 점도 광고 효과에 부정적인 영향을 미친다. 유명인의 이미지가 여러 상품으로 분산되면 광고 모델과 상품 간의 결합력이 약해질 것이다. 이는 유명인 광고 모델의 긍정적인 이미지를 광고 상품에 전이하여 얻을 수 있는 광고 효과를 기대하기 어렵게 만든다.

(마) 유명인 모델의 광고 효과를 높이기 위해서는 유명인이 자신과 잘 어울리는 한 상품의 광고에만 지속적으로 나오는 것이 좋다. 이렇게 할 경우 상품의 인지도 높아지고, 상품을 기억하기 쉬워지며, 광고 메시지에 대한 신뢰도가 제고된다. 유명인의 유명세가 상품에 전이되고 소비자가 유명인이 진실하다고 믿게 되기 때문이다.

① (가) – (나) – (라) – (다) – (마)
② (가) – (라) – (나) – (다) – (마)
③ (나) – (다) – (가) – (라) – (마)
④ (나) – (가) – (라) – (마) – (다)

04

(가) 위기가 있는 만큼 기회도 주어진다. 다만, 그 기회를 잡기 위해 우리에게 가장 필요한 것은 지혜이다. 그리고 그 지혜를 행동으로 옮길 때, 우리는 성공이라는 결과를 얻을 수 있는 것이다.

(나) 세계적 금융위기는 끝나지 않았고, 동중국해를 둘러싼 중국과 일본의 영토분쟁은 세계 경제에 새로운 위협 요인이 되고 있다. 국가 경제도 부동산가격 하락으로 가계부채 문제가 경제에 부담이 될 것이라는 예측이 나온다. 휴일 영업을 둘러싼 대형마트와 재래시장 간의 갈등도 심화되고 있다. 기업의 입장에서나, 개인의 입장에서나 온통 풀기 어려운 문제에 둘러싸인 형국이다.

(다) 이 위기를 이겨낸 사람이 성공하고, 위기를 이겨낸 기업이 경쟁에서 승리한다. 어려움을 이겨낸 나라가 자신에게 주어진 무대에서 주역이 되었다는 것을 우리는 지난 역사 속에서 배울 수 있다.

(라) 한마디로 위기(危機)의 시대이다. 위기는 '위험'을 의미하는 위(危)자와 '기회'를 의미하는 기(機)자가 합쳐진 말이다. 위기라는 말에는 위험과 기회라는 이중의 의미가 함께 들어 있다. 위험을 이겨낸 사람이 기회를 잡을 수 있다는 말이다. 위기는 기회의 또 다른 얼굴이다.

① (나) – (라) – (다) – (가)
② (가) – (라) – (나) – (다)
③ (나) – (가) – (다) – (라)
④ (라) – (가) – (다) – (나)

05

(가) 그렇기 때문에 사람들은 자신의 투자 성향에 따라 각기 다른 금융 상품을 선호한다.

(나) 그중 주식은 예금에 비해 큰 수익을 얻을 수 있지만 손실의 가능성이 크고, 예금은 상대적으로 적은 수익을 얻지만 손실의 가능성이 적다.

(다) 그렇다면 금융 회사가 고객들의 투자 성향을 판단하는 기준은 무엇일까?

(라) 금융 상품에는 주식, 예금, 채권 등 다양한 유형의 투자 상품이 있다.

(마) 그리고 금융 회사는 이러한 고객의 성향을 고려하여 고객에게 최적의 투자 상품을 추천한다.

(바) 금융사는 투자의 기대 효용에 대한 고객들의 태도 차이를 기준으로 고객들을 위험 추구형, 위험 회피형 등으로 분류한다.

① (바) – (마) – (다) – (가) – (라) – (나)
② (라) – (나) – (다) – (바) – (가) – (마)
③ (라) – (나) – (가) – (마) – (다) – (바)
④ (바) – (마) – (가) – (다) – (라) – (나)

06

> 과거에 우리 사회의 미래가 어떻게 될 것인가를 고민하던 소설가가 두 명 있었다. 한 명은 '조지 오웰(George Orwell)'이고, 한 명은 '올더스 헉슬리(Aldous Huxley)'이다. 둘 다 미래 세계에 대해 비관적이었지만 그들이 그린 미래 세계는 각각 달랐다.

> (가) 모든 성적인 활동은 자유롭고, 아이들은 인공수정으로 태어나며, 모든 아이의 양육은 국가가 책임진다. 그러나 사랑의 방식은 성애로 한정되고, 시나 음악과 같은 방법을 통한 낭만적인 사랑, 혹은 결혼이나 부모라는 개념은 비문명적인 것으로 인식된다. 그리고 태어나기 전의 지능에 따라서 사회적 계급은 이미 결정되어 있는 사회다.
> (나) '조지 오웰'은 그의 소설 『1984』에서 국가권력에 감시당하는 개인과 사회를 설정했다. 이제는 신문에서도 자주 볼 수 있는, 감시적 국가권력의 상징인 '빅브라더'가 바로 『1984』에서 가공의 나라 오세아니아의 최고 권력자를 일컫는 명칭이다.
> (다) 『1984』와 『멋진 신세계』 중 어느 쪽이 미래의 암울한 면을 잘 그려냈는지 우열을 가려내기는 어렵다. 현재 산업 발전의 이면에 있는 사회의 어두운 면은 『1984』와 『멋진 신세계』에 나타난 모든 부분을 조금씩 포함하고 있다. 즉, 우리가 두려워해야 할 것은, 두 작품이 예상한 단점 중 한쪽만 나타나지 않고, 중첩되어 나타나고 있다는 점이다.
> (라) 반면에 '올더스 헉슬리'는 그의 소설 『멋진 신세계』에서 다른 미래를 생각해냈다. 『1984』가 '빅브라더'에게 지배받고 감시당함으로써 시민들의 개인적 자유와 권리가 보장받지 못하는, 우리가 생각하는 전형적인 디스토피아였다면, 『멋진 신세계』가 그려내는 미래는 그와는 정반대에 있다.

① (나) - (라) - (가) - (다)
② (나) - (가) - (라) - (다)
③ (나) - (라) - (다) - (가)
④ (라) - (가) - (나) - (다)

07

우리는 살아가면서 얼마나 많은 것들을 알고 배우는가? 우리는 주로 우리가 '아는 것'들에 초점을 맞추지만, 사실상 살아가면서 알고 있고, 알 수 있는 것보다는 알지 못하는 것들이 훨씬 더 많다. 그러나 대부분의 사람들이 평소에 자신이 얼마나 많은 것들을 모르고 있는지에 대해서는 그다지 의식하지 못한 채 살아가고 있다. 일상생활에서는 자신의 주변과 관련하여 아는 바와 이미 습득한 지식에 대해서 의심하는 일은 거의 없을 뿐더러, 그 지식체계에 변화를 주어야 할 계기도 거의 주어지지 않기 때문이다.

(가) 그러므로 어떤 지식을 안다는 것은 어떤 지식을 알지 못하는 것에서 출발하는 것이며, 때로는 '어떤 부분에 대하여 잘 알지 못한다는 것을 앎' 자체가 하나의 지식이 될 수 있다. 『논어』위정편에서 공자는 "아는 것을 아는 것이라 하고, 알지 못하는 것을 알지 못하는 것이라고 하는 것이 곧 안다는 것이다(知之爲知之 不知爲不知 是知也)."라고 하였다. 비슷한 시기에 서양의 소크라테스는 무지(無知)를 아는 것이 신으로부터 받은 가장 큰 지혜라고 주장하였다. '무지에 대한 지'의 중요성을 인식한 것은 동서양의 학문이 크게 다르지 않았던 것이다.

(나) 우리는 더 발전된 미래로 나아가는 힘은 '무지에 대한 지'에 있음을 자각해야 한다. 무엇을 잘못 알고 있지는 않은지, 더 알아야 할 것은 무엇인지, 끊임없이 우리 자신의 지식에 대하여 질문하고 도전해야 한다. 아는 것과 모르는 것을 구분하고, '무지에 대한 지'를 통해 얻은 것들을 단순히 지식으로 아는 데 그치지 않고 아는 것들을 실천하는 것, 그것이 성공하는 사람이 되고 성공하는 사회로 나아가는 길일 것이다.

(다) 이러한 학문적 소견과 달리 역사는 때때로 '무지에 대한 지'를 철저히 배제하는 방향으로 흘러가기도 했다. 그리하여 제대로 검증되지도 않은 어떤 신념이나 원칙을 맹목적으로 좇은 결과, 불특정 다수의 사람들이나 특정 집단을 희생시키고 발전을 저해한 사례들은 역사 가운데 수도 없이 많다. 가까운 과거에는 독재와 전체주의가 그랬고, 학문과 예술 분야에서 암흑의 시기였던 중세시대가 그랬다.

(라) 그러나 예상치 못했던 일이 발생하거나 낯선 곳에 가는 등 일상적이지 않은 상황에 놓이게 되면, 이전에는 궁금하지 않았던 것들에 대하여 알고자 하는 욕구가 커진다. 또한 공부를 하거나 독서를 하는 경우, 자신이 몰랐던 많은 것들을 알게 되고 이를 해결하기 위해 치열하게 몰입한다. 이 과정에서 자신이 잘못 알고 있던 것들을 깨닫기도 함은 물론이다.

(마) 오늘날이라고 해서 크게 다르지는 않다. 정보의 홍수라고 할 만큼 사람들은 과거에 비하여 어떤 정보에 대해 접근하기가 쉬워졌지만, 쉽게 얻을 수 있는 만큼 깊게 알려고 하지 않는다. 그러면서도 사람들은 보거나 들은 것을 마치 자신이 알고 있는 것으로 생각하는 경향이 크다.

① (라) – (마) – (가) – (다) – (나)
② (라) – (가) – (다) – (마) – (나)
③ (가) – (다) – (라) – (나) – (마)
④ (가) – (마) – (라) – (나) – (다)

08

산수만 가르치면 아이들이 돈의 중요성을 알게 될까? 돈의 가치를 어떻게 가르쳐야 아이들이 돈에 대하여 올바른 개념을 갖게 될까? 이런 생각은 모든 부모의 공통된 고민일 것이다.

(가) 독일의 한 연구에 따르면 부모가 돈에 대한 개념이 없으면 아이들이 백만장자가 될 확률이 500분의 1인 것으로 나타났다. 반면 부모가 돈을 다룰 줄 알면 아이들이 백만장자로 성장할 확률이 5분의 1이나 된다. 특히 백만장자의 자녀들은 돈 한 푼 물려받지 않아도 백만장자가 될 확률이 일반인보다 훨씬 높다는 게 연구 결과의 요지다. 이는 돈의 개념을 이해하는 가정의 자녀들이 그렇지 않은 가정의 자녀들보다 백만장자가 될 확률이 100배 높다는 얘기다.

(나) 연구 결과 만 7세부터 돈의 개념을 어렴풋이나마 짐작하게 되는 것으로 나타났다. 따라서 이때부터 아이들에게 약간의 용돈을 주는 것으로 돈에 대한 교육을 시작하면 좋다. 8세 때부터는 돈의 위력을 이해하기 시작한다. 소유가 뭘 의미하는지, 물물교환은 어떻게 하는지 등을 가르칠 수 있다. 아이들은 돈을 벌고자 하는 욕구를 느낀다. 이때부터 돈은 자연스러운 것이고, 건강한 것이고, 인생에서 필요한 것이라고 가르칠 필요가 있다.

(다) 아이들에게 돈의 개념을 가르치는 지름길은 용돈이다. 용돈을 받아 든 아이들은 돈에 대해 책임감을 느끼게 되고, 돈에 대한 결정을 스스로 내리기 시작한다. 그렇다면 언제부터, 얼마를 용돈으로 주는 것이 좋을까?

(라) 하지만 돈에 대해서 부모가 결코 해서는 안 될 일도 있다. 예컨대 벌을 주기 위해 용돈을 깎거나 포상 명목으로 용돈을 늘려줘서는 안 된다. 아이들은 무의식적으로 잘못한 일을 돈으로 때울 수 있다고 생각하거나 사랑과 우정을 돈으로 살 수 있다고 생각하게 된다. 아이들은 우리의 미래다. 부모는 아이들이 돈에 대하여 정확한 개념과 가치관을 세울 수 있도록 좋은 본보기가 되어야 할 것이다. 그러한 노력만이 아이들의 미래를 아름답게 만들어 줄 것이다.

① (가) – (다) – (나) – (라)
② (다) – (나) – (라) – (가)
③ (다) – (가) – (나) – (라)
④ (나) – (라) – (가) – (다)

청화백자란 초벌구이 한 백자에 코발트 안료를 사용하여 장식한 후 백자 유약을 시유(施釉)하여 구운 그릇을 말한다.

(가) 원대에 제작된 청화백자는 잘 정제되고 투명한 색상을 보이며, 이슬람의 문양과 기형을 중국의 기술과 전통적인 도자(陶瓷) 양식에 결합시킨 전 세계인의 애호품이자 세계적인 무역품이었다. 이러한 청화백자는 이전까지 유행하던 백자 바탕에 청자 유약을 입혀 청백색을 낸 청백자를 밀어내고 중국 최고의 백자로 자리매김하였다.

(나) 조선시대 청화백자의 특징은 문양의 주제와 구도, 필치(筆致) 등에서 찾을 수 있다. 조선시대 청화백자는 19세기 이전까지 대부분 조선 최고의 도화서 화원들이 그림을 담당한 탓에 중국이나 일본과 비교할 때 높은 회화성을 유지할 수 있었다. 또한 여백을 중시한 구도와 농담(濃淡) 표현이 자연스러운 놀라운 필치, 그리고 여러 상징 의미를 재현한 문양 주제들도 볼 수 있었다. 청화백자에 사용된 여러 문양들은 단지 장식적인 효과를 고려하여 삽입된 것도 있지만 대부분은 그 상징 의미를 고려한 경우가 많았다.

(다) 청화백자가 우리나라에서 제작된 것은 조선시대부터였다. 전 세계적인 도자(陶瓷) 상품인 청화백자에 대한 정보와 실제 작품이 유입되자, 청화백자에 대한 소유와 제작의 열망이 점차 커지게 되었고, 이후 제작에도 성공하게 되었다. 청화백자의 유입 시기는 세종과 세조 연간에 집중되었으며, 본격적으로 코발트 안료를 찾기 위한 탐색을 시작하였고, 그 이후 수입된 청화 안료로 도자(陶瓷) 장인과 화원들의 손으로 결국 조선에서도 청화백자 제작이 이루어지게 되었다.

(라) 청화백자의 기원은 멀리 9세기 중동의 이란 지역에서 비롯되는데 이때는 자기(瓷器)가 아닌 굽는 온도가 낮은 하얀 도기(陶器) 위에 코발트를 사용하여 채색을 시도하였다. 이러한 시도가 백자 위에 결실을 맺은 것은 14세기 원대에 들어서의 일이다. 이전 당·송대에도 여러 차례 시도는 있었지만 오늘날과 같은 1,250도 이상 높은 온도의 백자가 아닌 1,000도 이하의 낮은 온도의 채색 도기여서 일반적으로 이야기하는 청화백자로 보기에는 부족함이 많았다.

① (다) – (나) – (라) – (가)
② (다) – (라) – (가) – (나)
③ (라) – (가) – (다) – (나)
④ (라) – (가) – (나) – (다)

10

자유 무역과 시장 개방이 크게 확대되고 있지만, 여전히 많은 국가들은 국내 산업 보호를 위해 노력을 기울이고 있다. 특히 세계적으로 경쟁이 치열해지고 거대 다국적 기업의 위협이 커지면서 최근 들어 세계 각국의 국내 산업 보호를 위한 움직임이 강화되고 있다. 일반적으로 정부가 국내 산업 보호를 위해 사용할 수 있는 조치들은 크게 관세 조치와 비관세 조치로 나누어 볼 수 있다.

(가) 관세 조치는 같은 수입품이라도 수입품의 종류와 가격, 수량 등에 따라 관세 부과 방법을 선택적으로 사용함으로써, 관세 수입을 늘려 궁극적으로 국내 산업을 보호할 수 있다. 관세의 부과 방법에는 크게 종가세 방식과 종량세 방식이 있다. 먼저 종가세란 가격을 기준으로 세금을 부과하는 관세를 말한다. 즉 종가세는 수입 상품 하나하나에 세금을 부과하는 것이 아니라 수입품 가격이 설정된 기준 가격을 넘을 때마다 정해진 세금을 부과하는 것이다. 따라서 종가세 방식은 상품의 종류에 따라 기준 가격을 달리함으로써 관세 부담을 조절할 수 있고, 수입품의 가격 변동에 대한 대응이 용이하다는 장점이 있다. 그래서 종가세는 주로 고가의 상품이나 사치품들의 수입을 억제하고 관련 제품을 제조하는 국내 산업을 보호하는 효과가 있다.

(나) 먼저 관세 조치는 국경을 통과하는 재화에 대해 부과하는 조세인 관세를 조절하여 국내 산업을 보호하는 방식이다. 일반적으로 수입품에 관세를 부과하면 그 수입품은 수입 시 부과된 관세만큼 가격이 인상되기 때문에 국내에서 생산된 제품에 비해 가격 경쟁력이 낮아져 수입이 억제된다. 반면에 국내에서 생산된 제품은 가격 경쟁력이 상승하게 되어 판매량이 유지되거나 늘어나고 결과적으로 관련 국내 산업이 보호된다.

(다) 이에 비해 종량세는 수입품의 중량, 용적, 면적 또는 개수 등 재화의 수량을 기준으로 세율을 화폐액으로 명시해 부과하는 관세이다. 종량세 방식은 수입품 단위당 일정 금액의 관세를 부과하므로 세액 결정이 용이하고, 수입품 하나하나에 관세를 부과함으로써 수입품의 양을 직접적으로 규제할 수 있는 장점이 있다. 그래서 종량세는 주로 외국으로부터 저가에 대량 유입되는 공산품이나 농수산물의 수입을 억제하여 해당 분야의 국내 산업을 보호하는 효과가 있다.

(라) 국내 산업 보호를 위해 사용되는 또 다른 조치로 비관세 조치를 들 수 있다. 전 세계적으로 자유 무역 협정이 확대되면서 무역 상대국 간의 관세가 철폐되거나 매우 낮은 수준에 머물러 관세를 통한 국내 산업 보호 기능이 약화되고 있다. 그래서 최근에는 국내 산업 보호를 위한 비관세 조치가 정교화되거나 강화되고 있는 추세이다. 국내 산업 보호를 위해 활용되고 있는 비관세 조치로는 위생 및 식물 검역 조치와 기술 장벽, 통관 지연 등이 있다. 먼저 위생 및 식물 검역 조치는 식음료나 식물 수입 시 국민의 건강 보호라는 명분을 내세워 검역 기준이나 조건을 까다롭게 함으로써 수입을 제한하는 조치를 말한다. 또 기술 장벽은 제품의 기술 표준을 국내산 제품에 유리하게 설정하거나 기술 적합성 평가 절차 등을 까다롭게 하여 수입을 제한하거나 수입품의 제조비용을 상승시켜 가격 경쟁력을 낮추는 조치이다. 마지막으로 통관 지연은 수입품에 대한 통관 절차와 서류 등을 복잡하게 하고 선적 검사나 전수 조사 등의 까다로운 검사 방법 등을 통해 수입품의 통관을 지연하는 것으로 수입품의 판매시기를 늦춰 수입품의 경쟁력을 저하시키는 기능을 한다.

(마) 또 종가세와 종량세를 혼합 적용하여, 두 가지 세금 부과 방식의 장점을 동시에 추구하는 복합세 부과 방식도 있다. 일반적으로 관세 수입이 클수록 수입품의 가격 경쟁력이 낮아져 국내 산업을 보호하는 효과도 커진다. 그런데 종량세는 수입품의 가격이 낮은 경우에, 종가세는 수입품의 가격이 높은 경우에 관세 수입이 늘어나는 효과가 있으므로, 수입품의 가격이 일정 수준에 이르기까지는 종량세를 부과하고 가격이 일정 수준을 넘어서는 경우에는 종가세를 부과하여 관세 수입을 극대화하기도 한다. 또 가격이 비싼 제품의 경우 종가세를 먼저 적용한 후, 수입품의 가격이 하락할 경우 종량세를 적용하여 관세 수입을 극대화하기도 하는데 이러한 관세 부과의 방법을 복합세 부과 방식이라고 한다.

① (가) – (다) – (나) – (마) – (라)
② (가) – (라) – (나) – (마) – (다)
③ (나) – (가) – (다) – (마) – (라)
④ (나) – (마) – (가) – (라) – (다)

05 | 주제 · 제목찾기

대표유형 1	주체찾기

다음 글의 주제로 가장 적절한 것은?

동양 사상이라 해서 언어와 개념을 무조건 무시하는 것은 결코 아니다. 만약 그렇다면 동양 사상은 경전이나 저술을 통해 언어화되지 않고 순전히 침묵 속에서 전수되어 왔을 것이다. 물론 이것은 사실이 아니다. 동양 사상도 끊임없이 언어적으로 다듬어져 왔으며 논리적으로 전개되어 왔다. 흔히 동양 사상은 신비주의적이라고 말하지만, 이것은 동양 사상의 한 면만을 특정 지우는 것이지 결코 동양의 철인(哲人)들이 사상을 전개함에 있어 논리를 무시했다거나 항시 어떤 신비적인 체험에 호소해서 자신의 주장들을 폈다는 것을 뜻하지는 않는다. 그러나 역시 동양 사상은 신비주의적임에 틀림없다. 거기서는 지고(至高)의 진리란 언제나 언어화될 수 없는 어떤 신비한 체험의 경지임이 늘 강조되어 왔기 때문이다. 최고의 진리는 언어 이전, 혹은 언어 이후의 무언(無言)의 진리이다. 엉뚱하게 들리겠지만, 동양 사상의 정수(精髓)는 말로써 말이 필요 없는 경지를 가리키려는 데에 있다고 해도 과언이 아니다. 말이 스스로를 부정하고 초월하는 경지를 나타내도록 사용된 것이다. 언어로써 언어를 초월하는 경지를 나타내고자 하는 것이야말로 동양 철학이 지닌 가장 특징적인 정신이다. 동양에서는 인식의 주체를 심(心)이라는 매우 애매하면서도 포괄적인 말로 이해해 왔다. 심(心)은 물(物)과 항시 자연스러운 교류를 하고 있으며, 이성은 단지 심(心)의 일면일 뿐인 것이다. 동양은 이성의 오만이라는 것을 모른다. 지고의 진리, 인간을 살리고 자유롭게 하는 생동적 진리는 언어적 지성을 넘어선다는 의식이 있었기 때문일 것이다. 언어는 언제나 마음을 못 따르며 둘 사이에는 항시 괴리가 있다는 생각이 동양인들의 의식 저변에 깔려 있는 것이다.

① 동양 사상은 신비주의적인 요소가 많다.
② 언어와 개념을 무시하면 동양 사상을 이해할 수 없다.
③ 동양 사상은 언어적 지식을 초월하는 진리를 추구한다.
④ 인식의 주체를 심(心)으로 표현하는 동양 사상은 이성적이라 할 수 없다.

정답	해설

'최고의 진리는 언어 이전, 혹은 언어 이후의 무언(無言)의 진리이다.', '동양 사상의 정수(精髓)는 말로써 말이 필요 없는 경지'라고 한 부분을 보았을 때 '동양 사상은 언어적 지식을 초월하는 진리를 추구한다.'는 것이 제시문의 핵심내용이다.

정답 ③

다음 기사문의 제목으로 가장 적절한 것은?

정부는 '미세먼지 저감 및 관리에 관한 특별법(이하 미세먼지 특별법)' 제정·공포안이 의결돼 내년 2월부터 시행된다고 밝혔다. 미세먼지 특별법은 그동안 수도권 공공·행정기관을 대상으로 시범·시행한 '고농도 미세먼지 비상저감조치'의 법적 근거를 마련했다. 이로 인해 미세먼지 관련 정보와 통계의 신뢰도를 높이기 위해 국가미세먼지 정보센터를 설치하게 되고, 이에 따라 시·도지사는 미세먼지 농도가 비상저감조치 요건에 해당하면 자동차 운행을 제한하거나 대기오염물질 배출시설의 가동시간을 변경할 수 있다. 또한 비상저감조치를 시행할 때 관련 기관이나 사업자에 휴업, 탄력적 근무제도 등을 권고할 수 있게 되었다. 이와 함께 환경부 장관은 관계 중앙행정기관이나 지방자치단체의 장, 시설운영자에게 대기오염물질 배출시설의 가동률 조정을 요청할 수도 있다.

미세먼지 특별법으로 시·도지사, 시장, 군수, 구청장은 어린이나 노인 등이 이용하는 시설이 많은 지역을 '미세먼지 집중관리구역'으로 지정해 미세먼지 저감사업을 확대할 수 있게 되었다. 그리고 집중관리구역 내에서는 대기오염 상시측정망 설치, 어린이 통학차량의 친환경차 전환, 학교 공기정화시설 설치, 수목 식재, 공원 조성 등을 위한 지원이 우선적으로 이뤄지게 된다.

국무총리 소속의 '미세먼지 특별대책위원회'와 이를 지원하기 위한 '미세먼지 개선기획단'도 설치된다. 국무총리와 대통령이 지명한 민간위원장은 위원회의 공동위원장을 맡는다. 위원회와 기획단의 존속 기간은 5년으로 설정했으며 연장하려면 만료되기 1년 전에 그 실적을 평가해 국회에 보고하게 된다.

아울러 정부는 5년마다 미세먼지 저감 및 관리를 위한 종합계획을 수립하고 시·도지사는 이에 따른 시행계획을 수립하고 추진실적을 매년 보고하도록 했다. 또한, 미세먼지 특별법은 입자의 지름이 $10\mu m$ 이하인 먼지는 '미세먼지', $2.5\mu m$ 이하인 먼지는 '초미세먼지'로 구분하기로 확정했다.

① 미세먼지와 초미세먼지 구분 방법
② 미세먼지 특별대책위원회의 역할
③ 미세먼지 집중관리구역 지정 방안
④ 미세먼지 특별법의 제정과 시행

정답　해설

기사문은 정부의 미세먼지 특별법 제정과 시행 내용에 대해 설명하고 있다. 따라서 ④가 제목으로 가장 적절하다.

정답 ④

30초 컷 풀이 Tip

글의 중심이 되는 내용은 주로 글의 맨 앞이나 맨 뒤에 위치한다. 따라서 글의 첫 문단과 마지막 문단을 먼저 확인해 보고 필요한 경우 그 문단을 보충해주는 부분을 읽어가면서 제목이나 주제를 파악해 나간다.

PART 2

※ 다음 글의 주제로 가장 적절한 것을 고르시오. [1~5]

01

전 존슨 & 존슨 제약 사업부 아시아 태평양 총괄 사장은 "아시아 태평양 지역 내에서는 전체 직원을 우리 사람처럼 서로 활용하자."고 주장했다. 모든 사람, 모든 시스템, 모든 성공을 공유하자는 것이다. 못사는 나라, 글로벌 기준으로 보면 많이 처지는 후발국가일지라도 반드시 배울 지식이 있다는 그의 평소 지론에서 나온 말이었다.

① 경계를 없앤 지식 경영
② 선진국과 후진국 간의 알력
③ 애국심을 통한 민족주의
④ 지역주의의 폐단

02

높은 유류세는 자동차를 사용함으로써 발생하는 다음과 같은 문제들을 줄이는 교정적 역할을 수행한다. 첫째, 유류세는 사람들의 대중교통수단 이용을 유도하고, 자가용 사용을 억제함으로써 교통혼잡을 줄여준다. 둘째, 교통사고 발생 시 대형 차량이나 승합차가 중소형 차량에 비해 보다 치명적인 피해를 줄 가능성이 높다. 이와 관련해서 유류세는 유류를 많이 소비하는 대형 차량을 운행하는 사람에게 보다 높은 비용을 치르게 함으로써 교통사고 위험에 대한 간접적인 비용을 징수하는 효과를 가진다. 셋째, 유류세는 유류 소비를 억제함으로써 대기오염을 줄이는 데 기여한다.

① 유류세의 용도
② 높은 유류세의 정당성
③ 유류세의 지속적 인상
④ 에너지 소비 절약

03

임신 중 고지방식 섭취가 태어날 자식의 생식기에서 종양의 발생 가능성을 높일 수 있다는 것이 밝혀졌다. 이 결과는 임신한 암쥐 261마리 중 130마리의 암쥐에게는 고지방식을, 131마리의 암쥐에게는 저지방식을 제공한 연구를 통해 얻었다. 실험 결과, 고지방식을 섭취한 암쥐에게서 태어난 새끼 가운데 54%가 생식기에 종양이 생겼지만 저지방식을 섭취한 암쥐가 낳은 새끼 중에서 그러한 종양이 생긴 것은 21%였다.

한편, 사지 중 하나 이상의 절단 수술이 심장병으로 사망할 가능성을 증가시킬 수 있다는 것이 밝혀졌다. 이것은 제2차 세계대전 중에 부상을 당한 9,000명의 군인에 대한 진료 기록을 조사한 결과이다. 이들 중 4,000명은 사지 중 하나 이상의 절단 수술을 받은 사람이었고, 5,000명은 사지 절단 수술을 받지 않았지만 중상을 입은 사람이었다. 이들에 대한 기록을 추적 조사한 결과, 사지 중 하나 이상의 절단 수술을 받은 사람이 심장병으로 사망한 비율은 그렇지 않은 사람의 1.5배였다. 즉, 사지 중 하나 이상의 절단 수술을 받은 사람 중 600명은 심장병으로 사망하였고, 그렇지 않은 사람 중 500명이 심장병으로 사망하였다.

① 발생 부위에 따른 뇌종양 증상
② 염색체 이상 유전병의 위험을 높이는 요인
③ 절단 수술과 종양의 상관관계
④ 의외의 질병 원인과 질병 사이의 상관관계

04

20 대 80 법칙, 2 대 8 법칙으로 불리기도 하는 파레토 법칙은 전체 결과의 80%가 전체 원인의 20%에서 일어나는 현상을 가리킨다. 결국 크게 수익이 되는 것은 20%의 상품군, 그리고 20%의 구매자이기에 이들에게 많은 역량을 집중할 필요가 있다는 것으로, 이른바 선택과 집중이라는 경영학의 기본 개념으로 자리 잡아 왔다.

하지만 파레토 법칙은 현상에 붙은 이름일 뿐 법칙의 필연성을 설명하진 않으며, 그 적용이 쉬운 만큼 내부의 개연성을 명확하게 파악하지 않으면 오용될 여지가 다분하다는 문제점을 지니고 있다. 예컨대 상위권 성적을 지닌 20%의 학생을 한 그룹으로 모아놓는다고 해서 그들의 80%가 갑작스레 공부를 중단하진 않을 것이며, 20%의 고객이 80%의 매출에 기여하므로 백화점을 찾는 80%의 고객들을 홀대해도 된다는 비약으로 이어질 수 있기 때문이다.

① 파레토 법칙은 80%의 고객을 경원시하는 법칙이다.
② 파레토 법칙을 함부로 여러 사례에 적용해서는 안 된다.
③ 파레토 법칙은 20%의 주요 구매자를 찾아내는 데 유효한 법칙이다.
④ 파레토 법칙은 보다 효율적인 판매 전략을 세우는 데 도움을 준다.

05

우리는 혈연, 지연, 학연 등에 의거한 생활양식 내지 행위원리를 연고주의라 한다. 특히 이에 대해 지극히 부정적인 의미를 부여하며 대부분의 한국병이 연고주의와 직·간접적인 어떤 관련을 갖는 것으로 진단한다. 그러나 여기서 주목할 만한 한 가지 사실은 연고주의가 그 자체로서는 반드시 역기능적인 어떤 것으로 치부될 이유가 없다는 점이다.

연고주의는 그 자체로서 비판받아야 할 것이라기보다는 나름의 고유한 가치를 갖는 사회적 자산이다. 이미 공동체적 요인이 청산·해체되어 버리고, 공동체에 대한 기억마저 사라진 서구 선진사회의 사람들은 오히려 삭막하고 황량한 사회생활의 긴장으로부터 해방되기 위해 새로운 형태의 공동체를 모색·시도하고 있다. 그에 비하면 우리의 연고주의는 인간적 온기를 지닌 것으로 그 나름의 가치 있는 삶의 원리가 아닐 수 없다.

① 연고주의는 그 자체로서 고유한 가치를 갖는 사회적 자산이다.
② 연고주의가 반드시 역기능적인 면을 가지는 것은 아니다.
③ 연고주의는 인간적 온기를 느끼게 하는 삶의 활력소이다.
④ 오늘날 연고주의에 대해 부정적 의미를 부여하기 쉽다.

※ 다음 글의 제목으로 가장 적절한 것을 고르시오. [6~10]

06

많은 경제학자는 제도의 발달이 경제 성장의 중요한 원인이라고 생각해 왔다. 예를 들어 재산권 제도가 발달하면 투자나 혁신에 대한 보상이 잘 이루어져 경제 성장에 도움이 된다는 것이다. 그러나 이를 입증하기는 쉽지 않다. 제도의 발달 수준과 소득 수준 사이에 상관관계가 있다 하더라도, 제도는 경제 성장에 영향을 줄 수 있지만 경제 성장으로부터 영향을 받을 수도 있으므로 그 인과관계를 판단하기 어렵기 때문이다.

① 경제 성장과 소득 수준
② 경제 성장과 제도 발달
③ 소득 수준과 제도 발달
④ 소득 수준과 투자 수준

07

감시용으로만 사용되는 CCTV가 최근에 개발된 신기술과 융합되면서 그 용도가 점차 확대되고 있다. 대표적인 것이 인공지능(AI)과의 융합이다. CCTV가 지능을 가지게 되면 단순 행동 감지에서 벗어나 객체를 추적해 행위를 판단할 수 있게 된다. 단순히 사람의 눈을 대신하던 CCTV가 사람의 두뇌를 대신하는 형태로 진화하고 있는 셈이다.

인공지능을 장착한 CCTV는 범죄현장에서 이상 행동을 하는 사람을 선별하고, 범인을 추적하거나 도주 방향을 예측해 통합관제센터로 통보할 수 있다. 또 수상한 사람의 행동 패턴에 따라 지속적인 추적이나 감시를 수행하고, 차량번호 및 사람 얼굴 등을 인식해 관련 정보를 분석해 제공할 수 있다. 한국전자통신연구원(ETRI)에서는 CCTV 등의 영상 데이터를 활용해 특정 인물이 어떤 행동을 할지를 사전에 예측하는 영상분석 기술을 연구 중인 것으로 알려져 있다. 인공지능 CCTV는 범인 추적 뿐만 아니라 자연재해를 예측하는 데 사용할 수도 있다. 장마철이나 국지성 집중호우 때 홍수로 범람하는 하천의 수위를 감지하는 것은 물론 산이나 도로 등의 붕괴 예측 등 다양한 분야에 적용될 수 있기 때문이다.

① AI와 융합한 CCTV의 진화
② 범죄를 예측하는 CCTV
③ 당신을 관찰한다, CCTV의 폐해
④ CCTV와 AI의 현재와 미래

08

모르는 게 약이고 아는 게 병이라는 말은 언제 사용될까? 언제 몰라야 좋은 것이고, 알면 나쁜 것일까? 모든 것을 다 안다고 좋은 것은 아니다. 몰랐으면 아무 문제되지 않았을 텐데 알아서 문제가 발생하는 경우도 많다. 어떤 때는 정확히 알지 않고 어슴푸레한 지식으로 알고 있어서 고통스러운 경우도 있다. 예를 들어 우리가 모든 것을 알고 있으면 행복할까? 손바닥에 수많은 균이 있다는 것을 늘 인식하고 산다면 어떨까? 내가 먹는 음식의 성분들이나 위해성을 안다면 더 행복할까? 물건에서 균이 옮을까봐 다른 사람들이 쓰던 물건을 만지지 않는 사람도 있다. 이런 게 괜히 알아서 생긴 병이다. 흔히 예전에는 이런 경우를 노이로제라고 부르기도 했다.

① 노이로제, 아는 것이 힘이다
② 선무당이 사람 잡는다, 노이로제
③ 모르는 게 약이다, 노이로제
④ 노이로제, 돌다리도 두드려보고 건너라

09

중국과 한국 사이에 오가는 수출입 물동량이 인천항을 이용할 경우, 나라 전체가 상당한 물류비용을 절감하게 된다. 뿐만 아니라 한·중 간의 교역도 더욱 활성화될 것이 예상된다. 또한, 수도권에서 남부권까지 가면서 들게 되는 에너지 비용을 절약하고, 환경문제 해결에도 도움을 줄 것이다.

인천공항이 세계 4대 항공 물류거점으로 발전하고 있지만, 항만과의 연계를 통해 시너지를 키워야 한다는 과제가 제기되고 있다. 또한 대북교역이 활성화되면 인천은 서울과 개성을 잇는 삼각축에서 물류거점의 역할을 맡아야 한다. 이처럼 21세기의 인천항은 한국경제의 활로를 여는 중대한 역할을 수행해야 한다.

남부권의 항만시설로는 증가하는 한국경제 물동량을 다 감당할 수 없다. 인천공항과 인천항 배후지역, 향후 활성화될 개성공단을 비롯한 산업클러스터의 물동량 추이를 예측한다면 인천항의 종합개발은 시급한 국가적 과제. 인천항을 동북아 물류거점으로 집중 투자해야 한다는 주장은 지역주의적인 요구가 아니라 지정학적 우위에 근거한 시대적인 요구라 할 수 있다.

① 인천항 종합개발은 시급한 국가적 과제
② 항만시설 부족현상이 가중되고 있는 상황
③ 효율적인 운영 시스템 도입의 필요성
④ 세계물류흐름, 중국으로 집중

10

1920년대 세계 대공황의 발생으로 애덤 스미스 중심의 고전학파 경제학자들의 '보이지 않는 손'에 대한 신뢰가 무너지게 되자 경제를 보는 새로운 시각이 요구되었다. 당시 고전학파 경제학자들은 국가의 개입을 철저히 배제하고 '공급이 수요를 창출한다.'는 세이의 법칙을 믿고 있었다. 그러나 이러한 믿음으로는 세계 대공황을 설명할 수 없었다. 이때 새롭게 등장한 것이 케인즈의 '유효수요이론'이다. 유효수요이론이란 공급이 수요를 창출하는 것이 아니라, 유효수요, 즉 물건을 살 수 있는 확실한 구매력이 뒷받침되는 수요가 공급 및 고용을 결정한다는 이론이다. 케인즈는 세계 대공황의 원인이 이 유효수요의 부족에 있다고 보았다. 유효수요가 부족해지면 기업은 생산량을 줄이고, 이것은 노동자의 감원으로 이어지며 구매력을 감소시켜 경제의 악순환을 발생시킨다는 것이다. 케인즈는 불황을 해결하기 위해서는 가계와 기업이 소비 및 투자를 충분히 해야 한다고 주장했다. 그는 소비가 없는 생산은 공급 과다 및 실업을 일으키며 궁극적으로는 경기 침체와 공황을 가져온다고 하였다. 절약은 분명 권장되어야 할 미덕이지만 소비가 위축되어 경기 침체와 공황을 불러올 경우, 절약은 오히려 악덕이 될 수도 있다는 것이다.

① 고전학파 경제학자들이 주장한 '보이지 않는 손'
② 세계 대공황의 원인과 해결책
③ '유효수요이론'의 영향
④ '유효수요이론'의 정의

※ 다음 글의 주제로 가장 적절한 것을 고르시오. [1~3]

01

정부는 탈원전·탈석탄 공약에 발맞춰 2030년까지 전체 국가 발전량의 20%를 신재생에너지로 채운다는 정책 목표를 수립하였다. 목표를 달성하기 위해 신재생에너지에 대한 송·변전 계획을 제8차 전력수급기본계획에 처음으로 수립하겠다는 게 정부의 방침이다.

정부는 기존의 수급계획이 수급안정과 경제성을 중점적으로 수립된 것에 반해, 8차 계획은 환경성과 안전성을 중점으로 하였다고 밝히고 있으며, 신규 발전설비는 원전, 석탄화력발전에서 친환경, 분산형 재생에너지와 LNG 발전을 우선시하는 방향으로 수요관리를 통합하여 합리적 목표수용 결정에 주안점을 두었다고 밝혔다.

그동안 많은 NGO 단체에서 에너지 분산에 관한 다양한 제안을 해왔지만 정부 차원에서 고려하거나 논의가 활발히 진행된 적은 거의 없었으며 명목상으로 포함하는 수준이었다. 그러나 이번 정부에서는 탈원전·탈석탄 공약을 제시하는 등 중앙집중형 에너지 생산시스템에서 분산형 에너지 생산시스템으로 정책의 방향을 전환하고자 한다. 이 기조에 발맞춰 분산형 에너지 생산시스템은 2018년도 지방선거에서도 해당 지역에 대한 다양한 선거공약으로 제시될 가능성이 높다.

중앙집중형 에너지 생산시스템은 환경오염, 송전선 문제, 지역 에너지 불균형 문제 등 다양한 사회적인 문제를 야기하였다. 하지만 그동안은 값싼 전기인 기저전력을 편리하게 사용할 수 있는 환경을 조성하고자 하는 기존 에너지계획과 전력수급계획에 밀려 중앙집중형 발전원 확대가 꾸준히 진행되었다. 그러나 현재 대통령은 중앙집중형 에너지 정책에서 분산형 에너지정책으로 전환되어야 한다는 것을 대선 공약사항으로 밝혀 왔으며, 현재 분산형 에너지정책으로 전환을 모색하기 위한 다각도의 노력을 하고 있다. 이러한 정부의 정책변화와 아울러 석탄화력발전소가 국내 미세먼지에 주는 영향과 일본 후쿠시마 원자력 발전소 문제, 국내 경주 대지진 및 최근 포항 지진 문제 등으로 인한 원자력에 대한 의구심 또한 커지고 있다.

제8차 전력수급계획(안)에 의하면, 우리나라의 에너지 정책은 격변기를 맞고 있다. 우리나라는 현재 중앙집중형 에너지 생산시스템이 대부분이며, 분산형 전원 시스템은 그 설비용량이 극히 적은 상태이다. 또한 우리나라의 발전설비는 2016년 말 105GW이며, 2014년도 최대 전력치를 보면 80GW 수준이므로 25GW 정도의 여유가 있는 상태이다. 25GW라는 여유는 원자력발전소 약 25기 정도의 전력생산 설비가 여유가 있는 상황이라고 볼 수 있다. 또한 제7차 전력수급기본계획의 2015~2016년 전기수요 증가율을 4.3~4.7%라고 예상하였으나 실제 증가율은 1.3~2.8% 수준에 그쳤다는 점은 우리나라의 전력 소비량 증가량이 둔화하고 있는 상태라는 것을 나타내고 있다.

① 중앙집중형 에너지 생산시스템의 발전 과정

② 에너지 분권의 필요성과 방향

③ 전력 소비량과 에너지 공급량의 문제점

④ 중앙집중형 에너지 정책의 한계점

02 '노블레스 오블리주(Noblesse Oblige)'는 높은 지위에 맞는 도덕적 의무감을 일컫는 말이다. 높든 낮든 사람들은 모두 지위를 가지고 이 사회를 살아가고 있다. 그러나 '노블레스 오블리주'는 '높은 지위'를 강조하고, 그것도 사회를 이끌어 가는 지도층에 속하는 사람들의 지위를 강조한다. 지도층은 '엘리트층'이라고도 하고 '상층'이라고도 한다. 좀 부정적 의미로는 '지배층'이라고도 한다. '노블레스 오블리주'는 지도층의 지위에 맞는 도덕적 양심과 행동을 이르는 말로, 사회의 중요 덕목으로 자주 인용된다.

그렇다면 지도층만 도덕적 의무감이 중요하고 일반 국민의 도덕적 의무감은 중요하지 않다는 말인가? 물론 그럴 리도 없고 그렇지도 않다. 도덕적 의무감은 지위가 높든 낮든 다 중요하다. '사회는 도덕 체계다.'라는 말처럼, 사회가 존속하고 지속되는 것은 기본적으로는 법 때문이 아니라 도덕 때문이다. 한 사회 안에서 수적으로 얼마 안 되는 '지도층'의 도덕성만이 문제될 수는 없다. 화합하는 사회, 인간이 존중되는 사회는 국민 전체의 도덕성이 더 중요하다.

그런데도 왜 '노블레스 오블리주'인가? 왜 지도층만의 도덕적 의무감을 특히 중요시하는가? 이유는 명백하다. 우리식 표현으로는 윗물이 맑아야 아랫물이 맑기 때문이다. 서구식 주장으로는 지도층이 '도덕적 지표(指標)'가 되기 때문이다. 그런데 우리식의 표현이든 서구식의 주장이든 이 두 생각이 사회에서 그대로 적용되는 것은 아니다. 사회에서는 위가 맑아도 아래가 부정한 경우가 비일비재(非一非再)하다. 또한 도덕적 실천에서는 지도층이 꼭 절대적 기준이 되는 것도 아니다. 완벽한 기준은 세상 어디에도 존재하지 않는다. 단지 건전한 사회를 만드는 데 어느 방법이 높은 가능성을 지니느냐, 어느 것이 효과적인 방법만이 있을 뿐이다. 우리식 표현이든 서구식 생각이든 두 생각이 공통적으로 갖는 의미는 지도층의 도덕적 의무감이 일반 국민을 도덕 체계 속으로 끌어들이는 데 가장 효과적이며 효율적인 방법이라는 것에 있다. 그래서 '노블레스 오블리주'이다.

① 노블레스 오블리주의 기원
② 노블레스 오블리주가 필요한 이유
③ 노블레스 오블리주의 적용범위
④ 노블레스 오블리주의 한계

03

대부분의 동물에게 후각은 생존에 필수적인 본능으로 진화되었다. 수컷 나비는 몇 km 떨어진 곳에 있는 암컷 나비의 냄새를 맡을 수 있고, 돼지는 15cm 깊이의 땅속에 숨어있는 송로버섯의 냄새를 맡을 수 있다. 그중에서도 가장 예민한 후각을 가진 동물은 개나 다람쥐처럼 냄새분자가 가라앉은 땅에 코를 바짝 댄 채 기어 다니는 짐승이다. 때문에 지구상의 거의 모든 포유류의 공통점은 '후각'의 발달이라고 할 수 있다.

여기서 주목할 만한 점은 만물의 영장이라 하는 인간이 후각 기능만큼은 대부분의 포유류보다 한참 뒤떨어진 수준이라는 사실이다. 개는 2억 2,000만 개의 후각세포를 갖고 있고, 토끼는 1억 개를 갖고 있는 반면, 인간은 500만 개의 후각세포를 갖고 있을 뿐이며, 그마저도 실제로 기능하는 것은 평균 375개 정도라고 알려져 있다.

이처럼 인간의 진화과정에서 유독 후각이 퇴화한 이유는 무엇일까? 새는 지면에서 멀리 떨어진 곳에 활동 영역이 있기 때문에 맡을 수 있는 냄새가 제한적이다. 자연스레 그들은 후각기관을 퇴화시키는 대신 시각기관을 발달시켰다. 인간 역시 직립보행 이후에는 냄새를 맡고 구별하는 능력보다는 시야의 확보가 생존에 더 중요해졌고, 점차 시각정보에 의존하기 시작하면서 후각은 자연스레 퇴화한 것이다.

따라서 인간의 후각정보를 관장하는 후각 중추는 이처럼 대폭 축소된 후각 기능을 반영이라도 하듯 아주 작다. 뇌 전체의 0.1% 정도에 지나지 않는 후각 중추는 감정을 관장하는 변연계의 일부이고, 언어 중추가 있는 대뇌지역과는 직접적인 연결이 없다. 따라서 후각은 시각이나 청각을 통해 감지한 요소에 비해 언어로 분석해서 묘사하기가 어려우며, 감정이 논리적 사고와 같이 정밀하고 체계적이지 못한 것처럼, 후각도 체계적이지 않다. 인간이 후각을 언어로 표현하는 것은 시각을 언어로 표현하는 것보다 세밀하지 못하며, 동일한 냄새에 대한 인지도 현저히 떨어진다는 사실은 이미 다양한 연구를 통해 증명되었다.

그러나 후각과 뇌변연계의 연결고리는 여전히 제법 강력하다. 냄새는 감정과 욕망을 넌지시 암시하고 불러일으킨다. 또한 냄새는 일단 우리의 뇌 속에 각인되면 상당히 오랫동안 지속되고, 이와 관련된 기억들을 상기시킨다. 언어로 된 기억은 기록의 힘을 빌리지 않고는 오래 남겨두기 어렵지만, 냄새로 이루어진 기억은 작은 단서만 있으면 언제든 다시 꺼낼 수 있다. 뿐만 아니라 후각은 청각이나 시각과 달리, 차단할 수 없는 유일한 감각이기도 하다. 하루에 2만 번씩 숨을 쉴 때마다 후각은 계속해서 작동하고 있고, 지금도 우리에게 영향을 끼치고 있다.

① 후각은 다른 모든 감각을 지배하는 상위 기능을 담당한다.
② 인간은 선천적인 뇌구조로 인해 후각이 발달하지 못했다.
③ 모든 동물은 정밀한 감각을 두 가지 이상 갖기 어렵다.
④ 인간은 진화하면서 필요에 따라 후각을 부수적인 기능으로 남겨두었다.

04 다음 (가) ~ (라) 문단의 주제로 적절하지 않은 것은?

> (가) 우리는 최근 '사회가 많이 깨끗해졌다.'라는 말을 많이 듣는다. 실제 우리의 일상생활은 정말 많이 깨끗해졌다. 과거에 비하면 일상생활에서 뇌물이 오가는 경우가 거의 없어진 것이다. 그런데 왜 부패인식지수가 나아지기는커녕 도리어 나빠지고 있을까? 일상생활과 부패인식지수가 전혀 다른 모습을 보이는 이유는 어디에 있을까?
>
> (나) 부패인식지수가 산출되는 과정에서 그 물음의 답을 찾을 수 있다. 부패인식지수는 국제투명성기구에서 매년 조사하여 발표하고 있는 세계적으로 가장 권위 있는 부패 지표로, 지수는 국제적인 조사 및 평가를 실시하고 있는 여러 기관의 조사 결과를 바탕으로 산출된다. 각 기관의 조사 항목과 조사 대상은 서로 다르지만, 주요 항목은 공무원의 직권 남용 억제 기능, 공무원의 공적 권력의 사적 이용, 공공서비스와 관련한 뇌물 등으로 공무원의 뇌물과 부패에 초점이 맞추어져 있다.
>
> (다) 부패인식지수를 이해하는 데에 주목하여야 할 또 하나의 중요한 점은 부패인식지수 계산에 사용된 각 지수의 조사 대상이다. 조사에 따라 약간의 차이가 있기는 하지만 조사는 주로 해당 국가나 해당 국가와 거래하고 있는 고위 기업인과 전문가들을 대상으로 이루어진다. 일반 시민이 아닌 기업 활동에서 공직자들과 깊숙한 관계를 맺고 있어 공직자들의 행태를 누구보다 잘 알고 있을 것으로 추정되는 사람들의 의견을 대상으로 하는 것이다. 결국 부패인식지수는 고위 기업경영인과 전문가들의 공직 사회의 뇌물과 부패에 대한 평가라 할 수 있다.
>
> (라) 그렇다면 부패인식지수를 개선하는 방법은 무엇일까? 그간 정부는 공무원행동강령, 청탁금지법, 부패방지기구 설치 등 많은 제도적인 노력을 기울여왔다. 이러한 정부의 노력에도 불구하고 정부 반부패정책은 대부분 효과가 없는 것으로 보인다. 정부 노력에 대한 일반 시민들의 시선도 차갑기만 하다. 결국 법과 제도적 장치는 우리 사회에 만연한 연줄 문화 앞에서 힘을 쓰지 못하고 있는 것으로 해석할 수 있다.

① (가) – 일상부패에 대한 인식과 부패인식지수의 상반되는 경향에 대한 의문
② (나) – 공공분야에 맞추어진 부패인식지수의 산출과정
③ (다) – 특정 계층으로 집중된 부패인식지수의 조사 대상
④ (라) – 부패인식지수의 효과적인 개선방안

05 다음 글을 읽고 필자의 생각으로 가장 적절한 것을 고르면?

우리는 우리가 생각한 것을 말로 나타낸다. 또 다른 사람의 말을 듣고, 그 사람이 무슨 생각을 가지고 있는지를 짐작한다. 그러므로 생각과 말은 서로 떨어질 수 없는 깊은 관계를 가지고 있다.

그러면 말과 생각이 얼마만큼 깊은 관계를 가지고 있을까? 이 문제를 놓고 사람들은 오랫동안 여러 가지 생각을 하였다. 그 가운데 가장 두드러진 것이 두 가지 있다. 그 하나는 말과 생각이 서로 꼭 달라붙은 쌍둥이인데 한 놈은 생각이 되어 속에 감추어져 있고 다른 한 놈은 말이 되어 사람 귀에 들리는 것이라는 생각이다. 다른 하나는 생각이 큰 그릇이고 말은 생각 속에 들어가는 작은 그릇이어서 생각에는 말 이외에도 다른 것이 더 있다는 생각이다.

이 두 가지 생각 가운데서 앞의 것은 조금만 깊이 생각해 보면 틀렸다는 것을 즉시 깨달을 수 있다. 우리가 생각한 것은 거의 대부분 말로 나타낼 수 있지만, 누구든지 가슴 속에 응어리진 어떤 생각이 분명히 있기는 한데 그것을 어떻게 말로 표현해야 할지 애태운 경험을 가지고 있을 것이다. 이것 한 가지만 보더라도 말과 생각이 서로 안팎을 이루는 쌍둥이가 아님은 쉽게 판명된다.

인간의 생각이라는 것은 매우 넓고 큰 것이며 말이란 결국 생각의 일부분을 주워 담는 작은 그릇에 지나지 않는다. 그러나 아무리 인간의 생각이 말보다 범위가 넓고 큰 것이라고 하여도 그것을 가능한 한 말로 바꾸어 놓지 않으면 그 생각의 위대함이나 오묘함이 다른 사람에게 전달되지 않기 때문에 말의 신세를 지지 않을 수가 없게 되어 있다. 그러니까 말을 통하지 않고는 생각을 전달할 수가 없는 것이다.

① 말은 생각의 폭을 확장시킨다.

② 말은 생각을 전달하기 위한 수단이다.

③ 생각은 말이 내면화된 쌍둥이와 같은 존재이다.

④ 말은 생각의 하위요소이다.

06

우리는 처음 만난 사람의 외모를 보고, 그를 어떤 방식으로 대우해야 할지를 결정할 때가 많다. 그가 여자인지 남자인지, 얼굴색이 흰지 검은지, 나이가 많은지 적은지 혹은 그의 스타일이 조금은 상류층의 모습을 띠고 있는지 아니면 너무나 흔해서 별 특징이 드러나 보이지 않는 외모를 하고 있는지 등을 통해 그들과 나의 차이를 재빨리 감지한다. 일단 감지가 되면 우리는 둘 사이의 지위 차이를 인식하고 우리가 알고 있는 방식으로 그를 대하게 된다. 한 개인이 특정 집단에 속한다는 것은 단순히 다른 집단의 사람과 다르다는 것뿐만 아니라, 그 집단이 다른 집단보다는 지위가 높거나 우월하다는 믿음을 갖게 한다. 모든 인간은 평등하다는 우리의 신념에도 불구하고 왜 인간들 사이의 이러한 위계화(位階化)를 당연한 것으로 받아들일까? 위계화란 특정 부류의 사람들은 자원과 권력을 소유하고 다른 부류의 사람들은 낮은 사회적 지위를 갖게 되는 사회적이며 문화적인 체계이다. 다음에서 우리는 이러한 불평등이 어떠한 방식으로 경험되고 조직화되는지를 살펴보기로 하자.

인간이 불평등을 경험하게 되는 방식은 여러 측면으로 나눌 수 있다. 산업 사회에서의 불평등은 계층과 계급의 차이를 통해서 정당화되는데, 이는 재산, 생산 수단의 소유 여부, 학력, 집안 배경 등의 요소들의 결합에 의해 사람들 사이의 위계를 만들어 낸다. 또한 모든 사회에서 인간은 태어날 때부터 얻게 되는 인종, 성, 종족 등의 생득적 특성과 나이를 통해 불평등을 경험한다. 이러한 특성들은 단순히 생물학적인 차이를 지칭하는 것이 아니라, 개인의 열등성과 우등성을 가늠하게 만드는 사회적 개념이 되곤 한다.

한편 불평등이 재생산되는 다양한 사회적 기제들이 때로는 관습이나 전통이라는 이름 아래 특정 사회의 본질적인 문화적 특성으로 간주되고 당연시되는 경우가 많다. 불평등은 체계적으로 조직되고 개인에 의해 경험됨으로써 문화의 주요 부분이 되었고, 그 결과 같은 문화권 내의 구성원들 사이에 권력 차이와 그에 따른 폭력이나 비인간적인 행위들이 자연스럽게 수용될 때가 많다.

문화 인류학자들은 사회 집단의 차이와 불평등, 사회의 관습 또는 전통이라고 얘기되는 문화 현상에 대해 어떤 입장을 취해야 할지 고민을 한다. 문화 인류학자가 이러한 문화 현상은 고유한 역사적 산물이므로 나름대로 가치를 지닌다는 입장만을 반복하거나 단순히 관찰자로서의 입장에 안주한다면, 이러한 차별의 형태를 제거하는 데 도움을 줄 수 없다. 실제로 문화 인류학 연구는 기존의 권력 관계를 유지시켜주는 다양한 문화적 이데올로기를 분석하고, 인간 간의 차이가 우등성과 열등성을 구분하는 지표가 아니라 동등한 다름일 뿐이라는 것을 일깨우는 데 기여해 왔다.

① 차이와 불평등
② 차이의 감지 능력
③ 문화 인류학의 역사
④ 위계화의 개념과 구조

07 사전적 정의에 의하면 재즈는 20세기 초반 미국 뉴올리언스의 흑인 문화 속에서 발아한 후 미국을 대표하는 음악 스타일이자 문화가 된 음악 장르이다. 서아프리카의 흑인 민속음악이 18세기 후반과 19세기 초반의 대중적이고 가벼운 유럽의 클래식 음악과 만나서 탄생한 것이 재즈다. 그러나 이 정도의 정의로 재즈의 전모를 밝히기에는 역부족이다. 이미 재즈가 미국을 넘어 전 세계에서 즐겨 연주되고 있으며 그 기법 역시 트레이드 마크였던 스윙(Swing)에서 많이 벗어났기 때문이다.

한편 재즈 역사가들은 재즈를 음악을 넘어선 하나의 이상이라고 이야기한다. 그 이상이란 삶 속에서 우러나온 경험과 감정을 담고자 하는 인간의 열정적인 마음이다. 여기에서 영감을 얻은 재즈 작곡가나 연주자는 즉자적으로 곡을 작곡하고 연주해 왔으며, 그러한 그들의 의지가 바로 다사다난한 인생을 관통하여 재즈에 담겨 있다. 초기의 재즈가 미국 흑인들의 한과 고통을 담아낸 흔적이자 역사 그 자체인 점이 이를 증명한다.

억압된 자유를 되찾으려는 그들의 저항 의식은 아름답게 정제된 기존의 클래식 음악의 틀 안에서는 온전하게 표출될 수 없었다. 불규칙적으로 전개되는 과감한 불협화음, 줄곧 어긋나는 듯한 리듬, 정제되지 않은 멜로디, 이들의 총합으로 유발되는 긴장감과 카타르시스……. 당시 재즈 사운드는 충격 그 자체였다. 그렇지만 현 시점에서 이러한 기법과 형식을 담은 장르는 넘쳐날 정도로 많아졌고, 클래식 역시 아방가르드(Avantgarde)라는 새로운 영역을 개척한 지 오래이다. 그러므로 앞에서 언급한 스타일과 이를 가능하게 했던 이상은 더 이상 재즈만의 전유물이라 할 수 없다.

켄 번스(Ken Burns)의 영화 '재즈(Jazz)'에서 윈튼 마살리스(Wynton Marsalis)는 "재즈의 진정한 힘은 사람들이 모여서 즉흥적인 예술을 만들고 자신들의 예술적 주장을 타협해 나가는 것에서 나온다. 이러한 과정 자체가 곧 재즈라는 예술 행위이다."라고 말한다. 그렇다면 우리의 일상은 곧 재즈 연주와 견줄 수 있다. 출생과 동시에 우리는 다른 사람들과 관계를 맺으며 살아간다. 물론 자신과 타인은 호불호나 삶의 가치관이 제각각일 수밖에 없다. 따라서 자신과 타인의 차이가 옳고 그름의 차원이 아닌 '다름'이라는 것을 알아가는 것, 그리고 그러한 차이를 인정하고 그 속에서 서로 이해하고 배려하려는 노력이 필요하다. 이렇듯 자신과 다른 사람과 함께 '공통의 행복'이라는 것을 만들어 간다면 우리 역시 바로 '재즈'라는 위대한 예술을 구현하고 있는 것이다.

PART 2

① 재즈와 클래식의 차이
② 재즈의 기원과 본질
③ 재즈의 장르적 우월성
④ 재즈와 인생의 유사성과 차이점

08 다음 글의 표제와 부제로 가장 적절한 것은?

검무는 칼을 들고 춘다고 해서 '칼춤'이라고 부르기도 하며, '황창랑무(黃倡郎舞)'라고도 한다. 검무의 역사적 기록은 『동경잡기(東京雜記)』의 「풍속조(風俗條)」에 나타난다. 신라의 소년 황창랑은 나라를 위하여 백제 왕궁에 들어가 왕 앞에서 칼춤을 추다 왕을 죽이고 자신도 잡혀서 죽는다. 신라 사람들이 이러한 그의 충절을 추모하여, 그의 모습을 본뜬 가면을 만들어 쓰고 그가 추던 춤을 따라 춘 것에서 검무가 시작되었다고 한다. 이처럼 민간에서 시작된 검무는 고려시대를 거쳐 조선시대로 이어지며, 궁중으로까지 전해진다. 이때 가면이 사라지는 형식적 변화가 함께 일어난다.

조선시대 민간의 검무는 기생을 중심으로 전승되었으며, 재인들과 광대들의 판놀이로까지 이어졌다. 조선 후기에는 각 지방까지 전파되었는데, 진주검무와 통영검무가 그 대표적인 예이다. 한편 궁중의 검무는 주로 궁중의 연회 때에 추는 춤으로 전해졌으며, 후기에 정착된 순조 때의 형식이 중요무형문화재로 지정되어 현재까지 보존되고 있다.

궁중에서 추어지던 검무의 구성은 다음과 같다. 전립을 쓰고 전복을 입은 4명의 무희가 쌍을 이루어, 바닥에 놓여진 단검(短劍)을 어르는 동작부터 시작한다. 그 후 칼을 주우면서 춤이 이어지고, 화려한 춤사위로 검을 빠르게 돌리는 연풍대(筵風擡)로 마무리한다.

검무의 절정인 연풍대는 조선시대 풍속화가 신윤복의 「쌍검대무(雙劍對舞)」에서 잘 드러난다. 그림 속의 두 무용수를 통해 춤의 회전 동작을 예상할 수 있다. 즉, 이 장면에는 오른쪽에 선 무희의 자세에서 시작해 왼쪽 무희의 자세로 회전하는 동작이 나타나 있다. 이렇게 무희들이 쌍을 이루어 좌우로 이동하면서 원을 그리며 팽이처럼 빙빙 도는 동작을 연풍대라 한다. 이 명칭은 대자리를 걷어내는 바람처럼 날렵하게 움직이는 모습에서 비롯한 것이다.

오늘날의 검무는 검술의 정밀한 무예 동작보다 부드러운 곡선을 그리는 춤 형태로만 남아 있다. 칼을 쓰는 살벌함은 사라졌지만, 민첩하면서도 유연한 동작으로 그 아름다움을 표출하고 있는 것이다. 검무는 신라시대부터 면면히 이어지는 고유한 문화이자 예술미가 살아 있는 몇 안 되는 소중한 우리의 전통 유산이다.

① 신라 황창랑의 의기와 춤 – 검무의 유래와 발생을 중심으로
② 역사 속에 흐르는 검빛·춤빛 – 검무의 변천 과정과 구성을 중심으로
③ 무예 동작과 아름다움의 조화 – 연풍대의 의미를 중심으로
④ 무희의 칼끝에서 펼쳐지는 바람 – 검무의 예술적 가치를 중심으로

09 C사원은 사보 담당자인 G주임에게 다음 달 기고할 사설 원고를 전달하였다. 이에 G주임은 문단마다 소제목을 붙였으면 좋겠다는 의견을 보냈다. C사원이 G주임의 의견을 반영하여 소제목을 붙였을 때, 적절하지 않은 것은?

> (가) 떨어질 줄 모르는 음주율은 정신건강 지표와도 연결된다. 아무래도 생활에서 스트레스를 많이 느끼는 사람들이 음주를 통해 긴장을 풀고자 하는 욕구가 많기 때문이다. 특히 퇴근 후 혼자 한적하고 조용한 술집을 찾아 맥주 1 ~ 2캔을 즐기는 혼술 문화는 젊은 연령층에서 급속히 퍼지고 있는 트렌드이기도 하다. 이렇게 혼술 문화가 대중적으로 널리 퍼지게 된 원인은 1인 가구의 증가와 사회적 관계망이 헐거워진 데 있다는 것이 지배적인 분석이다.
>
> (나) 혼술은 간단하게 한 잔하며 긴장을 푸는 데 더없이 좋은 효과를 주기도 하지만 그 이면에는 '음주 습관의 생활화'라는 문제도 있다. 혼술이 습관화되면 알코올중독으로 병원 신세를 질 가능성이 9배 늘어난다는 최근 연구결과도 있다. 실제로 가톨릭대 알코올 의존치료센터에 따르면 5년 동안 알코올 의존 상담환자 중 응답자 75.4%가 평소 혼술을 즐겼다고 답했다.
>
> (다) 2016년 보건복지부와 국립암센터에서는 국민 암 예방 수칙의 하나인 '술은 하루 2잔 이내로 마시기' 수칙을 '하루 한두 잔의 소량 음주도 피하기'로 개정했다. 뉴질랜드 오타고대 연구진의 최신 연구에 따르면 술이 7종 암과 직접적 관련이 있는 것으로 밝혀졌고 이런 영향력은 적당한 음주도 예외가 아닌 것으로 나타났다. 연구를 이끈 제니 코너 박사는 "음주 습관은 소량에서 적당량을 섭취했을 때도 몸에 상당한 부담으로 작용한다."고 밝혔다.
>
> (라) 흡연과 함께 하는 음주는 1군 발암요인이기도 하다. 몸속에서 알코올과 니코틴 등의 독성물질이 만나면 더 큰 부작용과 합병증을 일으키기 때문이다. 일본 도쿄대 나카무라 유스케 교수는 '체질과 생활습관에 따른 식도암 발병률'이라는 논문에서 하루에 캔 맥주 1개 이상을 마시고 흡연을 같이할 경우 유해물질이 인체에서 상승작용을 한다는 것을 밝혀냈다. 또한 술, 담배를 함께 하는 사람의 식도암 발병 위험이 다른 사람들에 비해 190배나 높은 것으로 나타났다. 우리나라는 세계적으로도 식도암 발병률이 높은 나라이기도 하다. 이것이 우리가 음주습관 형성에 특히 주의를 기울여야 하는 이유다.

① (가) - 1인 가구, 혼술 문화의 유행
② (나) - 혼술 습관, 알코올중독으로 발전할 수 있어
③ (다) - 가벼운 음주, 대사 촉진에 도움이 돼
④ (라) - 흡연과 음주를 동시에 즐기면 식도암 위험률 190배

10 다음 중 (가) ~ (라) 문단의 핵심 화제로 적절하지 않은 것은?

> (가) 한 아이가 길을 가다가 골목에서 갑자기 튀어나온 큰 개에게 발목을 물렸다. 아이는 이 일을 겪은 뒤 개에 대한 극심한 불안에 시달렸다. 멀리 있는 강아지만 봐도 몸이 경직되고 호흡 곤란을 느꼈으며 심할 경우 응급실을 찾기도 하였다. 이것은 한 번의 부정적인 경험이 공포증으로 이어진 경우라고 할 수 있다. '공포증'이란 위의 경우에서 보듯이 특정 대상에 대한 과도한 두려움으로 그 대상을 계속해서 피하게 되는 증세를 말한다. 특정한 동물, 높은 곳, 비행기나 엘리베이터 등이 공포증을 유발하는 대상이 될 수 있다. 물론 일반적인 사람들도 이런 대상을 접하여 부정적인 경험을 할 수 있지만 공포증으로까지 이어지는 경우는 드물다.
>
> (나) 심리학자 와이너는 부정적인 경험을 한 상황을 어떻게 해석하느냐에 따라 이러한 공포증이 생길 수도 있고 그렇지 않을 수도 있으며, 공포증이 지속될 수도 있고 극복될 수도 있다고 했다. 그는 상황을 해석하는 방식을 설명하기 위해 상황의 원인을 어디에서 찾느냐, 상황의 변화 가능성에 대해 어떻게 인식하느냐의 두 가지 기준을 제시했다. 상황의 원인을 자신에게서 찾으면 '내부적'으로 해석한 것이고, 자신이 아닌 다른 것에서 찾으면 '외부적'으로 해석한 것이다. 또 상황이 바뀔 가능성이 전혀 없다고 생각하면 '고정적'으로 인식한 것이고, 상황이 충분히 바뀔 수 있다고 생각하면 '가변적'으로 인식한 것이다.
>
> (다) 와이너에 의하면, 큰 개에게 물렸지만 공포증에 시달리지 않는 사람들은 개에게 물린 상황에 대해 '내 대처 방식이 잘못되었어.'라며 내부적이고 가변적으로 해석한다. 이것은 나의 대처 방식에 따라 상황이 충분히 바뀔 수 있다고 생각하는 것이므로 이들은 개와 마주치는 상황을 굳이 피하지 않는다. 그 후 개에게 물리지 않는 상황이 반복되면 '나는 어떤 경우라도 개를 감당할 수 있어.'라며 내부적이고 고정적으로 해석하는 단계로 나아가게 된다.
>
> (라) 반면에 공포증을 겪는 사람들은 개에 물린 상황에 대해 '나는 약해서 개를 감당하지 못해.'라며 내부적이고 고정적으로 해석하거나 '개는 위험한 동물이야.'라며 외부적이고 고정적으로 해석한다. 자신의 힘이 개보다 약하다고 생각하거나 개를 맹수로 여기는 것이므로 이들은 자신이 개에게 물린 것을 당연한 일로 받아들인다. 하지만 공포증에 시달리지 않는 사람들처럼 상황을 해석하고 개를 피하지 않는 노력을 기울이면 공포증에서 벗어날 수 있다.

① (가) – 공포증이 생긴 구체적 상황과 개념 및 공포증을 유발하는 대상
② (나) – 와이너가 제시한 상황 해석의 기준
③ (다) – 공포증을 겪지 않는 사람들의 상황 해석 방식
④ (라) – 공포증을 겪는 사람들의 행동 유형

06 | 비판 · 반박

대표유형 1 | 비판

다음 〈보기〉의 입장에서 제시문을 비판하는 내용으로 가장 적절한 것은?

로봇의 발달로 일자리가 줄어들 것이라는 사람들의 불안이 커지면서 최근 로봇세(Robot稅) 도입에 대한 논의가 활발하다. 로봇세는 로봇을 사용해 이익을 얻는 기업이나 개인에 부과하는 세금이다. 로봇으로 인해 일자리를 잃은 사람들을 지원하거나 사회 안전망을 구축하기 위해 예산을 마련하자는 것이 로봇세 도입의 목적이다. 이처럼 로봇의 사용으로 일자리가 감소할 것이라는 이유로 로봇세의 필요성이 제기되었지만, 역사적으로 볼 때 새로운 기술로 인해 전체 일자리는 줄지 않았다. 산업 혁명을 거치면서 새로운 기술에 대한 걱정은 늘 존재했지만, 산업 전반에서 일자리는 오히려 증가해 왔다는 점이 이를 뒷받침한다. 따라서 로봇의 사용으로 일자리가 줄어들 가능성은 낮다.

우리는 로봇 덕분에 어렵고 위험한 일이나 반복적인 일로부터 벗어나고 있다. 로봇 사용의 증가 추세에서 알 수 있듯이 로봇 기술이 인간의 삶을 편하게 만들어 주는 것은 틀림이 없다. 로봇세의 도입으로 이러한 편안한 삶이 지연되지 않기를 바란다.

보기

로봇 기술의 발전에 따라 로봇의 생산 능력이 비약적으로 향상되고 있다. 이는 로봇 하나당 대체할 수 있는 인간 노동자의 수도 지속적으로 증가함을 의미한다. 로봇 사용이 사회 전반에 빠르게 확산되는 현실을 고려할 때, 로봇 사용으로 인한 일자리 대체 규모가 기하급수적으로 커질 것이다.

① 산업 혁명의 경우와 같이 로봇의 생산성 증가는 인간의 새로운 일자리를 만드는 데 기여할 것이다.
② 로봇세를 도입해 기업이 로봇의 생산성 향상에 기여하도록 해야 인간의 일자리 감소를 막을 수 있다.
③ 로봇 사용으로 밀려날 수 있는 인간 노동자의 생산 능력을 향상시킬 수 있는 제도적 지원 방안을 마련해야 한다.
④ 로봇의 생산 능력에 대한 고려 없이 과거 사례만으로 일자리가 감소하지 않을 것이라고 보는 것은 성급한 판단이다.

제시문에서는 산업 혁명을 거치면서 일자리가 오히려 증가했으므로 로봇 사용으로 일자리가 줄어들 가능성은 낮다고 말한다. 그러나 보기에서는 로봇 사용으로 인한 일자리 대체 규모가 기하급수적으로 커져 인간의 일자리는 줄어들 것이라고 말한다. 로봇 사용으로 인한 일자리의 증감에 대해 정반대로 예측하는 것이다. 따라서 보기의 내용을 근거로 제시문을 반박하려면 제시문의 예측에 문제가 있음을 지적해야 하므로 ④가 적절하다.

정답 ④

30초 컷 풀이 Tip

대치되는 두 의견의 쟁점을 찾은 후, 제시문 또는 보기에서 양측 주장의 근거를 찾아 각 주장에 연결하며 답을 찾는다.

다음 글에서 도출한 결론을 반박하는 주장으로 적절한 것은?

> 인터넷은 국경 없이 누구나 자유롭게 정보를 주고받을 수 있는 훌륭한 매체이다. 하지만 최근 급속히 늘고 있는 성인 인터넷 방송처럼 오히려 청소년에게 해로운 매체가 될 수 있다는 사실은 선진국에서도 동감하고 있다. 그러므로 인터넷 등급제를 만들어 유해한 환경으로부터 청소년들을 보호하고, 이를 어긴 사업자는 엄격한 처벌로 다스려야만 한다.

① 인터넷 등급제를 만들어 규제를 하는 것도 완전한 방법은 아니기 때문에 유해한 인터넷 내용에는 원천적으로 접속할 수 없는 조치를 취해야 한다.
② 인터넷 등급제는 정보에 대한 책임을 일방적으로 사업자에게만 지우는 조치로, 잘못하면 국민의 표현의 자유와 알 권리를 침해할 수 있다.
③ 인터넷 등급제는 미니스커트나 장발 규제와 같은 구태의연한 조치이다.
④ 청소년들 스스로가 정보의 유해를 가릴 수 있는 식견을 마련할 수 있도록 가능한 한 많은 정보를 접해야 한다. 그러므로 인터넷 등급제는 좋은 방법이 아니다.

정답 해설

언론매체에 대한 사전 검열은 항상 표현의 자유와 개인의 알 권리를 침해할 가능성을 배제할 수 없다는 논지로 반박을 전개해야 한다.

정답 ②

30초 컷 풀이 Tip

문제의 난이도를 높이기 위해 글의 후반부에 주장을 뒷받침할 수 있는 근거를 제시하고 선택지에 그 근거에 대한 반박을 실어 놓는 경우도 있다. 하지만 여기서 기억해야 할 것은 제시된 지문의 '주장'에 대한 반박을 찾는 것이지, 이를 뒷받침하기 위해 제시된 '근거'에 대한 반박을 찾는 것이 아니라는 점이다.

PART 2

01 다음 글의 주장에 대한 비판으로 적절하지 않은 것은?

> 동물실험이란 교육, 시험, 연구 및 생물학적 제제의 생산 등 과학적 목적을 위해 동물을 대상으로
> 실시하는 실험 또는 그 과학적 절차를 말한다. 전 세계적으로 매년 약 6억 마리의 동물들이 실험에
> 쓰이고 있다고 추정되며, 대부분의 동물들은 실험이 끝난 뒤 안락사를 시킨다.
> 동물실험은 대개 인체실험의 전 단계로 이루어지는데, 검증되지 않은 물질을 곧장 사람에게 주입하
> 여 발생하는 위험을 줄일 수 있다는 점에서 필수적인 실험이라고 말할 수 있다. 물론 살아있는 생물
> 을 대상으로 하는 실험이기 때문에 대체(Replacement), 감소(Reduction), 개선(Refinement)으로
> 요약되는 3R 원칙에 입각하여 실험하는 것이 당연하다. 다른 방법이 있다면 그 방법을 채택할 것이
> 며, 희생이 되는 동물의 수를 최대한 줄이고, 필수적인 실험 조건 외에는 자극을 주지 않아야 한다.
> 하지만 그럼에도 보다 안전한 결과를 도출해내기 위한 동물실험은 필요악이며, 이러한 필수적인 의
> 약실험조차 금지하려 한다는 것은 기술 발전 속도를 늦춰 약이 필요한 누군가의 고통을 감수하자는
> 이기적인 주장과 같다고 할 수 있다.

① 3R 원칙과 같은 윤리적 강령이 법적인 통제력을 지니지 않은 이상 실제로 얼마나 엄격하게 지켜
   질 것인지는 알 수 없다.
② 화장품 업체들의 동물실험과 같은 사례를 통해, 생명과 큰 연관이 없는 실험은 필요악이라고 주장
   할 수 없다.
③ 아무리 엄격하게 통제된 실험이라고 해도 동물 입장에서 바라본 실험이 비윤리적이며 생명체의
   존엄성을 훼손하는 행위라는 사실을 벗어날 수는 없다.
④ 과거와 달리 현대에서는 인공 조직을 배양하여 실험의 대상으로 삼을 수 있으므로 동물실험 자체
   를 대체하는 것이 가능하다.

02 다음 글에서 도킨스의 논리에 대한 필자의 문제 제기로 가장 적절한 것은?

> 도킨스는 인간의 모든 행동이 유전자의 자기 보존 본능에 따라 일어난다고 주장했다. 사실 도킨스는 플라톤에서부터 쇼펜하우어에 이르기까지 통용되던 철학적 생각을 유전자라는 과학적 발견을 이용하여 반복하고 있을 뿐이다. 이에 따르면 인간 개체는 유전자라는 진정한 주체의 매체에 지나지 않게 된다. 그런데 이 같은 도킨스의 논리에 근거하면 우리 인간은 이제 자신의 몸과 관련된 모든 행동에 대해 면죄부를 받게 된다. 모든 것이 이미 유전자가 가진 이기적 욕망으로부터 나왔다고 볼 수 있기 때문이다. 그래서 도킨스의 생각에는 살아가고 있는 구체적 생명체를 경시하게 되는 논리가 잠재되어 있다.

① 고대의 철학은 현대의 과학과 양립할 수 있는가?
② 유전자의 자기 보존 본능이 초래하게 되는 결과는 무엇인가?
③ 인간을 포함한 생명체는 진정한 주체가 아니란 말인가?
④ 생명 경시 풍조의 근원이 되는 사상은 무엇인가?

03 다음 글의 ⓒ의 입장에서 ㉠의 생각을 비판한 내용으로 가장 적절한 것은?

> 17세기에 수립된 ㉠ 뉴턴의 역학 체계는 3차원 공간에서 일어나는 물체의 운동을 취급하였는데 공간 좌표인 x, y, z는 모두 시간에 따라 변하는 것으로 간주하였다. 뉴턴에게 시간은 공간과 무관한 독립적이고 절대적인 것이었다. 즉, 시간은 시작도 끝도 없는 영원한 것으로, 우주가 생겨나고 사라지는 것과 아무 관계없이 항상 같은 방향으로 흘러간다. 시간은 빨라지지도 느려지지도 않는 물리량이며, 모든 우주에서 동일한 빠르기로 흐르는 실체인 것이다. 이러한 뉴턴의 절대 시간 개념은 19세기 말까지 물리학자들에게 당연한 것으로 받아들여졌다.
>
> 하지만 20세기에 들어 시간의 절대성 개념은 ⓒ 아인슈타인에 의해 근본적으로 거부되었다. 그는 빛의 속도가 진공에서 항상 일정하다는 사실을 기초로 하여 상대성 이론을 수립하였다. 이 이론에 의하면 시간은 상대적인 개념이 되어, 빠르게 움직이는 물체에서는 시간이 느리게 간다. 광속을 c라 하고 물체의 속도를 v라고 할 때 시간은 $\dfrac{1}{\sqrt{1-(v/c)^2}}$ 배 팽창한다. 즉, 광속의 50%의 속도로 달리는 물체에서는 시간이 약 1.15배 팽창하고, 광속의 99%로 달리는 물체에서는 7.09배 정도 팽창한다. v가 c에 비하여 아주 작을 경우에는 시간 팽창 현상이 거의 감지되지 않지만 v가 c에 접근하면 팽창률은 급격하게 커진다.
>
> 아인슈타인에게 시간과 공간은 더이상 별개의 물리량이 아니라 서로 긴밀하게 연관되어 함께 변하는 상대적인 양이다. 따라서 운동장을 질주하는 사람과 교실에서 가만히 바깥 풍경을 보고 있는 사람에게 시간의 흐름은 다르다. 속도가 빨라지면 시간 팽창이 일어나 시간이 그만큼 천천히 흐르는 시간 지연이 생긴다.

① 시간은 모든 공간에서 동일하게 흐르는 것이 아니므로 절대적이지 않다.
② 상대 시간 개념으로는 시간에 따라 계속 변하는 물체의 운동을 설명할 수 없다.
③ 시간은 인간이 만들어 낸 개념이므로 우주를 시작도 끝도 없는 영원한 것으로 보아서는 안 된다.
④ 시간과 공간은 긴밀하게 연관되어 있지만 독립적으로 존재할 수 있으므로 이 둘의 관련성에만 주목하면 안 된다.

04 다음 글의 주장에 대한 반박으로 가장 적절한 것은?

> 우리 마을 사람들의 대부분은 산에 있는 밭이나 과수원에서 일한다. 그런데 마을 사람들이 밭이나 과수원에 갈 때 주로 이용하는 도로의 통행을 가로막은 울타리가 설치되었다. 그 도로는 산의 밭이나 과수원까지 차량이 통행할 수 있는 유일한 길이었다. 이러한 도로가 사유지 보호라는 명목으로 막혀서 땅 주인과 마을 사람들 간의 갈등이 심해지고 있다.
> 마을 사람들의 항의에 대해서 땅 주인은 자신의 사유 재산이 더 이상 훼손되는 것을 간과할 수 없어 통행을 막았다고 주장한다. 그 도로가 사유 재산이므로 독점적이고 배타적인 사용 권리가 있어서 도로 통행을 막은 것이 정당하다는 것이다.
> 마을 사람들은 그 도로가 10년 가까이 공공으로 사용되어 왔는데 사유 재산이라는 이유로 갑자기 통행을 금지하는 것은 부당하다고 주장하고 있다. 도로가 막히면 밭이나 과수원에서 농사를 짓는 데 불편함이 크고 수확물을 차에 싣고 내려올 수도 없는 등의 피해를 입게 되는데, 개인의 권리 행사 때문에 이러한 피해를 입는 것은 부당하다는 것이다.
> 사유 재산에 대한 개인의 권리가 보장받는 것도 중요하지만, 그로 인해 다수가 피해를 입게 된다면 사익보다 공익을 우선시하여 개인의 권리가 제한되어야 한다고 생각한다. 만일 개인의 권리가 공익을 위해 제한되지 않으면 이번 일처럼 개인과 다수 간의 갈등이 발생할 수밖에 없다.
> 땅 주인은 사유 재산의 독점적이고 배타적인 사용을 주장하기에 앞서 마을 사람들이 생업의 곤란으로 겪는 어려움을 염두에 두어야 한다. 공익을 우선시하는 태도로 조속히 문제 해결을 위해 노력해야 할 것이다.

① 땅 주인은 개인의 권리 추구에 앞서 마을 사람들과 함께 더불어 살아가는 법을 배워야 한다.

② 마을 사람들과 땅 주인의 갈등은 민주주의의 다수결의 원칙에 따라 해결해야 한다.

③ 공익으로 인해 침해된 땅 주인의 사익은 적절한 보상을 통해 해결될 수 있다.

④ 땅 주인의 권리 행사로 발생하는 피해가 법적으로 증명되어야만 땅 주인의 권리를 제한할 수 있다.

05 다음 글의 논증을 반박하는 내용으로 적절하지 않은 것은?

> 윤리와 관련하여 가장 광범위하게 받아들여진 사실 가운데 하나는 옳은 것과 그른 것에 대한 광범위한 불일치가 과거부터 현재까지 항상 있었고, 아마 앞으로도 계속 있을 것이라는 점이다. 가령 육식이 올바른지를 두고 한 문화에 속해 있는 사람들의 판단은 다른 문화에 속해 있는 사람들의 판단과 굉장히 다르다. 그뿐만 아니라 한 문화에 속한 사람들의 판단은 시대마다 아주 다르기도 하다. 심지어 우리는 동일한 문화와 시대 안에서도 하나의 행위에 대해 서로 다른 윤리적 판단을 하는 경우를 볼 수 있다.
> 이러한 사실이 의미하는 바는 사람들의 윤리적 기준이 시간과 장소 그리고 그들이 사는 상황에 따라 달라진다는 것이다. 그러므로 올바른 윤리적 기준은 그것을 적용하는 사람에 따라 상대적이다. 이것이 바로 윤리적 상대주의의 핵심 논지이다. 따라서 우리는 윤리적 상대주의가 참이라는 결론을 내려야 한다.

① 사람들의 윤리적 판단은 그들이 사는 지역에 따라 크게 다르지 않다.

② 윤리적 판단이 다르다고 해서 윤리적 기준도 반드시 달라지는 것은 아니다.

③ 윤리적 상대주의가 옳다고 해서 사람들의 윤리적 판단이 항상 서로 다른 것은 아니다.

④ 인류학자들에 따르면 문화에 따른 판단의 차이에도 불구하고 일부 윤리적 기준은 보편적으로 신봉되고 있다.

06 다음 중 A의 주장에 효과적으로 반박할 수 있는 진술은?

> A : 우리나라는 경제 성장과 국민 소득의 향상으로 매년 전력소비가 증가하고 있습니다. 이런 와중에 환경문제를 이유로 발전소를 없앤다는 것은 말도 안 되는 소리입니다. 반드시 발전소를 증설하여 경제 성장을 촉진해야 합니다.
> B : 하지만 최근 경제 성장 속도에 비해 전력소비량의 증가가 둔화되고 있는 것도 사실입니다. 더구나 전력소비에 대한 시민의식도 점차 바뀌어가고 있으므로 전력소비량 관련 캠페인을 실시하여 소비량을 줄인다면 발전소를 증설하지 않아도 됩니다.
> A : 의식의 문제는 결국 개인에게 기대하는 것이고, 희망적인 결과만을 생각한 것입니다. 확실한 것은 앞으로 우리나라 경제 성장에 있어 더욱더 많은 전력이 필요할 것이라는 겁니다.

① 친환경 발전으로 환경과 경제 문제를 동시에 해결할 수 있다.

② 경제 성장을 하면서도 전력소비량이 감소한 선진국의 사례도 있다.

③ 최근 국제 유가의 하락으로 발전비용이 저렴해졌다.

④ 발전소의 증설이 건설경제의 선순환 구조를 이룩할 수 있는 것은 아니다.

07 다음 글에 대한 비판으로 가장 적절한 것은?

"향후 은행 서비스(Banking)는 필요하지만 은행(Bank)은 필요 없을 것이다." 최근 4차 산업혁명으로 대변되는 빅데이터, 사물인터넷, AI, 블록체인 등 신기술이 금융업을 강타하면서 빌 게이츠의 20년 전 예언이 화두로 부상했다. 모든 분야에서 초연결화, 초지능화가 진행되고 있는 4차 산업혁명이 데이터 주도 경제를 열어가면서 데이터에 기반을 둔 금융업에도 변화의 물결이 밀려들고 있다. 이미 전통적인 은행, 증권, 보험, 카드업 등 전 분야에서 금융기술기업인 소위 '핀테크(Fintech)'가 출현하면서 금융서비스의 가치 사슬이 해체되기 시작한 것이다. 이전에는 상상조차 하지 못했던 IT 등 이종 업종의 금융업 진출도 활발하게 이루어지면서 전통 금융회사들을 위협하고 있다.
빅데이터, 사물인터넷, 인공지능, 블록체인 등 새로운 기술로 무장한 4차 산업혁명으로 인해 온라인 플랫폼을 통한 크라우드 펀딩 등 P2P 금융의 출현, 로보 어드바이저에 의한 저렴한 자산관리서비스의 등장, 블록체인 기술기반의 송금 등 다양한 가치 거래의 탈중계화가 진행되면서 금융 중계, 재산 관리, 위험 관리, 지급 결제 등 금융의 본질적인 요소들이 변화하고 있는 것은 아닌지 의구심이 일어나고 있는 것이다. 혹자는 이들 변화의 종점에 금융의 정체성(Identity) 상실이 기다리고 있다며 금융업 종사자의 입장에서 보면 우울한 전망마저 내놓고 있다. 금융도 디지털카메라의 등장으로 사라진 필름회사 코닥과 같은 비운을 피하기 어렵다며 금융의 종말(The Demise of Banking), 은행의 해체(Unbundling the Banks), 탈중계화, 플랫폼 혁명(Platform Revolution) 등 다양한 화두가 미디어의 전면에 등장하고 있다.

① 가치 거래의 탈중계화는 금융 거래의 보안성에 심각한 위협 요인으로 작용할 것이다.
② 금융 발전의 미래를 위해 금융업에 있어 인공지능의 도입을 막아야 한다.
③ 기술 발전은 금융업에 있어 효율성 향상이라는 제한적인 틀에서 크게 벗어나지 못했다.
④ 로보 어드바이저에 의한 자산관리서비스는 범죄에 악용될 위험이 크다.

08 다음 중 밑줄 친 ㉠에 대해 제기할 수 있는 반론으로 가장 적절한 것은?

> 기업은 상품의 사회적 마모를 촉진시키는 주체이다. 생산과 소비가 지속되어야 이윤을 남길 수 있기 때문에, 하나의 상품을 생산해서 그 상품의 물리적 마모가 끝날 때까지를 기다렸다가는 그 기업은 망하기 십상이다. 이러한 상황에서 늘 수요에 비해서 과잉 생산을 하는 기업이 살아남을 수 있는 길은 상품의 사회적 마모를 짧게 해서 사람들로 하여금 계속 소비하게 만드는 것이다.
> 그래서 ㉠ 기업들은 더 많은 이익을 내기 위해서는 상품의 성능을 향상시키기보다는 디자인을 변화시키는 것이 더 바람직하다고 생각한다. 산업이 발달하여 상품의 성능이나 기능, 내구성이 이전보다 더욱 향상되었는데도 불구하고 상품의 생명이 이전보다 더 짧아지는 것은 어떻게 생각하면 자본주의 상품이 지닌 모순이라고 할 수 있다. 섬유의 질은 점점 좋아지지만 그 옷을 입는 기간은 이에 비해서 점점 짧아지게 되는 것이 바로 자본주의 상품이 지니고 있는 모순이다. 산업이 계속 발달하여 상품의 성능이 향상되는데도 상품의 사회적인 마모 기간이 누군가에 의해서 엄청나게 짧아지고 있다. 상품의 질은 향상되고 내가 버는 돈은 늘어가는 것 같은데 늘 무엇인가 부족한 듯한 느낌이 드는 것도 이것과 관련이 있다.

① 상품의 성능은 그대로 두어도 향상될 수 있는가?
② 디자인에 관한 소비자들의 취향이 바뀌는 것을 막을 방안은 있는가?
③ 상품의 성능 향상을 등한시하며 디자인만 바꾼다고 소비가 증가할 것인가?
④ 사회적 마모 기간이 점차 짧아지면 디자인을 개발하는 것이 기업에 도움이 되겠는가?

09 다음 글의 주장에 대한 비판으로 가장 적절한 것은?

> 전통적인 경제학에 따른 통화 정책에서는 정책 금리를 활용하여 물가를 안정시키고 경제 안정을 도모하는 것을 목표로 한다. 중앙은행은 경기가 과열되었을 때 정책 금리 인상을 통해 경기를 진정시키고자 한다. 정책 금리 인상으로 시장 금리도 높아지면 가계 및 기업에 대한 대출 감소로 신용 공급이 축소된다. 신용 공급의 축소는 경제 내 수요를 줄여 물가를 안정시키고 경기를 진정시킨다. 반면 경기가 침체되었을 때는 반대의 과정을 통해 경기를 부양시키고자 한다.
> 금융을 통화 정책의 전달 경로로만 보는 전통적인 경제학에서는 금융감독 정책이 개별 금융 회사의 건전성 확보를 통해 금융 안정을 달성하고자 하는 미시 건전성 정책에 집중해야 한다고 보았다. 이러한 관점은 금융이 직접적인 생산 수단이 아니므로 단기적일 때와는 달리 장기적으로는 경제 성장에 영향을 미치지 못한다는 인식과 자산 시장에서는 가격이 본질적 가치를 초과하여 폭등하는 버블이 존재하지 않는다는 효율적 시장 가설에 기인한다. 미시 건전성 정책은 개별 금융 회사의 건전성에 대한 예방적 규제 성격을 가진 정책 수단을 활용하는데, 그 예로는 향후 손실에 대비하여 금융 회사의 자기자본 하한을 설정하는 최저 자기자본 규제를 들 수 있다.

① 중앙은행의 정책이 자산 가격 버블에 따른 금융 불안을 야기하여 경제 안정이 훼손될 수 있다.
② 시장의 물가가 지나치게 상승할 경우 국가는 적극적으로 개입하여 물가를 안정시켜야 한다.
③ 경기가 침체된 상황에서는 처방적 규제보다 예방적 규제에 힘써야 한다.
④ 금융은 단기적일 때와 달리 장기적으로는 경제 성장에 별다른 영향을 미치지 못한다.

10 다음 〈보기〉에 나타난 '노자'의 입장에서 '자산'을 비판한 내용으로 가장 적절한 것은?

> 거센 바람이 불고 화재가 잇따르자 정(鄭)나라의 재상 자산(子産)에게 측근 인사가 하늘에 제사를 지내라고 요청했지만, 자산은 "천도(天道)는 멀고, 인도(人道)는 가깝다."라며 거절했다. 그가 보기에 인간에게 일어나는 일은 더이상 하늘의 뜻이 아니었고, 자연 변화 또한 인간의 화복(禍福)과는 거리가 멀었다. 인간이 자연 변화를 파악하면 얼마든지 재난을 대비할 수 있고, 인간사는 인간 스스로 해결할 문제라 생각한 것이다. 이러한 생각에 기초하여 그는 인간의 문제 해결 범위를 확대했고, 정나라의 현실 문제를 극복하고자 하였다.
>
> 그는 귀족이 독점하던 토지를 백성들도 소유할 수 있게 하였고, 이것을 문서화하여 세금을 부과하였다. 이에 따라 백성들은 개간(開墾)을 통해 경작지를 늘려 생산을 증대하였고, 국가는 경작지를 개량하고 등록함으로써 민부(民富)를 국부(國富)로 연결시켰다. 아울러 그는 중간 계급도 정치 득실을 논할 수 있도록 하여 귀족들의 정치 기반을 약화시키는 한편, 중국 역사상 처음으로 형법을 성문화하여 정(鼎, 발이 셋이고 귀가 둘 달린 솥)에 새김으로써 모든 백성이 법을 알고 법에 따라 처신하게 하는 법치의 체계를 세웠다. 성문법 도입은 귀족의 임의적인 법 제정과 집행을 막아 그들의 지배력을 약화시키는 조치였으므로 당시 귀족들은 이 개혁 조치에 반발하였다.

보기

> 노자(老子)는 만물의 생성과 변화는 자연스럽고 무의지적이지만, 스스로의 작용에 의해 극대화된다고 보았다. 인간도 이러한 자연의 원리에 따라 삶을 영위해야 한다고 보아 통치자의 무위(無爲)를 강조했다. 또한 사회의 도덕, 법률, 제도 등은 모두 인간의 삶을 인위적으로 규정하는 허위라 파악하고, 그것의 해체를 주장했다.

① 사회 제도에 의거하는 정치 개혁은 사회 발전을 극대화할 것이다.
② 인간의 문제를 스스로 해결하려는 시도는 결국 현실 사회를 허위로 가득 차게 할 것이다.
③ 사회 규범의 법제화는 자발적인 도덕의 실현으로 이어질 것이다.
④ 현실주의적 개혁은 궁극적으로 백성들에게 안정과 혜택을 줄 것이다.

01   다음 글의 ⓛ의 관점에서 ㉠의 관점을 비판한 내용으로 가장 적절한 것은?

> 20세기 초에 이르기까지 유럽의 언어학자들은 언어를 진화하고 변화하는 대상으로 보고, 언어학이 역사적이어야 한다고 생각하였다. 이러한 관점은 "언어가 역사적으로 발달해 온 방식을 어느 정도 고찰하지 않고서는 그 언어를 성공적으로 설명할 수 없다."라는 ㉠ 파울의 말로 대변된다.
> 이러한 경향에 반해 ⓛ 소쉬르는 언어가 역사적인 산물이더라도 변화 이전과 변화 이후를 구별해서 보아야 한다고 주장하였다. 언어는 구성 요소의 순간 상태 이외에는 어떤 것에 의해서도 규정될 수 없는 가치 체계이므로, 그 자체로서의 가치 체계와 변화에 따른 가치를 구별하지 않고서는 언어를 정확하게 연구할 수 없다는 것이다. 화자는 하나의 상태 앞에 있을 뿐이며, 화자에게는 시간 속에 위치한 현상의 연속성이 존재하지 않기 때문이다. 그러므로 한 시기의 언어 상태를 기술하기 위해서는 그 상태에 이르기까지의 모든 과정을 무시해야 한다고 하였다.

① 자연 현상과는 달리 과거의 언어와 현재의 언어는 상호 간의 인과 관계에 의해 설명될 수 있다.

② 언어는 끊임없이 변화하므로 변화의 내용보다는 변화의 원리를 밝히는 것이 더 중요하다.

③ 현재의 언어와 과거의 언어는 각각 정적인 상태이지만 전자는 후자를 바탕으로 하고 있다.

④ 화자의 말은 발화 당시의 언어 상태를 반영하므로 언어 연구는 그 당시의 언어를 대상으로 해야 한다.

02 다음 글이 비판의 대상으로 삼는 주장으로 가장 적절한 것은?

경제 문제는 대개 해결이 가능하다. 대부분의 경제 문제에는 몇 개의 해결책이 있다. 그러나 모든 해결책은 누군가가 상당한 손실을 반드시 감수해야 한다는 특징을 갖고 있다. 하지만 누구도 이 손실을 자발적으로 감수하고자 하지 않으며, 우리의 정치제도는 누구에게도 이 짐을 짊어지라고 강요할 수 없다. 우리의 정치적·경제적 구조로는 실질적으로 제로섬(Zero-sum)적인 요소를 지니는 경제 문제에 전혀 대처할 수 없기 때문이다.

대개의 경제적 해결책은 대규모의 제로섬적인 요소를 갖기 때문에 큰 손실을 수반한다. 모든 제로섬 게임에는 승자가 있다면 반드시 패자가 있으며, 패자가 존재해야만 승자가 존재할 수 있다. 경제적 이득이 경제적 손실을 초과할 수도 있지만, 손실의 주체에게 손실의 의미란 상당한 크기의 경제적 이득을 부정할 수 있을 만큼 매우 중요하다. 어떤 해결책으로 인해 평균적으로 사회는 더 잘살게 될 수도 있지만, 이 평균이 훨씬 더 잘살게 된 수많은 사람과 훨씬 더 못살게 된 수많은 사람을 감춘다. 만약 당신이 더 못살게 된 사람 중 하나라면 내 수입이 줄어든 것보다 다른 누군가의 수입이 더 많이 늘었다고 해서 위안을 얻지는 않을 것이다. 결국 우리는 우리 자신의 수입을 보호하기 위해 경제적 변화가 일어나는 것을 막거나 혹은 사회가 우리에게 손해를 입히는 공공정책이 강제로 시행되는 것을 막기 위해 싸울 것이다.

① 빈부격차를 해소하는 것만큼 중요한 정책은 없다.
② 사회의 총생산량이 많아지게 하는 정책이 좋은 정책이다.
③ 경제 문제에서 모두가 만족하는 해결책은 존재하지 않는다.
④ 경제적 변화에 대응하는 정치제도의 기능에는 한계가 존재한다.

03 다음 글의 주장을 비판하기 위한 탐구 활동으로 가장 적절한 것은?

> 기술은 그 내부적인 발전 경로를 이미 가지고 있으며, 따라서 어떤 특정한 기술(혹은 인공물)이 출현하는 것은 '필연적'인 결과라고 생각하는 사람들이 많다. 이러한 통념을 약간 다르게 표현하자면, 기술의 발전 경로는 이전의 인공물보다 '기술적으로 보다 우수한' 인공물들이 차례차례 등장하는, 인공물들의 연쇄로 파악할 수 있다는 것이다. 그리고 기술의 발전 경로가 '단일한' 것으로 보고, 어떤 특정한 기능을 갖는 인공물을 만들어 내는 데 있어서 '유일하게 가장 좋은' 설계 방식이나 생산 방식이 있을 수 있다고 가정한다. 이와 같은 생각을 종합하면 기술의 발전은 결코 사회적인 힘이 가로막을 수 없는 것일 뿐 아니라 단일한 경로를 따르는 것이므로, 사람들이 할 수 있는 일은 이미 정해져 있는 기술의 발전 경로를 열심히 추적해 가는 것밖에 남지 않게 된다는 결론이 나온다.
> 그러나 다양한 사례 연구에 의하면 어떤 특정 기술이나 인공물을 만들어 낼 때, 그것이 특정한 형태가 되도록 하는 데 중요한 역할을 하는 것은 그 과정에 참여하고 있는 엔지니어, 자본가, 소비자, 은행, 정부 등의 이해관계나 가치체계임이 밝혀졌다. 이렇게 보면 기술은 사회적으로 형성된 것이며, 이미 그 속에 사회적 가치를 반영하고 있는 셈이 된다. 뿐만 아니라 복수의 기술이 서로 경쟁하여 그중 하나가 사회에서 주도권을 잡는 과정을 분석해 본 결과, 이 과정에서 중요한 역할을 하는 것은 기술적 우수성이나 사회적 유용성이 아닌, 관련된 사회집단들의 정치적 · 경제적 영향력인 것으로 드러났다고 한다. 결국 현재에 이르는 기술 발전의 궤적은 결코 필연적이고 단일한 것이 아니었으며, '다르게' 될 수도 있었음을 암시하고 있는 것이다.

① 논거가 되는 연구 결과를 반박할 수 있는 다른 연구 자료를 조사한다.
② 사회 변화에 따라 가치 체계의 변동이 일어나게 되는 원인을 분석한다.
③ 기술 개발에 관계자들의 이해관계나 가치가 작용한 실제 사례를 조사한다.
④ 글쓴이가 문제 삼고 있는 통념에 변화가 생기게 된 계기를 분석한다.

다음 기사를 읽고 전선업계를 비판한 내용으로 적절한 것은?

국내 전선산업은 구릿값 변동과 밀접하게 맞물려 성장과 침체를 거듭해 왔다. 케이블 원가의 60% 이상을 전기동이 차지하고, 회사의 매출·이익과 연관되다 보니 전선업계는 구리 관련 이슈에 매번 민감한 반응을 보일 수밖에 없는 상황이다. 특히 2017년은 전선업계에 그 어느 때보다도 구리 관련 이슈가 많았던 해로 기억될 전망이다. 계속해서 하향곡선을 그리던 국제 구리 시세가 5년 만에 오름세로 반전, 전선산업에 직간접적으로 영향을 주기 시작했고, 한국전력공사가 지중배전케이블의 구리 - 알루미늄 도체 성능 비교에 나서는 등 크고 작은 사건들이 일어났기 때문이다.

전선업계는 지난해 말, 수년간 약세를 보였던 구릿값이 강세로 돌아서자 기대감 섞인 시선을 보냈다. 수년 전의 경험을 바탕으로, 전선업계가 직면해 있던 만성적인 수급 불균형과 경기침체로 인한 위기를 조금이나마 해소할 계기가 될 것이라는 장밋빛 전망이 나왔던 것이다. 2009년부터 2011년까지 구리가 전선업계의 역사적 호황을 이끌었던 사례가 있다. 2008년 톤당 2,700달러대였던 구릿값은 2011년 1만 달러를 돌파하며 끝없이 치솟았고, 전선업체들의 성장을 이끌었다.

그 이전만 해도 경제위기와 공급과잉 등으로 어려움을 겪었던 전선업계는 구릿값 상승 기류를 타고 분위기를 반전시켰다. 그러나 막상 지난해 11월 이후 상승세를 이어가고 있는 구리 시세가 시장에 적용되기 시작한 2017년에 들어서자, 이 같은 업계 기대감은 산산조각 났다. 오히려 빠르게 치솟는 구릿값을 시장가격이 따라잡지 못하면서, 기업의 수익성에 부정적 영향을 미치는 등 부작용이 이어지고 있기 때문이다. 지난해 11월 1일 4,862.5달러였던 구리시세가 올해 10월 27일 7,073.50달러까지 45.5%가량 오르면서, 전선업체들의 매출도 대부분 올랐다. 반면 영업이익은 전년과 비슷한 수준이거나 반대로 줄어든 곳이 많았다.

무엇보다 불공정계약이 만연한 것도 동값 위기를 키우고 있다. 업계에 따르면 계약 체결 후 제품을 납품하고 수금하는 과정에서 전선업체와 구매자 간 불공정거래 문제가 심각한 상황이다. 전선업계는 구릿값이 상승할 경우 기존 계약금액을 동결한 상태에서 결제를 진행하고, 반대로 구릿값이 떨어지면 그만큼의 차액을 계약금에서 차감해줄 것을 요구하는 등의 불공정거래 행위가 여전히 이어지고 있다고 입을 모으고 있다.

① 개구리 올챙이 적 생각 못 한다더니 구릿값이 비쌌을 때 생각 못 하고 있네.
② 소 잃고 외양간 고친다더니 구릿값이 올라가니깐 후회하고 있구나.
③ 등잔 밑이 어둡다더니 전선업계는 자신들의 문제를 이해하지 못하는군.
④ 달면 삼키고 쓰면 뱉는다더니 자기의 이익만을 생각하고 있구나.

05

다음 글의 주장에 대해 반박하는 내용으로 적절하지 않은 것은?

> 프랑크푸르트학파는 대중문화의 정치적 기능을 중요하게 본다. 20세기 들어 서구 자본주의 사회에서 혁명이 불가능하게 된 이유 가운데 하나는 바로 대중문화가 대중들을 사회의 권위에 순응하게 함으로써 사회를 유지하는 기능을 하고 있기 때문이라는 것이다. 이 순응의 기능은 두 방향으로 진행된다. 한편으로 대중문화는 대중들에게 자극적인 오락거리를 제공함으로써 정신적인 도피를 유도하여 정치에 무관심하도록 만든다는 것이다. 유명한 3S(Sex, Screen, Sports)는 바로 현실도피와 마취를 일으키는 대표적인 도구들이다. 다른 한편으로 대중문화는 자본주의적 가치관과 이데올로기를 은연 중에 대중들이 받아들이게 하는 적극적인 세뇌 작용을 한다. 영화나 드라마, 광고나 대중음악의 내용이 규격화되어 현재의 지배적인 가치관을 지속해서 주입함으로써, 대중은 현재의 문제를 인식하고 더 나은 상태로 생각할 수 있는 부정의 능력을 상실한 일차원적 인간으로 살아가게 된다는 것이다. 프랑크푸르트학파의 대표자 가운데 한 사람인 아도르노(Adorno)는 특별히 「대중음악에 대하여」라는 글에서 대중음악이 어떻게 이러한 기능을 수행하는지 분석했다. 그의 분석에 따르면, 대중음악은 우선 규격화되어 누구나 쉽고 익숙하게 들을 수 있는 특징을 가진다. 그리고 이런 익숙함은 어려움 없는 수동적인 청취를 조장하여, 자본주의 안에서의 지루한 노동의 피난처 구실을 한다. 그리고 나아가 대중음악의 소비자들이 기존 질서에 심리적으로 적응하게 함으로써 사회적 접착제의 역할을 한다.

① 대중문화의 영역은 지배계급이 헤게모니를 얻고자 하는 시도와 이에 대한 반대 움직임이 서로 얽혀 있는 곳으로 보아야 한다.

② 대중문화를 소비하는 대중이 문화 산물을 생산한 사람이 의도하는 그대로 문화 산물을 소비하는 존재에 불과하다는 생각은 현실과 맞지 않는다.

③ 발표되는 음악의 80%가 인기를 얻는 데 실패하고, 80% 이상의 영화가 엄청난 광고에도 불구하고 흥행에 실패한다는 사실은 대중이 단순히 수동적인 존재가 아니라는 것을 단적으로 드러내 보여 주는 예이다.

④ 대중의 평균적 취향에 맞추어 높은 질을 유지하는 것이 어렵다 하더라도 19세기까지의 대중이 즐겼던 문화에 비하면 현대의 대중문화는 훨씬 수준 높고 진보된 것으로 평가할 수 있다.

06 다음 글에서 언급한 여러 진리론에 대한 비판으로 적절하지 않은 것은?

우리는 일상생활이나 학문 활동에서 '진리' 또는 '참'이라는 말을 자주 사용한다. 예를 들어 '그 이론은 진리이다.'라고 말하거나 '그 주장은 참이다.'라고 말한다. 그렇다면 우리는 무엇을 '진리'라고 하는가? 이 문제에 대한 대표적인 이론에는 대응설, 정합설, 실용설이 있다.

대응설은 어떤 판단이 사실과 일치할 때 그 판단을 진리라고 본다. 감각을 사용하여 확인했을 때 그 말이 사실과 일치하면 참이고, 그렇지 않으면 거짓이라는 것이다. 대응설은 일상생활에서 참과 거짓을 구분할 때 흔히 취하고 있는 관점으로 우리가 판단과 사실의 일치 여부를 알 수 있다고 여긴다. 우리는 특별한 장애가 없는 한 대상을 있는 그대로 정확하게 지각한다고 생각한다. 예를 들어 책상이 네모 모양이라고 할 때 감각을 통해 지각된 '네모 모양'이라는 표상은 책상이 지니고 있는 객관적 성질을 그대로 반영한 것이라고 생각한다. 그래서 '그 책상은 네모이다.'라는 판단이 지각 내용과 일치하면 그 판단은 참이 되고, 그렇지 않으면 거짓이 된다는 것이다.

정합설은 어떤 판단이 기존의 지식 체계에 부합할 때 그 판단을 진리라고 본다. 진리로 간주하는 지식 체계가 이미 존재하며, 그것에 판단이나 주장이 들어맞으면 참이고 그렇지 않으면 거짓이라는 것이다. 예를 들어 어떤 사람이 '물체의 운동에 관한 그 주장은 뉴턴의 역학의 법칙에 어긋나니까 거짓이다.'라고 말했다면, 그 사람은 뉴턴의 역학의 법칙을 진리로 받아들여 그것을 기준으로 삼아 진위를 판별한 것이다.

실용설은 어떤 판단이 유용한 결과를 낳을 때 그 판단을 진리라고 본다. 어떤 판단을 실제 행동으로 옮겨 보고 그 결과가 만족스럽거나 유용하다면 그 판단은 참이고 그렇지 않다면 거짓이라는 것이다. 예를 들어 어떤 사람이 '자기 주도적 학습 방법은 창의력을 기른다.'라고 판단하여 그러한 학습 방법을 실제로 적용해 보았다고 하자. 만약 그러한 학습 방법이 실제로 창의력을 기르는 등 만족스러운 결과를 낳았다면 그 판단은 참이 되고, 그렇지 않다면 거짓이 된다.

① 수학이나 논리학에는 경험적으로 확인하기 어렵지만 참인 명제도 있는데, 그 명제가 진리임을 입증하기 힘들다는 문제가 대응설에서는 발생한다.

② 판단의 근거가 될 수 있는 이론 체계가 아직 존재하지 않을 경우에 그 판단의 진위를 판별하기 어렵다는 문제가 정합설에서는 발생한다.

③ 새로운 주장의 진리 여부를 기존의 이론 체계를 기준으로 판단한다면, 기존 이론 체계의 진리 여부는 어떻게 판단할 수 있는지의 문제가 정합설에서는 발생한다.

④ 실용설에서는 감각으로 검증할 수 없는 존재에 대한 관념은 그것의 실체를 확인할 수 없기 때문에 거짓으로 보아야 하는 문제가 발생한다.

07 다음 글의 주장에 대한 반박으로 가장 적절한 것은?

인간은 사회 속에서만 자신을 더 나은 존재로 느낄 수 있기 때문에 자신을 사회화하고자 한다. 인간은 사회 속에서만 자신의 자연적 소질을 실현할 수 있는 것이다. 그러나 인간은 자신을 개별화하거나 고립시키려는 성향도 강하다. 이는 자신의 의도에 따라서만 행위하려는 반사회적인 특성을 의미한다. 그리고 저항하려는 성향이 자신뿐만 아니라 다른 사람에게도 있다는 사실을 알기 때문에, 그 자신도 곳곳에서 저항에 부딪히게 되리라 예상한다.

이러한 저항을 통하여 인간은 모든 능력을 일깨우고, 나태해지려는 성향을 극복하며, 명예욕이나 지배욕, 소유욕 등에 따라 행동하게 된다. 그리하여 동시대인들 가운데에서 자신의 위치를 확보하게 된다. 이렇게 하여 인간은 야만의 상태에서 벗어나 문화를 이룩하기 위한 진정한 진보의 첫걸음을 내딛게 된다. 이때부터 모든 능력이 점차 계발되고 아름다움을 판정하는 능력도 형성된다. 나아가 자연적 소질에 의해 도덕성을 어렴풋하게 느끼기만 하던 상태에서 벗어나, 지속적인 계몽을 통하여 구체적인 실천 원리를 명료하게 인식할 수 있는 성숙한 단계로 접어든다. 그 결과 자연적인 감정을 기반으로 결합된 사회를 도덕적인 전체로 바꿀 수 있는 사유 방식이 확립된다.

인간에게 이러한 반사회성이 없다면, 인간의 모든 재능은 꽃피지 못하고 만족감과 사랑으로 가득 찬 목가적인 삶 속에서 영원히 묻혀 버리고 말 것이다. 그리고 양처럼 선량한 기질의 사람들은 가축 이상의 가치를 자신의 삶에 부여하기 힘들 것이다. 자연 상태에 머물지 않고 스스로의 목적을 성취하기 위해 자연적 소질을 계발하여 창조의 공백을 메울 때, 인간의 가치는 상승되기 때문이다.

① 사회성만으로도 충분히 목가적 삶을 영위할 수 있다.
② 반사회성만으로는 자신의 재능을 계발하기 어렵다.
③ 인간은 타인과의 갈등을 통해서도 사회성을 기를 수 있다.
④ 인간은 사회성만 가지고도 자신의 재능을 키워나갈 수 있다.

다음 중 밑줄 친 ㉠의 입장에서 호메로스의 『일리아스』를 비판한 내용으로 적절하지 않은 것은?

기원전 5세기, 헤로도토스는 페르시아 전쟁에 대한 책을 쓰면서 『역사(Historiai)』라는 제목을 붙였다. 이 제목의 어원이 되는 'Histor'는 원래 '목격자', '증인'이라는 뜻의 법정 용어였다. 이처럼 어원상 '역사'는 본래 '목격자의 증언'을 뜻했지만, 헤로도토스의 『역사』가 나타난 이후 '진실의 탐구' 혹은 '탐구한 결과의 이야기'라는 의미로 바뀌었다.

헤로도토스 이전에는 사실과 허구가 뒤섞인 신화와 전설, 혹은 종교를 통해 과거에 대한 지식이 전수되었다. 특히 고대 그리스인들이 주로 과거에 대한 지식의 원천으로 삼은 것은 『일리아스』였다. 『일리아스』는 기원전 9세기의 시인 호메로스가 오래전부터 구전되어 온 트로이 전쟁에 대해 읊은 서사시이다. 이 서사시에서는 전쟁을 통해 신들, 특히 제우스 신의 뜻이 이루어진다고 보았다. 헤로도토스는 바로 이런 신화적 세계관에 입각한 서사시와 구별되는 새로운 이야기 양식을 만들어 내고자 했다. 즉, 헤로도토스는 가까운 과거에 일어난 사건의 중요성을 인식하고, 이를 직접 확인·탐구하여 인과적 형식으로 서술함으로써 역사라는 새로운 분야를 개척한 것이다.

『역사』가 등장한 이후, 사람들은 역사 서술의 효용성이 과거를 통해 미래를 예측하게 하여 후세인(後世人)에게 교훈을 주는 데 있다고 인식하게 되었다. 이러한 인식에는 한 번 일어났던 일이 마치 계절처럼 되풀이하여 다시 나타난다는 순환 사관이 바탕에 깔려 있다. 그리하여 오랫동안 역사는 사람을 올바르고 지혜롭게 가르치는 '삶의 학교'로 인식되었다. 이렇게 교훈을 주기 위해서는 과거에 대한 서술이 정확하고 객관적이어야 했다.

물론 모든 역사가들이 정확성과 객관성을 역사 서술의 우선적 원칙으로 앞세운 것은 아니다. 오히려 헬레니즘과 로마 시대의 역사가들 중 상당수는 수사학적인 표현으로 독자의 마음을 움직이는 것을 목표로 하는 역사 서술에 몰두하였고, 이런 경향은 중세시대에도 어느 정도 지속되었다. 이들은 이야기를 감동적이고 설득력 있게 쓰는 것이 사실을 객관적으로 기록하는 것보다 더 중요하다고 보았다. 이런 점에서 그들은 역사를 수사학의 테두리 안에 집어넣은 셈이 된다.

하지만 이 시기에도 역사의 본령은 과거의 중요한 사건을 가감 없이 전달하는 데 있다고 보는 역사가들이 여전히 존재하여, 그들에 대해 날카로운 비판을 가하기도 했다. 더욱이 15세기 이후부터는 수사학적 역사 서술이 역사 서술의 장에서 퇴출되고, ㉠ 과거를 정확히 탐구하려는 의식과 과거 사실에 대한 객관적 서술 태도가 역사의 척도로 다시금 중시되었다.

---

① 직접 확인하지 않고 구전에만 의거해 서술했으므로 내용이 정확하지 않을 수 있다.

② 신화와 전설 등의 정보를 후대에 전달하면서 객관적 서술 태도를 배제하지 못했다.

③ 트로이 전쟁의 중요성은 인식하였으나 실제 사실을 확인하는 데까지는 이르지 못했다.

④ 신화적 세계관에 따른 서술로 인해 과거에 대해 정확한 정보를 추출해내기 어렵다.

09 다음 글에서 '혜자'가 '장자'를 비판할 수 있는 말로 가장 적절한 것은?

> 우리의 일상사에 '대기만성(大器晚成)'이라는 말도 있지만 '될성부른 나무는 떡잎부터 알아본다.'는 말도 있고 '돌다리도 두드려 보고 건너라.'는 말과 함께 '쇠뿔도 단김에 빼라.'는 말도 있다. 또한, '신은 우주를 가지고 주사위 놀이를 하지 않는다.'는 아인슈타인의 결정론적 입장과 함께 '신은 우주를 가지고 주사위 놀이를 할 뿐이다.'는 우연을 강조하는 양자 역학자들의 비결정론적 입장도 있다. 이처럼 인간사 자체가 양면적 요소를 갖고 있으므로 사물이나 대상을 판단하면서 우리는 신중한 자세를 가질 필요가 있다.
>
> 인간이 삶을 영위하는 가운데 갖게 되는 가치관의 형태는 무수히 많다. 이러한 가치관은 인간의 삶을 인간답게 함에 있어서 미적 판단, 지적 판단, 기능적 판단 등의 기능을 하게 된다. 우리는 판단을 할 때 하나의 시점에서 판단을 고정하는 속성이 있다. 그런데 바로 이런 속성으로 인하여 우리가 우(愚)를 범하는 것은 아닐까?
>
> 장자가 명가(名家, 논리학의 발달에 많은 영향을 끼친 제자백가의 하나)로 분류되는 친구 혜자와 한참 이야기를 하고 있는데, 혜자가 장자에게 "자네의 말은 다 쓸데없는 말이야."라면서 반박하였다. 이에 장자는 그에게 "자네가 쓸데없음을 알기에 내 얘기는 '쓸데 있는' 것이네. 예를 들어, 이 큰 대지 위에 자네가 서 있는 자리, 즉 설 수 있는 것은 겨우 발바닥 밑 부분뿐이지. 그렇다고 나머지는 필요 없는 것이라 하여 발바닥 이외의 땅을 다 파 버리면 자네가 선 땅덩어리는 존재 가치가 있다고 여기는가?"라고 말하였다. 자신이 서 있는 자리의 땅을 제외하고 모두 파내면, 자신은 오도 가도 못함은 물론이려니와 땅이 밑으로 무너지는 것은 당연한 일이다. 결국, 쓸모 있음(有用)은 쓸모 없음(無用)의 기초 위에 세워지는 것이다.
>
> 무용과 유용, 유용과 무용은 인간관계에도 적용할 수 있다. 자신과의 관계에서 무용이라고 생각되었던 사람이 어느 시점에서는 유용의 관점에 있는 경우를 경험해 보았을 것이다. 하나의 예로 우리가 만남이란 관계를 유지하고 있을 때는 서로 상대에 대한 필요성이나 절대성을 인식하지 못하다가도 만남의 관계가 단절된 시점에서부터 상대의 필요성과 절대적 가치에 대한 인식이 달라지는 것은 아닐까? 가까이 있던 사람의 부재(不在), 그것은 우리에게 유용의 가치에 대해 새로운 자각을 하게 하기도 한다. 우리는 장자의 예화에서 세속의 가치관을 초월하여 한 차원 높은 가치관에 대해 인식을 할 수 있다. 즉, 타인의 존재 가치를 한 방향의 관점에서만 바라보고 있는 것은 아닌지, 또한 자기중심적 사고 방식만을 고집하여 아집에 빠져들고 있는 것은 아닌지를 늘 자문해 보아야 할 것이다.

① 사물의 본질을 상대적으로 바라보는 태도가 필요하겠네.
② 사물의 핵심을 이해하기 위해서는 다양한 관점이 필요하겠네.
③ 인위적인 요소를 배제하고 자연의 법칙에서 진리를 찾아야 하네.
④ 불필요한 영역까지 진리의 밑바탕이 될 수 있다는 생각은 잘못이네.

10 다음 글의 '나'의 입장에서 비판할 수 있는 것들을 〈보기〉 중에서 모두 고르면?

어떤 사람이 내게 말했다.

"어제 저녁, 어떤 사람이 몽둥이로 개를 때려죽이는 것을 보았네. 그 모습이 불쌍해 마음이 너무 아팠네. 그래서 이제부터는 개고기나 돼지고기를 먹지 않을 생각이네."

그 말을 듣고, 내가 말했다.

"어제 저녁, 어떤 사람이 화로 옆에서 이를 잡아 태워 죽이는 것을 보고 마음이 무척 아팠네. 그래서 다시는 이를 잡지 않겠다고 맹세를 하였네."

그러자 그 사람은 화를 내며 말했다.

"이는 하찮은 존재가 아닌가? 나는 큰 동물이 죽는 것을 보고 불쌍한 생각이 들어 말한 것인데, 그대는 어찌 그런 사소한 것이 죽는 것과 비교하는가? 그대는 지금 나를 놀리는 것인가?"

나는 좀 구체적으로 설명할 필요를 느꼈다.

"무릇 살아 있는 것은 사람으로부터 소, 말, 돼지, 양, 곤충, 개미에 이르기까지 모두 사는 것을 원하고 죽는 것을 싫어한다네. 어찌 큰 것만 죽음을 싫어하고 작은 것은 싫어하지 않겠는가? 그렇다면 개와 이의 죽음은 같은 것이겠지. 그래서 이를 들어 말한 것이지, 어찌 그대를 놀리려는 뜻이 있었겠는가? 내 말을 믿지 못하거든, 그대의 열손가락을 깨물어 보게나. 엄지손가락만 아프고 나머지 손가락은 안 아프겠는가? 우리 몸에 있는 것은 크고 작은 마디를 막론하고 그 아픔은 모두 같은 것일세. 더구나 개나 이나 각기 생명을 받아 태어났는데, 어찌 하나는 죽음을 싫어하고 하나는 좋아하겠는가? 그대는 눈을 감고 조용히 생각해 보게. 그리하여 달팽이의 뿔을 소의 뿔과 같이 보고, 메추리를 큰 붕새와 동일하게 보도록 노력하게나. 그런 뒤에야 내가 그대와 더불어 도(道)를 말할 수 있을 걸세."

– 이규보, 「슬견설」

보기

㉠ 중동의 분쟁에는 관심을 집중하지만, 아프리카에서 굶주림으로 죽어가는 아이들에게는 침묵하는 세계 여론

㉡ 우리의 역사를 객관적인 관점에서 평가해야 한다고 주장하는 한 대학의 교수

㉢ 집안일은 전통적으로 여자들이 해야 하는 일이므로, 남자는 집안일을 할 필요가 없다고 생각하는 우리 아빠

㉣ 외국인 노동자들에게 적절한 임금과 근로조건을 제공해주지 않아도 된다고 생각하는 어느 기업의 대표

㉤ 구체적인 자료를 통해 범죄 사실을 입증하려는 검사

① ㉠, ㉡, ㉣

② ㉠, ㉢, ㉣

③ ㉡, ㉣, ㉤

④ ㉠, ㉡, ㉢, ㉣

07 | 추론

대표유형 1 **추론 ①**

다음 글을 통해 추론할 수 없는 것은?

> 제약 연구원이란 제약 회사에서 약을 만드는 과정에 참여하는 사람을 말한다. 제약 연구원은 이러한 모든 단계에 참여하지만, 특히 신약 개발 단계와 임상 시험 단계에서 가장 중점적인 역할을 한다. 일반적으로 약을 만드는 과정은 새로운 약품을 개발하는 신약 개발 단계, 임상 시험을 통해 개발된 신약의 약효를 확인하는 임상 시험 단계, 식약처에 신약이 판매될 수 있도록 허가를 요청하는 약품 허가 요청 단계, 마지막으로 의료진과 환자를 대상으로 신약에 대해 홍보하는 영업 및 마케팅의 단계로 나눈다.
> 제약 연구원이 되기 위해서는 일반적으로 약학을 전공해야 한다고 생각하기 쉽지만, 약학 전공자 이외에도 생명 공학, 화학 공학, 유전 공학 전공자들이 제약 연구원으로 활발하게 참여하고 있다. 만일 신약 개발의 전문가가 되고 싶다면 해당 분야에서 오랫동안 연구한 경험이 필요하기 때문에 대학원에서 석사나 박사 학위를 취득하는 것이 유리하다.
> 제약 연구원이 되기 위해서는 전문적인 지식도 중요하지만, 사람의 생명과 관련된 일인 만큼, 무엇보다도 꼼꼼함과 신중함, 책임 의식이 필요하다. 또한 제약 회사라는 공동체 안에서 일을 하는 것이므로 원만한 일의 진행을 위해서 의사소통 능력도 필수적으로 요구된다. 오늘날 제약 분야가 빠르게 성장하고 있다는 점을 고려할 때, 일에 대한 도전 의식, 호기심과 탐구심 등도 제약 연구원에게 필요한 능력으로 꼽을 수 있다.

① 제약 연구원은 약품 허가 요청 단계에 참여한다.
② 오늘날 제약 연구원에게 요구되는 능력이 많아졌다.
③ 생명이나 유전 공학 전공자도 제약 연구원으로 일할 수 있다.
④ 신약 개발 전문가가 되려면 반드시 석사나 박사를 취득해야 한다.

정답 **해설**

제시문에 따르면 신약 개발의 전문가가 되기 위해서는 해당 분야에서 오랫동안 연구한 경험이 필요하므로 석사나 박사 학위를 취득하는 것이 유리하다고 하였다. 그러나 석사나 박사 학위가 신약 개발 전문가가 되는 데 도움을 준다는 것일 뿐이므로 반드시 필요한 필수 조건인지는 알 수 없다. 따라서 ④는 제시문을 통해 추론할 수 없다.

오답분석
① 제약 연구원은 약을 만드는 모든 단계에 참여한다고 하였으므로 일반적으로 약을 만드는 과정에 포함되는 약품 허가 요청 단계에도 제약 연구원이 참여하는 것을 알 수 있다.
② 오늘날 제약 분야가 성장함에 따라 도전 의식, 호기심, 탐구심 등도 제약 연구원에게 필요한 능력이 되었다고 하였으므로 과거에 비해 요구되는 능력이 많아졌음을 알 수 있다.
③ 약학 전공자 이외에도 생명 공학·화학 공학·유전 공학 전공자들도 제약 연구원으로 활발하게 참여하고 있다고 하였다.

정답 ④

다음 글에서 필자가 생각하는 바람직한 사회 변혁 운동의 성격은?

임꺽정의 반란은 훈구파와 사림파의 교체를 촉진하였다. 기존의 지배 세력을 역사의 무대에서 끌어내리고, 새로운 사회 세력을 전면에 등장시키는 데 중요한 역할을 한 것이다. 그러나 정작 임꺽정 자신의 문제인 천민층의 신분 해방은 해결하지 못했다. 그가 이러한 문제를 해결하려는 의식을 지니고 있었는지도 사실은 의문이다. 그는 원초적으로 봉건 지배층의 권위에 도전하는 반항심을 지녔지만, 모순을 객관적으로 인식하고 이를 생산 대중의 힘을 결집하여 해결하려는 사회의식은 지니지 못했다. 이 때문에 그의 저항은 생산 활동에서 유리된 채, 잉여물을 약탈하는 도적 형태를 띨 수밖에 없었다.

봉건 사회의 변혁 운동은 생산 현장에서 유리된 사회 주변부 세력이 주도하는 산발적이고 일시적인 저항으로부터, 생산 활동에 뿌리를 내린 농민 대중의 지속적이며 견실한 저항으로 발전해 간다. 이런 의미에서 볼 때, 16세기 임꺽정의 활동은 봉건 사회 변혁 운동의 초기적인 형태로서 역사적 의의가 있다.

① 도적 활동을 통한 게릴라 전술
② 백성들의 무력에 의한 왕권 쟁취
③ 생산 대중에 의한 계속적이고 견실한 저항
④ 신분의 철폐를 전제로 하는 천민층의 저항

정답 해설

제시문은 임꺽정의 난의 한계와 의의를 이야기하면서 바람직한 사회 변혁 운동의 성격을 생산 활동에 뿌리를 내린 대중의 지속적이고 견실한 저항이라고 언급하고 있다.

정답 ③

30초 컷 풀이 Tip

글에 명시적으로 드러나지 않은 부분을 추론하여 답을 도출해야 하는 유형이기 때문에 자신의 주관적인 판단보다는 제시된 글에 대한 이해를 기반으로 문제를 풀어야 한다.
- 세부적인 내용을 추론하는 유형 : 주어진 선택지를 먼저 읽고 지문을 읽으면서 답이 아닌 선택지를 지워나가는 방법이 효율적이다.
- 글쓴이의 주장 / 의도를 추론하는 유형 : 글에 나타난 주장, 근거, 논증 방식을 파악하는 유형으로, 주장의 타당성을 평가하여 글쓴이의 관점을 이해하며 읽는다.

PART 2

※ 다음 글의 내용이 참일 때 항상 거짓인 것을 고르시오. [1~3]

01

권리와 의무의 주체가 될 수 있는 자격을 권리 능력이라 한다. 사람은 태어나면서 저절로 권리 능력을 갖게 되고 생존하는 내내 보유한다. 그리하여 사람은 재산에 대한 소유권의 주체가 되며, 다른 사람에 대하여 채권을 누리기도 하고 채무를 지기도 한다. 사람들의 결합체인 단체도 일정한 요건을 갖추면 법으로써 부여되는 권리 능력인 법인격을 취득할 수 있다. 단체 중에는 사람들이 일정한 목적을 갖고 결합한 조직체로서 구성원과 구별되어 독자적 실체로서 존재하며, 운영 기구를 두어, 구성원의 가입과 탈퇴에 관계없이 존속하는 단체가 있다. 이를 사단(社團)이라 하며, 사단이 갖춘 이러한 성질을 사단성이라 한다. 사단의 구성원은 사원이라 한다. 사단은 법인(法人)으로 등기되어야 법인격이 생기는데, 법인격을 가진 사단을 사단 법인이라 부른다. 반면에 사단성을 갖추고도 법인으로 등기하지 않은 사단은 '법인이 아닌 사단'이라 한다. 사람과 법인만이 권리 능력을 가지며, 사람의 권리 능력과 법인격은 엄격히 구별된다. 그리하여 사단 법인이 자기 이름으로 진 빚은 사단이 가진 재산으로 갚아야 하는 것이지 사원 개인에게까지 책임이 미치지 않는다.

회사도 사단의 성격을 갖는 법인이다. 회사의 대표적인 유형이라 할 수 있는 주식회사는 주주들로 구성되며 주주들은 보유한 주식의 비율만큼 회사에 대한 지분을 갖는다. 그런데 2001년에 개정된 상법은 한 사람이 전액을 출자하여 일인 주주로 회사를 설립할 수 있도록 하였다. 사단성을 갖추지 못했다고 할 만한 형태의 법인을 인정한 것이다. 또 여러 주주가 있던 회사가 주식의 상속, 매매, 양도 등으로 말미암아 모든 주식이 한 사람의 소유로 되는 경우가 있다. 이런 '일인 주식회사'에서는 일인 주주가 회사의 대표 이사가 되는 사례가 많다. 이처럼 일인 주주가 회사를 대표하는 기관이 되면 경영의 주체가 개인인지 회사인지 모호해진다. 법인인 회사의 운영이 독립된 주체로서의 경영이 아니라 마치 개인 사업자의 영업처럼 보이는 것이다.

① 권리 능력을 갖고 있는 사람은 소유권을 행사할 수 있다.
② 몇 가지 요건을 갖춘 단체는 법인격을 획득할 수 있다.
③ 사단성을 갖추면 법인격은 자동으로 생기게 된다.
④ 개인은 사단의 빚을 갚아야 할 의무가 없다.

02

일반적으로 최초의 망원경은 네덜란드의 안경 제작자인 한스 리퍼쉬(Hans Lippershey)에 의해 만들어졌다고 알려져 있다. 이 최초의 망원경 발명에는 출처가 분명하지는 않지만 재미있는 일화가 전해진다.

1608년 리퍼쉬의 아들이 리퍼쉬의 작업실에서 렌즈를 가지고 놀다가 두 개의 렌즈를 어떻게 조합을 하였더니 멀리 있는 교회의 뾰족한 첨탑이 매우 가깝게 보였다. 리퍼쉬의 아들은 이러한 사실을 아버지에게 알렸고 이것을 본 리퍼쉬가 망원경을 발명하였다. 리퍼쉬가 만들었던 망원경은 당시 그 지역을 다스리던 영주에게 상납되었다. 유감스럽게도 리퍼쉬가 망원경 제작에 사용한 렌즈의 조합은 현재 정확하게 알려져 있지는 않지만, 아마도 두 개의 볼록렌즈를 사용했을 것으로 추측된다. 이렇게 망원경이 발명되었다는 소식은 유럽 전역으로 빠르게 전파되어, 약 1년 후에는 이탈리아의 갈릴레오에게까지 전해졌다.

1610년, 갈릴레오는 초점거리가 긴 볼록렌즈를 망원경의 대물렌즈로 사용하고 초점 거리가 짧은 오목렌즈를 초점면 앞에 놓아 접안렌즈로 사용하였다. 이 같은 설계는 물체와 상의 상하좌우가 같은 정립상을 제공하므로 지상 관측에 적당하다. 이러한 광학적 설계 방식을 갈릴레이식 굴절 망원경이라고 한다.

갈릴레오가 자신이 만든 망원경으로 천체를 관측하여 발견한 천문학적 사실 중 가장 중요한 것은 바로 금성의 상변화이다. 금성의 각크기가 변한다는 것을 관측함으로써 금성이 지구를 중심으로 공전하는 것이 아니라 태양을 중심으로 공전하고 있다는 것을 증명하였으며, 따라서 코페르니쿠스의 지동설을 지지하는 강력한 증거를 제공하였다. 그러나 갈릴레이식 굴절 망원경은 초점 거리가 짧은 오목렌즈 제작의 어려움으로 배율에 한계가 있었으며, 시야도 좁고 색수차가 심하여 17세기 초반까지만 사용되었다. 오늘날에는 갈릴레이식 굴절 망원경은 오페라 글라스와 같은 작은 쌍안경에나 쓰일 뿐 거의 사용되지 않고 있다.

이후 케플러가 설계했다는 천체 관측용 망원경이 만들어졌는데, 이 망원경은 갈릴레이식보다 진일보한 형태로 오늘날 천체 관측용 굴절 망원경의 원형이 되고 있다. 케플러식 굴절 망원경은 장초점의 볼록렌즈를 대물렌즈로 하고 단초점의 볼록렌즈를 초점면 뒤에 놓아 접안렌즈로 사용한 구조이다. 이러한 설계 방식은 상의 상하좌우가 뒤집힌 도립상을 보여주기 때문에 지상용으로는 부적절하지만 천체를 관측할 때는 별다른 문제가 없다.

① 네덜란드의 안경 제작자인 한스 리퍼쉬는 아들의 렌즈 조합 발견을 계기로 망원경을 제작할 수 있었다.

② 갈릴레오의 망원경은 볼록렌즈를 대물렌즈로, 오목렌즈를 접안렌즈로 사용하였다.

③ 갈릴레오는 자신이 발명한 망원경으로 금성의 상변화를 관측하여 금성이 태양을 중심으로 공전한다는 것을 증명하였다.

④ 케플러식 망원경은 갈릴레오식 망원경과 다르게 상의 상하좌우가 같은 정립상을 보여준다.

03

'콘크리트'는 건축 재료로 다양하게 사용되고 있다. 일반적으로 콘크리트가 근대 기술의 산물로 알려져 있지만 콘크리트는 이미 고대 로마 시대에도 사용되었다. 로마 시대의 탁월한 건축미를 보여주는 판테온은 콘크리트 구조물인데, 반구형의 지붕인 돔은 오직 콘크리트로만 이루어져 있다. 로마인들은 콘크리트의 골재 배합을 달리하면서 돔의 상부로 갈수록 두께를 점점 줄여 지붕을 가볍게 할 수 있었다. 돔 지붕이 지름 45m 남짓의 넓은 원형 내부 공간과 이어지도록 하였고, 지붕의 중앙에는 지름 9m가 넘는 원형의 천창을 내어 빛이 내부 공간을 채울 수 있도록 하였다.

콘크리트는 시멘트에 모래와 자갈 등의 골재를 섞어 물로 반죽한 혼합물이다. 콘크리트에서 결합재 역할을 하는 시멘트가 물과 만나면 점성을 띠는 상태가 되며, 시간이 지남에 따라 수화 반응이 일어나 골재, 물, 시멘트가 결합하면서 굳어진다. 콘크리트의 수화 반응은 상온에서 일어나기 때문에 작업하기가 좋다. 반죽 상태의 콘크리트를 거푸집에 부어 경화시키면 다양한 형태와 크기의 구조물을 만들 수 있다. 콘크리트의 골재는 종류에 따라 강도와 밀도가 다양하므로 골재의 종류와 비율을 조절하여 콘크리트의 강도와 밀도를 다양하게 변화시킬 수 있다. 그리고 골재들 간의 접촉을 높여야 강도가 높아지기 때문에, 서로 다른 크기의 골재를 배합하는 것이 효과적이다.

콘크리트가 철근 콘크리트로 발전함에 따라 건축은 구조적으로 더욱 견고해지고, 형태면에서는 더욱 다양하고 자유로운 표현이 가능해졌다. 일반적으로 콘크리트는 누르는 힘인 압축력에는 쉽게 부서지지 않지만 당기는 힘인 인장력에는 쉽게 부서진다. 압축력이나 인장력에 재료가 부서지지 않고 그 힘에 견딜 수 있는, 단위 면적당 최대의 힘을 각각 압축 강도와 인장 강도라 한다. 콘크리트의 압축 강도는 인장 강도보다 10배 이상 높다.

① 고대 로마 시기에는 콘크리트를 이용해 건축물을 짓기도 했다.
② 콘크리트를 만들기 위해서는 시멘트와 모래, 자갈 등이 필요하다.
③ 수화 반응을 일으키기 위해서 콘크리트는 영하에서 제작한다.
④ 콘크리트의 강도를 높이기 위해선 크기가 다른 골재들을 배합한다.

04 다음 글을 통해 추론할 수 있는 내용으로 적절하지 않은 것은?

소크라테스와 플라톤은 파르메니데스를 존경스럽고 비상한 능력을 지닌 인물로 높이 평가했다. 그러나 그의 사상은 지극히 난해하다고 했다. 유럽 철학사에서 파르메니데스의 중요성은 그가 최초로 '존재'의 개념을 정립했다는 데 있다. 파르메니데스는 아르케, 즉 근원적인 원리에 대한 근본적인 질문을 이오니아의 자연철학자들과는 다른 방식으로 다룬다. 그는 원천의 개념에서 일체의 시간적 · 물리적 성질을 제거하고 오로지 존재론적인 문제만을 남겨놓는다. 이 위대한 엘레아 사람은 지성을 기준으로 내세웠고, 예리한 인식에는 감각적 지각이 필요 없다고 주장했다. 경험적 인식과는 무관한 논리학이 사물의 본질을 파악할 수 있는 능력이라고 전제함으로써 그는 감각적으로 지각할 수 있는 세계 전체를 기만적인 것으로 치부하고 유일하게 실재하는 것은 '존재'라고 생각했다.

그리고 이 존재는 로고스에 의해 인식되며, 로고스와 같은 것이라고 했다. 파악함과 존재는 같은 것이므로 존재하는 것은 파악될 수 있다. 그리고 파악될 수 있는 것만이 존재한다. 파르메니데스는 '존재자'라는 근본적인 존재론적 개념을 유럽 철학에 최초로 도입한 인물일 뿐만 아니라, 경험세계와는 전적으로 무관하게 오로지 논리적 근거만을 사용하여 순수한 이론적 체계를 성립시킨 최초의 인물이기도 했다.

① 경험론자들의 주장과 파르메니데스의 주장은 일맥상통할 것이다.
② 플라톤의 이데아 개념은 파르메니데스의 이론에 영향을 받았을 것이다.
③ 파르메니데스는 감성보다 지성에 높은 지위를 부여했을 것이다.
④ 파르메니데스에게 예리한 인식이란 로고스로 파악하는 존재일 것이다.

05 다음 글에 이어질 내용의 핵심어로 적절한 것은?

제1차 세계대전의 원인은 산업혁명 이후, 제국주의 국가들의 패권주의 성향 속에서 발생하였다. 구체적으로 말하면 영국과 독일의 대립(영국의 3C 정책과 독일의 3B 정책), 프랑스와 독일의 전통적 적대관계, 범슬라브주의와 범게르만주의의 대립, 발칸 문제를 둘러싼 세르비아와 오스트리아의 대립 등을 들 수 있을 것이다. 이러한 국가와 종족 간의 대립 속에서, 1914년 6월 28일 보스니아에서 행해지던 육군 대연습에 임석차 사라예보를 방문한 오스트리아 황태자 페르디난드 대공 부처가 세르비아의 반(反)오스트리아 비밀 결사 소속의 한 청년에 의해서 암살되는 사건이 발생했다. 제1차 세계대전은 제국주의 국가들의 이해관계 속에서 일어날 수밖에 없었다 하더라도, 세르비아 청년에 의해 오스트리아 황태자 부처가 암살되는 돌발적 사건이 발생하지 않았더라면, 아마도 제1차 세계대전의 발생은 또 다른 측면에서 다른 양상으로 전개되었을 가능성을 배제하기 어려울 것이다.

① 역사의 필연성과 우연성 ② 전쟁과 민족의 관계
③ 제국주의와 식민지 ④ 발칸 반도의 민족 구성

06 다음 글을 뒷받침할 수 있는 근거로 거리가 먼 것은?

> 인간의 뇌는 '네 삶의 가장 초기에 네가 친밀하게 알고 지냈던 사람에 대해서는 성적인 관심을 끊어라.'라는 규칙을 따르도록 프로그램되어 있다.

① 키부츠에서는 탁아소에 맡겨진 아이들이 마치 전통적인 가정의 형제자매처럼 친밀하게 양육된다. 인류학자 조셉 셰퍼와 그의 동료들은 이런 환경에서 자란 2,769쌍의 신혼부부 중에서 같은 키부츠 출신은 한 쌍도 없다는 사실을 1971년 보고했다.

② 친족 이성 간의 욕정은 근본적이고 강제적인 것으로서 그 어떤 억제본능보다 강하다. 따라서 근친상간과 그로 인한 가정의 재앙을 막기 위해 사회는 '금기'라는 것을 고안하였다.

③ 타이완의 민며느리제는 성비 불균형과 가난으로 인해 나중에 아들의 혼삿길이 막힐까봐 미리 어린 나이의 며느리를 데려오는 전략이다. 이런 부부들은 정상적으로 결혼한 부부에 비해 이혼율이 세 배나 높다.

④ 여러 사회에서 수집된 자료를 보면 유년기의 결정적인 기간 동안 이성 간의 관계가 친밀할수록 그 둘 간의 성 접촉 빈도가 감소한다.

07 다음 글을 읽고 합리주의적인 이론에서 추론할 수 없는 것을 고르면?

> 어린이의 언어 습득을 설명하려는 이론으로는 두 가지가 있다. 하나는 경험주의적인 혹은 행동주의적인 이론이요, 다른 하나는 합리주의적인 이론이다.
> 경험주의 이론에 의하면 어린이가 언어를 습득하는 것은 어떤 선천적인 능력에 의한 것이 아니라 경험적인 훈련에 의해서 오로지 후천적으로만 이루어진다.
> 한편, 합리주의적인 언어 습득의 이론에서 어린이가 언어를 습득하는 것은 거의 전적으로 타고난 특수한 언어 학습 능력과, 일반 언어 구조에 대한 추상적인 선험적 지식에 의한 것이다.

① 어린이는 완전히 백지상태에서 출발하여 반복 연습과 시행착오, 그리고 교정에 의해서 언어라는 습관을 형성한다.

② 일정한 나이가 되면 모든 어린이는 예외 없이 언어를 통달하게 된다.

③ 많은 현실적 악조건에도 불구하고 어린이는 완전한 언어 능력을 갖출 수 있게 된다.

④ 인간은 언어 습득 능력을 가지고 태어난다.

08 다음 글을 뒷받침하는 사례로 적절하지 않은 것은?

> 러시아 형식주의자인 야콥슨은 문학을 "일상 언어에 가해진 조직적인 폭력"이라 말한다. 즉 문학은 일상 언어를 변형하여 강도 있게 하며 일상적인 말로부터 계획적으로 일탈한다는 것이다. '낯설게 하기'는 문학 언어를 일상 언어와 구별시켜 주는 근본이다. 우리는 일상 언어를 사용하고 있으나 그 상투성으로 인해 우리의 의식은 고여 있는 물처럼 새롭게 생성되지 못하고 스테레오 타입으로 고정되고 자동화된다. 광고 카피에서 기존의 식상한 표현을 벗어나 놀라움을 주기 위해선 도식적인 공식, 즉 법칙을 파괴하는 창조적 행위가 수반되어야 하는데 그것이 바로 문학에서 말한 이것과 같은 의미이다.

① 난 샐러드를 마신다! – ○○유업의 요구르트 광고
② 이젠, 빛으로 요리하세요! – ○○전자의 전자레인지 광고
③ 차도 이 맛을 안다. – ○○정유의 기름 광고
④ 우리는 젊음의 모든 것을 사랑한다. – ○○그룹의 기업 광고

09 다음 내용으로부터 추론할 수 없는 것은?

> 1994년 미국의 한 과학자는 흥미로운 실험 결과를 발표하였다. 정상 유전자를 가진 쥐에게 콜레라 독소를 주입하자 심한 설사로 죽었다. 그러나 낭포성 섬유증 유전자를 한 개 가진 쥐에게 독소를 주입하자 설사 증상은 보였지만 그 정도는 반감했다. 낭포성 섬유증 유전자를 두 개 가진 쥐는 독소를 주입해도 전혀 증상을 보이지 않았다.
>
> 낭포성 섬유증 유전자를 가진 사람은 장과 폐로부터 염소 이온을 밖으로 퍼내는 작용을 정상적으로 하지 못한다. 그 과학자는 이에 따라 1800년대 유럽을 강타했던 콜레라의 대유행에서 살아남은 사람은 낭포성 섬유증 유전자를 가졌을 것이라고 추측하였다.

① 장과 폐에서 염소 이온을 밖으로 퍼내는 작용을 하지 못하면 생명이 위험하다.
② 콜레라 독소는 장으로부터 염소 이온을 비롯한 염분을 과다하게 분비하게 한다.
③ 염소 이온을 과다하게 분비하게 하면 설사를 일으킨다.
④ 낭포성 섬유증 유전자는 콜레라 독소가 과도한 설사를 일으키는 것을 방지한다.

10 다음 글의 흐름으로 보아 결론으로 적절한 것은?

> 오늘날 정보통신의 중심에 놓이는 인터넷에는 수천만 명에서 수억 명에 이르는 사용자들이 매일 서로 다른 정보들에 접속하지만, 이들 가운데 거의 대부분은 주요한 국제 정보통신망을 사용하고 있으며, 적은 수의 정보서비스에 가입해 있다고 한다. 대표적인 예로 MSN을 운영하는 마이크로소프트사는 CNN과 정보를 독점적으로 공유하고, 미디어 대국의 구축을 목표로 기업 간 통합에 앞장선다. 이들이 제공하는 상업 광고로부터 자유로운 정보사용자는 없으며, 이들이 제공하는 뉴스의 사실성이나 공정성 여부를 검증할 수 있는 정보사용자 역시 극히 적은 실정이다.

① 정보 사회는 경직된 사회적 관계를 인간적인 관계로 변모시킨다.
② 정보 사회는 정보를 원하는 시간, 원하는 장소에 공급한다.
③ 정보 사회는 육체노동의 구속으로부터 사람들을 해방시킨다.
④ 정보 사회는 정보의 질과 소통 방식이 불균등하게 이루어진다.

01 다음 글을 바탕으로 〈보기〉에서 추론할 수 있는 내용으로 가장 적절한 것은?

> 독립신문은 우리나라 최초의 민간 신문이다. 사장 겸 주필(신문의 최고 책임자)은 서재필 선생이, 국문판 편집과 교정은 최고의 국어학자로 유명한 주시경 선생이, 그리고 영문판 편집은 선교사 호머 헐버트가 맡았다. 창간 당시 독립신문은 이들 세 명에 기자 두 명과 몇몇 인쇄공들이 합쳐 단출하게 시작했다.
>
> 신문은 우리가 흔히 사용하는 'A4 용지'보다 약간 큰 '국배판(218×304mm)' 크기로 제작됐고, 총 4면 중 3면은 순 한글판으로, 나머지 1면은 영문판으로 발행했다. 제1호는 '독닙신문'이고 영문판은 'Independent(독립)'로 조판했고, 내용을 살펴보면 제1면에는 대체로 논설과 광고가 실렸고, 제2면에는 관보・외국통신・잡보가, 제3면에는 물가・우체시간표・제물포 기선 출입항 시간표와 광고가 게재됐다.
>
> 독립신문은 민중을 개화시키고 교육하기 위해 발간된 것이지만, 그 이름에서부터 알 수 있듯 스스로 우뚝 서는 독립국을 만들고자 자주적 근대화 사상을 강조했다. 창간호 표지에는 '뎨일권 뎨일호. 조선 서울 건양 원년 사월 초칠일 금요일'이라고 표기했는데, '건양(建陽)'은 조선의 연호이고, 한성 대신 서울을 표기한 점과 음력 대신 양력을 쓴 점 모두 중국 사대주의에서 벗어난 자주독립을 꾀한 것으로 볼 수 있다.
>
> 독립신문이 발행되자 사람들은 모두 깜짝 놀랄 수밖에 없었다. 순 한글로 만들어진 것은 물론 유려한 편집 솜씨에 조판과 내용까지 완벽했기 때문이다. 무엇보다 제4면을 영어로 발행해 국내 사정을 외국에 알린다는 점은 호시탐탐 한반도를 노리던 일본 당국에 큰 부담을 안겨주었고, 더는 자기네들 마음대로 조선의 사정을 왜곡 보도할 수 없게 된 것이다.
>
> 날이 갈수록 독립신문을 구독하려는 사람은 늘어났고, 처음 300부씩 인쇄되던 신문이 곧 500부로, 나중에는 3,000부까지 확대되었다. 오늘날에는 한 사람이 신문 한 부를 읽으면 폐지 처리하지만, 과거에는 돌려가며 읽는 경우가 많았고 시장이나 광장에서 글을 아는 사람이 낭독해주는 일도 빈번했기에 한 부의 독자 수는 50명에서 100명에 달했다. 이런 점을 감안해보면 실제 독립신문의 독자 수는 10만 명을 넘어섰다고 가늠해 볼 수 있다.

보기

> 우리 신문이 한문은 아니 쓰고 다만 국문으로만 쓰는 것은 상하귀천이 다 보게 함이라. 또 국문을 이렇게 구절을 떼어 쓴즉 아무라도 이 신문을 보기가 쉽고 신문 속에 있는 말을 자세히 알아보게 함이라.

① 교통수단도 발달하지 않던 과거에는 활자 매체인 신문이 소식 전달에 있어 절대적인 역할을 차지했다.

② 민중을 개화시키고 교육하기 위해 발간된 것으로 역사적・정치적으로 큰 의의를 가진다.

③ 한글을 사용해야 누구나 읽을 수 있다는 점을 인식해 한문우월주의에 영향을 받지 않고, 소신 있는 행보를 했다.

④ 일본이 한반도를 집어삼키려 하던 혼란기 우리만의 신문을 펴낼 수 있었다는 것에 큰 의의가 있다.

02 다음 중 (가)와 (나)를 읽고 추론한 내용으로 적절하지 않은 것은?

> (가) 그러므로 나는 인류학적 정신에서 다음과 같은 민족의 정의를 제안한다. 즉, 민족은 본래 제한되고 주권을 가진 것으로 상상되는 정치공동체이다. 민족은 가장 작은 민족의 성원들도 대부분의 자기 동료들을 알지 못하고 만나지 못하고 심지어 그들에 관한 이야기를 듣지 못하지만, 구성원 각자의 마음에 친교의 이미지가 살아있기 때문에 상상된 것이다. 민족은 제한된 것으로 상상된다. 왜냐하면 10억의 인구를 가진 가장 큰 민족도 비록 유동적이기는 하지만 한정된 경계를 가지고 있어 그 너머에는 다른 민족이 살고 있기 때문이다. 어떤 민족도 그 자신을 인류와 동일시하지 않는다. 어떤 구세주적 민족주의자들도 모든 인류의 성원이 그들의 민족에 동참하는 날이 올 것을 꿈꾸지는 않는다. 민족은 주권을 가진 것으로 상상된다. 왜냐하면 이 개념은 계몽사상과 혁명이 신이 정한 계층적 왕국의 합법성을 무너뜨리던 시대에 태어났기 때문이다. 마지막으로 민족은 공동체로 상상된다. 왜냐하면 각 민족에 보편화되어 있을지 모르는 실질적인 불평등과 수탈에도 불구하고 민족은 언제나 심오한 수평적 동료의식으로 상상되기 때문이다. 궁극적으로 지난 2세기 동안 수백만의 사람들로 하여금 그렇게 제한된 상상체들을 위해 남을 죽이기보다 스스로 기꺼이 죽게 만들 수 있었던 것은 이 형제애이다.
>
> (나) 필자는 민족을 원초적이거나 불변의 사회적 실체로 보지 않는다. 민족은 역사적으로 최근의 특정 시기에만 나타난다. 그것은 특정한 종류의 근대적 영토국가, 즉 민족국가(Nation-state)에 관련된 때에 한해서만 사회적 실체이다. 따라서 민족을 민족국가와 연결시키지 않고 논의하는 것은 의미가 없다.

① 민족은 경험을 통해 구성되고 의미가 부여된 역사적 공동체이다.
② 상상된 공동체인 민족은 그 실체가 없다.
③ 민족은 근대적 산물이다.
④ 민족은 민족국가 형성에 기여한 측면이 있다.

03 다음 글에서 글쓴이가 설명하는 질문을 가장 적절하게 추론한 것은?

지구상에서는 매년 약 10만 명 중 한 명이 목에 걸린 음식물 때문에 질식사하고 있다. 이러한 현상은 인간의 호흡 기관(기도)과 소화 기관(식도)이 목구멍 부위에서 교차하는 구조로 되어 있기 때문에 발생한다. 인간과 달리, 곤충이나 연체동물 같은 무척추동물은 교차 구조가 아니어서 음식물로 인한 질식의 위험이 없다. 인간의 호흡 기관이 이렇게 불합리한 구조를 갖게 된 원인은 무엇일까?

바닷속에 서식했던 척추동물의 조상형 동물들은 체와 같은 구조를 이용하여 물속의 미생물을 걸러 먹었다. 이들은 몸집이 아주 작아서 물속에 녹아 있는 산소가 몸 깊숙한 곳까지 자유로이 넘나들 수 있었기 때문에 별도의 호흡계가 필요하지 않았다. 그런데 몸집이 커지면서 먹이를 거르던 체와 같은 구조가 호흡 기능까지 갖게 되어 마침내 아가미 형태로 변형되었다. 즉, 소화계의 일부가 호흡 기능을 담당하게 된 것이다. 그 후 호흡계의 일부가 변형되어 허파로 발달하고, 그 허파는 위장으로 이어지는 식도 아래쪽으로 뻗어 나갔다. 한편, 공기가 드나드는 통로는 콧구멍에서 입천장을 뚫고 들어가 입과 아가미 사이에 자리 잡게 되었다. 이러한 진화 과정을 보여 주는 것이 폐어(肺魚) 단계의 호흡계 구조이다.

이후 진화 과정이 거듭되면서 호흡계와 소화계가 접하는 지점이 콧구멍 바로 아래로부터 목 깊숙한 곳으로 이동하였다. 그 결과 머리와 목구멍의 구조가 변형되지 않는 범위 내에서 호흡계와 소화계가 점차 분리되었다. 즉, 처음에는 길게 이어져 있던 호흡계와 소화계의 겹친 부위가 점차 짧아졌고, 마침내 하나의 교차점으로만 남게 된 것이다.

이것이 인간을 포함한 고등 척추동물에서 볼 수 있는 호흡계의 기본 구조이다. 따라서 음식물로 인한 인간의 질식 현상은 척추동물 조상형 단계를 지나 자리 잡게 된 허파의 위치(당시에는 최선의 선택이었을) 때문에 생겨난 진화의 결과라 할 수 있다.

이처럼 진화는 반드시 이상적이고 완벽한 구조를 창출해 내는 방향으로만 이루어지는 것은 아니다. 진화 과정에서는 새로운 환경에 적응하기 위한 최선의 구조가 선택되지만, 그 구조는 기존의 구조를 허물고 처음부터 다시 만들어 낸 최상의 구조와는 차이가 있다. 그래서 진화는 불가피하게 타협적인 구조를 선택하는 방향으로 이루어지며, 순간순간의 필요에 대응한 결과가 축적되는 과정이라고 할 수 있다. 질식의 원인이 되는 교차된 기도와 식도의 경우처럼, 진화의 산물이 우리가 보기에는 납득할 수 없는 불합리한 구조를 지니게 되는 이유가 바로 여기에 있다.

① 인간이 진화 과정을 통하여 얻은 이익과 손해는 무엇인가?
② 무척추동물과 척추동물의 호흡계 구조에는 어떤 차이가 있는가?
③ 인간의 호흡계와 소화계가 지니고 있는 근본적인 결함은 무엇인가?
④ 진화 과정에서 인간의 호흡계와 같은 불합리한 구조가 발생하는 이유는 무엇인가?

04 다음 기사를 읽고 ㉠의 사례로 적절한 것을 고르면?

> 뉴메릭 마케팅이란 숫자를 뜻하는 'Numeric'과 'Marketing'을 합한 단어로, 브랜드나 상품의 특성을 나타내는 숫자를 통해 사람들에게 인지도를 높이는 마케팅 전략을 말한다. 숫자는 모든 연령대 그리고 국경을 초월하여 공통으로 사용하는 기호이기 때문에 이미지 전달이 빠르고 제품의 특징을 함축적으로 전달할 수 있다는 장점이 있다. 또한, 숫자 정보를 제시하여 소비자들이 신빙성 있게 받아들이게 되는 효과도 있다. 뉴메릭 마케팅은 크게 세 가지 방법으로 구분할 수 있는데, 기업 혹은 상품의 역사를 나타낼 때, ㉠ 특정 소비자를 한정 지을 때, 제품의 특성을 반영할 때이다.

① 한 병에 비타민 C 500mg이 들어있는 '비타 500'
② 13세에서 18세 청소년들을 위한 CGV의 '1318 클럽'
③ 46cm 내에서 친밀한 대화가 가능하도록 '페리오 46cm'
④ 1955년 당시 판매했던 버거의 레시피를 그대로 재현해 낸 '1955 버거'

05 다음 중 (가)와 (나)의 예시로 적절하지 않은 것은?

> 사회적 관계에 있어서 상호주의란 '행위자 갑이 을에게 베푼 바와 같이 을도 갑에게 똑같이 행하라.'라는 행위 준칙을 의미한다. 상호주의 원형은 '눈에는 눈, 이에는 이'로 표현되는 탈리오의 법칙에서 발견된다. 그것은 일견 피해자의 손실에 상응하는 가해자의 처벌을 정당화한다는 점에서 가혹하고 엄격한 성격을 드러낸다. 만약 상대방의 밥그릇을 빼앗았다면 자신의 밥그릇도 미련 없이 내주어야 하는 것이다. 그러나 탈리오 법칙은 온건하고도 합리적인 속성을 동시에 함축하고 있다. 왜냐하면 누가 자신의 밥그릇을 발로 찼을 경우 보복의 대상은 밥그릇으로 제한되어야지 밥상 전체를 뒤엎는 것으로 확대될 수 없기 때문이다. 이러한 일대일 방식의 상호주의를 (가) 대칭적 상호주의라 부른다. 하지만 엄밀한 의미의 대칭적 상호주의는 우리의 실제 일상생활에서 별로 흔하지 않다. 오히려 '되로 주고 말로 받거나, 말로 주고 되로 받는' 교환 관계가 더 일반적이다. 이를 대칭적 상호주의와 대비하여 (나) 비대칭적 상호주의라 일컫는다.
> 그렇다면 교환되는 내용이 양과 질의 측면에서 정확한 대등성을 결여하고 있음에도 불구하고, 교환에 참여하는 당사자들 사이에 비대칭적 상호주의가 성행하는 이유는 무엇인가? 그것은 셈에 밝은 이른바 '경제적 인간(Homo Economicus)'들에게 있어서 선호나 기호 및 자원이 다양하기 때문이다. 말하자면 교환에 임하는 행위자들이 각인각색인 까닭에 비대칭적 상호주의가 현실적으로 통용될 수밖에 없으며, 어떤 의미에서는 그것만이 그들에게 상호 이익을 보장할 수 있는 것이다.

① (가) – A국과 B국 군대는 접경지역에서 포로를 5명씩 맞교환했다.
② (가) – 동생이 내 발을 밟아서 볼을 꼬집어주었다.
③ (나) – 옆집 사람이 우리 집 대문을 막고 차를 세웠기에 타이어에 펑크를 냈다.
④ (나) – 필기노트를 빌려준 친구에게 고맙다고 밥을 샀다.

우리가 현재 가지고 있는 믿음들은 추가로 획득된 정보에 의해서 수정된다. 뺑소니사고의 용의자로 갑, 을, 병이 지목되었고 이 중 단 한 명만 범인이라고 하자. 수사관 K는 운전 습관, 범죄 이력 등을 근거로 각 용의자가 범인일 확률을 추측하여, '갑이 범인'이라는 것을 0.3, '을이 범인'이라는 것을 0.45, '병이 범인'이라는 것을 0.25만큼 믿게 되었다고 하자. 얼마 후 병의 알리바이가 확보되어 병은 용의자에서 제외되었다.

그렇다면 K의 믿음의 정도는 어떻게 수정되어야 할까? 믿음의 정도를 수정하는 두 가지 방법이 있다. 방법 A는 0.25를 다른 두 믿음에 동일하게 나누어 주는 것이다. 따라서 병의 알리바이가 확보된 이후 '갑이 범인'이라는 것과 '을이 범인'이라는 것에 대한 K의 믿음의 정도는 각각 0.425와 0.575가 된다. 방법 B는 기존 믿음의 정도에 비례해서 분배하는 것이다. 위 사례에서 '을이 범인'이라는 것에 대한 기존 믿음의 정도 0.45는 '갑이 범인'이라는 것에 대한 기존 믿음의 정도 0.3의 1.5배이다. 따라서 믿음의 정도 0.25도 이 비율에 따라 나누어주어야 한다. 즉 방법 B는 '갑이 범인'이라는 것에는 0.1을, '을이 범인'이라는 것에는 0.15를 추가하는 것이다. 결국 방법 B에 따르면 병의 알리바이가 확보된 이후 '갑이 범인'이라는 것과 '을이 범인'이라는 것에 대한 K의 믿음의 정도는 각각 0.4와 0.6이 된다.

보기

㉠ 만약 기존 믿음의 정도들이 위 사례와 달랐다면, 병이 용의자에서 제외된 뒤 '갑이 범인'과 '을이 범인'에 대한 믿음의 정도의 합은, 방법 A와 방법 B 중 무엇을 이용하는지에 따라 다를 수 있다.
㉡ 만약 기존 믿음의 정도들이 위 사례와 달랐다면, 병이 용의자에서 제외된 뒤 '갑이 범인'과 '을이 범인'에 대한 믿음의 정도 차이는 방법 A를 이용한 결과가 방법 B를 이용한 결과보다 클 수 있다.
㉢ 만약 '갑이 범인'에 대한 기존 믿음의 정도와 '을이 범인'에 대한 기존 믿음의 정도가 같았다면, '병이 범인'에 대한 기존 믿음의 정도에 상관없이 병이 용의자에서 제외된 뒤 방법 A를 이용한 결과와 방법 B를 이용한 결과는 서로 같다.

① ㉡
② ㉢
③ ㉠, ㉡
④ ㉠, ㉢

07 다음 글에서 제시하고 있는 '융합'의 사례로 보기 어려운 것은?

1980년 이후에 등장한 과학기술 분야의 가장 강력한 트렌드는 컨버전스, 융합, 잡종의 트렌드이다. 기존의 분야들이 합쳐져서 새로운 분야가 만들어지고, 이렇게 만들어진 몇 가지 새로운 분야가 또 합쳐져서 시너지 효과를 낳는다. 이러한 트렌드를 볼 때 미래에는 과학과 기술, 순수과학과 응용과학의 경계가 섞이면서 새롭게 만들어진 분야들이 연구를 주도한다는 것이다. 나노과학기술, 생명공학, 물질공학, 뇌과학, 인지과학 등이 이러한 융합의 예이다. 연구대학과 국립연구소의 흥망성쇠는 이러한 융합의 경향에 기존의 학문 분과 제도를 어떻게 접목시키느냐에 달려 있다.

이러한 융합은 과학기술 분야 사이에서만이 아니라 과학기술과 다른 문화적 영역에서도 일어난다. 과학기술과 예술, 과학기술과 철학, 과학기술과 법 등 20세기에는 서로 다른 영역 사이의 혼성이 강조될 것이다. 이는 급격히 바뀌는 세상에 대한 새로운 철학과 도덕, 법률의 필요성에서 기인한다. 인간의 유전자를 가진 동물이 만들어지고, 동물의 장기가 인간의 몸에 이식도 되고 있다. 생각만으로 기계를 작동시키는 인간 – 기계의 인터페이스도 실험의 수준을 지나 곧 현실화되는 단계에 와 있다. 인간 – 동물 – 기계의 경계가 무너지는 세상에서 철학, 법, 과학기술의 경계도 무너지는 것이다.

20년 후 과학기술의 세부 내용을 지금 예측하기는 쉽지 않다. 하지만 융합 학문과 학제 간 연구의 지배적 패러다임화, 과학과 타 문화의 혼성화, 사회를 위한 과학기술의 역할 증대, 국제화와 합동 연구의 증가라는 트렌드는 미래 과학기술을 특징짓는 뚜렷한 트렌드가 될 것이다.

– 홍성욱, 『20년 후의 미래 과학기술 트렌드』

① 유전공학, 화학 독성물, 태아의 권리 등의 법적 논쟁에 대한 날카로운 분석을 담은 책
② 과학자들이 이룬 연구 성과들이 어떻게 재판의 사실 인정 기준에 영향을 주는가를 탐색하고 있는 책
③ 과학기술과 법이 만나고 충돌하는 지점들을 탐구하고, 미래의 지속 가능한 사회를 위한 둘 사이의 새로운 관계를 제시한 책
④ 과학은 신이 부여한 자연법칙을 발견하는 것이며, 사법 체계도 보편적인 자연법의 토대 위에 세워진 것이라는 주장을 펴는 책

08 다음 글의 뒤에 이어질 내용으로 가장 적절한 것은?

테레민이라는 악기는 손을 대지 않고 연주하는 악기이다. 이 악기를 연주하기 위해 연주자는 허리 높이쯤에 위치한 상자 앞에 선다. 오른손은 상자에 수직으로 세워진 안테나 주위에서 움직인다. 오른손의 엄지와 집게손가락으로 고리를 만들고 손을 흔들면서 나머지 손가락을 하나씩 펴면 안테나에 손이 닿지 않고서도 음이 들린다. 이때 들리는 음은 피아노 건반을 눌렀을 때 나는 것처럼 정해진 음이 아니고 현악기를 연주하는 것과 같은 연속음이며, 소리는 손과 손가락의 움직임에 따라 변한다. 왼손은 손가락을 펼친 채로 상자에서 수평으로 뻗은 안테나 위에서 서서히 오르내리면서 소리를 조절한다.

오른손으로는 수직 안테나와의 거리에 따라 음고(音高)를 조절하고 왼손으로는 수평 안테나와의 거리에 따라 음량을 조절한다. 따라서 오른손과 수직 안테나는 음고를 조절하는 회로에 속하고 왼손과 수평 안테나는 음량을 조절하는 또 다른 회로에 속한다. 이 두 회로가 하나로 합쳐지면서 두 손의 움직임에 따라 음고와 음량을 변화시킬 수 있다.

어떻게 테레민에서 다른 음고의 음이 발생되는지 알아보자. 음고를 조절하는 회로는 가청주파수 범위 바깥의 주파수를 갖는 서로 다른 두 개의 음파를 발생시킨다. 이 두 개의 음파 사이에 존재하는 주파수의 차이 값에 의해 가청주파수를 갖는 새로운 진동이 발생하는데 그것으로 소리를 만든다. 가청주파수 범위 바깥의 주파수 중 하나는 고정된 주파수를 갖고 다른 하나는 연주자의 손 움직임에 따라 주파수가 바뀐다. 이렇게 발생한 주파수의 변화에 의해 진동이 발생되고 이 진동의 주파수는 가청주파수 범위 내에 있기 때문에 그 진동을 증폭시켜 스피커로 보내면 소리가 들린다.

① 수직 안테나에 손이 닿으면 소리가 발생하는 원리
② 왼손의 손가락 모양에 따라 음고가 바뀌는 원리
③ 수평 안테나와 왼손 사이의 거리에 따라 음량이 조절되는 원리
④ 음고를 조절하는 회로에서 가청주파수의 진동이 발생하는 원리

09 다음 글의 내용을 통해 추론할 수 없는 것은?

언어는 배우는 아이들이 있어야 지속된다. 그러므로 성인들만 사용하는 언어가 있다면 그 언어의 운명은 어느 정도 정해진 셈이다. 언어학자들은 이런 방식으로 추리하여 인류 역사에 드리워진 비극에 대해 경고한다. 한 언어학자는 현존하는 북미 인디언 언어의 약 80%인 150개 정도가 빈사 상태에 있다고 추정한다. 알래스카와 시베리아 북부에서는 기존 언어의 90%인 40개 언어, 중앙아메리카와 남아메리카에서는 23%인 160개 언어, 오스트레일리아에서는 90%인 225개 언어, 그리고 전세계적으로는 기존 언어의 50%인 3,000개의 언어들이 소멸해 가고 있다고 한다. 이 중 사용자 수가 10만 명을 넘는 약 600개의 언어들은 비교적 안전한 상태에 있지만, 그 밖의 언어는 21세기가 끝나기 전에 소멸할지도 모른다.

언어가 이처럼 대규모로 소멸하는 원인은 중첩적이다. 토착 언어 사용자들의 거주지가 파괴되고, 종족 말살과 동화(同化)교육이 이루어지며, 사용 인구가 급격히 감소하는 것 외에 '문화적 신경가스'라고 불리는 전자 매체가 확산되는 것도 그 원인이 된다. 물론 우리는 소멸을 강요하는 사회적, 정치적 움직임들을 중단시키는 한편, 토착어로 된 교육 자료나 문학작품, 텔레비전 프로그램 등을 개발함으로써 언어 소멸을 어느 정도 막을 수 있다. 나아가 소멸 위기에 처한 언어라도 20세기의 히브리어처럼 지속적으로 공식어로 사용할 의지만 있다면 그 언어를 부활시킬 수도 있다.

합리적으로 보자면, 우리가 지구상의 모든 동물이나 식물종들을 보존할 수 없는 것처럼 모든 언어를 보존할 수는 없으며, 어쩌면 그래서는 안 되는지도 모른다. 가령, 어떤 언어 공동체가 경제적 발전을 보장해 주는 주류 언어로 돌아설 것을 선택할 때, 그 어떤 외부 집단이 이들에게 토착 언어를 유지하도록 강요할 수 있겠는가? 또한, 한 공동체 내에서 이질적인 언어가 사용되면 사람들 사이에 심각한 분열을 초래할 수도 있다. 그러나 이러한 문제가 있더라도 전 세계 언어의 50% 이상이 빈사 상태에 있다면 이를 보고만 있을 수는 없다.

① 현재 소멸해 가고 있는 전 세계 언어 중 약 2,400여 개의 언어들은 사용자 수가 10만 명 이하이다.
② 소멸 위기에 있는 언어라도 사용자들의 의지에 따라 유지될 수 있다.
③ 소멸 위기 언어 사용자가 처한 현실적인 문제는 언어의 다양성을 보존하기 어렵게 만들 수 있다.
④ 언어 소멸은 지구상의 동물이나 식물종 수의 감소와 같이 자연스럽고 필연적인 현상이다.

10 다음 중 '반본질주의'의 견해로 볼 수 있는 것은?

> 흔히 어떤 대상이 반드시 가져야만 하고 그것을 다른 대상과 구분해 주는 속성을 본질이라고 한다. X의 본질이 무엇인지 알고 싶으면 X에 대한 필요 충분 속성을 찾으면 된다. 다시 말해서 모든 X에 대해 그리고 오직 X에 대해서만 해당하는 것을 찾으면 된다. 예컨대 모든 까투리가 그리고 오직 까투리만이 꿩이면서 동시에 암컷이므로, '암컷인 꿩'은 까투리의 본질이라고 생각된다. 그러나 암컷인 꿩은 애초부터 까투리의 정의라고 우리가 규정한 것이므로 그것을 본질이라고 말하기에는 허망하다. 다시 말해서 본질은 따로 존재하여 우리가 발견한 것이 아니라 까투리라는 낱말을 만들면서 사후적으로 구성된 것이다.
>
> 서로 다른 개체를 동일한 종류의 것으로 판단하고 의사소통에 성공하기 위해서는 개체들이 공유하는 무엇인가가 필요하다. 본질주의는 그것이 우리와 무관하게 개체 내에 본질로서 존재한다고 주장한다. 반면에 반(反)본질주의는 그런 본질이란 없으며, 인간이 정한 언어 약정이 본질주의에서 말하는 본질의 역할을 충분히 달성할 수 있다고 주장한다. 이른바 본질은 우리가 관습적으로 부여하는 의미를 표현한 것에 불과하다는 것이다.
>
> '본질'이 존재론적 개념이라면 거기에 언어적으로 상관하는 것은 '정의'이다. 그런데 어떤 대상에 대해서 약정적이지 않으면서 완벽하고 정확한 정의를 내리기 어렵다는 사실은 반본질주의의 주장에 힘을 실어 준다. 사람을 예로 들어 보자. 이성적 동물은 사람에 대한 정의로 널리 알려졌다. 그러면 이성적이지 않은 갓난아이를 사람의 본질에 반례로 제시할 수 있다. 이번에는 '사람은 사회적 동물이다.'라고 정의를 제시할 수도 있다. 그러나 사회를 이루고 산다고 해서 모두 사람인 것은 아니다. 개미나 벌도 사회를 이루고 살지만 사람은 아니다.
>
> 서양의 철학사는 본질을 찾는 과정이라고 말할 수 있다. 본질주의는 사람뿐만 아니라 자유나 지식 등의 본질을 찾는 시도를 계속해 왔지만, 대부분의 경우 아직 본질적인 것을 명확히 찾는 데 성공하지 못했다. 그래서 숨겨진 본질을 밝히려는 철학적 탐구는 실제로는 부질없는 일이라고 반본질주의로부터 비판을 받는다. 우리가 본질을 명확히 찾지 못하는 까닭은 우리의 무지 때문이 아니라 그런 본질이 있다는 잘못된 가정에서 출발했기 때문이라는 것이다. 사물의 본질이라는 것은 단지 인간의 가치가 투영된 것에 지나지 않는다는 것이 반본질주의의 주장이다.

① 어떤 대상이라도 그 개념을 언어로 약정할 수 없다.
② 개체의 본질은 인식 여부와 상관없이 개체에 내재하고 있다.
③ 어떤 대상이든지 다른 대상과 구분되는 불변의 고유성이 있다.
④ 어떤 대상에 의미가 부여됨으로써 그 대상은 다른 대상과 구분된다.

PART **3**

합격의 공식 SD에듀 www.sdedu.co.kr

문서작성능력

01 | 개요수정

대표유형 1 | 개요수정 ①

다음은 '지역 농산물 소비 촉진 운동'에 관한 글을 쓰기 위해 작성한 개요이다. 이를 수정·보완할 내용으로 적절하지 않은 것은?

Ⅰ. 수입 농산물 증가에 따른 문제점
　가. 지역 소규모 농가의 소득 증가 ··············· ㉠
　나. 장거리 운송으로 인한 탄소 배출량 증가
　다. 지역 소규모 농가의 낙후된 시설 ············· ㉡

Ⅱ. 지역 농산물 소비 촉진 운동의 사례
　가. 소비자와 농가를 직접 연결하는 직거래 장터
　나. 지역 농산물을 사용하는 친환경 학교 급식
　다. 수입 농산물의 안전성에 대한 불안감 확산 ····· ㉢

Ⅲ. 지역 농산물 소비 촉진 운동의 의의
　가. 지역 소규모 농가의 소득 증대에 기여
　나. 운송 거리 단축을 통한 탄소 배출량 감소
　다. 생산자와 소비자의 직거래로 농산물에 대한 신뢰 확보
　라. 농산물 수출입 경로 다양화 ···················· ㉣

① ㉠ - 상위 항목을 고려하여 '지역 소규모 농가의 소득 감소'로 고친다.
② ㉡ - 글의 주제를 고려하여 삭제한다.
③ ㉢ - 상위 항목과 어울리지 않으므로 'Ⅰ'의 하위항목으로 옮긴다.
④ ㉣ - 내용을 구체화하기 위해 '농산물 수출입 제도 완화'로 수정한다.

정답 | 해설

'농산물 수출입 경로 다양화'와 '농산물 수출입 제도 완화'는 지역 농산물 소비를 통해 얻을 수 있는 이점으로 보기 어려우므로 'Ⅲ. 지역 농산물 소비 촉진 운동의 의의'의 하위 항목으로 적절하지 않다. 따라서 ㉣을 ④와 같이 수정하는 것보다는 아예 삭제하여야 한다.

정답 ④

다음은 '사이버 폭력의 원인과 대처 방안'을 주제로 하는 글의 개요이다. ㉠에 들어갈 내용으로 가장 적절한 것은?

---

1. 문제 제기
   (1) 사이버 폭력의 실태
   (2) 사이버 폭력의 문제점

2. 사이버 폭력의 원인
   (1) 인터넷 공간의 익명성과 비대면성
   (2) 인터넷 공간의 상업적 악용
   (3) _____㉠_____

3. 사이버 폭력에 대한 대처 방안
   (1) 법 조항의 엄격한 적용
   (2) 누리꾼의 자정 능력 제고

4. 올바른 사이버 문화 정립의 필요성

---

① 인터넷 실명제 실시　　　　　② 사이버 폭력의 심각성
③ 인터넷 공간에서의 인권 의식 부재　④ 최근 3년간 사이버 폭력 신고 현황

정답　해설

'인터넷 공간에서의 인권 의식 부재'는 '2. 사이버 폭력의 원인'의 하위 항목으로 적절하다.

[오답분석]
① '인터넷 실명제 실시'는 '2. – (1) 인터넷 공간의 익명성과 비대면성'을 해결하기 위한 방안으로서 '3.'의 대처 방안에서 논할 수 있는 내용이다.
② '사이버 폭력의 심각성'은 '1. – (2)'의 문제점을 뒷받침할 수 있는 내용이다.
④ 사이버 폭력 신고 현황 통계는 '1.'의 '(1) 사이버 폭력의 실태'에 포함되는 내용으로 적절하다.

정답 ③

30초 컷 풀이 Tip

1. 개요를 전체적으로 살펴본 후 글의 주제 및 목적을 파악한다.
2. 선택지를 읽으면서 조건에 따른 개요 수정항목들이 적절한지 필요한 부분만 대조하며 문제를 풀어나간다.

01 다음과 같은 개요를 바탕으로 하여 글을 쓸 때, 빈칸에 들어갈 말로 가장 적절한 것은?

○ 주제문 : _____

○ 개요

Ⅰ. 서론

Ⅱ. 현재의 소비 생활

• 저렴한 가격의 편의성만을 추구하는 제품 구매 및 사용

• 생산 및 유통, 소비 과정에서의 환경오염

Ⅲ. 대안 : 소비 생활의 변화 필요

1. 실천 방법

가. 환경친화적인 제품의 구매

나. 제품 사용 시 환경에 끼칠 영향을 고려함

2. 기대 효과

가. 소비자가 환경 보전에 참여함

나. 생산 및 유통, 소비 과정의 변화

Ⅳ. 결론 : 소비 생활의 관점 개선 촉구 및 제언

① 무분별한 일회용품 사용을 줄이자.

② 고가의 제품보다 합리적 가격의 제품을 구매하자.

③ 철저한 분리수거를 통해 환경오염을 줄이자.

④ 환경친화를 우선시하는 소비 생활을 하자.

02 다음 개요를 바탕으로 하여 글을 쓸 때, 빈칸에 들어갈 말로 가장 적절한 것은?

주제 : 일본 문화 개방에 대한 제언

주제문 : 일본 문화 개방에 대비하여 _____

서론 : 일본 문화 개방에 대한 신중한 검토의 필요성

본론

가. 최근 일본 문화의 무차별적 유입 실태 분석

    1. 청소년 사이에 나타나는 일본 문화의 유행

    2. 문화적 주체성 위협

나. 일본 문화의 음성적 유입 원인

    1. 정부의 적극적 대처 방안 미흡

    2. 위성 방송 청취 시설의 확산

다. 개방의 불가피성

    1. 통신망의 확대

    2. 국제화라는 시대 조류

라. 일본 문화 개방 대비책

    1. 대책 위원회의 구성

    2. 선별적·단계적 수용

    3. 저질 문화 유입 방지책 수립

결론 : 본론의 요약 강조 및 향후 전망

---

① 전통 문화의 창달을 위한 대비책을 조속히 마련해야 한다.

② 전통 문화를 지키기 위한 정부의 적극적인 대책이 수립되어야 한다.

③ 일본 문화의 음성적 유입 원인에 대한 철저한 분석이 선행되어야 한다.

④ 단계적 수용 대책과 저질 문화의 유입 방지책을 수립하여야 한다.

03 다음 제시된 개요를 수정·보완하기 위한 방안으로 적절하지 않은 것은?

주제 : 청소년 디지털 중독의 폐해와 해결 방안

Ⅰ. 서론 : 청소년 디지털 중독의 심각성

Ⅱ. 본론

    1. 청소년 디지털 중독의 폐해 ·· ㉠

        가. 타인과의 관계를 원활하게 하지 못하는 사회 부적응 야기

        나. 다양한 기능과 탁월한 이동성을 가진 디지털 기기의 등장 ········· ㉡

    2. 청소년 디지털 중독에 영향을 미치는 요인

        가. 디지털 중독의 심각성에 대한 개인적·사회적 인식 부족

        나. 뇌의 기억 능력을 심각하게 퇴화시키는 디지털 치매의 심화 ······· ㉢

        다. 신체 활동을 동반한 건전한 놀이를 위한 시간 및 프로그램의 부족

        라. 자극적이고 중독적인 디지털 콘텐츠의 무분별한 유통

    3. 청소년 디지털 중독을 해결하기 위한 방안

        가. 디지털 중독의 심각성에 대한 교육과 홍보를 위한 전문 기관 확대

        나. 학교, 지역 사회 차원에서 신체 활동을 위한 시간 및 프로그램의 확대

        다. _____ ··· ㉣

Ⅲ. 결론 : 청소년 디지털 중독을 줄이기 위한 사회적 노력의 촉구

---

① ㉠의 하위 항목으로 '우울증이나 정서 불안 등의 심리적 질환 초래'를 추가한다.

② ㉡은 'Ⅱ-1'과 관련된 내용이 아니므로 삭제한다.

③ ㉢은 'Ⅱ-2'의 내용과 어울리지 않으므로, 'Ⅱ-1'의 하위 항목으로 옮긴다.

④ ㉣에는 'Ⅱ-2'와의 관련성을 고려하여 '청소년을 대상으로 디지털 기기의 사용 시간 제한'이라는 내용을 넣는다.

04 다음은 '지역민을 위한 휴식 공간 조성'에 관한 글을 쓰기 위해 작성한 개요이다. 개요의 수정·보완 및 자료 제시 방안으로 적절하지 않은 것은?

Ⅰ. 서론 ··· ㉠
Ⅱ. 본론
    1. 휴식 공간 조성의 필요성
       가. 휴식 시간의 부족에 대한 직장인의 불만 증대 ················ ㉡
       나. 여가를 즐길 수 있는 공간에 대한 지역민의 요구 증가
    2. 휴식 공간 조성의 장애 요인
       가. 휴식 공간을 조성할 지역 내 장소 확보 ························· ㉢
       나. 비용 마련의 어려움
    3. 해결 방안
       가. 휴식 공간을 조성할 지역 내 장소 부족
       나. 무분별한 개발로 훼손되고 있는 도시 경관 ····················· ㉣
Ⅲ. 결론 : 지역민을 위한 휴식 공간 조성 촉구

---

① ㉠ – 지역 내 휴식 공간의 면적을 조사한 자료를 통해 지역의 휴식 공간 실태를 나타낸다.
② ㉡ – 글의 주제를 고려하여 '휴식 공간의 부족에 대한 지역민의 불만 증대'로 수정한다.
③ ㉢ – 상위 항목과의 연관성을 고려하여 'Ⅱ – 3 – 가'와 위치를 바꾼다.
④ ㉣ – 상위 항목과 어울리지 않으므로 'Ⅱ – 2'의 하위 항목으로 옮긴다.

---

05 '국내여행 활성화를 위한 방안'이라는 주제로 보고서를 작성하기 위해 개요를 작성했다. 다음 중 적절하지 않은 것은?

Ⅰ. 목적
    국내여행을 활성화하기 위한 방안을 마련한다.
Ⅱ. 조사 내용
    • 국내여행의 현황과 현재 실시되고 있는 정책을 파악한다.
    • 외국의 여행 정책과 국내의 여행 정책을 비교한다. ···························· ㉠
Ⅲ. 조사 방법
    • 정부나 지자체에서 과거에 시행했던 해외 관광 정책을 조사한다. ········ ㉡
    • 국내 관광객 증감 현황을 보여주는 통계를 찾아본다. ······················ ㉢
    • 국민들의 여행 목적(국내, 해외)을 조사한다. ································· ㉣
    • 국내여행에 대한 만족도를 조사한다.
    • 관련 기관의 공청회에 참여한다.

---

① ㉠   ② ㉡
③ ㉢   ④ ㉣

06 다음은 '대기전력을 줄이는 습관'에 관한 글을 쓰기 위해 작성한 개요이다. 개요의 수정·보완 및 자료 제시 방안으로 적절하지 않은 것은?

Ⅰ. 서론 : 대기전력에 대한 주의 환기
Ⅱ. 본론 ·· ㉠
   1. 대기전력의 발생 원인과 실태 ············ ㉡
     1) 대기전력의 발생 원인
     2) 대기전력이 발생하는 가전제품 ······· ㉢
   2. 대기전력 해결 방안 ···························· ㉣
     1) 가전 기기의 플러그 뽑기
     2) 절전형 멀티탭 사용하기
     3) 에너지 절약 마크 제품 구입하기
Ⅲ. 결론 : 대기전력을 줄이는 생활 습관의 실천 촉구

---

① ㉠ - 독자의 이해를 돕기 위해 '대기전력의 개념'을 하위 항목으로 추가한다.
② ㉡ - '전력 소비에 대한 잘못된 인식'을 하위 항목으로 추가한다.
③ ㉢ - 주요 가전 기기의 평균 대기전력을 제시하여 가전제품의 실태를 보여준다.
④ ㉣ - 하위 항목을 고려하여 '대기전력을 줄이는 생활 습관'으로 고친다.

07 다음은 '청소년의 신체활동 증진 방안'에 관한 글을 쓰기 위해 작성한 개요이다. 개요의 수정·보완 및 자료 제시 방안으로 적절하지 않은 것은?

Ⅰ. 서론 : 우리나라 청소년의 신체활동 실태 ································ ㉠
Ⅱ. 본론
   1. 청소년 신체활동의 필요성 ································· ㉡
     1) 청소년의 IT 기기 사용 시간의 증가로 신체활동 시간의 부족
     2) 다양한 신체활동 교과 프로그램 부족
   2. 청소년 신체활동 증진 방안
     1) 교과 선행학습 시간을 줄이고, 신체활동 시간을 늘림 ················ ㉢
     2) 다양한 신체활동 증진 교과 프로그램 도입
Ⅲ. 결론 : _____ ································ ㉣

---

① ㉠ - 청소년의 낮은 신체 활동량을 보도한 신문 기사를 제시한다.
② ㉡ - 하위 항목을 고려하여 '청소년 신체활동 부족의 원인'으로 고친다.
③ ㉢ - 'Ⅱ-1-1)'의 내용을 고려하여 '학기당 체육 이수 시간을 늘려 신체활동 시간을 늘림'으로 고친다.
④ ㉣ - 'Ⅱ-2'를 고려하여 '청소년 신체활동 증진을 위한 개인과 학교의 노력 필요'의 결론을 작성한다.

08 다음은 '나트륨 과다 섭취의 개선'에 관한 글을 쓰기 위해 작성한 개요이다. 개요를 수정·보완 및 자료 제시 방안으로 적절하지 않은 것은?

Ⅰ. 서론 : 한국인의 나트륨 과다 섭취 현황 ···························· ㉠

Ⅱ. 본론

    1. 나트륨 과다 섭취의 문제점

        1) 고혈압, 관상동맥질환 등 심혈관계 질환의 위험 증가 ················ ㉡

        2) 골다공증, 위암 등의 발병 확률 증가

    2. 나트륨 과다 섭취의 원인

        1) 개인적 측면 : 식품의 나트륨 함유량에 대한 관심 부족

        2) 사회적 측면 : ＿＿＿＿＿＿＿＿＿＿＿＿ ·················· ㉢

    3. 나트륨 과다 섭취의 개선 방안 ···························· ㉣

        1) 식품 구매 시 영양 성분표를 확인하는 습관 필요

        2) 균형 잡힌 식단을 제공하는 정부의 급식소 확대

Ⅲ. 결론 : 한국인의 나트륨 과다 섭취를 개선하기 위해 개인과 사회의 노력이 필요하다.

---

① ㉠ – 나트륨 일일 권장 섭취량과 한국인의 나트륨 평균 일일 섭취량을 비교한 통계 자료를 제시한다.

② ㉡ – 나트륨 섭취량이 많은 사람과 그렇지 않은 사람과의 비교를 통해 나트륨 과다 섭취의 문제점을 드러낸다.

③ ㉢ – 'Ⅱ – 3 – 2)'의 내용을 고려하여 '국과 찌개류를 즐겨 먹는 식습관'을 추가한다.

④ ㉣ – 'Ⅱ – 2'의 내용을 고려하여 '개인적 측면'과 '사회적 측면'에서의 개선 방안으로 나누어 제시한다.

09 환경부는 환경미화원들의 미세먼지 노출 문제를 해결하기 위해 '야외 근로자 미세먼지 건강보호 시범 사업'을 진행하기로 하였다. 이 업무를 담당하게 된 K과장은 시범 사업 계획서 제출에 필요한 개요를 작성하였다. 개요의 수정 및 보완 방안으로 적절하지 않은 것은?

Ⅰ. 서론
　　1. 시범 사업의 추진 배경
　　2. 시범 사업의 개요 ·· ㉠
Ⅱ. 본론
　　1. 추진 계획
　　　(1) 현황조사
　　　(2) 미세먼지 방진 마스크 보급 및 지원 ············· ㉡
　　　(3) 단계별 건강보호 대책
　　2. 향후 계획
　　　(1) 시범 사업 추진을 위한 업무 협약 체결 ········ ㉢
　　　(2) 기관별 시범 사업 추진
　　　(3) 성과분석 및 타 지역 전파
Ⅲ. 결론
　　1. 성공적 대응사례 마련
　　2. ＿＿＿＿＿＿＿＿＿＿＿＿＿ ·················· ㉣

① ㉠ - 시범 사업의 대상, 추진 기간, 추진 기관 등의 내용을 기재한다.
② ㉡ - 'Ⅱ - 1 - (1)'의 내용을 참고하여 방진 마스크 보급 및 지원에 대한 내용을 구체화한다.
③ ㉢ - 업무 협약의 긍정적 사례를 제시하고, 업무협약서를 별첨으로 첨부한다.
④ ㉣ - 서론과 본론의 내용을 고려하여 '미세먼지로부터의 탈출'이라는 내용을 추가한다.

10 '수목장'을 소개하는 글을 쓰기 위해 다음과 같은 개요를 작성하였다. 수정 및 자료 제시 방안으로 적절하지 않은 것은?

제목 : 내 삶 끝나는 날, 숲으로 돌아가리
 Ⅰ. 서론
   1. 묘지의 실태 ……………………… ㉠
   2. 장묘에 대한 인식 전환의 필요성
 Ⅱ. 본론
   1. 수목장의 사례
     (1) 외국의 경우 ……………………… ㉡
     (2) 우리나라의 경우
   2. 수목장의 개념 및 역사
     (1) 수목장의 개념
     (2) 수목장의 역사 ……………………… ㉢
   3. 대안으로서의 수목장
     (1) 전통 장묘 문화의 문제점
     (2) 수목장의 의의 ……………………… ㉣
 Ⅲ. 결론 : 삶의 의미를 고양시키는 장묘 문화로서의 수목장 강조

 ㉠ '묘지로 인한 산림 훼손의 실태'로 구체화한다.
 ㉡ 수목장림이 운영되고 있는 스위스, 독일, 일본의 상황을 서술한다.
 ㉢ 수목장에 대한 우리나라 사람들의 인식을 조사한다.
 ㉣ 전통 장묘 문화의 문제점에 대응하는 수목장의 장점을 부각시킨다.

---

① ㉠   ② ㉡
③ ㉢   ④ ㉣

01 교육부에서는 학생들이 다양한 교과 지식을 균형 있게 이수하고, 흥미나 적성에 따라 배우고 싶은 과목을 선택할 수 있도록 새롭게 교육과정을 편성·운영하는 방안을 마련하고자 한다. 이와 관련하여 작성된 개요에 대한 설명으로 적절하지 않은 것은?

Ⅰ. 서론 : 학생 과목 선택권 확대의 필요성 ····························· ㉠

Ⅱ. 본론
    1. 개정 교육과정의 편성
        (1) 개정 교육과정 주요 사항 ······························· ㉡
        (2) 개정 교육과정 편성 운영 절차 ····················· ㉢
    2. 개정 교육과정 운영의 실제
        (1) 학기당 3단위 8과목 선택인 경우
        (2) 학기당 3단위 3과목, 4단위 2과목 선택인 경우
        (3) 학기당 3단위 5과목 선택인 경우 ····················· ㉣
        (4) 학기당 2단위 4과목 선택인 경우
    3. 교육과정 편성, 운영 시 유의사항

Ⅲ. 결론 : 과목 선택권 확대에 따른 변화

---

① ㉠ - 이전 교육과정의 문제점을 지적하고, 학생의 과목 선택 필요성에 대해 제시한다.

② ㉡ - 교과별 필수 이수 단위를 최소 수준으로 설정하도록 하는 내용을 포함시킨다.

③ ㉢ - 학기 전체 편성 운영절차를 제시하고, 시기별 세부 운영절차는 생략한다.

④ ㉣ - 선택 경우에 따른 권장 교육과정 편성 예시를 제시한다.

02 ○○시 주거복지과에서 일하는 K대리는 '주거복지 지원 정책 방향'에 대한 보고서를 쓰기 위해 개요를 작성하였다가 새로운 자료를 추가로 접하였다. 개요를 수정하여 작성한 내용으로 적절하지 않은 것은?

Ⅰ. 서론 : 주거지원 정책의 필요성
Ⅱ. 본론
    1. 주거실태 현황 분석
        (1) 주거유형 및 점유 형태
        (2) 주거취약계층의 주거비 부담
        (3) 정책 수요
    2. 주거지원 정책 방안
        (1) 정책지원 방향 및 기본원칙
        (2) 1인 가구 정책지원 방안 및 기본원칙
Ⅲ. 결론
    1. 정책지원에 따른 기대효과
    2. 주거지원 정책의 향후과제

〈새로운 자료〉

통계청에 따르면 1인 가구는 혼자서 살림하는 가구로서 1인이 독립적으로 취사, 취침 등 생계를 유지하고 있는 가구를 의미한다.
1인 가구 규모는 2015년 518만 가구에서 2045년에는 810만 가구로 증가가 예상되며, 총가구에서 차지하는 비중도 27.2%에서 36.3%로 증가할 것으로 예상된다. 또한 2015년 기준 1인 가구의 연령대별 분포는 30대 이하가 191만으로 가장 많고, 2045년에는 177만 가구로 소폭 하락이 예상된다. 한국의 1인 가구는 주요 국가와 비교해도 이례적으로 빠른 속도로 증가하고 있다.

---

① 서론에서 주거지원 정책의 필요성에 1인 가구가 빠른 속도로 증가하고 있다는 내용을 추가한다.
② 본론에서 주거유형 및 점유형태에 1인 청년가구의 주거유형의 통계 자료를 추가한다.
③ 'Ⅱ-1-(2)'의 내용을 '1인 가구의 급증과 정책적 대응 미흡'으로 수정한다.
④ 결론에서 1인 가구들이 주택을 계약하는 과정에서 어려움을 겪은 인터뷰 내용을 추가한다.

03 '청소년의 언어 사용'에 관한 글을 쓰기 위해 개요를 작성하였다. 개요의 수정 및 보완 방안으로 적절하지 않은 것은?

Ⅰ. 서론 : 청소년 언어 사용의 실태
Ⅱ. 본론
  1. 청소년 언어 사용의 문제점
    (1) ㉠ <u>외래어 사용</u>
    (2) 저속한 언어 사용 분위기
    (3) 규범이 파괴된 언어 사용
  2. 문제 발생의 원인
    (1) 개인적 측면
      ① 격식을 갖춘 언어 사용에 대한 인식 부족
      ② ㉡ <u>그릇된 언어를 무비판적으로 수용</u>
    (2) 사회적 측면
      ① ㉢ <u>지나친 불법 광고의 확산</u>
      ② 대중매체에 의한 언어 왜곡의 확산
      ③ 청소년들의 언어 사용에 대한 주변인들의 무관심
  3. 바른 언어 사용을 위한 방안
    (1) 개인적 측면
      ① 격식을 갖춘 언어 사용에 대한 인식 제고
      ② ㉣ <u>바른 언어 사용을 권장하는 사회 분위기 조성</u>
      ③ 청소년 상호 간 바른 언어 사용을 위한 노력
    (2) 사회적 측면
      ① 대중매체의 건전한 언어 사용 방안 마련
      ② 청소년의 바른 언어 사용을 위한 주변인들의 계도
Ⅲ. 결론 : 바른 언어 사용을 위한 청소년들의 인식 전환과 사회적 노력 촉구

---

① ㉠ – 상위 항목에 맞지 않으므로 '비속어 남용'으로 수정한다.

② ㉡ – 원인으로 적절하지 않으므로 '바른 언어 사용에 대한 필요성 홍보'로 교체한다.

③ ㉢ – 글의 흐름을 고려하여 삭제한다.

④ ㉣ – 사회적 측면에 해당하는 내용이므로 '본론 – 3 – (2)'의 하위 항목으로 이동한다.

04 K사원은 다음과 같이 개요를 작성한 후 세 가지 글감을 접하였다. 이를 활용하여 개요를 보완할 때, 적절하지 않은 것은?

〈개요〉

주제 : 대체에너지의 개발 촉진을 위한 방안 필요

Ⅰ. 서론 : 개념과 필요성
Ⅱ. 본론
    1. 개발 현황
        (1) 국외
        (2) 국내
    2. 장단점
        (1) 장점
        (2) 단점
    3. 촉진 방안
Ⅲ. 결론
    환경 파괴를 최소화하는 대체에너지 개발 촉구

〈글감〉

㉠ 독일은 전체 전기 소비량의 9.3%를 대체 및 재생 에너지에서 공급하여 사용할 정도로 대체에너지 기술 분야를 선도하고 있다.
㉡ 정부가 대체에너지 개발에 대한 지원 금액을 올해부터 매년 20% 이상씩 늘리겠다는 계획을 발표하였고, 세계 대체에너지 시장이 확대되고 있어 기업의 참여가 예상된다.
㉢ 현재까지 설치된 태양광이나 풍력발전 설비는 기후의 영향을 받아 보조 설비를 갖추어야 하기 때문에 아직은 경제성이 낮고, 소규모 발전에만 유망하다는 평가를 받고 있다.

---

① 'Ⅱ-1-(1)'에 ㉠의 내용을 포함한 '다른 나라의 대체에너지 개발과 활용 현황'을 구체적으로 제시한다.
② 'Ⅱ-1-(2)'에 ㉢에서 착안하여 '소규모 풍력발전기가 설치된 섬 지역의 모습'을 사진과 함께 사례로 추가한다.
③ 'Ⅱ-2-(2)'에 ㉢을 '대체에너지의 경제성 미흡'의 근거로 제시한다.
④ 'Ⅱ-3'에 ㉡과 관계 깊은 '에너지 절약과 관련된 예산 증액'을 덧붙여 내용을 추가한다.

05 〈보기 1〉은 '서평 쓰기'에 대한 조언이다. 이에 따라 〈보기 2〉의 개요를 수정·보완할 방안으로 적절하지 않은 것은?

보기 1

'서평'을 쓰려면 먼저 책을 선정한 동기를 밝힌 다음, 책 내용을 소개하고 그 의의를 밝혀 주는 것이 좋다. 그리고 마지막으로 책을 읽은 소감과 함께 타인에게 권유하는 내용으로 끝맺으면 된다.

보기 2

제목 : 『삼국유사』의 작가, 일연 ·· ㉠
처음 : 『삼국유사』를 선정한 동기
중간 : 『삼국유사』의 기록 방식 ··· ㉡
    1. 『삼국유사』의 내용
      ㄱ. 고대 국가의 왕조와 역사
      ㄴ. 효행을 남긴 사람들의 이야기
      ㄷ. 고대사 연구의 중요한 자료를 담은 책 ······· ㉢
    2. 『삼국유사』의 의의
      ㄱ. 선조들의 생생한 삶의 모습을 확인할 수 있는 책
      ㄴ. 『삼국유사』를 발견한 계기 ······················· ㉣
끝 : 『삼국유사』 권유

① ㉠ – 서평의 전체 내용을 고려하여 '선조들의 생생한 삶의 기록, 『삼국유사』'로 바꾼다.

② ㉡ – 하위 항목의 내용을 포괄하도록 '『삼국유사』의 목차'로 바꾼다.

③ ㉢ – 상위 항목과 어울리지 않는 내용이므로 '중간 – 2'의 하위 항목으로 옮긴다.

④ ㉣ – 상위 항목과 밀접한 관련성이 없으므로 삭제한다.

06 동사무소에서 근무하는 C씨는 지역에서 열리고 있는 축제에 대해 조사한 뒤 '지역 축제의 문제점과 발전 방안'에 관한 보고서를 준비하고 있다. 다음 자료는 C씨가 작성한 개요이다. 수정 계획으로 적절하지 않은 것은?

주제 : 지역 축제의 문제점과 발전 방안

Ⅰ. 지역 축제의 실태
　　가. 지역 축제에 대한 관광객의 외면
　　나. 지역 축제에 대한 지역 주민의 무관심
Ⅱ. 지역 축제의 문제점
　　가. 지역마다 유사한 내용의 축제
　　나. 관광객을 위한 편의 시설 낙후
　　다. 행사 전문 인력의 부족
　　라. 인근 지자체 협조 유도
　　마. 지역 축제 시기 집중
Ⅲ. 지역 축제 발전을 위한 방안
　　가. 지역적 특성을 보여줄 수 있는 프로그램 개발
　　나. 관광객을 위한 편의 시설 개선
　　다. 원활한 진행을 위한 자원봉사자 모집
　　라. 지자체 간 협의를 통한 축제 시기의 분산
Ⅳ. 결론 : 지역 축제가 가진 한계 극복

---

① 'Ⅱ - 라. 인근 지자체 협조 유도'는 상위 항목에 해당하지 않으므로 삭제한다.
② 'Ⅲ - 다. 원활한 진행을 위한 자원봉사자 모집'은 'Ⅱ - 다'와 연계하여 '지역 축제에 필요한 전문 인력 양성'으로 수정한다.
③ 'Ⅳ. 결론 : 지역 축제가 가진 한계 극복'은 주제와 부합하도록 '내실 있는 지역 축제로의 변모 노력 촉구'로 수정한다.
④ 'Ⅱ - 가. 지역마다 유사한 내용의 축제'는 '관광객 유치를 위한 홍보 과열'로 수정한다.

07 다음과 같이 '의료 서비스 수출의 실태와 대처 방안'에 대한 개요를 작성하였다. 개요의 수정·보완 방안으로 적절하지 않은 것은?

Ⅰ. 서론
    1. 한국을 찾는 외국인 환자 증가 ······························ ㉠
    2. 외국인 환자들이 한국을 찾는 이유 ······················ ㉡
Ⅱ. 본론
    1. 실태 분석 및 진단
        (1) 지속적인 유치의 어려움
        (2) 의료 수출국으로의 전환 기회
    2. 외국인 환자 유치 장애의 요인
        (1) 관련 정보의 제공 부족
        (2) 환자 유치, 광고 등에 대한 제도적 규제 ············ ㉢
        (3) 정부 차원의 지원 부족
    3. 의료 서비스 수출 전략 방안
        (1) 비자 발급 간소화 ···································· ㉣
        (2) 해외 환자 유치를 위한 광고 규제 완화
        (3) 경쟁력 있는 의료기관 선정, 인증제를 통한 지원
Ⅲ. 결론
    의료 수출에 대비하기 위한 적극적인 노력 촉구

① ㉠ - 국내 병원에 입원한 외국인 환자의 연도별 현황 자료를 제시한다.

② ㉡ - 진료비 대비 높은 국내 의료 수준을 선진국과 비교하여 제시한다.

③ ㉢ - 언어 장벽이나 까다로운 국내 병원 이용 절차로 외국인 환자를 유치하지 못한 사례를 활용한다.

④ ㉣ - 'Ⅱ - 2 - (1)'을 고려하여 '국내 의료기관 종합 사이트 구축 및 운영'으로 수정한다.

08 다음은 '인터넷 미디어 교육의 활성화 방안'에 대한 글을 쓰기 위해 작성한 개요이다. 개요의 수정·보완 및 자료 제시 방안으로 적절하지 않은 것은?

Ⅰ. 서론
 − 사이버 범죄의 급격한 증가 ·························· ㉠
 − 유해 정보의 범람
Ⅱ. 본론
  1. 인터넷 미디어 교육의 필요성
   − 사이버 범죄의 예방과 대처
   − 올바른 사용 자세 배양 ························· ㉡
   − 사이버 시민 의식의 고양
  2. 인터넷 미디어 교육의 장애 요소
   − 교육의 중요성에 대한 인식 부족 ·············· ㉢
   − 컴퓨터 이용 기술에 치우친 교육
   − 교육 프로그램의 부재
  3. 인터넷 미디어 교육의 활성화 방안
   − 불건전 정보의 올바른 이해 ·················· ㉣
   − 사이버 윤리 및 예절 교육의 강화
   − 다양한 교육 프로그램의 개발
Ⅲ. 결론 : 인터넷 미디어 교육의 중요성 강조

---

① ㉠ − 사이버 범죄의 실태를 통계 수치로 제시한다.

② ㉡ − 인터넷에 자신의 정보를 노출하여 큰 피해를 입은 사례를 근거로 제시한다.

③ ㉢ − 일반인들과 정부 당국으로 항목을 구분하여 지적한다.

④ ㉣ − 'Ⅱ − 2'를 고려하여 '사이버 폭력에 대한 규제 강화'로 수정한다.

09 나노와 관련된 글을 쓰기 위해 (가)와 같은 개요를 작성했다가 (나)의 자료를 추가로 접하였다. (가)와 (나)를 종합하여 작성한 개요의 내용으로 적절하지 않은 것은?

(가) 제목 : 나노 기술의 유용성
Ⅰ. 나노 기술과 나노 물질 소개
Ⅱ. 나노 기술의 다양한 이용 사례
  1. 주방용품
  2. 건축재료
  3. 화장품
Ⅲ. 나노 기술의 무한한 발전 가능성

(나) 나노 물질의 위험성 : 우리 몸의 여과 장치 그대로 통과

인간을 비롯한 지구상 동물들의 코 점막이나 폐의 여과 장치 등은 나노 입자보다 천 배나 더 큰 마이크로 입자를 걸러내기에 적당하게 발달해 왔기 때문에, 나노 크기의 물질은 우리 몸의 여과 장치를 그대로 통과하여 건강에 악영향을 끼칠 가능성이 크다는 경고가 나왔다. 쥐를 대상으로 한 실험을 통해 쥐의 폐에 주입된 탄소나노튜브가 폐 조직을 훼손한다는 사실을 확인했을 뿐만 아니라, 다양한 크기의 입자를 쥐에게 흡입시켰을 때 오직 나노 수준의 미세한 입자만이 치명적인 피해를 준다는 사실도 확인했다는 것이다.

제목 : 나노 기술의 양면성 ··· ㉠
  Ⅰ. 나노 기술과 나노 물질 소개 ····························· ㉡
  Ⅱ. 나노 기술의 양면성
    1. 나노 기술의 유용성
      인간생활의 다양한 분야에서 활용
    2. 나노 기술의 위험성 ·· ㉢
      인간과 동물의 건강에 악영향
  Ⅲ. 요구되는 태도
      나노 기술의 응용 분야 확대 ····························· ㉣

① ㉠   ② ㉡
③ ㉢   ④ ㉣

10 ○○시 주민센터에서 근무하는 김대리는 '지역 산업 육성'에 대한 보고서를 쓰기 위해 개요를 작성한 후, 새로운 글감을 접하였다. 글감의 활용 및 개요의 수정 방안으로 적절하지 않은 것은?

개요	새로 접한 글감
주제문 : 지역 산업을 활성화하자. Ⅰ. 서론 : 지역 경제의 실태 Ⅱ. 본론 　　1. 지역 산업 활성화가 필요한 이유 　　　(1) 지역 고용의 창출 　　　(2) 지역 경제 재도약 　　2. 지역 산업의 문제점 　　　(1) 지역 산업 구조의 취약성 　　　(2) 지역 산업 관련 재정의 비효율적 사용 　　3. 지역 산업 활성화를 위한 방안 　　　(1) 지역 상품 특화 및 개발 　　　(2) 지방 재정의 효율적 사용 　　　(3) 투자 유치 방안 수립 Ⅲ. 결론 : 지역 경제를 활성화하기 위해 국가와 지역 　　자치단체가 협력할 수 있는 종합 계획을 수립·실행 　　해야 한다.	㉠ 태백시는 '눈꽃 축제'라는 지역 특화 상품을 개발하여 많은 관광객을 유치함으로써 지역 경제를 활성화시켰다. ㉡ 부산의 신발 산업, 대구의 섬유 산업 등 지방의 노동 집약 산업이 경쟁력을 잃었는데도, 지역 경제 환경의 열악함으로 인해 현재로서는 대체 산업을 찾기 어렵다. ㉢ 지방자치단체 예산 중, 지역 산업 경제 육성 재원은 전체의 3%뿐이다. ㉣ 정부가 귀금속 가공업을 익산 자유 무역 지역의 수출 특화 산업으로 지정한 이후, 많은 기업이 입주하여 귀금속 산업이 익산의 특화 산업으로 자리 잡았다.

① '서론'에서는 낙후된 지역 경제의 실태를 보여 주기 위해 ㉡의 상황이 나타난 통계 자료를 인용하여 이해를 돕는다.

② '본론 - 1 - (1)'에서 ㉠을 활용하여 지역 간 교류가 고용 창출 효과가 있음을 강조한다.

③ '본론 - 2 - (2)'에서 ㉢의 내용을 고려하여 '지역 재정의 비효율적 편성'으로 수정한다.

④ '본론 - 3 - (1)'에서 ㉣을 정부와 지방자체단체가 협력하여 일궈 낸 지역 특화 산업 성공 사례로 제시하여 바람직한 방안을 알린다.

02 | 내용수정

대표유형 1 **내용수정 ①**

다음 글에서 ⊙ ~ @의 수정 방안으로 적절하지 않은 것은?

> 수험생이 실제로 하고 있는 건강관리는 전문가들이 추천하는 건강관리 활동과 차이가 있다. 수험생들은 건강이 나빠지면 가장 먼저 보양 음식을 챙겨 먹는 것으로 ⊙ <u>건강을 되찾으려고 한다</u>. ⓒ <u>수면 시간을 늘리는 것으로 건강관리를 시도한다</u>. 이러한 시도는 신체에 적신호가 켜졌을 때 컨디션 관리를 통해 그것을 해결하려고 하는 자연스러운 활동으로 볼 수 있다. ⓒ <u>그래서</u> 수험생은 다른 사람들보다 학업에 대한 부담감과 미래에 대한 불안감, 시험에서 오는 스트레스가 높다는 점을 생각해본다면 신체적 건강과 정신적 건강의 연결고리에 대해 생각해봐야 한다. 실제로 @ <u>전문가들이 수험생 건강관리를 위한 조언</u>을 보면 정신적 스트레스를 다스리는 것이 중요하다는 점을 알 수 있다. 수험생의 건강에 가장 악영향을 끼치는 것은 자신감과 긍정적인 생각의 부족이다. 시험에 떨어지거나 낮은 성적을 받는 것에 대한 심리적 압박감이 건강을 크게 위협한다는 것이다. 전문가들은 수험생에게 명상을 하면서 마음을 진정하는 것과, 취미 활동을 통해 긴장을 완화하는 것이 스트레스의 해소에 도움이 된다고 조언한다.

① ⊙ - 의미를 분명히 하기 위해 '건강을 찾으려고 한다.'로 수정한다.
② ⓒ - 자연스러운 연결을 위해 '또한'을 앞에 넣는다.
③ ⓒ - 앞뒤 내용이 전환되므로 '하지만'으로 바꾼다.
④ @ - 호응 관계를 고려하여 '전문가들의 수험생 건강관리를 위한 조언'으로 수정한다.

정답 해설

건강하던 수험생의 건강이 나빠진 상황에서 다시 예전의 상태로 되돌아가려는 것이므로 '찾으려고'보다 '되찾으려고'가 더 적절하다.

정답 ①

다음 밑줄 친 문구를 어법에 맞게 수정한 내용으로 적절하지 않은 것은?

- A : 전력은 필수적인 에너지원이므로 과도한 사용을 <u>삼가야 한다</u>.
- B : 2012년부터 시행되는 신재생에너지 공급의무제는 회사의 <u>주요 리스크로</u> 이를 기회로 승화시키기 위한 노력을 하고 있다.
- C : 녹색경영위원회를 설치하여 전문가들과 함께하는 토론을 주기적으로 하고 있으며, 내·외부 <u>전문가의 의견 자문을 구하고 있다</u>.
- D : <u>녹색 기술 연구 개발 투자 확대</u> 및 녹색 생활 실천 프로그램을 시행하여 온실가스 감축에 전 직원의 역량을 결집하고 있다.

① A - '삼가야 한다.'는 어법상 맞지 않으므로 '삼가해야 한다.'로 고친다.
② B - '주요 리스크로'는 조사의 쓰임이 어울리지 않으므로, '주요 리스크이지만'으로 고친다.
③ C - '전문가의 의견 자문을 구하고 있다.'는 어법에 맞지 않으므로, '전문가들에게 자문하고 있다.'로 고친다.
④ D - '및'의 앞은 명사구로 되어 있고 뒤는 절로 되어 있어 구조가 대등하지 않으므로, 앞부분을 '녹색 기술 연구 개발에 대한 투자를 확대하고'로 고친다.

정답　해설

'삼가하다'는 '삼가다'의 비표준어이며, '삼가-'를 어간으로 활용하여 사용해야 한다. 따라서 '삼가야 한다.'로 적절히 사용되었으므로 수정하지 않아도 된다.

정답 ①

30초 컷 풀이 Tip

수정해야 할 부분의 범위에 따라 전략적으로 문제를 해결한다.
- 어휘 / 어법 : 어법의 오류나 적절한 어휘 선택을 중점으로 수정사항을 파악한다.
- 문장 전체 : 문장의 앞뒤를 통해 문장 내용이 글의 흐름에 적절한지를 중점적으로 확인한다.

※ 다음 글에서 ⊙ ~ ⊜의 수정 방안으로 적절하지 않은 것을 고르시오. [1~8]

01

최근 비만에 해당되는 인구가 증가하고 있다. 비만은 다른 질병들을 ⊙ 유발할 수 있어 주의를 필요로 ⓛ 하는 데, 특히 학생들의 비만이 증가하여 제일 큰 문제가 되고 있다. 학생들의 비만 원인으로 교내 매점에서 판매되는 제품에 설탕이 많이 ⓒ 함유되어 있음이 거론되고 있다. 예를 들어 매점의 주요 판매 품목인 탄산음료, 빵 등은 다른 제품들에 비해 설탕 함유량이 높다. 학생들의 비만 문제를 해결하기 위한 방안으로 매점에서 판매되는 설탕 함유량이 높은 제품에 설탕세를 ⓔ 메겨서 학생들의 구매를 억제하자는 주장이 있다.

영국의 한 과학자는 생쥐에게 일정 기간 동안 설탕을 주입한 후 변화를 관찰하여 설탕이 비만에 상당한 영향력을 미치고 있으며, 운동 능력도 저하시킬 수 있다는 실험 결과를 발표하였다. 권장량 이상의 설탕은 비만의 주요한 요인이 될 수 있고, 이로 인해 다른 질병에 노출될 가능성도 높아지는 것이다. 이렇게 비만을 일으키는 주요한 성분 중 하나인 설탕이 들어간 제품에 대해 그 함유량에 따라 부과하는 세금을 '설탕세'라고 한다. 즉, 설탕세는 설탕 함유량이 높은 제품의 가격을 올려 소비를 억제하기 위한 방법이라고 할 수 있다.

① ⊙ – 사동의 뜻을 가진 '유발시킬'로 수정해야 한다.
② ⓛ – '-ㄴ데'는 연결 어미로 '하는데'와 같이 붙여 써야 한다.
③ ⓒ – 문맥상 같은 의미인 '포함되어'로 바꾸어 쓸 수 있다.
④ ⓔ – 잘못된 표기이므로 '매겨서'로 수정해야 한다.

02

일반적으로 감기는 겨울에 걸린다고 생각하지만 의외로 여름에도 감기에 걸린다. 여름에는 찬 음식을 많이 먹거나 냉방기를 과도하게 사용하는 경우가 많은데, 그렇게 되면 체온이 떨어져 면역력이 약해지기 때문이다. ⊙ 감기를 순우리말로 고뿔이라 한다.

여름철 감기를 예방하기 위해서는 찬 음식은 적당히 먹어야 하고 냉방기에 장시간 ⓛ 노출되어지는 것을 피해야 한다. ⓒ 또한 충분한 휴식을 취하고, 집에 돌아온 후에는 손발을 꼭 씻어야 한다. 만약 감기에 걸렸다면 탈수로 인한 탈진을 방지하기 위해 수분을 충분히 섭취해야 한다. 특히 감기로 인해 ⓔ 열이나 기침을 할 때에는 따뜻한 물을 여러 번에 나누어 조금씩 먹는 것이 좋다.

① 글의 통일성을 해치므로 ⊙을 삭제한다.
② 피동 표현이 중복되므로 ⓛ을 '노출되는'으로 고친다.
③ 문맥의 자연스러운 흐름을 위해 ⓒ을 '그러므로'로 고친다.
④ 호응 관계를 고려하여 ⓔ을 '열이 나거나 기침을 할 때'로 고친다.

03

행동경제학은 기존의 경제학과 ㉠ 다른 시선으로 인간을 바라본다. 기존의 경제학은 인간을 철저하게 합리적이고 이기적인 존재로 상정(想定)하여, 인간은 시간과 공간에 관계없이 일관된 선호를 보이며 효용을 극대화하는 방향으로 선택을 한다고 본다. ㉡ 기존의 경제학자들은 인간의 행동이 예측 가능하다는 것을 전제(前提)로 경제 이론을 발전시켜 왔다. 반면 행동경제학에서는 인간이 제한적으로 합리적이며 감성적인 존재라고 보며, 처한 상황에 따라 선호가 바뀌기 때문에 그 행동을 예측하기 어렵다고 생각한다. 또한 인간은 효용을 ㉢ 극대화하기 보다는 어느 정도 만족하는 선에서 선택을 한다고 본다. 행동경제학은 기존의 경제학이 가정하는 인간관을 지나치게 이상적이고 비현실적이라고 비판한다. 그래서 행동경제학은 인간이 때로는 이타적인 행동을 하고 비합리적인 행동을 하는 존재라는 점을 인정하며, 현실에 ㉣ 실제하는 인간을 연구 대상으로 한다.

① ㉠ – 문맥을 고려하여 '같은'으로 고친다.
② ㉡ – 문장을 자연스럽게 연결하기 위해 문장 앞에 '그러므로'를 추가한다.
③ ㉢ – 띄어쓰기가 올바르지 않으므로 '극대화하기보다는'으로 고친다.
④ ㉣ – 문맥을 고려하여 '실재하는'으로 고친다.

04

심리학자들은 학습 이후 망각이 생기는 심리적 이유를 다음과 같이 설명하고 있다. 앞서 배운 내용이 나중에 공부한 내용을 밀어내는 순행 억제, 뒤에 배운 내용이 앞에서 배운 내용을 기억의 저편으로 밀어내는 역행 억제, 또한 공부한 두 내용이 서로 비슷해 간섭이 일어나는 유사 억제 등이 작용해 기억을 방해했기 때문이라는 것이다. 이러한 망각을 뇌 속에서 어떤 기억을 잃어버린 것으로 이해해서는 ㉠ 안된다. 기억을 담고 있는 세포들은 내용물을 흘려버리지 않는다. 기억들은 여전히 ㉡ 머리 속에 있는 것이다. 우리가 뭔가 기억해 내려고 애쓰는데도 찾지 못하는 것은 기억들이 ㉢ 혼재해 있기 때문이다. ㉣ 그리고 학습한 내용을 일정한 원리에 따라 짜임새 있게 잘 정리한다면 학습한 내용을 어렵지 않게 기억해 낼 수 있다.

① ㉠ – 띄어쓰기가 올바르지 않으므로 '안 된다'로 고친다.
② ㉡ – 맞춤법에 어긋나므로 '머릿속에'로 고친다.
③ ㉢ – 문맥에 어울리지 않으므로 '잠재'로 수정한다.
④ ㉣ – 앞 문장과의 관계를 고려하여 '그러므로'로 고친다.

05

어떤 연구원이 사람의 키와 몸무게는 반드시 정비례한다고 주장하였다. ⊙ 그는 키와 몸무게가 비례한다고 강조한다. 그에 따르면 키가 클수록 필연적으로 몸무게가 많이 나가고, 키카 작을수록 몸무게가 적게 나간다고 한다. 그런데 어느 날 키가 작고 뚱뚱한 사람과 키가 크고 마른 사람이 이 ⓒ 학자를 찾아왔다. ⓒ 두 사람은 마주 보고 있었다. 연구원은 두 사람을 보는 순간 당황할 수밖에 없었다. 키와 몸무게에 관한 자신의 주장이 틀렸음을 알게 되었기 때문이다. ② 오히려 충분한 사례를 검토하지 않고 일반화하는 것은 위험하다.

① 앞 문장과 의미가 중복되므로 ⊙을 삭제한다.
② 하나의 글 안에서 지칭을 다르게 쓰고 있으므로 ⓒ을 '연구원'으로 통일한다.
③ 통일성을 깨뜨리는 문장이므로 ⓒ을 삭제한다.
④ 앞뒤 내용을 자연스럽게 이어주지 못하므로 ②을 '그런데'로 바꾼다.

06

15세 이상의 인구를 대상으로 설문조사를 한 결과, 직업을 선택할 때 가장 크게 고려하는 사항은 수입과 안정성이라는 것이 밝혀졌다. '청년이 원하는 직장'의 설문결과, ⊙ 국가기관이 가장 선호하고 그 뒤로 공기업, 대기업의 순서로 이어졌다. 조사 대상에 청소년이 포함되어 있다는 것을 생각해 보면 직업에 대한 선호도가 ⓒ 전적으로 획일화되어 있다는 점을 알 수 있다. 때문에 청소년들이 다양하고 건전한 직업관을 가질 수 있도록 직업교육에 더욱 많은 ⓒ 투자와 관심을 가져야 한다. ② 직업관의 획일화는 사회의 다양성을 해치며 대학의 서열화 심화로 이어진다. 이러한 인식 때문에 수입과 안정성이 부족한 중소기업이나 벤처기업을 선호하는 사람은 매우 적다. 구직자들은 취업난 속에서도 중소기업을 외면하고 이것이 다시 중소기업의 인력난으로 이어져 수익의 저하를 낳게 되는 것이다. 인력난이 재정난으로, 그 재정난이 또다시 인력난으로 이어지는 악순환을 끊는 것은 쉽지가 않다. 그렇기 때문에 중소기업을 살리기 위해서는 정부가 주도하여 기업의 인력난을 해소할 수 있는 제도를 고안해야 한다.

① ⊙ – 주어와 서술어 관계를 고려하여 '국가기관이 가장 선호되고'로 수정한다.
② ⓒ – 청소년이 포함되어 있다고 하더라도 온 국민의 인식이 획일화되었다고 할 수는 없으므로 '전체적으로'로 수정한다.
③ ⓒ – 서술어가 잘못 생략되었으므로 '투자를 하고 관심을 가져야 한다.'로 수정한다.
④ ② – 전체적인 흐름에 알맞지 않으므로 삭제해야 한다.

07

시간을 잘 관리하는 사람은 서두르지 않으면서 늦는 법이 없다. 시간의 주인으로 살기 때문이다. 반면, 시간을 잘 관리하지 못하는 사람은 잡다한 일로 늘 바쁘지만 놓치는 것이 많다. 시간에 묶이기 때문이다. 당신은 어떤 사람인가. ㉠ 하지만 이 말이 일분일초의 여유도 없이 빡빡하게 살라는 말은 아니다. 주어진 순간순간을 밀도 있게 사는 것은 중요하다. 우리는 목표를 정하고 부수적인 것들을 정리하면서 삶의 곳곳에 비는 시간을 ㉡ 만들어져야 한다. 자동차와 빌딩으로 가득한 도시에 공원이 필요하듯 우리의 시간에도 여백이 필요한 것이다. 조금은 비워 두고 무엇이든 자유롭게 할 수 있는 여백은 우리 삶에서 꼭 필요하다. ㉢ 인생의 기쁨은 자존감에 바탕을 둔 배려심에서 나온다. 목표를 향해 가면서 우리는 예상치 못한 일에 맞닥뜨릴 수 있다. 그러한 뜻밖의 상황에서 시간의 여백이 없다면 우리는 문제를 해결하지 못해 목표와 방향을 잃어버릴지도 모른다. ㉣ 그러므로 시간의 여백을 만드는 것은 현명한 삶을 위한 최고의 시간 관리라 할 수 있다.

① ㉠ - 문맥을 고려하여 뒷문장과 순서를 바꾸는 것이 좋겠어.

② ㉡ - 문장 성분 간의 호응을 고려하여 '만들어야'로 고치는 것이 좋겠어.

③ ㉢ - 글의 통일성을 고려하여 삭제하는 것이 좋겠어.

④ ㉣ - 문장의 연결 관계를 고려하여 '또한'으로 바꾸는 것이 좋겠어.

PART 3

08

한글날이 공휴일에서 ㉠ 제외된지 22년 만에 공휴일로 ㉡ 다시 재지정되었다. 그동안 학계와 관련 단체는 물론 다수의 국민들이 한글날 공휴일 재지정을 끊임없이 요구해 온 결과이다. 우리도 한글이 세계에서 가장 우수한 문자라는 이야기를 자주 들어 왔다. ㉢ 따라서 우리는 한글의 고유한 특성을 이해할 필요가 있다. 이러한 한글의 우수성을 인정하여 유네스코에서는 '훈민정음'을 세계기록유산으로 등재하였다. 그렇지만 정작 우리나라에서는 한글날을 국경일로만 지정하고 공휴일에서는 제외하고 있었다. ㉣ 그래서 한글날 제정의 의미와 한글의 가치를 되새길 수 있는 기회가 많이 제한되었던 것이 사실이다.

① ㉠ - 띄어쓰기가 올바르지 않으므로 '제외된 지'로 고친다.

② ㉡ - 의미가 중복되므로 '다시'를 삭제한다.

③ ㉢ - 글의 흐름에 어긋나는 내용이므로 삭제한다.

④ ㉣ - 앞 문장과의 관계를 고려하여 '하지만'으로 고친다.

09 다음 중 괄호 안의 단어를 맥락에 맞게 고친 것은?

> 영화의 기본적인 단위는 프레임이다. 테두리 혹은 틀을 뜻하는 프레임은 영화가 만들어져 상영되는 단계마다 서로 다르게 정의된다. 촬영 과정에서는 카메라를 통해 들여다보는 장면의 구도로, 편집 과정에서는 필름에 현상된 낱낱의 정지 사진으로, 그리고 상영 과정에서는 극장의 어둠과 화면을 가르는 경계선으로 규정되는 것이다. 그러나 (정의되다) 이 개념은 영화가 프레임을 통해 비추어진 세계이며 프레임을 경계로 어두운 객석의 현실 세계와 구분되는 것을 의미한다는 점에서 일치한다.

① 이렇게 정의되고 나서야   ② 정의되는 방식을 살펴보면
③ 다르게 정의되기 때문에   ④ 어떻게 정의되든 간에

10 다음 글의 ㉠ ~ ㉣을 바꾸어 쓸 때 적절하지 않은 것은?

> 산등성이가 검은 바위로 끊기고 산봉우리가 여기저기 솟아 있어서 산은 때때로 ㉠ <u>황량하고</u> 접근할 수 없는 것처럼 험준해 보인다. 그러나 산봉우리들은 분홍빛의 투명한 자수정으로 빛나고, 그 그림자는 짙은 코발트빛을 띠며 내려앉고, 하늘은 푸른 금빛을 띤다. 서울 인근의 풍광은 이른 봄에도 아름답다. 이따금 녹색의 연무가 산자락을 휘감고, 산등성이는 연보랏빛 진달래로 물들고, 불그레한 자두와 화사한 벚꽃, 그리고 ㉡ <u>흐드러지게</u> 핀 복숭아꽃이 예상치 못한 곳에서 나타난다.
> 서울처럼 인근에 아름다운 산책로와 마찻길이 있고 외곽지대로 조금만 나가도 한적한 숲이 펼쳐져 있는 도시는 동양에서 거의 찾아볼 수 없다. 또 한 가지 덧붙여 말한다면, 서울만큼 안전한 도시는 없다는 것이다. 내가 직접 경험한 바이지만, 이곳에서는 여자들이 유럽에서처럼 누군가를 ㉢ <u>대동하지</u> 않고도 성 밖의 어느 곳이든 아무런 ㉣ <u>성가신</u> 일을 겪지 않고 나다닐 수 있다.

① ㉠ – 경사가 급하고   ② ㉡ – 탐스럽게
③ ㉢ – 데리고 가지   ④ ㉣ – 번거로운

※ 다음 글에서 ㉠ ~ ㉣의 수정 방안으로 적절하지 않은 것을 고르시오. [1~3]

01

사회복지와 근로의욕과의 관계에 대한 조사를 보면 '사회복지와 근로의욕이 관계가 있다.'는 응답과 '그렇지 않다.'는 응답의 비율이 비슷하게 나타난다. 하지만 기타 의견에 ㉠ 따라 과도한 사회복지는 근로의욕을 저하할 수 있다는 응답이 많았던 것으로 조사되었다. 예를 들어 정부지원금을 받으나 아르바이트를 하나 비슷한 돈이 나온다면 차라리 일하지 않고 정부지원금으로만 먹고사는 사람들이 많이 있다는 것이다. 여기서 주목해야 할 점은 과도한 복지 때문이 아니라 정책상의 문제라는 의견도 있다는 사실이다. 현실적으로 일을 할 수 있는 능력이 있는 사람에게는 ㉡ 최대한의 생계비용 이외의 수입을 인정하고, 빈곤층에서 벗어날 수 있게 지원해주는 것이 개인에게도, 국가에도 바람직한 방식이라는 것이다.

이 설문 조사 결과에서 주목해야 할 또 다른 측면은 사회복지 체제가 잘 되어 있을수록 근로의욕이 떨어진다고 응답한 사람의 ㉢ 과반수 이상이 중산층 이상의 경제력을 가지고 있었다는 점이다. 재산이 많은 사람에게는 약간의 세금 확대도 ㉣ 영향이 적을 수 있기 때문에 경제발전을 위한 세금 확대는 찬성하더라도 복지정책을 위한 세금 확대는 반대하는 것이다. 이러한 점을 고려해보면 소득 격차 축소를 원하는 국민보다 복지정책을 위한 세금 확대에 반대하는 국민이 많은, 다소 모순된 설문 결과에 대한 설명이 가능하다.

① ㉠ – 호응 관계를 고려하여 '따르면'으로 수정한다.
② ㉡ – 전반적인 내용의 흐름을 고려하여 '최소한의'로 수정한다.
③ ㉢ – '과반수'의 뜻을 고려하여 '절반 이상이' 또는 '과반수가'로 수정한다.
④ ㉣ – 일반적인 사실을 말하는 것이므로 '영향이 적기 때문에'로 수정한다.

02

집을 나서니 차가운 바람에 옷깃이 절로 여며졌다. 길을 걷다 보니 나무 한 그루가 눈에 띄었다. 지난 여름 무성했던 나뭇잎들이 다 떨어진 ㉠ 왕성한 나뭇가지를 보니 '이 겨울에 얼마나 추울까?' 하는 안타까움이 들었다. 그런데 자세히 보니 나뭇가지에서 새로운 움이 나고 있었다. 봄이 오면 나무는 움에서 싹을 틔울 것이다. 아마도 움은 봄이 올 것이라는 꿈을 꾸며 추위를 견디고 있지 않을까? ㉡ 우리의 삶도 마찬가지이다. 무엇인가를 꿈꾸어야 현재의 어려움을 견뎌 내고 꿈을 이룰 수 있을 것이다.

하지만 꿈이 있다고 해서 모든 것이 해결되는 것은 아니다. 꿈이 목표라면 그것을 이룰 수 있는 힘이 필요한 것이다. ㉢ 그리고 움이 싹을 낼 수 있는 힘은 어디에서 나온 것일까? 아마도 나무에 양분을 주는 흙과 그 속에 굳건히 내린 뿌리에 있지 않을까 싶다. ㉣ 흙과 뿌리가 튼실하지 못하다면 나무는 이 혹독한 겨울을 나지 못할 것이다. 삶도 마찬가지이다. 삶에 있어서 흙은 무엇일까? 아마도 나의 삶을 풍요롭게 해 주는 주변 사람들일 것이다. 그렇다면 뿌리를 내린다는 것은 무엇일까? 그것은 아마 주변 사람들과 잘 어울려 함께 살아가는 것을 의미할 것이다.

이제 겨울이 지나 여름이 되면 나무는 다시 무성한 잎들을 거느릴 것이다. 그리고 사람들에게 시원한 그늘을 제공할 것이다. 나도 나무처럼 누군가에게 꿈과 희망을 주는 사람으로 성장하고 싶다.

① 의미를 분명히 하기 위해 ㉠의 '왕성한'을 '앙상한'으로 고친다.
② ㉡은 글의 전개상 불필요한 내용이므로 삭제한다.
③ 자연스러운 연결을 위해 ㉢의 '그리고'를 '그렇다면'으로 고친다.
④ 호응 관계를 고려하여 ㉣은 '흙이 없거나'로 고친다.

03

⊙ 일반적인 사전적 의미의 '취미'는 '전문적으로 하는 것이 아니라 즐기기 위하여 하는 일'이지만 좀 더 철학적 관점에서 본다면 취미(Geschmack)란 주관적인 인간의 감정적 영역으로, 미적 대상을 감상하고 비판하는 능력이다. 또 발타사르 그라시안(Baltasar Gracian)에 따르면 취미는 충동과 자유, 동물성과 정신의 중간적인 것으로 각종 일에 대해 거리를 취하고 구별하여 선택하는 능력으로 일종의 인식방식이다.

취미에 대한 정의와 관점은 다양하다. 취미를 감각 판단으로 바라볼 것인가에 대해 서로 맞서고 있는 감각주의 전통과 합리주의 전통의 논쟁이 있어 왔으며, 현대사회에서는 취미 연구를 심리학적, 사회적 두 가지 관점에서 본다. 심리학적인 관점에서 취미는 개인의 생애를 통해서 변화하며 동시에 개인, 시대, 민족, 지역 등에 따라 ⓒ <u>틀리다</u>. 개인의 취미는 넓고 깊은 교양에 의한 것이며, 통속적으로는 여가나 오락을 뜻하는 것으로 쓰이기도 한다. ⓒ <u>하지만 이와 동시에</u> 일정한 시대, 민족에 있어서는 공통된 취미가 '객관적 정신'으로 전체를 지배하기도 한다.

이 과정에서 우리는 '한 사회 내에서 일정 기간 동안 유사한 문화양식과 행동양식이 일정 수의 사람들에게 공유되는 사회적 동조 현상'인 유행과의 차이에 대해 의문을 가지게 된다. 유행은 취미와 아주 밀접하게 결부된 현상이다. ② <u>그러나</u> 유행은 경험적 일반성에 의존하는 공동체적 감각이고, 취미는 경험보다는 규범적 일반성에 의존하는 감각이다. 다시 말해 유행은 공동체 속에서 활동하고 또 그것에 종속되지만, 취미는 그것에 종속되지 않는다. 취미는 자신의 판단력에 의존한다는 점에서 유행과 구별된다.

① ⊙ – 문장이 너무 길어 호흡이 길어지므로 '…하는 일'이다. 하지만…'으로 수정한다.

② ⓒ – 의미상 '비교가 되는 대상이 서로 같지 아니하다.'라는 뜻의 '다르다'로 바꾼다.

③ ⓒ – 자연스러운 연결을 위해 '또한'으로 바꾼다.

④ ② – 앞뒤 내용의 자연스러운 흐름을 위해 '그래서'로 바꾼다.

04

언어가 대규모로 소멸하는 원인은 ㉠ <u>중첩적이다</u>. 토착 언어 사용자들의 거주지가 파괴되고, 종족 말살과 동화(同化)교육이 이루어지며, 사용 인구가 급격히 감소하는 것 외에 '문화적 신경가스'라고 불리는 전자 매체가 확산되는 것도 그 원인이 된다. 물론 우리는 소멸을 강요하는 사회적, 정치적 움직임들을 중단시키는 한편, 토착어로 된 교육 자료나 문학작품, 텔레비전 프로그램 등을 ㉡ <u>개발함으로서</u> 언어 소멸을 어느 정도 막을 수 있다. 나아가 소멸 위기에 처한 언어라도 20세기의 히브리어처럼 지속적으로 공식어로 사용할 의지만 있다면 그 언어를 부활시킬 수도 있다.

합리적으로 보자면, 우리가 지구상의 모든 동물이나 식물종들을 보존할 수 없는 것처럼 모든 언어를 보존할 수는 없으며, 어쩌면 그래서는 안 되는지도 모른다. ㉢ <u>여기에는 도덕적이고 현실적인 문제들이 얽혀있기 때문이다.</u> 어떤 언어 공동체가 경제적 발전을 보장해 주는 주류 언어로 돌아설 것을 선택할 때, 다른 외부 집단이 이들에게 토착 언어를 유지하도록 강요할 수 있겠는가? 또한, 한 공동체 내에서 이질적인 언어가 사용되면 사람들 사이에 심각한 분열을 초래할 수도 있다. 그러나 이러한 문제가 있더라도 전 세계 언어의 50% 이상이 빈사 상태에 있다면 이를 그저 바라볼 수만은 없다. 왜 우리는 위험에 처한 언어에 관심을 가져야 하나? 언어적 다양성은 인류가 지닌 언어 능력의 범위를 보여 준다. 언어는 인간의 역사와 지리를 담고 있으므로 한 언어가 소멸한다는 것은 역사적 문서를 소장한 도서관 하나가 ㉣ <u>통째로</u> 불타 없어지는 것과 비슷하다. 또 언어는 한 문화에서 시, 이야기, 노래가 존재하는 기반이 되므로, 언어의 소멸이 계속되어 소수의 주류 언어만 살아남는다면 이는 인류의 문화적 다양성까지 해치는 셈이 된다.

① ㉠ – 문맥상 적절하지 않은 단어이므로 '불투명하다'로 수정한다.

② ㉡ – 행위나 방법에 해당되므로 '개발함으로써'로 수정한다.

③ ㉢ – 문맥상 상관없는 내용에 해당하므로 삭제한다.

④ ㉣ – 맞춤법에 어긋나므로 '통채'로 수정한다.

05

소아시아 지역에 위치한 비잔틴 제국의 수도 콘스탄티노플이 이슬람교를 신봉하는 오스만인들에게 함락되었다는 소식이 인접해 있는 유럽 지역에까지 전해졌다. 그 지역 교회의 한 수도원 서기는 이에 대해 "지금까지 이보다 더 끔찍했던 사건은 없었으며, 앞으로도 결코 없을 것이다."라고 기록했다. 1453년 5월 29일 화요일, 해가 뜨자마자 오스만 제국의 군대는 난공불락으로 유명한 케르코포르타 성벽의 작은 문을 뚫고 진군하기 시작했다. 해 질 녘 약탈당한 도시에 남아있는 모든 것은 그들의 차지가 되었다. 비잔틴 제국의 86번째 황제였던 콘스탄티누스 11세는 서쪽 성벽 아래에 있는 좁은 골목에서 전사하였다. 이것으로 ㉠ 1,100년 이상 존재했던 소아시아 지역의 기독교도 황제가 사라 졌다. 잿빛 말을 타고 화요일 오후 늦게 콘스탄티노플에 입성한 술탄 메흐메드 2세는 우선 성소피아 대성당으로 갔다. 그는 이 성당을 파괴하는 대신 이슬람 사원으로 개조하라는 명령을 내렸고, 우선 그 성당을 철저하게 자신의 보호 하에 두었다. 또한 학식이 풍부한 그리스 정교회 수사에게 격식을 갖추어 공석 중인 총대주교직을 수여하고자 했다. 그는 이슬람 세계를 위해 ㉡ 기독교의 제단뿐만 아니라 그 이상의 것들도 활용했다. 역대 비잔틴 황제들이 제정한 법을 그가 주도하고 있던 법제화 의 모델로 이용하였던 것이다. 이러한 행위들은 ㉢ 단절을 추구하는 정복왕 메흐메드 2세의 의도에 서 비롯된 것이라고 할 수 있다.

그는 자신이야말로 지중해를 '우리의 바다'라고 불렀던 로마 제국의 진정한 계승자임을 선언하고 싶 었던 것이다. 일례로 그는 한때 유럽과 아시아를 포함한 지중해 전역을 지배했던 제국의 정통 상속 자임을 선언하면서, 의미심장하게도 자신의 직함에 '룸 카이세리', 즉 로마의 황제라는 칭호를 추가 했다. 또한 그는 패권 국가였던 로마의 옛 명성을 다시 찾기 위한 노력의 일환으로 로마 사람의 땅이 라는 뜻을 지닌 루멜리아에 새로 수도를 정했다. 이렇게 함으로써 그는 ㉣ 오스만 제국이 유럽으로 확대될 것이라는 자신의 확신을 보여주었다.

① ㉠ – '1,100년 이상 존재했던 소아시아 지역의 이슬람 황제가 사라졌다.'로 고친다.

② ㉡ – '기독교의 제단뿐만 아니라 그 이상의 것들도 파괴했다.'로 고친다.

③ ㉢ – '연속성을 추구하는 정복왕 메흐메드 2세의 의도에서 비롯된 것'으로 고친다.

④ ㉣ – '오스만 제국이 아시아로 확대될 것이라는 자신의 확신을 보여주었다.'로 고친다.

06

최근 사물 인터넷에 대한 사람들의 관심이 부쩍 늘고 있는 추세이다. 사물 인터넷은 '인터넷을 기반으로 모든 사물을 연결하여 사람과 사물, 사물과 사물 간에 정보를 상호 소통하는 지능형 기술 및 서비스'를 말한다.

㉠ 통계에 따르면 사물 인터넷은 전 세계적으로 민간 부문 14조 4,000억 달러, 공공 부문 4조 6,000억 달러에 달하는 경제적 가치를 창출할 것으로 ㉡ 예상되며 그 가치는 더욱 커질 것으로 기대된다. 그래서 사물 인터넷 사업은 국가 경쟁력을 확보할 수 있는 미래 산업으로서 그 중요성이 강조되고 있으며, 이에 선진국들은 에너지, 교통, 의료, 안전 등 다양한 분야에 걸쳐 투자하고 있다. 그러나 우리나라는 정부 차원의 경제적 지원이 부족하여 사물 인터넷 산업이 활성화되는 데 어려움이 있다. 또한 국내의 기업들은 사물 인터넷 시장의 불확실성 때문에 적극적으로 투자에 나서지 못하고 있으며, 사물 인터넷 관련 기술을 확보하지 못하고 있는 실정이다. 그 이유는 우리나라의 사물 인터넷 시장이 선진국에 비해 확대되지 못하고 있기 때문이다.

그렇다면 국내 사물 인터넷 산업을 활성화하기 위한 방안은 무엇일까? 우선 정부에서는 사물 인터넷 산업의 기반을 구축하는 데 필요한 정책과 제도를 정비하고, 관련 기업에 경제적 지원책을 마련해야 한다. 또한 수익성이 불투명하다고 느끼는 기업으로 하여금 투자를 하도록 유도하여 사물 인터넷 산업이 발전할 수 있도록 해야 한다. 그리고 기업들은 이동 통신 기술 및 차세대 빅데이터 기술 개발에 집중하여 사물 인터넷으로 인해 발생하는 대용량의 데이터를 원활하게 수집하고 분석할 수 있는 기술력을 ㉢ 확증해야 할 것이다.

㉣ 사물 인터넷은 세상을 연결하여 소통하게 하는 끈이다. 이런 사물 인터넷은 우리에게 편리한 삶을 약속할 뿐만 아니라 경제적 가치를 창출할 미래 산업으로 자리매김할 것이다.

① ㉠ - 서로 다른 내용을 다루고 있는 부분이 있으므로 문단을 두 개로 나눈다.

② ㉡ - 불필요한 피동 표현에 해당하므로 '예상하며'로 수정한다.

③ ㉢ - 문맥상 어울리지 않는 단어이므로 '확인'으로 바꾼다.

④ ㉣ - 글과 상관없는 내용이므로 삭제한다.

다음 글의 수정 방안으로 적절하지 않은 것은?

> (가) 이란은 석유수출국기구(OPEC) 내에서 사우디아라비아와 이라크에 이어 3번째 규모의 산유국
> 이다. 지난 4월 이란의 원유 수출량은 일 262만 배럴을 기록하면서 2016년 1월 핵 합의 이행
> 이후 최대 규모를 기록했다. 현재 많은 국가가 이란산 원유 수입에 열을 올리고 있는 이유는
> 사우디아라비아와 카타르 등 이웃한 중동국가들보다 가격이 저렴하면서 석유화학기초 원료인
> 나프타를 더 많이 추출할 수 있기 때문이다. (A) 그러나 이란의 정부 재정은 여전히 부족한
> 상황이다.
>
> (나) 최근 미국은 이러한 이란의 원유에 대하여 유럽 및 아시아 동맹국들에 11월 4일까지 수입을
> 중단하라고 요구하면서 협조하지 않을 경우 (B) 감독을 가할 것이라고 압박했다. 이는 이란이
> 핵협정을 탈퇴하면서 미국이 이란의 최대 자금줄인 원유 수입을 차단해 이란으로부터 핵 문제
> 에서 양보를 받아내려고 하는 것이다. 미국은 현재 원유 수입 중단은 국가 안보 정책의 우선순
> 위 중 하나로 이와 관련해 면제는 없다는 입장이다.
>
> (다) 이와 같은 대(對)이란 강경책은 미국과 다른 국가 간의 긴장을 더욱 고조시킬 것으로 예상된다.
> 미국은 폭탄 관세 등 보호무역 공세로 중국을 비롯한 주요 교역국들과 갈등을 겪고 있으며,
> 이번 이란 정책으로 유럽 동맹국들과도 마찰을 빚고 있다. 최대 수입국 중 하나인 중국은 이미
> 원유 수입 중단에 대해 거부 자세를 보였다. 중국 정부는 중국과 이란은 우호 국가 사이로 각자
> 국제법상 의무 틀 안에서 정상적인 왕래와 협력을 하고 있기 때문에 논란이 될 여지가 없다며
> 원유 수입 중단을 수용하지 않을 방침을 내보인 것이다. (C) 한국의 지난해 원유 수입량 중 13.2%
> 가 이란산이며, 지난해 한국의 이란산 원유 수입은 1억 4,787만 배럴로 2016년 대비 32.1%
> 늘었다. 이는 사우디아라비아(28.5%)와 쿠웨이트(14.3%) 다음으로 많은 양의 원유를 수입하는
> 것으로, 이란의 원유 수입 중단은 한국의 원유시장에도 많은 영향을 미칠 것으로 보인다.

① 밑줄 친 (A)는 글의 전개상 불필요한 내용이므로 삭제한다.

② 의미를 분명히 하기 위해 (B)의 '감독을'을 '제재를'로 고친다.

③ (다) 문단은 (가) 문단의 내용을 뒷받침하는 내용이므로 (가) 문단과 합친다.

④ 밑줄 친 (C)는 새로운 내용이므로 문단을 구분한다.

08 다음 글의 ㉠~㉣을 바꾸어 쓸 때 적절하지 않은 것은?

우리나라의 전통음악은 정악(正樂)과 민속악으로 나눌 수 있다. 정악은 주로 양반들이 ㉠ 향유하던 음악으로, 궁중에서 제사를 지낼 때 사용하는 제례악과 양반들이 생활 속에서 즐기던 풍류음악 등이 이에 속한다. 이와 달리 민속악은 서민들이 즐기던 음악으로, 서민들이 생활 속에서 느낀 기쁨, 슬픔, 한(恨) 등의 감정이 ㉡ 솔직하게 표현되어 있다.

정악의 제례악에는 종묘제례악과 문묘제례악이 있다. 본래 제례악의 경우 중국 음악을 ㉢ 사용하였는데, 이 때문에 우리나라의 정악을 중국에서 들어온 것으로 여기고 순수한 우리의 음악으로 ㉣ 받아들이지 않을 수 있다. 그러나 종묘제례악은 세조 이후부터 세종대왕이 만든 우리 음악을 사용하였고, 중국 음악으로는 문묘제례악과 이에 사용되는 악기 몇 개일 뿐이다.

정악의 풍류음악은 주로 양반 사대부들이 사랑방에서 즐기던 음악으로, 궁중에서 경사가 있을 때 연주되기도 하였다. 대표적인 곡으로는 '영산회상', '여민락' 등이 있으며, 양반 사대부들은 이러한 정악곡을 반복적으로 연주하면서 음악에 동화되는 것을 즐겼다. 이처럼 대부분의 정악은 이미 오래 전부터 우리 민족 고유의 정서와 감각을 바탕으로 만들어져 전해 내려온 것으로, 부정할 수 없는 우리의 전통음악이다.

① ㉠ - 누리던　　　　　　　　② ㉡ - 진솔하게
③ ㉢ - 구사하였는데　　　　　④ ㉣ - 수급하지

09 다음 글의 (가)를 (나)와 같이 고쳐 썼다고 할 때, 반영된 내용으로 옳지 않은 것은?

(가) 자신이 보려던 영화의 결말을 누군가 말해버려서 속상했던 적이 있을 것이다. 이렇게 영화, 방송, 소설 등의 줄거리나 내용을 예비 관객이나 시청자, 독자들에게 미리 밝히는 행위나 그런 행위를 하는 사람들을 스포일러라고 한다. SNS 사용이 급증하고 있는 최근에는 스포일러로 인한 피해가 확산되면서 누리꾼들 사이에 이에 대한 부정적 인식이 심화되고 있다.

사람들은 다음에 벌어질 상황이나 결말을 알지 못할 때 긴장감과 흥미를 느끼므로 만약 그들이 의도치 않게 스포일러를 접하게 되면 흥미는 반감될 수밖에 없다. 또한 최근에는 오디션이나 경연 대회를 다루는 프로그램들이 많은데, 누가 우승자가 될지 이목이 집중되는 이러한 프로그램들은 스포일러 때문에 시청률이 큰 폭으로 떨어지게 된다. 누리꾼들은 자신의 행위가 스포일러가 될 수도 있다고 인식하지 못한 채 영화 관련 정보를 제공하려는 의도로 글을 올리는 경우가 많지만, 원래 의도와는 달리 이러한 글이 많은 사람들에게 피해를 줄 수도 있다.

한편 영화와 전혀 관련이 없는 내용인 것처럼 제목을 꾸며 놓고 클릭을 유도해서 중요한 내용을 공개해 사람들을 의도적으로 골탕 먹이는 경우도 있다.

이러한 스포일러 문제를 해결하기 위해서는 우선 자신의 행위가 스포일러가 될 수도 있다는 것을 명확히 인식해야 한다. 아울러 자신의 행위가 스포일러는 아닌지 한 번 더 의심하고 자기 점검을 할 필요가 있다. 또한 의도적인 스포일러를 방지하기 위해서는 지속적인 캠페인 활동 등을 통해 누리꾼들의 윤리 의식을 고취시켜야 한다.

스포일러의 피해가 사회적 문제로 대두되는 요즘, 우리들은 문화 콘텐츠의 향유자로서 스포일러의 폐해에 관심을 갖고 스포일러 방지를 위해 노력해야 한다.

(나) 자신이 보려던 영화의 결말을 누군가 말해버려서 속상했던 적이 있을 것이다. 이렇게 영화, 방송, 소설 등의 줄거리나 내용을 예비 관객이나 시청자, 독자들에게 미리 밝히는 행위나 그런 행위를 하는 사람들을 스포일러라고 한다. SNS 사용이 급증하고 있는 최근에는 스포일러로 인한 피해가 확산되면서 이에 대한 누리꾼들의 부정적 인식이 심화되고 있다. 얼마 전 한 영화 예매 사이트의 스포일러에 관한 설문조사 결과 '영화 관람에 영향을 미치므로 절대 금지해야 한다.'라는 응답이 73%를 차지했다.

사람들은 다음에 벌어질 상황이나 결말을 알지 못할 때 긴장감과 흥미를 느낀다. 따라서 의도치 않게 스포일러를 접하게 되면 흥미는 반감될 수밖에 없다. 또한 최근에는 오디션이나 경연 대회를 다루는 프로그램들이 많다. 누가 우승자가 될지 이목이 집중되는 이러한 프로그램들은 스포일러 때문에 시청률이 큰 폭으로 떨어지게 된다. 물론 스포일러가 홍보 역할을 하여 오히려 시청률 증가에 기여한다는 의견도 있다. 그러나 그런 경우는 빙산의 일각에 불과하고 시청자뿐만 아니라 제작자에게도 피해를 입히는 경우가 대부분이다.

누리꾼들은 스포일러라는 인식 없이 단순히 영화 관련 정보를 제공하려는 의도로 글을 올리는 경우가 많다. 하지만 원래 의도와는 달리 이러한 글이 많은 사람들에게 피해를 줄 수도 있다. 혹은 영화와 전혀 관련이 없는 내용인 것처럼 제목을 꾸며 놓고 클릭을 유도해서 중요한 내용을 공개해 사람들을 의도적으로 골탕 먹이는 경우도 있다.

그렇다면 이러한 스포일러 문제는 어떻게 해결할 수 있을까? 우선 자신의 행위가 스포일러가 될 수도 있다는 것을 명확히 인식해야 한다. 아울러 자신의 행위가 스포일러는 아닌지 한 번 더 의심하고 자기 점검을 할 필요가 있다. 그리고 의도적인 스포일러를 방지하기 위해서는 지속적인 캠페인 활동 등을 통해 누리꾼들의 윤리 의식을 고취시켜야 한다.

스포일러의 피해가 사회적 문제로 대두되는 요즘, 우리들은 문화 콘텐츠의 향유자로서 스포일러의 폐해에 관심을 갖고 스포일러 방지를 위해 노력해야 한다.

PART 3

① 반론 – 재반론의 형식으로 주장의 근거를 보충하였다.
② 질문 – 대답 형식을 통해 독자의 관심을 유도한다.
③ 신뢰성 있는 자료를 보충하여 근거의 타당성을 높였다.
④ 문맥상 잘못된 접속어를 바꾸었다.

10 다음 글에서 ⊙ ~ ㉣을 우리말 어법에 맞고 뜻이 분명하게 드러나도록 순화하려고 할 때, 적절하게 고치지 못한 것은?

○○공사는 본사에서 국내 120여 개 대기업 및 중소기업 관련 임직원들이 참석한 가운데 에너지 4차 산업혁명 대토론회를 개최했다. 대토론회는 에너지 4차 산업혁명 공동 대응 전략 수립을 위한 산업계의 다양한 의견 수렴과 열린 토론의 장(場) 마련을 통해 개방형 ⊙ 비즈니스(Business) 생태계 조성을 목적으로 개최되었으며, 전력분야 및 비(非)전력 분야 전문가가 다수 참여하여 특별 강연과 분야별 주제 발표 및 패널 토론 순서로 약 3시간가량 진행되었다.

한○○ 사장은 개회사에서 "본사는 Digital KEPCO로 진화하기 위해 4차 산업혁명 9대 전략 과제에 7,640억 원을 투자하는 등 전력 에너지가 융합하고 연결되는 중심 역할을 주도하여 새로운 ⓛ 패러다임(Paradigm)을 선도할 것"이라고 밝히고 "국가 에너지산업 성장을 이끌어갈 4차 산업 비즈니스 생태계를 구축하는 데 더 많은 기업이 적극적으로 동참해줄 것을 희망"한다고 강조했다.

특별 강연에서 KAIST 최○○ 교수는 "4차 산업혁명과 에너지 생태계"라는 주제 발표를 통해 4차 산업혁명 시대에 산업 분야 간에 협력과 경쟁을 통해 미래 지식 생태계에서 생존할 수 있는 전략을 제시하였다. 이어진 에너지 4차 산업 비즈니스 생태계 공생 및 발전 방향이라는 주제로 진행된 패널 토론에서 당사 김○○ 본부장, ○○텔레콤 최○○ 본부장 등 전문가 8명이 열띤 토론을 ⓒ 벌였으며, 청중과 질의응답을 통해 다양한 의견을 교환하는 등 4차 산업혁명에 대한 높은 관심을 보였다.

특히 이날 대토론회에서는 전력 시스템의 파괴적 혁신, 7대 핵심 기술 선점, 융·복합 비즈 모델 개발 등 9개 전략 과제를 통해 에너지 산업 생태계 상생 발전 및 에너지 분야의 다양한 서비스 ㉣ 플랫폼(Platform) 회사로의 대전환을 위해 ○○공사가 추진하고 있는 'KEPCO 4.0 Project'를 전시하여 참가자들의 많은 관심을 끌었다.

① ⊙ – 비즈니스(Business) 생태계 → 사업 환경
② ⓛ – 패러다임(Paradigm)을 → 인식 체계로의 변화를
③ ⓒ – 벌였으며 → 벌렸으며
④ ㉣ – 플랫폼(Platform) → 기반을 제공하는

03 | 도식화

대표유형 1 | 도식화

다음 글의 구조를 가장 바르게 분석한 것은?

(가) 세태 소설이란 소설의 구조 원리를 중심으로 분류한 소설 형식의 하나로, '시정 소설' 또는 '풍속 소설'이라고도 한다. 세태 소설은 현실 사회의 인정과 풍속, 제도 따위를 묘사하는 것을 목적으로 하는 소설이므로 당대 현실의 반영이 필수적으로 이루어진다.

(나) 세태 소설에 등장하는 인물들도 모든 시대에 타당한 인간적 진실을 지닌 인물이 아니라, 어떤 특정 시기의 특정 사회적 양상에 타당한 진실을 지닌 인간들이라고 할 수 있다. 독자들은 소설 속의 인물들이 보이는 삶의 모습을 통해 인물들이 살았던 당대의 시대적 현실과 그에 대한 대응의 양상을 살펴보며 당대 사회의 모순이나 부조리 등에 대해 생각해 볼 수 있다.

(다) 「유광억전」은 과거 제도와 관련한 여러 가지 문제점 중 대리 시험의 심각성을 유광억이라는 주인공을 내세워 전(傳)의 형식으로 제시한 작품이다. 작가 이옥은 가난하고 지위가 낮아 남의 답안을 대리로 작성해 살아가는 인물의 모습을 그리면서 이 세상에 팔지 못할 것이 없게 된 상황을 신랄하게 풍자하고 있다. 이를 통해 과시[*]를 파는 행위가 만연한 조선 후기 사회의 타락상도 아울러 비판하고 있다.

(라) 이옥의 전(傳)은 낡은 가치 체계와 제도, 그리고 타락한 현실과 지배층의 무능함을 드러내어 사회의 모순을 구체적으로 비판하고 있다. 그는 권력에서 소외된 사대부로서 자신이 처해 있는 사회의 제반 모순들을 자신의 현실 인식 속에서 평가하고 있다. 따라서 그의 전 중 사회의 모순이 구체적으로 비판되는 작품들은 당대의 구체적 현실과 밀접한 관련을 가지고 있다.

(마) 1930년의 청계천변을 시공간적 배경으로 하는 「천변풍경」의 경우 당시 사회적 문제로 부각되던 빈부의 격차, 도덕의 타락과 물질 만능주의, 실업률의 증가 등의 문제를 천변에 사는 인물들의 다양한 삶의 모습을 통해 제시하고 있다. 이를 위해 작가는 인물의 처지와 내면을 간접적으로 드러내 줄 수 있는 여러 가지 소재를 동원한다. 작가는 이를 통해 1930년대 근대화가 급속도로 이루어지고 있는 경성이라는 공간에서의 다양한 삶의 양상을 보여주고 있다.

[*] 과시 : 과거를 볼 때 짓는 시

① (가) ┬ (나) ─┐
         │   ├ (마)
         └ (다) ─ (라) ─┘

② (가) ─ (나) ─ (다) ┬ (라)
                      └ (마)

③ (가) ┬ (나) ─ (다)
         └ (라) ─ (마)

④ (가) ─ (나) ┬ (다) ─ (라)
              └ (마)

(가)는 당대 현실을 반영하고 있는 세태 소설에 대해 정의하고 있으며, (나)는 이러한 세태 소설에 등장하는 인물들을 통해 당대의 시대적 현실을 살펴볼 수 있음을 설명하고 있다. (다)는 시대적 현실을 반영하는 작품의 예로 「유광억전」을 제시하고 있으며, (라)는 「유광억전」의 작가인 이옥의 작품관에 관해 이야기하고 있다. 한편, (마)는 또 다른 작품으로 1930년대 현실을 반영하는 「천변풍경」에 대해 설명하고 있다. 따라서 글의 구조로 ④가 가장 적절하다.

정답 ④

30초 컷 풀이 Tip

구조화 문제 풀이의 핵심은 단락의 관계와 흐름을 파악하는 것이다. 각 단락이 흐름에 따라 직렬, 혹은 병렬구조를 갖기 때문에 하나의 제시문 안에서 주제가 세부적으로 갈리는지, 혹은 하나의 주제를 순차적으로 설명하고 있는지 등을 파악하는 것이 무엇보다 중요하다. 또한, 키워드와 지시어, 접속어에 주의하여 독해하도록 한다.

※ 다음 글의 구조를 가장 바르게 분석한 것을 고르시오. [1~5]

01

(가) 우리는 일상적으로 몸에 익히게 된 행위의 대부분이 뇌의 구조나 생리학적인 상태에 의해 이미 정해진 방향으로 연결되어 있다는 사실을 알고 있다. 우리는 걷고, 헤엄치고, 구두끈을 매고, 단어를 쓰고, 익숙해진 도로로 차를 모는 일 등을 수행하는 동안에 거의 대부분 그런 과정을 똑똑히 의식하지 않는다.

(나) 언어 사용 행위에 대해서도 비슷한 이야기를 할 수 있다. 마이클 가자니가는 언어활동의 핵심이 되는 왼쪽 뇌의 언어 중추에 심한 손상을 입은 의사의 예를 들고 있다. 사고 후 그 의사는 세 단어로 된 문장도 만들 수 없게 되었다. 그런데 그 의사는 실제로 아무 효과가 없는데도 매우 비싼 값이 매겨진 특허 약에 대한 이야기를 듣자, 문제의 약에 대해 무려 5분 동안이나 욕을 퍼부어 댔다. 그의 욕설은 매우 조리 있고 문법적으로 완벽했다.

(다) 이로부터 그가 퍼부은 욕설은 손상을 입지 않은 오른쪽 뇌에 저장되어 있었다는 사실을 알게 되었다. 여러 차례 반복된 욕설은 더 이상 의식적인 언어 조작을 필요로 하지 않게 되었고, 따라서 오른쪽 뇌는 마치 녹음기처럼 그 욕설을 틀어 놓은 것이다.

(라) 사람의 사유 행위도 마찬가지이다. 우리는 일상적으로 어떻게 새로운 아이디어를 얻게 되는가? 우리는 엉뚱한 생각에 골몰하거나 다른 일을 하고 있는 동안 무의식중에 멋진 아이디어가 떠오르곤 하는 경우를 종종 경험한다. '영감'의 능력으로 간주할 만한 이런 일들은 시간을 보내기 위해 언어로 하는 일종의 그림 맞추기 놀이와 비슷한 것이다. 그런 놀이를 즐길 때면 우리는 의식하지 못하는 사이에 가장 적합한 조합을 찾기도 한다. 이처럼 영감이라는 것도 의식적으로 발생하는 것이 아니라 자동화된 프로그램에 의해 나타나는 것이다.

①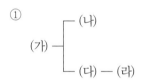

②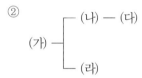

③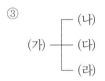

④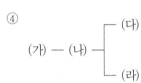

02

(가) 세상에는 혐오스러운 소리가 수없이 많다. 도자기 접시를 포크로 긁는 소리라든가 칠판에 분필이 잘못 긁히는 소리에 대해서는 대부분의 사람들이 혐오스럽다고 생각한다. 왜 이런 소리들이 혐오감을 유발할까?

(나) 최근까지 혐오감을 일으키는 원인은 소리의 고주파라고 생각해왔다. 고주파에 오래 노출될 경우 청각이 손상될 수 있어서 경계심이 발동되기 때문이다.

(다) 1986년 랜돌프 블레이크와 제임스 힐렌브랜드는 소음에서 고주파를 걸러내더라도 여전히 소리가 혐오스럽다는 점을 밝혀냈다. 사실 3 ~ 6kHz의 중간 주파수 대역까지는 낮은 주파수가 오히려 사람을 견딜 수 없게 하는 것처럼 보인다.

(라) 이들은 세 갈래로 갈라진 갈퀴가 긁히는 소리와 같은 소음이 사람에게 원초적인 경고음 또는 맹수의 소리 같은 것을 상기시키기 때문에 이러한 소리를 혐오하는 것은 선천적이라는 이론을 세웠다.

(마) 그러나 이러한 이론은 2004년 메사추세츠 공과대학에서 수행된 솜머리비단원숭이를 대상으로 한 연구에서 입증되지 못했다. 피실험자인 원숭이들은 석판에 긁히는 소리를 전혀 소음으로 느끼지 않았다. 힐렌브랜드는 더 이상 이 이론에 동의하지 않는다. 그는 소리보다는 시각이 어떤 혐오감을 불러일으킨다고 주장한다.

(바) 심리학 전공자인 필립 호지슨이 행한 실험은 힐렌브랜드의 손을 들어준다. 호지슨은 선천적으로 귀머거리인 피실험자들에게 칠판을 손톱으로 긁는 모습을 보여주며 이것이 혐오감을 주는지 물었다. 응답자의 83%가 그렇다고 답했다.

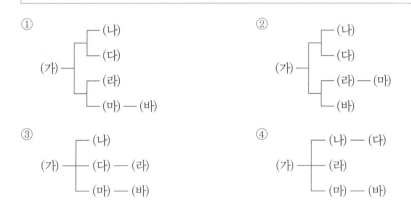

03

ㄱ 나는 주위의 나이 든 부랑자들을 인간적 자료로 평가하기 시작하였다. 곧 난생 처음으로 얼굴을 뜯어보는 사람이 되었다. ㄴ 잘생긴 얼굴도 눈에 띈다. 몇 사람의 노년의 얼굴은 그런대로 가꾸어져 있었다. ㄷ 그러나 대다수는 상처를 입고 찌그러져 있다. 얼굴은 많은 주름살로 구겨진데다가 부어올라 있었으며, 껍질 벗긴 건포도처럼 쭈글쭈글한 모습도 보였다. ㄹ 어떤 이의 코는 자줏빛이고 부풀어 있으며, 약간 째져 있기도 하다. 또한 어떤 코는 큰 숨구멍으로 파여 있다. 많은 사람들은 이가 없었다(78명 정도). 눈들은 총기가 사라져 희미했고 충혈이 되어 있었다. ㅁ 나는 늙은이들이 그들의 나이를 주로 얼굴에 나타낸다는 사실을 보게 된 것이다.

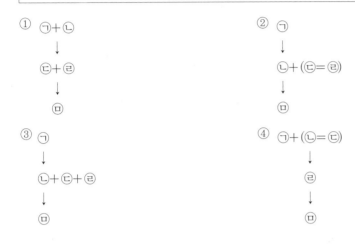

① ㄱ+ㄴ
↓
ㄷ+ㄹ
↓
ㅁ

② ㄱ
↓
ㄴ+(ㄷ=ㄹ)
↓
ㅁ

③ ㄱ
↓
ㄴ+ㄷ+ㄹ
↓
ㅁ

④ ㄱ+(ㄴ=ㄷ)
↓
ㄹ
↓
ㅁ

04

> ㉠ 과학 기술이 예술에 영향을 끼친 사례는 무수히 많다. ㉡ 우선 과학의 신(新)이론이나 새로운 발견은 예술가의 이성과 감성에 영향을 준다. ㉢ 물론 이 영향은 예술가의 작품에 반영되고 새로운 예술 풍조, 더 나아가서 새로운 예술 사상이 창조되는 원동력으로서 작용되기도 한다. ㉣ 그리고 과학 기술의 발전은 예술가로 하여금 변화하기를 강요한다. ㉤ 예를 들어, 수 세기 동안 회화는 2차원의 캔버스에 3차원의 환영을 나타내는 것을 궁극적인 목표로 삼아 왔으나 사진 기술의 발달은 직접적·간접적으로 사실적인 회화 기법의 입지를 약화시키는 역할을 했다. ㉥ 또 과학 기술의 발전은 예술가에게 새로운 연장, 그리고 재료를 제공함으로써 예술가는 자신의 표현 영역을 넓힐 수 있게 되고 한 걸음 더 나아가서 새로운 기법, 새로운 예술 양식의 출현을 가져온다.

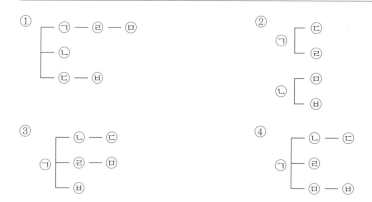

05

> ㉠ 한국의 공공도서관 이용을 활성화하기 위해서는 어떻게 해야 하는가? 지역주민이 이용 가능한 공공도서관을 더욱 확보해야 한다. ㉡ OECD 국가들의 공공도서관 수를 비교했을 때 대부분 한국의 도서관 수가 터무니없이 부족하다는 것을 알 수 있다. ㉢ 또한 국민들의 정보에 대한 수요가 늘어나면서 이에 대한 요구가 증가하고 있다. ㉣ 예컨대, 서울의 마포구를 대상으로 한 설문에서 이용자 대부분이 공공도서관의 필요성을 느끼고 있었다. ㉤ 그러나 공공도서관 수의 증가와 이용률 향상으로 이어지지 않는다는 점에서 접근성에 대한 고려가 필요하다. ㉥ 연구결과, 도서관 이용자의 대부분은 도서관 반경 2km 이내에 거주하는 것으로 나타났다. 또한 이용 가능한 대중교통 수단의 수가 많은 경우 이용률이 올라가는 것으로 나타났다.

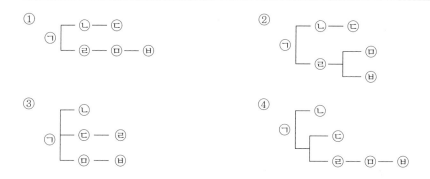

※ 다음 글의 구조를 가장 바르게 분석한 것을 고르시오. **[1~8]**

01

> (가) 식민사관은 한마디로 일제어용학자들이 일본의 한국 침략을 역사적으로 정당화하기 위해 고안해낸 사관이다. 즉, 일제가 한국을 강점한 뒤, 그 행위의 정당성을 한국 역사를 통해 입증하고, 이를 토대로 근대화론을 펼쳐 일제의 한국 진출과 침략을 정당화한 것이다.
>
> (나) 식민사관의 핵심은 타율성이론(他律性理論)과 정체성이론(停滯性理論)이다. 이 두 이론을 구체적으로 설명하기에 앞서 일제가 자신들의 침략을 정당화하고 식민통치의 이론으로 사용한 일선동조론(日鮮同祖論)을 살펴보자. 일선동조론은 '일본과 조선은 같은 조상에서 시작되었다'는 뜻이다. 이 이론을 통하여 일제는 일본과 한국이 원래 같은 민족이었음을 강조함으로써 1910년 일제의 한국강점을 침략 행위가 아니라고 주장하였다. 즉 같은 조상에서 출발한 한국과 일본이 그동안에 분열과 갈등을 극복하고 같은 민족으로서 행복을 다시 찾게 된 것이 바로 1910년의 '한일병합'이라는 것이다.
>
> (다) 타율성이론은 한국사가 한국인의 자율적 결단에 의해 전개되지 못하고 외세의 침략과 지배에 의해 타율적으로 전개되었다는 주장이다. 이 이론은 한국이 식민지로 전락한 것은 일제의 침략 때문이 아니고 외세의 지배로부터 벗어날 수 없었던 한국사의 필연적 결과일 뿐이라고 설명한다. 일제는 한국에 대한 자신들의 침략과 지배를 정당화하기 위하여 전력을 기울여 한국사의 '타율성'을 조작하였다. 그들이 한국사의 시작을 중국 이주자들의 식민지 정권에서 찾으며 기자와 위만을 강조하였던 것이 그 한 예이다. 이 외에도 일제는 고대 한국이 수백 년 동안 한사군과 일본의 지배를 받았으며, 그 후에도 중국과 만주, 몽고 등이 쉬지 않고 한국을 침략하였고, 이로 인해 한국사에 일관되게 흐르는 타율성이 형성되었다고 강조하였다.
>
> (라) 식민사관의 또 한 축인 정체성이론을 살펴보자. 이 이론은 한국사가 왕조의 변천 등 정치 변화에도 불구하고 사회 경제적 측면에서 거의 발전하지 않았다고 주장한다. 이를 통하여 일제는 한국 침략과 지배가 낙후된 한국 사회를 발전시키기 위한 행위였다고 정당화하였다. 한국사의 정체성이론에 근거해 전개한 그들의 근대화론은 결국 일제의 한국 진출과 침략이 한국의 정체성을 극복하고 한국의 근대화를 위한 것이라는 말로 귀결된다.

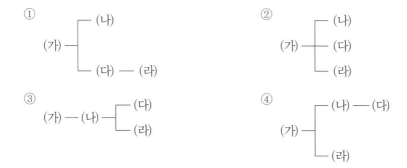

02

전통의 계승에는 긍정적 계승도 있고 부정적 계승도 있다는 각도에서 설명할 때 문화의 지속성과 변화에 대한 더욱 명확한 이해가 이루어진다. 전통은 앞 시대 문학이 뒤 시대 문학에 미치는 작용이다. 일단 이루어진 앞 시대의 문학은 어떻게든지 뒤 시대 문학에 작용을 미친다. 그 작용이 퇴화할 수도 있고 생동하는 모습을 지닐 수도 있지만, 퇴화가 전통의 단절이라고 할 수 있는 것은 아니다. 전통이 단절되면 다시 계승하는 것이 불가능하지만, 퇴화된 전통은 필요에 따라서 다시 계승할 수 있는 잠재적인 가능성이 있다. 앞 시대 문학이 뒤 시대 문학에 미치는 작용에 있어 생동하는 모습을 지닐 때, 이것을 전통의 계승이라고 할 수 있다. 이때, 계승은 단절과 반대되는 것이 아니고, 퇴화와 반대되는 것이다. 그런데 전통의 계승은 반드시 긍정적인 계승만이 아니고, 부정적인 계승일 수도 있다. 긍정적인 계승에서는 변화보다는 지속성이 두드러지게 나타나고, 부정적인 계승에서는 지속성보다 변화가 두드러지게 나타난다. 앞 시대 문학의 작용이 뒤 시대에도 계속 의의가 있다고 생각해서 이 작용을 그대로 받아들이고자 하면, 긍정적 계승이 이루어진다. 앞 시대 문학의 작용은 뒤 시대에 이르러서 극복해야 할 장애라고 생각해서 이 작용을 극복하고자 하면 부정적 계승이 이루어진다. 부정적 계승은 앞 시대 문학의 작용을 논쟁과 극복의 대상으로 인식하는 점에서 전통의 퇴화를 초래하는 앞 시대 문학의 작용에 대한 무관심과는 구별된다. 부정적 계승은 전통 계승의 정상적인 방법의 하나이고 문학의 발전을 초래하지만, 전통의 퇴화는 문학의 발전에 장애가 생겼을 때 나타나는 현상이다.

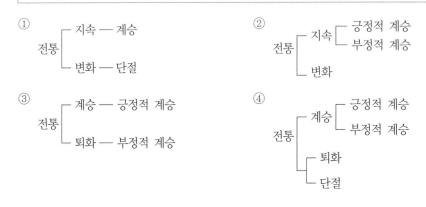

03

(가) 비가 내리는 날에는 시야도 가려지고, 젖은 도로로 인해 미끄러워 운전하기 훨씬 어려워진다. 실제로 장마철에 교통사고 발생률이 매우 높아진다고 한다. 곧 다가오는 장마철, 안전한 운전과 쾌적한 환경을 위한 차량 관리가 꼭 필요하다.

(나) 장마철 발생하는 교통사고의 치사율이 높은 이유는 바로 수막현상 때문이다. 수막현상이란 빗물로 인해 미끄러워진 도로에서 타이어와 노면 사이에 수막이 생겨, 타이어가 노면에 대한 접지력을 상실하여 제동이 어려워지는 현상이다. 제동이 어려워지는 만큼 사고로 쉽게 이어질뿐더러 대형사고로 번질 확률도 높다. 그럼 수막현상으로 발생할 수 있는 사고는 어떻게 예방할 수 있을까?

(다) 수막현상을 완전히 막을 수는 없지만, 타이어 공기압 체크와 마모의 정도를 확인하는 것만으로도 자동차의 제동력을 향상시킬 수 있다. 여름철에는 타이어의 공기압을 평소보다 높이고, 타이어의 홈 깊이가 조금만 낮아져도 타이어 교체를 고려해보는 것을 추천한다.

(라) 타이어 상태 확인으로 제동력이 향상되었을지라도, 앞이 제대로 보이지 않는다면 위험한 것은 마찬가지이다. 운전 중 갑작스럽게 비가 내리는 상황에서 와이퍼가 갑자기 고장이 난다거나 와이퍼 블레이드(고무날)가 낡아 시야 확보가 어려워진다면 위험한 상황에 처할 수 있다. 장마나 태풍이 시작되기 전에는 와이퍼의 상태와 워셔액 양을 체크해주는 것이 좋다. 와이퍼뿐만 아니라 빗방울이 차 유리에 맺히지 않고 미끄러지듯 흘러내려, 많은 양의 비가 쏟아져도 선명한 시야를 확보할 수 있는 유리 방수 관리 역시 장마철에는 필수이다.

(마) 전조등은 시야 확보에 도움을 주는 기능을 하지만 빗속에서는 다른 차량에게 자신의 위치를 알려주는 기능을 하기도 한다. 그래서 비 오는 날에는 안전을 위해 항상 전조등을 켜고 다니는 것이 좋다. 장마철이 시작되기 전 전조등의 등화 여부를 확인해야 한다.

(바) 여름철에는 에어컨 작동과 각종 전기장치의 사용이 많아진다. 그렇기 때문에 배터리의 상태를 체크하는 것이 좋다. 배터리 상태의 확인은 자동차 보닛을 연 뒤, 배터리 윗면의 인디게이터를 확인하면 된다. 녹색이면 정상인 상태, 검정색이면 충전이 필요한 상태를 의미한다.

04

(가) 대기오염 물질의 자연적 배출원은 공간적으로 그리 넓지 않고 밀집된 도시 규모의 오염 지역을 대상으로 할 경우에는 인위적 배출원에 비하여 대기 환경에 미치는 영향이 크지 않다. 하지만 지구 규모 또는 대륙 규모의 오염 지역을 대상으로 할 경우에는 그 영향이 매우 크다.

(나) 자연적 배출원은 생물 배출원과 비생물 배출원으로 구분된다. 생물 배출원에서는 생물의 활동에 의하여 오염 물질의 배출이 일어나는데, 식생의 활동으로 휘발성 유기물질이 배출되거나 토양 미생물의 활동으로 질소산화물이 배출되는 것이 대표적이다. 이렇게 배출된 오염 물질들은 반응성이 크기 때문에 산성비나 스모그와 같은 대기오염 현상을 일으키는 원인이 되기도 한다.

(다) 비생물 배출원에서도 많은 대기오염 물질이 배출되는데, 화산 활동으로 미세 먼지나 황산화물이 발생하거나 번개에 의해 질소산화물이 생성된다. 그 외에 사막이나 황토 지대에서 바람에 의해 미세 먼지가 발생하거나 성층권 오존이 대류권으로 유입되는 것도 이 범주에 넣을 수 있다.

(라) 인위적 배출원은 사람들이 생활이나 산업상의 편익을 위하여 만든 시설이나 장치로서, 대기 중으로 오염 물질을 배출하거나 대기 중에서 유해 물질로 바뀌게 될 원인 물질을 배출한다. 대표적인 인위적 배출원들은 연료의 연소를 통하여 이산화탄소, 일산화탄소, 질소산화물, 황산화물 등을 배출하지만 연소 외의 특수한 과정을 통해 발생하는 폐기물을 대기 중으로 내보내는 경우도 있다.

(마) 인위적 배출원은 점오염원, 면오염원, 선오염원으로 구분된다. 인위적 배출원 중 첫 번째로 점오염원은 발전소, 도시 폐기물 소각로, 대규모 공장과 같이 단독으로 대량의 오염 물질을 배출하는 시설을 지칭한다. 면오염원은 주거 단지와 같이 일정한 면적 내에 밀집된 다수의 소규모 배출원을 지칭한다. 선오염원의 대표적인 것은 자동차로서 이는 도로를 따라 선형으로 오염 물질을 배출시켜 주변에 대기오염 문제를 일으킨다. 높은 굴뚝에서 오염 물질을 배출하는 점오염원은 그 영향 범위가 넓지만, 배출구가 낮은 면오염원과 선오염원은 대기 확산이 잘 이루어지지 않아 오염원 근처의 지표면에 영향을 미친다.

①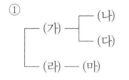

②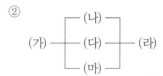

③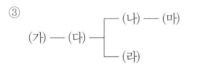

④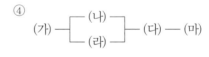

05

(가) 호락논쟁(湖洛論爭)은 중국으로부터 건너온 성리학을 온전히 우리 스스로의 역사적 경험과 실천 가운데 소화해 낸 그야말로 적공(積功)의 산물이다. 그것은 이제 펼쳐질 새로운 근대 세계를 앞두고 최종적으로 성취해 낸 우리 정신사의 한 정점이다. 낙학(洛學)과 호학(湖學)이 정립된 시기는 양란을 거치면서 사대부의 자기 확인이 절실히 필요한 시대였다.

(나) 낙학의 정신은 본체로 향하고 있다. 근원적 실재인 본체에 접근하는 낙학의 방법은 이론적 탐색이 아니라 강력하고 생생한 주관적 체험이었다. 그들은 본체인 본성에 대한 체험을 통해 현실 세계 속에서 실천하는 주체적인 자아로 자신을 정립하고자 하였다. 그 자아는 바로 사대부의 자아를 의미한다. 본체를 실천하는 주체에 대한 낙학의 관심은 마음에 대한 탐구로 나타났다. 낙학은 이론의 구성에서는 주희의 마음 이론을 표준으로 삼았지만 호학이라는 또 하나의 조선 성리학 전통과의 논쟁을 통해 형성된 것이었다.

(다) 호학은 현실 세계를 규율하는 원리와 규범에 집중하였다. 그들에게 절박했던 것은 규범의 현실성이며, 객관성이었다. 본체인 본성은 현실 세계를 객관적, 합법적으로 강제하는 규범의 근저로서 주관적 체험의 밖에 존재한다. 본체의 인식은 마음의 체험을 통해서가 아니라 세계에 대한 객관적 인식의 축적에 의해 달성되는 것이다. 그런 점에서 호학의 정신은 이성주의라 할 수 있다.

(라) 호학의 정신은 기질의 현실 세계, 곧 생산 계층인 농민들의 우연적이고 다양한 욕망의 세계를 객관 규범에 의해 제어하면서 왕권까지도 규범의 제약 아래 두려 한다는 점에서 역시 사대부의 자아 정립과 관련이 깊다. 객관 규범에 대한 호학의 강조는 왕권마저 본체의 제약을 받아야 한다는 의미를 함축하고 있는 것이다.

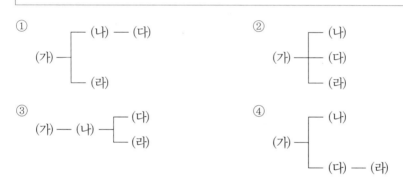

06

(가) 우리나라의 노인 빈곤 문제는 시간이 흐를수록 심각해지고 있다. OECD에 보고된 한국 노인의 상대빈곤율은 2014년 48.8%에 달했다. 이는 OECD 국가 평균인 약 13%의 세 배에 육박하는, 상당히 심각한 수준이다.

(나) 아이러니한 것은 정작 한국 노인들의 경제활동은 비슷한 경제 수준의 다른 나라 노인들보다 활발하다는 사실이다. 한국의 노인 고용률은 남성 40%, 여성 21%로 OECD 평균인 남성 17%, 여성 8%에 비해 현저히 높다. 그럼에도 노인들이 빈곤할 수밖에 없는 이유는 무엇인가?

(다) 노인 소득을 분석해보면 그 해답을 일부 찾을 수 있다. 은퇴세대의 소득 중 국가의 각종 사회보장제도로부터 받은 소득이 차지하는 비중은 다른 선진국가보다 낮다. OECD 국가의 노인 가구 소득원의 59%가 공적연금인 반면, 우리나라 노인 가구 소득원은 고작 16.3%만 공적연금이고 근로소득이 63%를 차지한다. 또한 GDP 대비 공적연금지출은 2.3%로, OECD 평균 8%에 한참 못 미치는 수준이다. 낮은 공적 연금으로 인해 일을 계속할 수밖에 없는 것이다.

(라) 사회보장제도에 사각지대가 존재한다는 점 역시 큰 문제점으로 지적되고 있다. 부양의무자 기준 등을 충족하지 못해 국민기초생활보장급여를 받기 어려운 빈곤 노인들이 많고, 국민연금 등 공적 연금을 받는 노인은 아직 40% 수준에 그치고 있기 때문이다. 또한 경제활동 시 국민연금 보험료 납부는 의무이지만, 실제로 많은 노동자들은 비정규직이나 비공식부문 노동자라는 이유로 사각 지대에 놓여있어, 선진국의 사례와 같은 방식의 접근을 기대하기도 어려운 상황이다.

(마) 현재 한국의 노후 소득 보장 체계가 가지고 있는 문제는 대단히 복잡하며, 이를 해결하기 위해서는 단계적이고 체계적인 접근이 필요하다. 이미 현실이 된 노인 빈곤 문제를 우선 해결하고, 다음으로는 잠재적 문제가 되는 사각지대를 해결해야 한다. 장기적으로는 제도의 지속성을 높이고 미래 세대의 부담을 해소해야 할 것이다.

① (가) ┬ (나) ┬ (마)
     ├ (다) ┤
     └ (라)

② (가) ┬ (나) ┬ (라)
     ├ (다) ┤
     └ (마)

③ (가) — (나) ┬ (다) — (마)
            └ (라)

④ (가) ┬ (나) ┬ (라) — (마)
     └ (다) ┘

07

⊙ 역사 속에서 사건들이 진행해 나가는 거대한 도식 또는 규칙성을 인간이 발견할 수 있다는 생각은 분류와 연관과 무엇보다도 예측에서 자연과학이 이룩한 성공에서 깊은 인상을 받은 사람들을 자연스럽게 매혹시켰다.

ⓒ 따라서 그들은 과학적 방법을 적용함으로써, 다시 말해 형이상학적 또는 경험적 체계로 무장하고 스스로 주장하기에 자기들이 보유하고 있는 사실에 관한 확실하거나 또는 사실상 확실한 지식의 섬을 기반으로 삼아 발진함으로써 과거 안에 있는 빈틈들을 메울 수 있도록 역사적 지식을 확장할 길을 구하였다.

ⓒ 알려진 바에서 출발하여 알지 못했던 것을 주장함으로써 또는 조금 아는 것을 기반으로 그보다 더 조금밖에 몰랐던 것에 관하여 주장함으로써 여타 분야에서나 역사의 분야에서 많은 성취가 있었고, 앞으로도 있으리라는 점에는 의문의 여지가 없다.

ⓔ 그런데 과거나 미래에 관한 특정 가설들이 태어나도록 일조하거나 증명하는 데에 어떤 전체적인 도식이나 규칙성의 발견이 도움을 주는 정도가 실제로 얼마나 되든지 상관없이, 그 발상은 우리 시대의 관점을 결정하는 데에도 일정한 역할을 해왔고, 그 역할을 점점 더 강화해 나가고 있다.

ⓜ 그 발상은 인간 존재들의 활동과 성격을 관찰하고 서술하는 방법에만 영향을 미친 것이 아니라, 그들을 대하는 도덕적, 정치적, 종교적 자세에도 영향을 미쳐왔다.

ⓗ 왜냐하면 사람들이 '왜' 그리고 '어떻게' 그처럼 행동하고 사는 것인지를 고려하다 보면 떠오를 수밖에 없는 질문 중에 인간의 동기와 책임에 관한 질문들이 들어있기 때문이다.

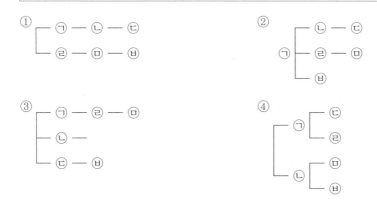

08

(가) 가장 보편적인 의미에서 볼 때, 법이란 사물의 본성에서 유래하는 필연적인 관계를 말한다. 이 의미에서는 모든 존재가 그 법을 가진다. 예컨대, 신은 신의 법을 가지고, 물질계는 물질계의 법을 가지며, 지적 존재, 이를테면 천사도 그 법을 가지고, 짐승 또한 그들의 법을 가지며, 인간은 인간의 법을 가진다.

(나) 우주에 대하여 신은 그 창조자 및 유지자로서의 관계를 유지한다. 그러므로 신이 우주를 창조한 법은, 그것에 따라서 신이 우주를 주관하게 되는 것이다. 신이 이 규칙에 따라 행동하는 이유는 그가 그것들을 만들었기 때문이고, 신이 그것을 알고 있는 이유는 그 규칙들이 신의 예지와 힘에 관계되기 때문이다. 우리가 보는 것처럼 세계는 물질의 운동에 의하여 형성되어, 지성을 갖지 않음에도 불구하고 항상 존재하고 있는 것을 보면, 그 운동은 불변의 규칙을 가지고 있음이 분명하다.

(다) 모든 지적 존재는 스스로 만들어 낸 법을 가지고 있으며, 동시에 만들지 않은 법도 가지고 있다. 지적 존재가 존재하기 전에도 그것들은 존재가 가능했으므로 그 존재들은 가능해질 수 있는 관계, 즉 자기의 법을 가질 수 있었다. 이것은 실정법(實定法)이 존재하기 전에 정의(正義) 가능한 관계가 존재했다는 데 기인한다. 실정법이 명령하거나 금하는 것 이외에는 정의도 부정(不定)도 존재하지 않는다고 말하는 것은, 원이 그려지기 전에는 모든 반경이 달랐다고 말하는 것과 다를 바가 없다. 따라서 그것을 확정하는 실정법에 앞서 형평(衡平)의 관계가 있다는 것을 인정해야 한다.

(라) 짐승이 운동의 일반 법칙에 의해 지배되고 있는지, 아니면 어떤 특수한 동작에 의해 지배되고 있는지 우리는 모른다. 쾌감의 매력에 의하여 그들은 자기의 존재를 유지하고 또한 같은 매력에 의하여 종(種)을 유지한다. 그들은 자연법을 가지고 있다. 그러나 그들은 항구적으로 그 자연법에 따르는 것은 아니다. 식물에게서는 오성도 감성도 인정할 수 없으나, 그 식물 쪽이 보다 더 완전하게 법칙에 따른다.

(마) 인간은 물질적 존재로서는 다른 물체처럼 불변의 법칙에 의하여 지배된다. 지적 존재로서의 그는 신이 정한 이 법칙을 끊임없이 다스리고, 또 스스로 정한 법칙을 변경한다. 그는 스스로 길을 정해야만 한다. 그는 한정된 존재에서 모든 유한의 지성처럼 무지나 오류를 면할 수 있다. 그렇지만 역시 그가 같은 빈약한 오성, 그것마저도 잃어버리고 만다.

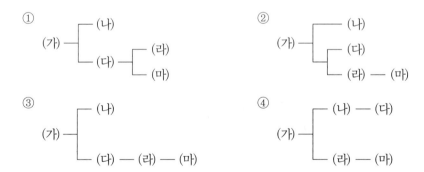

※ 다음 글을 내용에 따라 세 부분으로 적절하게 나눈 것을 고르시오. [9~10]

09

(가) '소 잃고 외양간 고친다.'는 닥쳐올 위험을 사전에 막아야 한다는 교훈을 주는 속담이다. 보통 우리는 이 속담을 '아둔함'을 경계하는 것에 사용한다. 하지만 과연 소를 잃고 나서 외양간을 고치는 사람을 '아둔한 사람'이라고 할 수 있는 것일까. 다르게 생각하면 오히려 그들은 뼈아픈 실수를 바탕으로, 외양간을 더 견고하게 고치는 '현명한 사람'이 될 수도 있다.

(나) 미국 미시간주 앤아버에는 로버트 맥메스(Robert McMath)가 설립한 'New Product Works' 라는 박물관이 있다. 이 박물관은 보편적으로 가치 있는 물품을 전시하는 기존의 박물관과 다르게, 많은 기업이 야심 차게 출시했지만 시장의 외면을 받은 상품들을 전시하고 있다.

(다) 대표적인 사례는 '크리스탈 펩시'이다. 펩시 사는 1992년에 이 무색의 콜라를 내놓아 소비자들에게 깨끗하다는 인식을 통한 판매량 확보를 노렸지만, '콜라는 흑갈색이다.'라는 소비자들의 고정관념을 깨지 못하고 쓰디쓴 고배를 마셨다. 또 다른 상품으로는 데어리메틱스 사의 어린이용 분사식 치약 '닥터케어'가 있다. 어린이 고객층을 겨냥하여 분무식의 치약을 만들었지만, 실제로는 욕실이 지저분하게 될 것이라는 의심만 산 채 시장에서 사라졌다. 이외에도 박물관에는 수많은 기업의 실패작이 전시되어 있다.

(라) 놀라운 사실은 실패작을 진열한 이 박물관에 최근 각국의 여러 기업이 견학을 오는 것이다. 이유는 바로 실패작들의 원인을 분석해서 같은 실수를 반복하지 않고 성공으로 향할 방법을 찾기 위해서이다.

(마) 실패 박물관을 방문하는 사람들을 통해서도 알 수 있듯이, 우리는 실패를 외면하기만 했던 과거와 달리, 실패 사례를 연구하고 이를 성공의 발판으로 삼는 시대를 살고 있다. 따라서 실패에 넋을 놓고 자책하기보다는, 오히려 실패를 발전의 기회로 삼는 것이 더 중요하다.

① (가) / (나) / (다), (라), (마)
② (가) / (나), (다) / (라), (마)
③ (가) / (나), (다), (라) / (마)
④ (가), (나) / (다), (라) / (마)

10

(가) 오늘날과 같이 자본주의가 꽃을 피우게 된 가장 결정적인 이유는 생산력의 증가에 있었다. 그 시초는 16세기에서 18세기까지 지속된 영국의 섬유 공업의 발달이었다. 그 시기에 영국 섬유 공업은 비약적으로 생산력이 발달하여 소비를 빼고 남은 생산 잉여가 과거와는 비교할 수 없을 만큼 엄청난 양으로 증가되었다. 생산량이 증대했음에도 불구하고 소비는 과거 시절과 비슷한 정도였으므로 생산 잉여는 당연한 것이었다.

(나) 물론 그 이전에도 이따금 생산 잉여가 발생했지만 그렇게 남은 이득은 대개 경제적으로 비생산적인 분야에 사용되었다. 이를테면 고대에는 이집트의 피라미드를 짓는 데에, 그리고 중세에는 유럽의 대성당을 건축하는 데에 그것을 쏟아 부었던 것이다. 그러나 자본주의 시대의 서막을 올린 영국의 섬유 공업의 생산 잉여는 종전과는 달리 공업 생산을 더욱 확장하는 데 재투자되었다.

(다) 더구나 새로이 부상한 시민 계급의 요구에 맞춰 성립된 국민 국가의 정책은 경제 발전에 필수적인 단일 통화 제도와 법률 제도 등의 사회적 조건을 만들어 주었다. 자본주의가 점차 사회적으로 공인되어 감에 따라 그에 맞게 화폐 제도나 경제와 관련된 법률 제도도 자본주의적 요건에 맞게 정비되었던 것이다.

(라) 이러한 경제적·사회적 측면 이외에 정신적인 측면에서 자본주의를 가능하게 한 계기는 종교 개혁이었다. 잘 알다시피 16세기 독일의 루터(M. Luther)가 교회의 면죄부 판매에 대해 85개조 반박문을 교회 벽에 내걸고 교회에 맞서 싸우면서 시작된 종교 개혁의 결과, 구교에서부터 신교가 분리되기에 이르렀다. 가톨릭의 교리에서는 현실적인 부, 즉 재산을 많이 가지는 것을 금기시하고 현세에서보다 내세에서의 행복을 강조했다. 그러면서도 막상 내세와 하느님의 사도인 교회와 성직자들은 온갖 부정한 방법으로 축재하고 농민들을 착취했으니 실로 아이러니가 아닐 수 없었다.

(마) 당시의 타락한 가톨릭교회에 대항하여 청교도라 불린 신교 세력의 이념은 기도와 같은 종교적 활동 외에 현실에서의 세속적 활동도 하느님의 뜻에 어긋나는 것이 아니라고 가르쳤다. 특히, 정당한 방법으로 재산을 모은 것은 근면하고 부지런하게 살았다는 증표이며, 오히려 하느님의 영광을 나타내 보인다는 것이었다. 기업의 이윤 추구는 하느님이 '소명'하신 것이며, 돈을 빌려 주고 이자를 받는 일도 부도덕한 것이 아니었다. 재산은 중요한 미덕이므로 경제적 불평등은 정당화될 수 있었다. 근면한 사람은 부자인 것이 당연하고 게으른 사람은 가난뱅이일 수밖에 없다고 생각했던 것이다. 이러한 이념은 도시의 상공업적 경제 질서를 옹호해 주었으므로 한창 떠오르고 있는 시민 계급의 적극적인 호응을 받았다. 현세에서의 성공이 장차 천국의 문으로 들어갈 수 있는 입장권이라는 데 반대할 자본가는 아무도 없었다.

① (가) / (나), (다) / (라), (마)
② (가) / (나), (다), (라) / (마)
③ (가), (나) / (다) / (라), (마)
④ (가), (나) / (다), (라) / (마)

PART 4

합격의 공식 SD에듀 www.sdedu.co.kr

의사표현능력

01 | 언어표현

대표유형 1 | 맞춤법

다음 문장 중 맞춤법이 적절하지 않은 것은?

① 오늘은 웬일인지 은총이가 나에게 웃으며 인사해주었다.
② 그녀의 집은 살림이 넉넉지 않다.
③ 분위기에 걸맞은 옷차림이다.
④ 영희한테 들었는데 이 집 자장면이 그렇게 맛있데.

정답 | 해설

'-데'는 경험한 지난 일을 돌이켜 말할 때 쓰는, 곧 회상을 나타내는 종결어미이며 '-대'는 '다(고)해'의 준말이다. 즉, '대'는 화자가 문장 속의 주어를 포함한 다른 사람으로부터 들은 이야기를 청자에게 간접적으로 전달하는 의미를 갖고 있다. 따라서 ④의 문장은 영희에게 들은 말을 청자에게 전달하는 의미로 쓰였으므로 '맛있대'가 되어야 한다.

정답 ④

30초 컷 풀이 Tip

평소 맞춤법 실력에 자신이 없는 경우에는 일상생활에서 가장 많이 틀리는 맞춤법을 따로 정리해 놓거나 맞춤법 관련 도서를 미리 읽어두는 것이 좋다.

대표유형 2 | 높임법

다음 중 높임법이 잘못 쓰인 것은?

① 선생님의 존함은 익히 알고 있었습니다.

② 댁의 큰 따님은 정말로 인물이 좋으시네요.

③ 아버지께서는 그때 그 자리에 있지 않았습니다.

④ 언제 시간이 되시면 한번 놀러 오세요.

정답 | 해설

③은 아버지에 대한 높임의 표현이므로 다음과 같이 수정해야 한다.
'있지 않았습니다. → 계시지 않았습니다.'

정답 ③

※ 다음 중 밑줄 친 단어의 뜻풀이가 적절하지 않은 것을 고르시오. [1~3]

01 ① 동아리에 <u>들다</u>. → 어떤 조직체에 가입하여 구성원이 되다.
② 해가 잘 <u>들다</u>. → 빛, 볕, 물 따위가 안으로 들어오다.
③ 지방에 가뭄이 <u>들다</u>. → 어떤 일이나 기상 현상이 일어나다.
④ 예선에 <u>들다</u>. → 어떤 처지에 놓이다.

02 ① 고무줄을 <u>끊다</u>. → 실, 줄, 끈 따위의 이어진 것을 잘라 따로 떨어지게 하다.
② 발길을 <u>끊다</u>. → 관계를 이어지지 않게 하다.
③ 전기를 <u>끊다</u>. → 공급하던 것을 중단하다.
④ 기차표를 <u>끊다</u>. → 거래나 셈 따위를 매듭짓다.

03 ① 고집이 <u>세다</u>. → 행동하거나 밀고 나가는 기세 따위가 강하다.
② 문을 <u>세게</u> 닫다. → 힘이 많다.
③ 경쟁률이 <u>세다</u>. → 능력이나 수준 따위의 정도가 높거나 심하다.
④ 집터가 <u>세다</u>. → 사물의 감촉이 딱딱하고 뻣뻣하다.

04 다음 중 고칠 부분이 없는 문장은?
① 단편 소설은 길이가 짧은 대신, 장편 소설이 제공할 수 없는 강한 인상이다.
② 모든 청소년은 자연을 사랑하고 그 속에서 심신을 수련해야 한다.
③ 신문은 우리 주변의 모든 일이 기사 대상이다.
④ 거칠은 솜씨로 정교한 작품을 만들기는 어렵다.

05 다음 중 밑줄 친 부분의 맞춤법 수정 방안으로 적절하지 않은 것은?

> 옛것을 <u>본받는</u> 사람은 옛 자취에 <u>얽메이는</u> 것이 문제다. 새것을 만드는 사람은 이치에 <u>합당지</u> 않은 것이 걱정이다. 진실로 능히 옛것을 <u>변화할줄</u> 알고, 새것을 만들면서 법도에 맞을 수만 있다면 지금 글도 옛글만큼 훌륭하게 쓸 수 있을 것이다.

① 본받는 → 본 받는
② 얽메이는 → 얽매이는
③ 합당지 → 합당치
④ 변화할줄 → 변화할 줄

06 다음 중 밑줄 친 내용이 어문 규범에 맞는 것은?

① <u>가만이</u> 앉아 눈을 감고 상상해 봐.

② <u>먹을만큼만</u> 접시에 담도록 해.

③ 그는 한숨을 내쉬며 담배에 불을 <u>붙였다</u>.

④ 그녀가 우산을 <u>바쳐</u> 들고 빗속을 걸어갔다.

07 다음 중 문맥상 단어의 쓰임이 잘못된 것은?

① 어려운 문제의 답을 <u>맞혀야</u> 높은 점수를 받을 수 있다.

② 공책에 선을 <u>반듯이</u> 긋고 그 선에 맞춰 글을 쓰는 연습을 해.

③ 생선을 간장에 10분 동안 <u>졸이면</u> 요리가 완성된다.

④ 미안하지만 지금은 바쁘니까 <u>이따가</u> 와서 얘기해.

08 다음 중 높임말이 옳지 않은 것은?

① 할아버지께서 진지를 드신다.

② 손님, 주문하신 커피 나오셨습니다.

③ 철수가 할아버지를 모시고 왔다.

④ 철수가 영희에게 책을 주었다.

09 다음 중 밑줄 친 부분의 높임 표현이 잘못 사용된 것은?

① 어머니는 할머니를 정성으로 <u>모셨다</u>.

② 어려운 내용은 선생님께 <u>여쭤워 보았다</u>.

③ 아버지, 할아버지께서 방으로 <u>오시래요</u>.

④ 다음 손님 <u>들어가실게요</u>.

10 다음 중 맞춤법이 옳은 것끼리 바르게 짝지어진 것은?

> • 이번 일은 (금새 / 금세) 끝날 것이다.
> • 이 사건에 대해 (일절 / 일체) 말하지 않았다.
> • 새 프로젝트가 최고의 결과를 (낳았다 / 나았다).

① 금세, 일체, 낳았다　　　　② 금세, 일절, 낳았다

③ 금새, 일체, 나았다　　　　④ 금새, 일절, 나았다

01 다음 밑줄 친 부분의 띄어쓰기가 모두 옳은 것은?

① 최선의 세계를 만들기 위해서 <u>무엇 보다</u> 이 세계에 있는 모든 대상들이 지닌 성질을 정확하게 <u>인식해야 만</u> 한다.

② 일과 여가 <u>두가지를</u> 어떻게 <u>조화시키느냐하는</u> 문제는 항상 인류의 관심대상이 되어 왔다.

③ <u>내로라하는</u> 영화배우 중 내 고향 출신도 상당수 된다. 그래서 자연스럽게 영화배우를 꿈꿨고, <u>그러다 보니</u> 영화는 내 생활의 일부가 되었다.

④ 실기시험은 까다롭게 <u>심사하는만큼</u> 준비를 철저히 해야 한다. <u>한 달 간</u> 실전처럼 연습하면서 시험에 대비하자.

02 다음 중 밑줄 친 부분이 적절하게 쓰이지 않은 것은?

① 우리 고향이 주요 <u>개발</u> 대상지로 선정되어서 마을 잔치를 했다.

② 평소에 자기 <u>계발</u>을 계속한 사람은 기회가 왔을 때 그것을 잡을 확률이 높다.

③ 인류는 미래를 위해서 화석 연료 대체 에너지 <u>계발</u>에 힘써야 한다.

④ 이 정부가 가장 중점을 두고 있는 부분이 경제 <u>개발</u>이라는 것은 정책을 보면 알 수 있다.

03 다음 글에서 틀린 단어의 개수는?

> 프랑스 리옹대학 심리학과 스테파니 마차 교수팀은 학습시간 사이에 잠을 자면 복습시간이 줄어들고 더 오랜동안 기억할 수 있다는 점을 발명했다고 발표했다. 마차 교수팀은 성인 40명을 두 집단으로 나누어 단어학습과 기억력을 검사했는데 한 집단은 오전에 1차 학습을 한 후 오후에 복습을 시켰고 다른 한 집단은 저녁에 1차 학습을 한 후 잠을 자고 다음날 오전 복습을 시킨 결과 수면집단이 비수면집단에 비해 획기적으로 학습효과가 올라간 것을 볼 수 있었다. 마차 교수팀은 이를 두고 수면집단이 상대적으로 짧은 시간에 좋은 성과를 얻은 것으로 '수면이 기억을 어떤 방식으로인가 전환한 것으로 보인다.'고 설명했다. 학령기 자녀를 둔 부모라면 수면과 학습효과의 상관성을 더욱 관심있게 지켜봐야 할 것 같다.

① 없음   ② 1개

③ 2개   ④ 3개

04 다음 중 띄어쓰기가 적절하지 않은 것은?

① 나는 책을 읽어도 보고 했으나 머릿속에 들어오지 않았다.

② "어디, 나한테 덤벼들어 봐라!"

③ 신발이 그만 물에 떠내려가 버렸다.

④ 하늘을 보니 비가 올듯도 하다.

05 다음 중 밑줄 친 단어의 표기가 적절한 것은?

① 그는 손가락으로 북쪽을 <u>가르켰다</u>.

② <u>뚝배기</u>에 담겨 나와서 시간이 지나도 식지 않았다.

③ 열심히 하는 것은 좋은데 <u>촛점</u>이 틀렸다.

④ 몸이 너무 약해서 보약을 <u>다려</u> 먹어야겠다.

06 다음 중 밑줄 친 부분의 높임 표현이 잘못 사용된 것은?

① (이대리가 한과장에게) 과장님, 넥타이가 잘 <u>어울리십니다</u>.

② (이대리가 김부장에게) 부장님, 한과장님은 회의에 <u>가셨습니다</u>.

③ (이대리가 한과장에게) 지난 업무 실적을 <u>보고하겠습니다</u>.

④ (이대리가 회사 전 직원에게) 이어서 사장님 말씀이 <u>계시겠습니다</u>.

07 다음 밑줄 친 단어의 표기가 적절한 것은?

① <u>신년도</u>에는 계획을 꼼꼼히 세워야겠다.

② 그가 공직에 있으면서 수년간 <u>은익한</u> 재산이 드러났다.

③ 현대사회에도 <u>남존녀비</u> 사상이 완전히 사라지지 않았다.

④ 허생원은 자신을 위해서는 엽전 한 잎 허투루 쓰지 않았다.

08 다음 중 밑줄 친 부분을 맞춤법에 맞도록 고친 것은?

① <u>번번히</u> 지기만 하다 보니 게임이 재미없어졌다. → 번번이

② 방문 <u>횟수</u>가 늘어날수록 얼굴에 생기가 돌기 시작했다. → 회수

③ <u>널따란</u> 마당에 낙엽이 수북이 쌓여있다. → 넓다란

④ <u>왠지</u> 예감이 좋지 않아 발걸음을 재게 놀렸다. → 웬지

09 다음 가계대출상품설명서에서 잘못 쓰인 글자는 총 몇 개인가?(단, 띄어쓰기는 무시한다)

〈가계대출상품설명서〉

이 설명서는 은행이용자의 상품에 대한 이해를 돕고 약관의 중요내용을 알려드리기 위한 참고자료
이며, 실제 계약은 대출거래약정서(가게용), 여신거래기본약관이 적용됩니다. 계약을 신청하는 경
우 약관이, 계약을 체결하는 경우 계약서류가 교부됩니다.

• 대출 이자율
 − 고정금리 : 여신실행 시 결정한 금리가 약정기간 동안 동일하게 적용되는 금리입니다. 다만,
  여신실행일 현재 은행에서 고시하는 기준금리의 변동에 따라 금리 차이가 발생할 수 있습니다.
 − 변동금리 : 대출약정 기간 내에 기준금리가 변경될 경우 당해 대출금리가 변경되는 금리로서
  기준금리가 인상될 경우 고객의 이자 부담이 증가될 수 있습니다.
 − 금리인하요구권 : 채무자인 고객은 본인의 신용상태에 현저한 변동이 있는 경우(승진, 직장의
  변동, 연 소득 증가, 국가고시 합격, 은행의 우수고객으로 선정, 신용등급개선, 자산증가, 부채감소
  등)에는 증빈자료를 첨부한 금리인하 신청서를 은행에 재출, 금리변경을 요구할 수 있습니다.
• 수수료 등 비용
 − 중도상환수수료 : (   )%
  ▶ 중도상환대출금액×중도상환수수료×(대출잔여일수÷대출기간)=중도상환수수료
   − 한도약정수수료 : 대출한도 금액의 (   )%
  ▶ 대출한도 금액×한도약정수수료율=한도약정수수료
   − 인지세
  ▶ 인지세법에 의해 대출약정 체결 시 납부하는 세금으로 대출금액에 따라 세액이 차등 적용되
   며, 각 50%씩 고객과 은행이 가담합니다.

---

① 1개

② 2개

③ 3개

④ 4개

10 귀하는 고객들에게 보다 안전한 금융거래를 안내하기 위하여 다음과 같은 안내문을 작성해 홈페이지에 게시하려고 하는데, 초안을 재검토하는 과정에서 오타를 발견하였다. 수정이 필요한 부분은 총 몇 개인가?(단, 띄어쓰기는 무시한다)

항상 N은행 스마트금융을 이용해 주시는 고객님께 진심으로 감사드립니다.

미래창조과학부 주관『공인인증서 안전 이용 캠페인』을 실시하오니 관심 있는 고객님께서는 해당 홈페이지를 참고하시기 바랍니다.

- 명칭 : 공인인증서 안전 이용 캠페인
- 주관 : 미래창조과학부, 한국인터넷진흥원, 금융결제원
- 기간 : 2022. 12. 10(토) ~ 2023. 1. 10(화)
- 내용
  – 공인인증서를 안전하게 보간하기 위한 설명(동영상 시청)
  – 공인인증서를 안전하게 이용하기 위한 퀴즈 등
- 홈페이지 및 연락처
  – 홈페이지 : http://www.safepki.org
  – 연락처 : 금융결제원 고객센터 1577-5500(상담시간 9시 ~ 18시)
- 기타
  – 당행에서 재공 가능한 공인인증서 서비스(스마트인증서 USIM / IC, 휴대폰공인인증서)
  – 해당 서비스 가입 시 USIM 및 휴대폰 내 보관된 공인인증서로만 당행 인터넷·스마트뱅킹에 접속하실 수 있습니다.
  ※ 관련 사항은 금융결제원 고객센터(1577-5500)로 문의하시기 바랍니다.

---

① 1개   ② 2개

③ 3개   ④ 4개

02 | 다의어

대표유형 1 | 다의어

다음 중 밑줄 친 부분과 같은 의미로 쓰인 것은?

> 언어 없이 사고가 불가능하다는 이론도 그렇다. 생각은 있되, 그 생각을 표현할 적당한 말이 없는 경우도 얼마든지 있으며, 생각은 분명히 있지만 말을 잊어서 표현에 곤란을 느끼는 경우도 흔하다. 음악가는 언어라는 매개를 <u>통하지</u> 않고 작곡을 하여 어떤 생각이나 사상을 표현하며, 조각가는 언어 없이 조형을 한다. 또 우리는 흔히 새로운 물건, 새로운 생각을 이제까지 없던 새로운 말로 만들어 명명하기도 한다.

① 그의 주장은 앞뒤가 잘 <u>통하지</u> 않는다.
② 바람이 잘 <u>통하는</u> 곳에 빨래를 널어야 잘 마른다.
③ 그 시상식은 텔레비전을 <u>통해</u> 전국에 중계되었다.
④ 청소년들은 기성세대와 말이 <u>통하지</u> 않는다고 말한다.

정답 해설

밑줄 친 부분은 '무엇을 매개로 하거나 중개하다.'라는 의미로 사용되었으며, 이와 같은 의미로 사용된 것은 ③이다.

오답분석
① 말이나 문장 따위의 논리가 이상하지 아니하고 의미의 흐름이 적절하게 이어져 나가다.
② 막힘이 없이 흐르다.
④ 마음 또는 의사나 말 따위가 다른 사람과 소통되다.

정답 ③

※ 다음 밑줄 친 부분과 같은 의미로 쓰인 것을 고르시오. [1~10]

01

> 드디어 그동안 열심히 홍보한 효과가 <u>나기</u> 시작했다.

① 이번 사건은 무혐의로 최종 결론이 <u>났다</u>.
② 두 달 뒤에 합격자 발표가 <u>난다</u>.
③ 광산 깊은 곳에서 금이 <u>난다</u>.
④ 우리 학교에서는 유명한 인물이 많이 <u>났다</u>.

02

> 나는 이번 프로젝트에 사활을 <u>걸었다</u>.

① 나는 너와 그 길을 함께 <u>걸었다</u>.
② 계속된 실점으로 감독이 작전 타임을 <u>걸었다</u>.
③ 양만춘은 안시성 전투에서 목숨을 <u>걸었다</u>.
④ 마침내 올림픽 금메달을 목에 <u>걸었다</u>.

03

> 소년은 존경하는 야구 선수에게 받은 사인을 늘 품속에 <u>지니고</u> 다녔다.

① 그녀는 방에 들어선 뒤 내내 몸에 <u>지니고</u> 있던 유리병을 조심스럽게 내려두었다.
② 많은 사람이 고향과 관련된 추억을 가슴 속에 <u>지니고</u> 있다.
③ 한 차례 개발의 바람이 지나갔지만, 마을은 여전히 옛 모습을 그대로 <u>지니고</u> 있다.
④ 5G 통신은 광대역 기반의 초고속, 초저지연, 초연결의 특성을 <u>지닌다</u>.

PART 4

04

희대의 사기꾼을 쳐다보는 국민들의 눈에는 분노가 <u>끓었다</u>.

① 마지막으로 500mL의 물을 붓고 펄펄 <u>끓이면</u> 완성됩니다.
② 파리가 <u>끓고</u> 있는 쓰레기통에서는 악취가 났다.
③ 유통기한이 이틀 지난 우유를 마셨더니 배 속이 부글부글 <u>끓는다</u>.
④ 강교수의 가슴 속에는 끝내지 못한 연구에 대한 열정이 <u>끓고</u> 있다.

05

소속팀의 예선 탈락 소식을 들은 그는 충격을 <u>받았다</u>.

① 많은 사람들의 주목을 <u>받아</u> 당혹스러웠다.
② 네가 원하는 요구 조건을 <u>받아</u> 주기 어렵다.
③ 그녀는 환경 연구 논문으로 학위를 <u>받았다</u>.
④ 그는 과도한 업무로 인해 많은 스트레스를 <u>받았다</u>.

06

나는 무인도의 정글 속에서 내 짧고 불행한 생애의 마지막을 <u>맞고</u> 싶지 않았다.

① 내 육감은 잘 <u>맞는</u> 편이다.
② 그들은 우리를 반갑게 <u>맞아</u> 주었다.
③ 우리 대학은 설립 60주년을 <u>맞았다</u>.
④ 우박을 <u>맞아</u> 비닐하우스에 구멍이 났다.

07

전문가와 함께 목재를 직접 대패로 <u>밀고</u> 한옥 공포를 조립해 보는 한옥 짓기와 한옥 전통 공구 체험, 한옥 구들짓기 체험 등은 체험객들에게 색다른 경험을 제공했다.

① 갑자기 차가 서자 형은 동생에게 차를 <u>밀어</u> 달라고 부탁한다.
② 파이 반죽은 얇게 <u>밀어서</u> 그라탕 용기에 올려놓은 후, 반죽 위에 필링을 넣고 채썬 피자치즈를 뿌린다.
③ 구겨진 바지를 그냥 입지 말고, 다리미로 한 번 <u>밀어라</u>.
④ 김기자는 지난해 말 서울의 대형 찜질방에서 때를 <u>밀었던</u> 경험으로 기사를 시작했다.

08

> 그는 졸업하려면 멀었지만, 취직 준비에 여념이 없다.

① 그는 작년에 교통사고로 한쪽 눈이 멀었다.
② 우리 집에서 회사까지 걸어가기에는 너무 멀다.
③ 배탈이 난 상걸이는 십 분이 멀다 하고 화장실을 들락거린다.
④ 오늘따라 남자친구가 멀게만 느껴졌다.

09

> 생산 일정을 맞추기 위해 김사장은 하청업체에 압력을 넣었다.

① 태권도 선수였던 김형사는 현행범을 잡기 위해 상대의 옆구리로 강한 킥을 넣었다.
② 정희야, 시를 낭독할 때는 목소리에 감정을 넣어 읽는 것이 중요해.
③ 큰아버지는 설탕을 많이 넣은 커피를 좋아하셨어.
④ 통장에 돈을 넣고 받은 입금확인증을 보관해 주세요.

10

> 흔히 말하는 결단이란 용기라든가 과단성을 전제로 한다. 거센 세상을 살아가노라면 때로는 중대한 고비가 나타난다. 그럴 때 과감하게 발 벗고 나서서 자신을 던질 수 있는 용기를 통해 결단이 이루어질 수 있을 것이다. 그럼에도 내 자신은 사람됨이 전혀 그렇지 못하다.

① 승리의 여신이 우리 선수들에게 미소를 던졌다.
② 그는 유능한 기사였지만 결국 돌을 던지고 말았다.
③ 최동원은 직구 위주의 강속구를 던지는 정통파 투수였다.
④ 물론 인간은 이따금 어떤 추상적인 사상이나 이념에 일생을 던져 몰입하는 수가 있지.

01 다음 밑줄 친 부분의 의미가 다른 것은?

① 너를 향한 내 마음은 <u>한결같다</u>.
② 아이들이 <u>한결같은</u> 모습으로 꽃을 들고 있다.
③ 예나 지금이나 아저씨의 말투는 <u>한결같으시군요</u>.
④ 우리는 초등학교 내내 10리나 되는 산길을 <u>한결같이</u> 걸어 다녔다.

※ 다음 밑줄 친 부분과 같은 의미로 쓰인 것을 고르시오. [2~6]

02

> 우리 회사는 이번 정부 사업에서 판매권을 <u>땄다</u>.

① 선영이네 과일 가게는 막내딸 선영이의 이름을 <u>딴</u> 것이다.
② 이 병을 <u>따기</u> 위해서는 병따개가 필요할 것 같아.
③ 지난 올림픽에서 금메달을 <u>딴</u> 선수는 이번 경기에서도 좋은 소식을 전해 줄 것이다.
④ 서글서글한 막내 사위는 이번 가족 행사에서 장인어른에게 많은 점수를 <u>땄다</u>.

03

> 이 연구는 일반적으로 유권자들의 투표 성향, 즉 투표 참여 태도나 동기 등을 조사하여 이것이 투표 결과와 어떤 상관관계가 있는가를 <u>밝혔다</u>.

① 그는 돈과 지위를 지나치게 <u>밝힌다</u>.
② 그녀는 경찰에게 이름과 신분을 <u>밝혔다</u>.
③ 동생이 불을 <u>밝혔는지</u> 장지문이 환해졌다.
④ 학계에서는 사태의 진상을 <u>밝히기</u> 위해 애썼다.

04

○○은행에서 근무하는 김과장은 올해 60세가 되어 정년퇴직을 준비하고 있다. 김과장은 인생의 전환점을 <u>맞이하여</u> 은퇴 후에 아내와 함께 귀농할 수 있도록 농사와 관련된 전문 서적을 찾아 읽거나 귀농인들을 위한 사이트에 가입하여 여러 정보를 모으고 있다.

① 그들은 우리를 반갑게 <u>맞아</u> 주었다.
② 그들은 자신의 목숨이 다하도록 적군을 <u>맞아</u> 싸웠다.
③ 그 신문은 창간 7주년을 <u>맞아</u> 푸짐한 사은품을 준비했다.
④ 이번 학기에도 학사 경고를 <u>맞으면</u> 퇴학이다.

05

나이스비트가 우리에게 던진 보다 큰 충격은 우리가 수치스럽게만 생각했던 삼풍 사건 속 한국의 몰락이 아니라, 오히려 아직도 한국에 남아 있는 소중한 정신적 가치를 발견하고 지키려 한 그의 지성이다. 더 직설적으로 말하면 나이스비트가 들을 수 있었던 것을 왜 우리는 들을 수 없었는가 하는 충격이다. 그의 눈에는 크게 보이는 것이 어째서 우리 눈에는 그처럼 하찮게 비쳤는가 하는 충격이다. 우리에게는 절망으로만 보이는 암흑이, 어떻게 해서 그에게는 전 세계를 점화하는 희망의 불꽃으로 보이는가 하는 충격이다.

① 그는 아무리 <u>말해도</u> 시키는 대로 하지 않았다.
② 그 사람을 좋게 <u>말하지</u> 않는 사람을 보지 못했다.
③ 그에게 여러 번 <u>말해</u> 보았지만 끝내 들어주지 않았어.
④ 그렇게 빙빙 돌리지 말고 좀 더 쉽고 분명하게 <u>말해</u> 줘.

06

그러던 어느 날 저녁때였다. 영신의 신변을 노상 주목하고 다니던 순사가 나와서, 다짜고짜 "주임이 당신을 보자는데, 내일 아침까지 주재소로 출두를 하시오." 하고 한 마디를 이르고는 말대답을 들을 <u>사이</u>도 없이 자전거를 되짚어 타고 가 버렸다. '무슨 일로 호출을 할까? 강습소 기부금을 오백 원까지 모금해도 좋다고 허가를 해 주지 않았는가?'

① 그는 친구들 <u>사이</u>에 인기가 많아.
② 영주와 세영이의 <u>사이</u>가 좋다고?
③ 서연아, 하루 <u>사이</u>에 많이 여위었구나!
④ 나는 너무 바빠서 잠시 앉아 쉴 <u>사이</u>도 없다.

07 다음 중 밑줄 친 단어의 관계가 다른 하나는?

① 세탁을 잘못하여 새로 산 옷에 파란 물이 <u>들었다</u>.

　올해에는 풍년이 <u>들어</u> 농민들의 걱정이 줄었다.

② 나는 오랫동안 길러 왔던 <u>머리</u>를 잘랐다.

　우리는 그 문제를 해결하기 위해 열심히 <u>머리</u>를 돌렸다.

③ 원고 마감일이 다가오자 그는 며칠 밤을 꼬박 새워 글을 <u>썼다</u>

　가뭄으로 물을 끌어다 붓는 등 갖은 애를 <u>쓰느라</u> 농사의 생산비가 크게 증가했다.

④ 그는 그녀의 <u>손</u>에 반지를 끼워주며 청혼했다.

　나는 부모님이 일찍 돌아가셔서 할머니의 <u>손</u>에서 자랐다.

※ 밑줄 친 단어를 이용해 짧은 글짓기를 한 결과로 적절하지 않은 것을 고르시오. [8~10]

08

> 우리가 사용하고 있는 시간은 태양이 자오선을 지나는 시점을 정오로 삼고, 하루를 24시간으로 또한 시간을 60분으로, 일분을 60초로 나눈 것이다. 경도에 따라서 모든 땅은 각자 저마다의 시간을 지니는 것처럼 (가) <u>보인다</u>. 그러나 우리는 편의상 그렇게 셈하지 않는다. 특정 지역은 하나의 평균시를 공통으로 사용한다. 이를 '표준시'라고 한다. 일반적으로 경도 15° 차이마다 1시간씩 다른 표준시를 사용한다. 그런데 세계의 '시간지도'를 보면 국경 등의 이유로 삐뚤빼뚤한 세로선이 보일 것이다. 중국은 경도 차이가 60도나 되는데도 표준시는 하나를 (나) <u>쓴다</u>. 이러한 표준시나, 태평양 한 가운데를 (다) <u>기준</u>으로 이쪽은 오늘이고 저쪽은 내일인 날짜변경선, 여름철이 되면 시간이 1시간 앞당겨지는 서머타임 (라) <u>제도</u> 등은 모두 사람들이 함께 살아가기 위해 임의로 설정한 것들이다.

① (가) : 그 사람은 고급 어휘를 곧잘 사용해 똑똑해 <u>보인다</u>.

② (나) : 초등학생인 딸아이는 매일 일기를 <u>쓴다</u>.

③ (다) : 처벌 <u>기준</u>이 명확하지 않으면 불만이 나올 여지가 많다.

④ (라) : 엄격한 사법 <u>제도</u>를 통해 범죄 발생률을 줄이려 했다.

09

> 최근 들어 도시의 경쟁력 향상을 위한 새로운 (가) 전략의 하나로 창조 도시에 대한 논의가 (나) 활발하게 진행되고 있다. 창조 도시는 창조적 인재들이 창의성을 발휘할 수 있는 환경을 갖춘 도시이다. 즉 창조 도시는 인재들을 위한 문화 및 거주 환경의 창조성이 풍부하며, 혁신적이고 (다) 유연한 경제 시스템을 갖추고 있는 도시인 것이다. 창조 도시에 대한 논의를 주도한 랜드리는 창조성이 도시의 유전자 코드로 바뀌기 위해서 다음과 같은 환경적 (라) 요소들이 필요하다고 보았다. 개인의 자질, 의지와 리더십, 다양한 재능을 가진 사람들과의 접근성, 조직 문화, 지역 정체성, 도시의 공공 공간과 시설, 역동적 네트워크의 구축 등이 그것이다.

① (가) : 그가 기획한 신제품의 판매 전략이 큰 성공을 거두었다.
② (나) : 아이들은 활발하게 산과 들을 뛰어다니며 자라났다.
③ (다) : 그는 상대방이 아무리 흥분해도 유연한 태도를 잃지 않았다.
④ (라) : 한 개인의 성격 형성에는 유전적 요소뿐 아니라 성장 환경도 영향을 끼친다.

10

> 고대 그리스의 조각 작품들을 살펴보면 조각 전체의 자세 및 동작이 기하학적 균형을 바탕으로 나타나있음을 알 수 있다. 세부적인 묘사에 치중된 (가) 기교보다는 기하학을 바탕으로 한 전체적인 균형과 (나) 절제된 표현이 고려된 것이다. 그런데 헬레니즘기의 조각으로 넘어가면서 초기의 (다) 근엄하고 정적인 모습이나 기하학적인 균형을 중시하던 입장에서 후퇴하는 현상들이 보이게 된다. 이는 형태들을 보다 더 (라) 완숙한 모습으로 나타내기 위해 사실적인 묘사나 장식적인 측면들에 주목하게 된 것이라 할 수 있다. 하지만 그 안에서도 여전히 기하학적인 균형을 찾아볼 수 있으며, 개별적인 것들을 포괄하는 보편적인 질서인 이데아를 구현하고자 하는 고대 그리스 사람들의 생각을 엿볼 수 있다.

① (가) : 그는 당대의 쟁쟁한 바이올리니스트 중에서도 기교가 뛰어나기로 유명하다.
② (나) : 수도사들은 욕망을 절제하고 청빈한 삶을 산다.
③ (다) : 방에 들어서니 할아버지가 근엄한 표정으로 앉아 계셨다.
④ (라) : 그의 손놀림은 어느 사이에 완숙한 경지에 이르렀다.

CHAPTER
03 | 관용적 표현

대표유형 1 관용적 표현

다음 중 밑줄 친 관용 표현의 쓰임이 적절하지 않은 것은?

① 나의 막냇동생은 <u>아귀가 무르고</u> 고집이 세다.
② 그는 새로운 환경에 적응을 했는지 <u>짓이 나서</u> 돌아다닌다.
③ 그녀는 작은 일에도 <u>무안을 타는</u> 성격이었다.
④ 우리 아이는 <u>반죽이 좋아서</u> 어디서나 잘 지낸다.

정답 | 해설

• 아귀(가) 무르다 : 마음이 굳세지 못하고 남에게 잘 꺾이다.

오답분석
② 짓이 나다 : 흥겹거나 익숙하여져서 하는 행동에 절로 멋이 나다.
③ 무안을 타다 : 몹시 무안해하다.
④ 반죽이 좋다 : 노여움이나 부끄러움을 타지 아니하다.

정답 ①

다음 내용 중 밑줄 친 단어와 의미가 통하는 한자성어는?

> 이춘동이는 깍정이에게 붙들려 묵는 중에 여러 두령과 서로 <u>너나들이</u>까지 하게 되고 또 청석골 안을 돌아다니며 구경도 하게 되었다.

① 불요불급(不要不急)　　　　　　　② 육지행선(陸地行船)
③ 오월동주(吳越同舟)　　　　　　　④ 수어지교(水魚之交)

정답 | 해설

• 너나들이 : 서로 '너', '나' 하고 부르며 허물없이 말을 건넴을 이르는 말
• 수어지교(水魚之交) : 물이 없으면 살 수 없는 물고기와 물의 관계라는 뜻으로, 아주 친밀하여 떨어질 수 없는 사이를 비유적으로 이르는 말

오답분석

① 불요불급(不要不急) : 한번 먹은 마음이 흔들리거나 굽힘이 없음을 이르는 말
② 육지행선(陸地行船) : 육지에서 배를 저으려 한다는 뜻으로, 안 되는 일을 억지로 하려고 함을 비유적으로 이르는 말
③ 오월동주(吳越同舟) : 서로 적의를 품은 사람들이 한자리에 있게 된 경우나 서로 협력하여야 하는 상황을 비유적으로 이르는 말

정답 ④

30초 컷 풀이 Tip

단순히 한자성어나 속담과 그 의미를 외우는 것보다는 이들이 사용된 신문 사설이나 글 등을 통해 주로 어떠한 상황에서 관용구로 쓰이는지 파악해두는 것이 좋다.

PART 4

01 다음 제시된 관용어구의 빈칸에 공통으로 들어갈 말로 적절한 것은?

• 돼지를 _____	• 도랑을 _____
• 사군자를 _____	• 술을 _____

① 잡다   ② 놓다

③ 치다   ④ 붓다

02 다음 중 밑줄 친 ㉠과 바꾸어 쓸 수 있는 말은?

'명명덕'은 '밝은 덕을 밝힌다.'는 뜻이다. 밝은 덕이란 사람이 태어날 때부터 갖추고 있는 도덕적 이성을 말한다. 주희는 사람의 이같은 이성을 최대한 발휘해서 온 세상으로 그 범위를 넓혀야 한다고 말한다. '신민'은 '백성을 새롭게 한다.'는 뜻이다.

그리고 이는 곧 세상을 다스리는 통치자들이 끝없이 도덕적 수련을 통해 스스로 덕을 밝히면, 백성들이 그 영향을 받아 구태의연한 삶에서 벗어날 수 있다는 것이다. 구태의연한 삶에서 벗어날 때까지 백성들은 계몽의 대상이 된다. 이때의 계몽은 강제적인 것이 아니라 자발적인 것이다. 그런데 문제는 통치자가 덕을 밝힌다고 해서 반드시 백성들이 새로운 생활을 하는 것은 아니므로 통치자가 스스로 모범이 되어야만 한다는 것이다. 즉 통치자가 ㉠ 모범을 보이면 백성들이 자연히 따라온다는 것이다. 이처럼 자신의 도덕적 이성을 밝히는 일과 백성을 교화하는 일이 완전히 하나가 될 때 가장 완성된 형태의 도덕에 이르는데 그것이 '지어지선', 즉 지극한 선(올바름)에 머무는 것이다.

① 결자해지하면   ② 박람강기하면

③ 솔선수범하면   ④ 일취월장하면

03 다음 내용에 해당하는 속담은?

어떤 일이든지 하려고 생각했으면 한창 열이 올랐을 때 망설이지 말고 곧 행동으로 옮겨야 함

① 단김에 소뿔 빼기　　　　　② 남의 말도 석 달
③ 냉수 먹고 이 쑤시기　　　　④ 단솥에 물 붓기

04 다음 글과 가장 밀접하게 관련된 한자성어는?

지하철 선로에 떨어진 아이를 구한 고등학생에게 서울시에서 표창장을 주었다.

① 신언서판(身言書判)　　　　② 신상필벌(信賞必罰)
③ 순망치한(脣亡齒寒)　　　　④ 각주구검(刻舟求劍)

05 다음 중 '자는 호랑이에게 코침 주기'와 뜻이 비슷한 사자성어는?

① 전전반측(輾轉反側)　　　　② 각골통한(刻骨痛恨)
③ 평지풍파(平地風波)　　　　④ 백아절현(伯牙絶絃)

PART 4

※ 밑줄 친 관용 표현의 쓰임이 적절하지 않은 것을 고르시오. [1~3]

01 ① 학생들은 쉬는 시간마다 <u>난장을 치고</u> 논다.
   ② 그와 나는 <u>눈 위의 혹</u>처럼 막역한 사이이다.
   ③ 그들은 부정한 방법으로 <u>한몫 잡고</u> 해외로 도주했다.
   ④ 그는 승진을 위해서 <u>간이라도 꺼내어</u> 줄 것이다.

02 ① 너도 <u>꼽사리 껴서</u> 뭐든 해 보려고 하는 모양인데, 이번에는 제발 빠져 줘라.
   ② 수천억 원 비자금설이 <u>변죽만 울리다가</u> 사그러들었다.
   ③ 독립 투사였던 아버지의 <u>전철을 밟아서</u> 꼭 훌륭한 사람이 되거라.
   ④ 불우이웃돕기 성금을 훔치다니 저런 <u>경을 칠</u> 놈을 보았나.

03 ① <u>깐깐오월</u>은 너무 바빠 시간이 언제 지나는지도 모르는 음력 5월을 가리키지.
   ② 그 교수의 이론은 <u>사개가 맞아</u> 모두가 동의하였다.
   ③ 그는 오랫동안 만나 온 사람에게도 좀처럼 <u>곁을 주지</u> 않았다.
   ④ 그는 <u>엉너리를 치며</u> 슬그머니 다가와 앉았다.

04 다음 중 날씨에 관한 예측 표현 가운데 나머지 셋과 다른 날씨에 관련된 것은?
   ① 청개구리가 운다.
   ② 제비가 낮게 난다.
   ③ 아침 거미줄에 이슬이 맺힌다.
   ④ 달무리가 진다.

05 다음 글의 내용을 가장 잘 설명하는 속담은?

> 최근 러시아에서는 공무원의 근무 태만을 감시하기 위해 공무원에게 감지기를 부착시켜 놓고 인공 위성 추적 시스템을 도입하는 방안을 둘러싸고 논란이 일었다. 전자 감시 기술은 인간의 신체 속에 까지 파고 들어갈 만반의 준비를 하고 있다. 어린아이의 몸에 감시 장치를 내장하면 아이의 안전을 염려할 필요는 없겠지만, 그게 과연 좋기만 한 것인지, 또 그 기술이 다른 좋지 않은 목적에 사용될 위험은 없는 것인지 따져볼 일이다. 감시를 위한 것이 아니라 하더라도 전자 기술에 의한 정보의 집적은 언제든 개인의 프라이버시를 위협할 수 있다.

① 사공이 많으면 배가 산으로 간다.
② 새가 오래 머물면 반드시 화살을 맞는다.
③ 달걀에도 뼈가 있다.
④ 일곱 번 재고 천을 째라.

※ 다음 중 의미가 다른 하나를 고르시오. [6~7]

06 ① 군계일학(群鷄一鶴)　　　② 철중쟁쟁(鐵中錚錚)
　　③ 태산북두(泰山北斗)　　　④ 천재일우(千載一遇)

07 ① 안하무인(眼下無人)　　　② 오만무도(傲慢無道)
　　③ 방약무인(傍若無人)　　　④ 등하불명(燈下不明)

08 다음 중 '일이 잘못된 후 후회한다.'의 의미를 가진 한자성어가 아닌 것은?
　　① 만시지탄(晩時之歎)　　　② 망양보뢰(亡羊補牢)
　　③ 서제막급(噬臍莫及)　　　④ 고성낙일(孤城落日)

09 다음 기사문의 빈칸에 들어갈 한자성어로 가장 적절한 것은?

바람 잘 날 없는 (주)쾌속유통이 이번에는 '내홍(內訌)'으로 큰 곤란을 겪고 있다. (주)쾌속유통 유쾌속 사장은 '수뢰설'로 일어난 내홍의 관련자 양쪽 모두를 해고하며 위기를 정면 돌파하려 하고 있다. 유쾌속 사장은 회사의 존망을 좌우하는 구조조정을 위해서는 회사 내부 단결이 가장 중요하다고 보고, _____의 결단을 내렸다. 뇌물을 주고받은 것으로 알려진 김 모 부장과 강 모 차장을 경질한 것은 물론, 이들의 비리를 알고도 묵인한 윤 모 전무를 보직 해임하며 기강 확립에 나섰다. 특히, 윤 모 전무는 유사장의 최측근이며, 김 모 부장 또한 유사장의 '오른팔'로 잘 알려져 있다.

① 일패도지(一敗塗地)   ② 읍참마속(泣斬馬謖)
③ 도청도설(道聽塗說)   ④ 원교근공(遠交近攻)

10 다음 글과 가장 밀접하게 관련된 한자성어는?

서로 다른 산업 분야의 기업 간 협업이 그 어느 때보다 절실해진 상황에서 기업은 '협업'과 '소통'을 고민하지 않을 수 없다. 협업과 소통의 중요성은 기업의 경쟁력 강화를 위해 항상 강조되어 왔지만, 한 기업 내에서조차 성공적으로 운영하기가 쉽지 않았다. 그런데 이제는 서로 다른 산업 분야에서 기업 간의 원활한 협업과 소통까지 이뤄내야 하니, 기업의 고민은 깊어질 수밖에 없다.
협업과 소통의 문화·환경을 성공적으로 정착시키는 길은 결코 쉽게 갈 수 없다. 하지만 그 길을 가기 위해 첫걸음을 내디딜 수만 있다면 절반의 성공은 담보할 수 있다. 우선 직원 개인에게 '혼자서 큰일을 할 수 있는 시대는 끝이 났음'을 명확하게 인지시키고, 협업과 소통을 통한 실질적 성공 사례들을 탐구하여 그 가치를 직접 깨닫게 해야 한다.
그런 다음에는 협업과 소통을 위한 시스템을 갖추는 데 힘을 쏟아야 한다. 당장 협업 시스템을 전사 차원에서 적용하라는 것은 결코 아니다. 작은 변화를 통해 직원들 간 또는 협력업체 간, 고객들 간의 협업과 소통을 조금이나마 도울 수 있는 노력을 시작하라는 것이다. 동시에 시스템을 십분 활용할 수 있도록 독려하는 노력도 간과하지 말아야 한다.

① 장삼이사(張三李四)   ② 하석상대(下石上臺)
③ 등고자비(登高自卑)   ④ 주야장천(晝夜長川)

PART 5

최종점검 모의고사

최종점검 모의고사

🕐 응시시간 : 30분   📋 문항 수 : 30문항

모바일 OMR

정답 및 해설 p.060

01 다음 〈보기〉 중 바람직한 의사소통에 영향을 미치는 요인에 대한 설명으로 옳지 않은 것을 모두 고르면?

> **보기**
> ㄱ. 의사소통 과정에서 다루는 정보의 양이 의사소통의 폭을 넓혀주므로 많을수록 좋다.
> ㄴ. 지나치게 과업에 집중한 대화는 원활한 의사소통을 저해할 수 있다.
> ㄷ. 상호 신뢰가 부족한 경우, 업무상의 의사소통이라도 효율성이 낮을 수 있다.
> ㄹ. 실시간으로 의사 교환이 필요한 안건의 경우, 전화보다는 메일을 이용하는 것이 적절하다.

① ㄱ, ㄴ
② ㄱ, ㄹ
③ ㄴ, ㄷ
④ ㄴ, ㄹ

02 다음 〈보기〉 중 경청에 대한 설명으로 옳지 않은 것을 모두 고르면?

> **보기**
> ㄱ. 지나친 경청은 상대방이 부담스러워할 수 있으므로, 적당히 거리를 두며 듣는다.
> ㄴ. 경청을 통해 상대방의 메시지와 감정이 더욱 효과적으로 전달될 수 있다.
> ㄷ. 상대의 말에 대한 경청은 상대에게 본능적 안도감을 제공한다.
> ㄹ. 경청을 하는 사람은 상대의 말에 무의식적 믿음을 갖게 된다.

① ㄱ
② ㄴ
③ ㄱ, ㄷ
④ ㄴ, ㄷ, ㄹ

03 다음 글의 빈칸에 들어갈 문장을 〈보기〉에서 찾아 순서대로 바르게 나열한 것은?

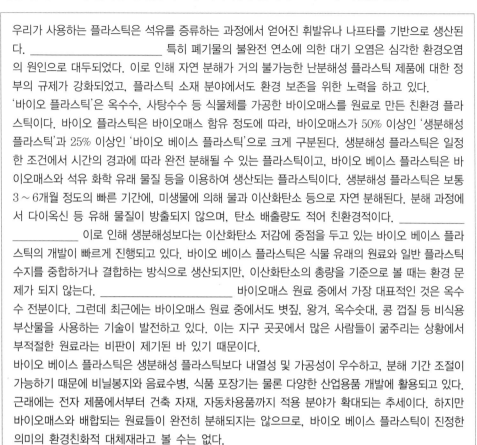

우리가 사용하는 플라스틱은 석유를 증류하는 과정에서 얻어진 휘발유나 나프타를 기반으로 생산된다. ＿＿＿＿＿＿＿＿＿＿＿＿＿ 특히 폐기물의 불완전 연소에 의한 대기 오염은 심각한 환경오염의 원인으로 대두되었다. 이로 인해 자연 분해가 거의 불가능한 난분해성 플라스틱 제품에 대한 정부의 규제가 강화되었고, 플라스틱 소재 분야에서도 환경 보존을 위한 노력을 하고 있다.

'바이오 플라스틱'은 옥수수, 사탕수수 등 식물체를 가공한 바이오매스를 원료로 만든 친환경 플라스틱이다. 바이오 플라스틱은 바이오매스 함유 정도에 따라, 바이오매스가 50% 이상인 '생분해성 플라스틱'과 25% 이상인 '바이오 베이스 플라스틱'으로 크게 구분된다. 생분해성 플라스틱은 일정한 조건에서 시간의 경과에 따라 완전 분해될 수 있는 플라스틱이고, 바이오 베이스 플라스틱은 바이오매스와 석유 화학 유래 물질 등을 이용하여 생산되는 플라스틱이다. 생분해성 플라스틱은 보통 3 ~ 6개월 정도의 빠른 기간에, 미생물에 의해 물과 이산화탄소 등으로 자연 분해된다. 분해 과정에서 다이옥신 등 유해 물질이 방출되지 않으며, 탄소 배출량도 적어 친환경적이다. ＿＿＿＿＿＿＿＿＿＿＿＿ 이로 인해 생분해성보다는 이산화탄소 저감에 중점을 두고 있는 바이오 베이스 플라스틱의 개발이 빠르게 진행되고 있다. 바이오 베이스 플라스틱은 식물 유래의 원료와 일반 플라스틱 수지를 중합하거나 결합하는 방식으로 생산되지만, 이산화탄소의 총량을 기준으로 볼 때는 환경 문제가 되지 않는다. ＿＿＿＿＿＿＿＿＿＿＿＿ 바이오매스 원료 중에서 가장 대표적인 것은 옥수수 전분이다. 그런데 최근에는 바이오매스 원료 중에서도 볏짚, 왕겨, 옥수숫대, 콩 껍질 등 비식용 부산물을 사용하는 기술이 발전하고 있다. 이는 지구 곳곳에서 많은 사람들이 굶주리는 상황에서 부적절한 원료라는 비판이 제기된 바 있기 때문이다.

바이오 베이스 플라스틱은 생분해성 플라스틱보다 내열성 및 가공성이 우수하고, 분해 기간 조절이 가능하기 때문에 비닐봉지와 음료수병, 식품 포장기는 물론 다양한 산업용품 개발에 활용되고 있다. 근래에는 전자 제품에서부터 건축 자재, 자동차용품까지 적용 분야가 확대되는 추세이다. 하지만 바이오매스와 배합되는 원료들이 완전히 분해되지는 않으므로, 바이오 베이스 플라스틱이 진정한 의미의 환경친화적 대체재라고 볼 수는 없다.

보기

㉠ 왜냐하면 플라스틱을 폐기할 때 화학 분해가 되어도 그 플라스틱의 식물성 원료가 이산화탄소를 흡수하며 성장했기 때문이다.

㉡ 하지만 내열성 및 가공성이 취약하고, 바이오매스의 가격이 비싸며, 생산 비용이 많이 드는 단점이 있다.

㉢ 석유로 플라스틱을 만드는 과정이나 소각 또는 매립하여 폐기하는 과정에서 유독 물질, 이산화탄소 등의 온실가스가 많이 배출된다.

① ㉠, ㉡, ㉢ 　　　　② ㉠, ㉢, ㉡

③ ㉡, ㉠, ㉢ 　　　　④ ㉢, ㉡, ㉠

(가) 이에 따라 오픈뱅킹시스템의 기능을 확대하고, 보안성을 강화하기 위한 정책적 노력이 필요할 것으로 판단된다. 오픈뱅킹시스템이 금융 인프라로서 지속성, 안정성, 확장성 등을 가지기 위해서는 오픈뱅킹시스템에 대한 법적 근거가 필요하다. 법제화와 함께 오픈뱅킹시스템에서 발생할 수 있는 사고에 대한 신속하고 효율적인 해결 방안에 대해 이해관계자 간의 긴밀한 협의도 필요하다. 오픈뱅킹시스템의 리스크를 경감하고, 사고 발생 시 신속하고 효율적으로 해결하는 체계를 갖춰 소비자의 신뢰를 얻는 것이 오픈뱅킹시스템, 나아가 마이데이터업을 포함하는 오픈뱅킹의 성패를 좌우할 열쇠이기 때문이다.

(나) 우리나라 정책 당국도 은행뿐만 아니라 모든 금융회사가 보유한 정보를 개방하는 오픈뱅킹을 선도해서 추진하고 있다. 먼저 은행권과 금융결제원이 공동으로 구축한 오픈뱅킹시스템이 지난해 전면 시행되었다. 은행 및 핀테크 사업자는 오픈뱅킹시스템을 이용해 은행계좌에 대한 정보 조회와 은행계좌로부터의 이체 기능을 편리하게 개발하였다. 현재 저축은행 등의 제2금융권 계좌에 대한 정보 조회와 이체 기능을 추가하는 방안이 논의 중이다.

(다) 핀테크의 발전과 함께 은행이 보유한 정보를 개방하는 오픈뱅킹 정책이 각국에서 추진되고 있다. 오픈뱅킹은 은행이 보유한 고객의 정보에 해당 고객의 동의를 받아 다른 금융회사 및 핀테크 사업자 등 제3자가 접근할 수 있도록 허용하는 정부의 정책 또는 은행의 자발적인 활동을 의미한다.

(라) 한편 올해 1월에 개정된 신용정보법이 7월에 시행됨에 따라 마이데이터 산업이 도입되었다. 마이데이터란 개인이 각종 기관과 기업에 산재하는 신용정보 등 자신의 개인정보를 확인하여 직접 관리하고 활용할 수 있는 서비스를 말한다. 향후 마이데이터 사업자는 고객의 동의를 받아 금융회사가 보유한 고객의 정보에 접근하는 오픈뱅킹업을 수행할 예정이다.

① (나) - (다) - (라) - (나)
② (나) - (가) - (다) - (라)
③ (다) - (나) - (라) - (가)
④ (다) - (나) - (가) - (라)

05 다음 빈칸에 들어갈 내용으로 가장 적절한 것은?

> 오존층 파괴의 주범인 프레온 가스로 대표되는 냉매는 그 피해를 감수하고서라도 사용할 수밖에 없는 필요악으로 인식되어 왔다. 지구 온난화 문제를 해결할 수 있는 대체 물질이 요구되는 상황에서 최근 이를 만족할 수 있는 4세대 신냉매가 새롭게 등장해 각광을 받고 있다. 그중 온실가스 배출량을 크게 줄인 대표적인 4세대 신냉매가 수소불화올레핀(HFO)계 냉매이다.
>
> HFO는 기존 냉매에 비해 비싸고 불에 탈 수 있다는 단점이 있으나, 온실가스 배출이 거의 없고 에너지 효율성이 높다는 장점이 있다. 이러한 장점으로 4세대 신냉매에 대한 관심이 최근 급격히 증가하고 있다. 지난 2003 ~ 2017년 중 냉매 관련 특허 출원 건수는 총 686건이었고, 온실가스 배출량을 크게 줄인 4세대 신냉매 관련 특허 출원들은 꾸준히 늘어나고 있다. 특히 2008년부터 HFO계 냉매를 포함한 출원 건수가 큰 폭으로 증가하면서 같은 기간의 HFO계 비중이 65%까지 증가했다. 이러한 출원 경향은 국제 규제로 2008년부터 온실가스를 많이 배출하는 기존 3세대 냉매의 생산과 사용을 줄이면서 4세대 신냉매가 필수적으로 요구됐기 때문으로 분석된다.
>
> 냉매는 자동차, 냉장고, 에어컨 등 우리 생활 곳곳에 사용되는 물질로서 시장 규모가 대단히 크지만, 최근 환경 피해와 관련된 엄격한 국제 표준이 요구되고 있다. 우수한 친환경 냉매가 조속히 개발될 수 있도록 관련 특허 동향을 제공해야 할 것이며, 4세대 신냉매 개발은 _____

① 인공지능 기술의 확장을 열게 될 것이다.

② 엄격한 환경 국제 표준을 약화시킬 것이다.

③ 또 다른 오존층 파괴의 원인으로 이어질 것이다.

④ 지구 온난화 문제 해결의 열쇠가 될 것이다.

06 다음 글의 빈칸에 들어갈 내용으로 가장 적절한 것은?

> 무엇보다도 전통은 문화적 개념이다. 문화는 복합 생성을 그 본질로 한다. 질적으로 유사한 것끼리는 짧은 시간에도 무리 없이 융합되지만, 이질적일수록 그 혼융의 역사적 기간과 길항이 오래 걸리는 것이 사실이다. 그러나 전통이 그 주류에 있어서 이질적인 것을 교체가 더디다 해서 전통이 단절된 것으로 볼 수는 없다는 점이다. 이미 하나의 문화적 전통을 이룬 서구의 전통도 희랍·로마 이래 장구한 역사로써 헬레니즘과 히브리즘의 이질적 전통이 융합된 것임은 이미 다 아는 상식이 아닌가. 지금은 끊어졌다는 우리 고대 이래의 전통도 알고 보면 샤머니즘에, 선교에, 불교에, 도교에, 유교에 실학파를 통해 받아들인 천주교적 전통까지 혼합된 것이고, 그것들 사이에는 유사한 것도 있었지만 상당히 이질적인 것이 교차하여 견고튼 끝에 이루어진 전통이요, 그것은 어느 것이나 '우리화'시켜 받아들임으로써 우리의 전통이 되었던 것이다. 이런 의미에서 보자면 오늘날 일시적 전통의 혼미를 전통의 단절로 속단하고 이를 전통 부정의 논거로 삼는 것은 허망된 논리이다. _____ 그러므로 전통의 혼미란 곧 주체 의식의 혼미란 뜻에 지나지 않는다. 전통 탐구의 현대적 의의는 바로 문화의 기본적 주체 의식의 각성과 시대적 가치관의 검토, 이 양자의 관계에 대한 탐구의 요구와 다름 없다.

① 끊어지고 바뀌고 붙고 녹는 것을 계속하면서 그것을 일관하는 것이 전통이란 것이다.

② 전통은 물론 과거로부터 이어 온 것을 말한다.

③ 전통은 대체로 그 사회 및 그 사회의 구성원인 개인의 몸에 배어 있는 것이다.

④ 우리 민족 문화의 전통은 부단한 창조 활동 속에서 이어 온 것이다.

07 보장사업실의 A주임은 치과임플란트의 건강보험 적용 여부에 대해 물어오는 고객이 많아 다음과 같은 글을 작성하였다. 고객의 문의에 A주임이 한 답변으로 바르지 않은 것은?

〈치과임플란트 본인부담률이 낮아졌습니다!〉

1. **치과임플란트는 무엇인가요?**

   치과임플란트는 치아가 빠진 경우 인공치아를 심어서 빠진 치아를 대체해주는 치료방법으로, 티타늄 합금으로 만든 인공치근(뿌리)을 턱뼈에 고정시킨 후 연결기둥(지대주) 위에 인공치아를 연결하여 상실된 치아의 기능을 회복시키는 치료입니다. 2014년 7월 1일부터 노인의 저작기능 개선을 통한 건강증진 및 삶의 질 향상을 위해 평생 2개에 한하여 건강보험이 적용되었습니다.

2. **치과임플란트 건강보험 적용대상은 어떻게 되나요?**

   만 65세 이상 건강보험가입자 또는 피부양자 중에서 부분무치악 환자(완전무치악 제외)가 치과임플란트 치료를 받을 경우 건강보험이 적용됩니다.

   ※ 2014. 7. 1 ~ 2015. 6. 30 : 만 75세 이상
     2015. 7. 1 ~ 2016. 6. 30 : 만 70세 이상
     2016. 7. 1 ~ : 만 65세 이상

3. **치과임플란트 건강보험 적용범위는 어떻게 되나요?**

   치과임플란트 건강보험 적용개수는 1인당 평생 2개이고, 부분무치악 환자에 한하여 상·하악 구분 없이 분리형 식립재료로 비귀금속도재관 시술을 하는 경우 모든 치식부위에 건강보험이 적용되며, 부분틀니와도 중복 적용이 가능합니다. 완전무치악 환자 및 상악골을 관통하여 관골에 식립하거나, 일체형 식립재료로 시술하는 경우, 보철수복 재료를 비귀금속도재관 이외로 시술하는 경우에는 건강보험이 적용되지 않습니다. 또한, 치과의사의 의학적 판단 하에 불가피하게 시술을 중단하는 경우에는 평생 인정개수에 포함되지 않습니다.

4. **치과임플란트 본인부담률은 얼마나 되나요?**

   기존에는 건강보험가입자 본인부담률이 50%였으나 2018년 7월 1일부터 30%로 낮아졌습니다. 차상위 대상자 중 희귀난치성질환자는 10%, 만성질환자 등은 20%만 본인이 부담하면 됩니다.

---

① Q : 치과임플란트 시술을 하려고 하는데, 몇 개까지 건강보험 적용이 되나요?

  A : 네, 치과임플란트의 경우 평생 2개까지 건강보험이 적용됩니다.

② Q : 제가 2016년에 만 64세라서 적용이 안 된다고 했는데, 2018년엔 대상자였습니까?

  A : 2018년 대상은 만 75세 이상이므로 그해 만 66세인 고객님께서는 대상자가 아니셨습니다.

③ Q : 치과임플란트를 진행 중에 어떤 이유로 더이상 진행이 불가능하다는 이야기를 듣고 중단하였습니다. 이럴 경우 인정개수에서 차감되나요?

  A : 아닙니다. 의학적 판단하에 불가피하게 중단할 경우 평생 인정개수에 포함되지 않습니다.

④ Q : 치과임플란트 시술 시 본인부담률이 어떻게 되나요?

  A : 2018년 7월 1일부터 본인부담률이 30%로 낮아졌습니다. 또한, 차상위 대상자 중 희귀난치성질환자는 10%, 만성질환자 등은 20%만 부담하면 되니 확인해보세요.

08 다음은 ○○은행의 국군희망준비적금 특약 안내의 일부분이다. 특약을 읽고 이해한 내용으로 적절하지 않은 것은?

〈○○은행 국군희망준비적금 특약〉

제1조 적용범위

"○○은행 국군희망준비적금(이하 '이 적금'이라 합니다)" 거래는 이 특약을 적용하며, 이 특약에서 정하지 않은 사항은 예금거래 기본약관 및 적립식 예금약관을 적용합니다.

제2조 가입대상

이 적금의 가입대상은 실명의 개인인 군 의무복무병(현역병, 상근예비역, 훈련병) 및 대체복무자로 하며, 1인 1계좌만 가능합니다.

제3조 예금과목

이 적금의 예금과목은 정기적금으로 합니다.

제4조 계약기간

이 적금의 계약기간은 6 ~ 24개월 이내 일 또는 월 단위로 합니다.

제5조 저축방법

이 적금은 회차별 1천 원 이상 원 단위로, 매월(월 초일부터 말일까지) 10만 원 이내에서 만기 1개월 전까지 자유롭게 저축할 수 있습니다.

제6조 이율적용

이 적금의 이율은 신규가입일 당시 영업점에 고시한 이 적금의 계약기간별 이율(이하 '기본이율'이라 합니다)을 적용합니다.

제7조 우대이율

① 이 적금은 신규가입일 당시 영업점에 게시된 제2항의 '급여 이체 우대이율'을 기본이율에 더하여 적용합니다. 단, 우대이율은 만기해지계좌에 대하여 계약기간 동안 적용합니다.

② '급여이체 우대이율'은 신규일로부터 3개월 이내에 1회 이상의 급여이체 실적이 있는 고객의 계좌에 연 0.3%p 적용합니다.

③ 급여이체 실적이란, 우리 은행과 급여이체 또는 대량이체 계약에 따른 급여성 선일자, 탑라인, 기업인터넷뱅킹 등에 의한 이체를 말하며, 국군재정관리단을 통한 급여이체 실적을 포함합니다.

제8조 중도해지이율 및 만기 후 이율

① 이 적금의 가입자가 만기일 전에 지급 청구한 때에는 월저축금마다 입금일부터 지급일 전날까지의 기간에 대해 신규가입일 당시 영업점에 게시한 중도해지이율로 셈한 이자를 원금에 더하여 지급합니다.

② 이 적금의 가입자가 만기일 후 지급청구한 때에는 만기지급액에 만기일부터 지급일 전날까지 기간에 대해 신규가입일 당시 영업점에 게시한 만기 후 이율로 셈한 이자를 더하여 지급합니다.

---

① 우대이율은 만기 해지 계좌에 대하여 계약기간 동안 적용된다.

② 훈련병도 이 적금의 가입대상이 될 수 있다.

③ 만기 1개월 전까지 매월 10만 원 이내에서 저축 가능하다.

④ 급여이체 우대이율은 1개월 이내에 1회 이상의 급여이체 실적이 있어야 한다.

09 다음은 예금보험공사의 금융회사 파산절차에 대한 기사이다. 기사를 읽고 이해한 내용으로 적절한 것은?

일반적으로 파산제도는 채무자의 재산상태가 악화되어 총채권자에 대한 채무를 완제할 수 없게 된 경우에 채무자의 총재산을 강제적으로 관리, 환가하여 모든 채권자에게 공평하게 변제하는 것을 목적으로 하는 재판상의 절차를 말합니다. 모든 파산절차는 「채무자 회생 및 파산에 관한 법률」에 의하여 규율되며 법원의 감독을 받게 됩니다.

법원의 파산선고와 동시에 채무자가 보유한 국내외 모든 자산으로 파산재단이 구성되고, 파산채권자는 채권의 개별행사가 금지되며 법원은 파산절차를 총괄할 파산관재인을 선임하여 파산재단 자산에 대한 관리 처분 권한을 채무자 본인에게서 파산관재인에게로 이전합니다.

파산관재인은 파산재단 자산을 조기에 최대한 환가하여 파산채권자들에 분배하는 임무를 맡고 있기 때문에 파산 선고일을 기준으로 파산재단 자산을 조사하여 누락되는 자산이 없도록 각별한 주의를 기울이게 됩니다. 구체적으로 파산재단의 현금, 예금통장, 권리증, 금고 등을 확보하고 장부를 폐쇄하여 파산재단 자산이 실질적으로 파산관재인의 점유가 될 수 있도록 조치합니다.

이후, 파산관재인은 파산채권자로 하여금 채권을 일정기간 내에 법원에 신고하게 하여 파산채권을 확정하고 확정된 채권의 우선순위에 따라 배당을 실시하여야 합니다. 즉, 파산재단의 자산을 자산별 특성에 따라 빠른 시간 내에 최대한 환가, 매각하여 현금화한 후 파산채권자들에게 파산배당 절차를 통하여 분배하게 됩니다. 파산관재인은 더이상 현금화할 자산이 사라질 때까지 자산환가업무를 계속하여 환가를 종료한 시점에 최후배당을 실시하고 법원에 파산종결 선고를 요청하게 되며, 법원은 잔여자산 유무 등을 확인한 후 파산종결 선고를 통하여 파산절차를 종결하게 됩니다.

① 파산제도는 재산상태가 악화되어 채무 변제를 못 하게 된 채무자의 자율적 절차이다.
② 채무자의 자산으로 파산재단이 구성된 후에 법원의 파산선고가 이루어진다.
③ 채무자의 파산재단 자산을 조사하는 것은 파산관재인의 업무가 아니다.
④ 파산관재인은 채권자에 대한 변제를 위해 파산재단의 자산을 점유한다.

10 다음 중 '비트코인'의 특징으로 적절하지 않은 것은?

비트코인은 지폐나 동전과 달리 물리적인 형태가 없는 온라인 가상화폐(디지털 통화)로, 디지털 단위인 '비트(Bit)'와 '동전(Coin)'을 합친 용어다. 나카모토 사토시라는 가명의 프로그래머가 빠르게 진전되는 온라인 추세에 맞춰 갈수록 기능이 떨어지는 달러화, 엔화, 원화 등과 같은 기존의 법화(Legal Tender)를 대신할 새로운 화폐를 만들겠다는 발상에서 2009년 비트코인을 처음 개발했다. 특히 2009년은 미국발(發) 금융위기가 한창이던 시기여서 미연방준비제도(Fed)가 막대한 양의 달러를 찍어내 시장에 공급하는 양적완화가 시작된 해로, 달러화 가치 하락 우려가 겹치면서 비트코인이 대안 화폐로 주목받기 시작했다.

비트코인의 핵심은 정부나 중앙은행, 금융회사 등 어떤 중앙집중적 권력의 개입 없이 작동하는 새로운 화폐를 창출하는 데 있다. 그는 인터넷에 남긴 글에서 "국가 화폐의 역사는 (화폐의 가치를 떨어뜨리지 않을 것이란) 믿음을 저버리는 사례로 충만하다."고 비판했다.

비트코인은 은행을 거치지 않고 개인과 개인이 직접 돈을 주고받을 수 있도록 '분산화된 거래장부' 방식을 도입했다. 시스템상에서 거래가 이뤄질 때마다 공개된 장부에는 새로운 기록이 추가된다. 이를 '블록체인'이라고 한다. 블록체인에 저장된 거래기록이 맞는지 확인해 거래를 승인하는 역할을 맡은 사람을 '채굴자'라고 한다. 컴퓨팅 파워와 전기를 소모해 어려운 수학 문제를 풀어야 하는 채굴자의 참여를 독려하기 위해 비트코인 시스템은 채굴자에게 새로 만들어진 비트코인을 주는 것으로 보상한다. 채굴자는 비트코인을 팔아 이익을 남길 수 있지만, 채굴자 간 경쟁이 치열해지거나 비트코인 가격이 폭락하면 어려움에 처한다.

비트코인은 완전한 익명으로 거래된다. 컴퓨터와 인터넷만 되면 누구나 비트코인 계좌를 개설할 수 있다. 이 때문에 비트코인은 돈세탁이나 마약거래에 사용되는 문제점도 드러나고 있다. 또 다른 특징은 통화 공급량이 엄격히 제한된다는 점이다. 현재 10분마다 25개의 새 비트코인이 시스템에 추가되지만 21만 개가 발행될 때마다 반감돼 앞으로 10분당 추가되는 비트코인은 12.5개, 6.25개로 줄다가 0으로 수렴한다. 비트코인의 총발행량은 2,100만 개로 정해져 있다. 이는 중앙은행이 재량적으로 통화공급량을 조절하면 안 된다는 미국의 경제학자 밀턴 프리드먼 주장과 연결돼있다. 다만 비트코인은 소수점 8자리까지 분할할 수 있어 필요에 따라 통화량을 늘릴 수 있는 여지를 남겨놨다. 가상화폐 지갑회사 블록체인인포에 따르면 2017년 12월 7일까지 채굴된 비트코인은 1,671만 개 정도로 채굴 한도 2,100만 개의 80%가 채굴된 셈이다.

사용자들은 인터넷에서 내려받은 '지갑' 프로그램을 통해 인터넷뱅킹으로 계좌이체하듯 비트코인을 주고받을 수 있다. 또한, 인터넷 환전사이트에서 비트코인을 구매하거나 현금화할 수 있으며 비트코인은 소수점 여덟 자리까지 단위를 표시해 사고팔 수 있다.

---

① 비트코인은 희소성을 가지고 있다.
② 비트코인은 가상화폐로 온라인상에서만 사용 가능하다.
③ 비트코인을 얻기 위해서는 시간과 노력이 필요하다.
④ 비트코인과 기존 화폐의 큰 차이점 중 하나는 통화발행주체의 존재 여부이다.

11 다음 제시된 문단을 읽고, 이어질 단락을 논리적 순서대로 바르게 나열한 것은?

> 2003년 7조 규모였던 인터넷쇼핑 시장이 2010년에는 19조에 이를 것으로 전망되고 있다. 이는 전체 소매유통의 8%에 육박하는 것으로, 인터넷 기술이 발달하고 인터넷 이용 인구가 증가할수록 인터넷쇼핑 시장은 점점 확대될 것으로 예상된다.

(가) 역선택(Adverse Selection)이란 품질이 좋은 상품이 시장에서 사라져 품질이 나쁜 상품만 거래할 수밖에 없게 된 상황을 말한다. 이를 최초로 제기한 애커로프(Akerlof)는, 역선택은 경제적 거래 이전에 소비자의 불비정보(不備情報)로 인해 발생한 것이므로, 생산자는 광고를 통한 신호와 평판을 통해 상품의 유형을 정확히 소비자에게 알려 역선택으로 인한 사회 후생의 감소를 막아야 한다고 말했다. 합리적인 경제주체는 불비정보상황에 처할 경우 역선택을 염두에 두므로, 더 많은 정보의 획득을 통해 상품의 숨겨진 정보를 파악하고 가격보다는 '정보'라는 비가격요소에 의해 물건의 구매를 결정짓게 되는 것이다.

(나) 인터넷쇼핑 시장은 위와 같은 급격한 성장과 더불어 또 하나 흥미로운 점을 보이고 있다. 그것은 동일한 물품에 대해 수천여 개 업체에서 가격 경쟁을 하고 있음에도 불구하고, 막상 매출 상위 업체를 살펴보면 물품단가가 낮지 않은 대기업체들의 시장점유율이 높다는 사실이다. 상품의 품질이 동일한 경우 가격이 낮을수록 수요가 증가한다는 경제학의 기본 이론이 왜 인터넷쇼핑 시장에서는 통하지 않는 것일까?

(다) 역선택은 '악화(惡貨)가 양화(良貨)를 구축(驅逐)한다.'는 그레샴의 법칙과 유사하다. 불비정보하의 역선택 상황이 발생하면, 시장에 고품질 상품은 사라지고 저품질 상품만 남게 되며, 그 시장은 소비자에게 외면당할 수밖에 없을 것이다. 정보보유자(생산자) 스스로 상품에 대한 적극적인 신호전략만이 불비정보게임하에서 생존할 수 있는 유일한 방법임을 주지하고, 인터넷쇼핑몰 내에서 정보 교환의 활성화를 통해 소비자와 생산자의 윈윈(Win-Win)을 이끌어내야 할 것이다.

(라) 앞에서 말한 인터넷쇼핑 매출 상위 업체를 보면 제품상세정보, 상품 Q&A 메뉴를 운영하여 소비자에게 더 많은 정보를 제공하고 있다. 이렇게 생산자·소비자 간 정보피드백, 광고, 평판을 전략적으로 이용할 때 온라인마켓에서의 성공이 가능한 것임에도 불구하고, 아직 많은 인터넷쇼핑몰에서 가격인하 정책만을 고수하는 것을 목격할 수 있다. 완전정보게임이라면 가격과 수요가 반비례하는 수요의 법칙이 100% 통하겠지만 이는 교과서에나 나오는 모델일 뿐이다. 현실 경제의 대부분은 불비정보상황이거나 불완전정보게임으로 소비자와 생산자 모두 역선택과 도덕적 해이의 문제에 노출되어 있다는 것을 인식할 필요가 있다.

(마) 이것은 온라인마켓과 오프라인마켓의 차이점에 기인한다. 온라인마켓의 경우 소비자가 직접 물건을 보고 만질 수 없으므로, 소비자는 자신이 알지 못하는 상품의 숨겨진 유형으로 인한 비대칭정보상황 속에 놓이게 된다. 이에 역선택을 하지 않기 위해서 가격이 아닌 다른 신호에 반응하는 것이다.

① (가) - (다) - (나) - (마) - (라)
② (가) - (라) - (나) - (마) - (다)
③ (나) - (가) - (다) - (마) - (라)
④ (나) - (마) - (가) - (라) - (다)

12 다음 문단을 논리적 순서대로 바르게 나열한 것은?

> (가) 본성 대 양육 논쟁은 앞으로 치열하게 전개될 소지가 많다. 하지만 유전과 환경이 인간의 행동에 어느 정도 영향을 미치는가를 따지는 일은 멀리서 들려오는 북소리가 북에 의한 것인지, 아니면 연주자에 의한 것인지를 분석하는 것처럼 부질없는 것인지 모른다. 본성과 양육 둘 다 인간 행동에 필수적인 요인이므로.
>
> (나) 20세기 들어 공산주의와 나치주의의 출현으로 본성 대 양육 논쟁이 극단으로 치달았다. 공산주의의 사회 개조론은 양육을, 나치즘의 생물학적 결정론은 본성을 옹호하는 이데올로기이기 때문이다. 히틀러의 유대인 대량 학살에 충격을 받은 과학자들은 환경 결정론에 손을 들어 줄 수밖에 없었다. 본성과 양육 논쟁에서 양육 쪽이 일방적인 승리를 거두게 된 것이다.
>
> (다) 이러한 추세는 1958년 미국 언어학자 노엄 촘스키에 의해 극적으로 반전되기 시작했다. 촘스키가 치켜든 선천론의 깃발은 진화 심리학자들이 승계했다. 진화 심리학은 사람의 마음을 생물학적 적응의 산물로 간주한다. 1992년 심리학자인 레다 코스미데스와 인류학자인 존 투비 부부가 함께 저술한 『적응하는 마음』이 출간된 것을 계기로 진화 심리학은 하나의 독립된 연구 분야가 됐다. 말하자면 윌리엄 제임스의 본능에 대한 개념이 1세기 만에 새 모습으로 부활한 셈이다.
>
> (라) 더욱이 1990년부터 인간 게놈 프로젝트가 시작됨에 따라 본성과 양육 논쟁에서 저울추가 본성 쪽으로 기울면서 생물학적 결정론이 더욱 강화되었다. 그러나 2001년 유전자 수가 예상보다 적은 3만여 개로 밝혀지면서 본성보다는 양육이 중요하다는 목소리가 커지기 시작했다. 이를 계기로 본성 대 양육 논쟁이 재연되기에 이르렀다.

① (가) – (나) – (다) – (라) ② (가) – (나) – (라) – (다)
③ (가) – (다) – (나) – (라) ④ (나) – (다) – (라) – (가)

13 다음 글의 주제로 가장 적절한 것은?

> 발전된 산업 사회는 인간을 단순한 수단으로 지배하기 위해 새로운 수단을 발전시키고 있다. 여러 사회 과학과 심층 심리학이 이를 위해 동원되고 있다. 목적이나 이념의 문제를 배제하고 가치 판단으로부터의 중립을 표방하는 사회 과학들은 인간 조종을 위한 기술적·합리적인 수단을 개발해 대중 지배에 이바지한다. 마르쿠제는 이런 발전된 산업 사회에서의 도구화된 지성을 비판하면서 이것을 '현대인의 일차원적 사유'라고 불렀다. 비판과 초월을 모르는 도구화된 사유라는 것이다.
> 발전된 산업 사회는 이처럼 사회 과학과 도구화된 지성을 동원해 인간을 조종하고 대중을 지배할 뿐만 아니라 향상된 생산력을 통해 인간을 매우 효율적으로 거의 완전하게 지배한다. 즉 발전된 산업 사회는 높은 생산력을 통해 늘 새로운 수요들을 창조하고, 모든 선전 수단을 동원하여 이러한 새로운 수요들을 인간의 삶을 위해 불가결한 것으로 만든다. 그리하여 인간이 새로운 수요들을 지향하지 않을 수 없게 한다. 이렇게 산업 사회는 늘 새로운 수요의 창조와 공급을 통해 인간의 삶을 지배하고 그의 인격을 사로잡아 버리는 것이다.

① 산업 사회에서 도구화된 지성의 문제점 ② 산업 사회의 발전과 경제력 향상
③ 산업 사회의 특징과 문제점 ④ 산업 사회의 대중 지배 양상

14 다음 글의 제목으로 가장 적절한 것은?

> 제4차 산업혁명은 인공지능이 기존의 자동화 시스템과 연결되어 효율이 극대화되는 산업 환경의 변화를 의미한다. 이는 2016년 세계경제포럼에서 언급되어 유행처럼 번지는 용어가 되었다. 학자에 따라 바라보는 견해는 다르지만, 대체로 기계학습과 인공지능의 발달이 그 수단으로 꼽힌다.
>
> 2010년대 중반부터 드러나기 시작한 제4차 산업혁명은 현재진행형이며, 그 여파는 사회 곳곳에서 드러나고 있다. 현재도 사람을 기계와 인공지능이 대체하고 있으며, 현재 일자리의 80 ~ 99%까지 대체될 것이라고 보는 견해도 있다.
>
> 만약 우리가 현재의 경제 구조를 유지한 채로 이와 같은 극단적인 노동 수요 감소를 맞게 된다면 전후 미국의 대공황 등과는 차원이 다른 끔찍한 대공황이 발생할 것이다. 일자리가 줄어들수록 중·하위 계층은 사회에서 밀려날 수밖에 없는 반면, 자본주의 사회의 특성상 많은 비용을 수반하는 과학기술의 연구는 자본에 종속될 수밖에 없기 때문이다. 물론 지금도 이러한 현상이 없는 것은 아니지만, 아직까지는 단순노동이 필요하기 때문에 노동력을 제공하는 중·하위층들도 불합리한 부분들에 파업과 같은 실력행사를 할 수 있었다. 그러나 앞으로 자동화가 더욱 진행되어 노동의 필요성이 사라진다면 그들을 배려해야 할 당위성은 법과 제도가 아닌 도덕이나 인권과 같은 윤리적인 영역에만 남게 되는 것이다.
>
> 반면에, 이를 긍정적으로 생각한다면 이처럼 일자리가 없어졌을 때 극소수에 해당하는 경우를 제외한 나머지 사람들은 노동에서 완전히 해방되어, 인공지능이 제공하는 무제한적인 자원을 마음껏 향유할 수도 있을 것이다. 하지만 이러한 미래는 지금의 자본주의보다는 사회주의 경제 체제에 가깝다. 이 때문에 많은 경제학자와 미래학자들은 제4차 산업혁명 이후의 미래를 장밋빛으로 바꿔나가기 위해, 기본소득제 도입 등의 시도와 같은 고민들을 이어가고 있다.

① 제4차 산업혁명의 의의
② 제4차 산업혁명의 빛과 그늘
③ 제4차 산업혁명의 위험성
④ 제4차 산업혁명에 대한 준비

15 다음 글을 읽고 비판할 수 있는 내용으로 적절하지 않은 것은?

우리나라를 비롯한 대만, 홍콩, 싱가포르 등의 아시아 신흥 강대국들은 1960년대 이후 수출주도형 성장전략을 국가의 주요한 성장전략으로 활용하면서 눈부신 경제성장을 이루어 왔다. 이러한 수출주도형 성장전략은 신흥 강대국들의 부상을 이끌면서 전 세계적인 전략으로 자리매김을 하였으며, 이 전략을 활용하고자 하는 국가가 나타나면서 그 효과에 대한 인정을 받아온 측면이 존재하였다. 기본적으로 수출주도형 성장전략은 수요가 외부에 존재한다는 측면에서 공급중시 경제학적 관점을 띠고 있다고 볼 수 있다. 이는 수출주도형 국가가 물품을 생산하여 수출하면, 타 국가에서 이를 소비한다는 측면에서 공급이 수요를 창출한다고 하는 '세이의 법칙(Say's Law)'과 같은 맥락으로 설명될 수 있다. 고전학파 – 신고전학파로 이어지는 주류경제학 중 공급중시 경제학에서는 기업부분의 역할을 강조하면서 이를 위해 민간 부문의 지속적인 투자의식 고취를 위한 세율인하 등 규제완화에 주력해 왔던 측면이 있다.

① 외부의 수요에 의존하기 때문에 세계 경제 변동의 영향이 너무 크다.
② 외부 의존성을 낮추고 국내의 수요에 기반한 안정적 정책마련이 필요하다.
③ 내부의 수요를 증대시키는 것이 결국 기업의 투자활동을 촉진할 수 있다.
④ 내부의 수요를 증대시키기 위해 물품을 생산하여 공급하는 것이 중요하다.

16 다음 글에 나타난 '와이츠 예술론'의 의의와 한계를 이해·비판한 내용으로 적절하지 않은 것은?

예술이 무엇이냐는 질문에 우리는 레오나르도 다빈치의 '모나리자'나 베토벤의 교향곡, 발레 '백조의 호수' 같은 것이라고 대답할지 모른다. 물론 이 대답은 틀리지 않았다. 하지만 질문이 이것들 모두를 예술 작품으로 특징짓는 속성, 곧 예술의 본질이 과연 무엇인지를 묻는 것이라면 그 대답은 무엇이 될까?

비트겐슈타인에 따르면, 게임은 본질에 있어서가 아니라 게임이라 불리는 것들 사이의 유사성에 의해 성립되는 개념이다. 이러한 경우 발견되는 유사성을 '가족 유사성'이라 부르기로 해 보자. 가족의 구성원으로서 어머니와 나와 동생의 외양은 이런저런 면에서 서로 닮았다. 하지만 그렇다고 해서 셋이 공통적으로 닮은 한 가지 특징이 있다는 말은 아니다. 비슷한 예로 실을 꼬아 만든 밧줄은 그 밧줄의 처음부터 끝까지를 관통하는 하나의 실이 있어서 만들어지는 것이 아니라 짧은 실들의 연속된 연계를 통해 구성된다. 그렇게 되면 심지어 전혀 만나지 않는 실들도 같은 밧줄 속의 실일 수 있다.

미학자 와이츠는 예술이라는 개념도 이와 마찬가지라고 주장한다. 그에게 예술은 가족 유사성만을 갖는 '열린 개념'이다. 열린 개념이란 주어진 대상이 이미 그 개념을 이루고 있는 구성원 일부와 닮았다면, 그 점을 근거로 하여 얼마든지 그 개념의 새로운 구성원이 될 수 있을 만큼 테두리가 열려 있는 개념을 말한다. 따라서 전통적인 예술론인 표현론이나 형식론은 있지도 않은 본질을 찾고 있는 오류를 범하고 있는 것이 된다. 와이츠는 표현이니 형식이니 하는 것은 예술의 본질이 아니라 차라리 좋은 예술의 기준으로 이해되어야 한다고 한다. 그는 열린 개념으로 예술을 보는 것이야말로 무한한 창조성이 보장되어야 하는 예술에 대한 가장 적절한 대접이라고 주장한다.

① 와이츠의 이론에 따르면 예술 개념은 아무런 근거 없이 확장되는 것이다. 결과적으로 예술이라는 개념 자체가 없어진다는 것을 주장하는 셈이다.

② 와이츠는 예술의 본질은 없다고 본다. 예술이 가족 유사성만 있는 열린 개념이라면 어떤 두 대상이 둘 다 예술일 때, 서로 닮지 않을 수도 있다는 뜻이다.

③ 영화나 컴퓨터가 그랬던 것처럼, 새로운 매체가 등장하면 새로운 창작 활동이 가능해진다. 미래의 예술이 그런 것들도 포괄하게 될 때, 와이츠 이론은 유용한 설명이 될 수 있다.

④ 현대 예술은 독창성을 중시하고 예술의 한계에 도전함으로써, 과거와는 달리 예술의 영역을 크게 넓힐 수 있게 되었다. 와이츠 이론은 이러한 상황에 잘 부합하는 예술론이다.

17 다음 제시문을 읽고 뒤에 이어질 내용으로 적절한 것을 고르면?

나노선과 나노점을 만들기 위해 하향식과 상향식의 두 가지 방법이 시도되고 있다. 하향식 방법은 원료 물질을 전자빔 등을 이용하여 작게 쪼개는 방법인데, 현재 7나노미터 수준까지 제조가 가능하지만 생산성과 경제적 효용성이 문제가 되고 있다. 이러한 문제점을 해결하기 위해 시도되고 있는 상향식 방법에서는 물질을 작게 쪼개는 대신 원자나 분자의 결합력에 따른 자기 조립 현상을 이용하여 나노 입자를 제조하려 한다.

① 나노 기술 구현의 최대 난제는 나노 물질의 인위적 제조이다. 나노 물질은 나노점, 나노선, 나노박막의 형태로 구분된다.

② 하향식 방법의 기술적인 문제만 해결된다면 상향식 방법은 효용성이 없다.

③ 상향식 방법은 경제적 측면에서는 하향식에 비해 훨씬 유리하나, 기술적으로 해결해야 할 난점들이 많다는 데 문제가 있다.

④ 나노 기술은 여러 가지 분야에서 활용되고 있다.

18 다음은 몇 년 전 금융통화위원회가 발표한 통화정책 의결사항이다. 〈보기〉의 설명 중 이에 대한 추론으로 옳지 않은 것을 모두 고르면?

〈통화정책방향〉

금융통화위원회는 다음 통화정책방향 결정 시까지 한국은행 기준금리를 현 수준(1.75%)에서 유지하여 통화정책을 운용하기로 하였다.

세계경제는 성장세가 다소 완만해지는 움직임을 지속하였다. 국제금융시장에서는 미 연방준비은행의 통화정책 정상화 속도의 온건한 조절 및 미·중 무역협상 진전에 대한 기대가 높아지면서 전월의 변동성 축소 흐름이 이어졌다. 앞으로 세계경제와 국제금융시장은 보호무역주의 확산 정도, 주요국 통화정책 정상화 속도, 브렉시트 관련 불확실성 등에 영향 받을 것으로 보인다.

국내경제는 설비 및 건설투자의 조정이 이어지고 수출 증가세가 둔화되었지만 소비가 완만한 증가세를 지속하면서 잠재성장률 수준에서 크게 벗어나지 않는 성장세를 이어간 것으로 판단된다. 고용상황은 취업자수 증가규모가 소폭에 그치는 등 부진한 모습을 보였다. 앞으로 국내경제의 성장흐름은 지난 1월 전망경로와 대체로 부합할 것으로 예상된다. 건설투자 조정이 지속되겠으나 소비가 증가 흐름을 이어가고 수출과 설비투자도 하반기로 가면서 점차 회복될 것으로 보인다.

소비자물가는 석유류 가격 하락, 농축수산물 가격 상승폭 축소 등으로 오름세가 0%대 후반으로 둔화되었다. 근원인플레이션율(식료품 및 에너지 제외 지수)은 1% 수준을, 일반인 기대인플레이션율은 2%대 초중반 수준을 나타내었다. 앞으로 소비자물가 상승률은 지난 1월 전망경로를 다소 하회하여 당분간 1%를 밑도는 수준에서 등락하다가 하반기 이후 1%대 중반을 나타낼 것으로 전망된다. 근원인플레이션율도 완만하게 상승할 것으로 보인다.

금융시장은 안정된 모습을 보였다. 주가가 미·중 무역 분쟁 완화 기대 등으로 상승하였으며, 장기 시장금리와 원/달러 환율은 좁은 범위 내에서 등락하였다. 가계대출은 증가세 둔화가 이어졌으며, 주택가격은 소폭 하락하였다.

금융통화위원회는 앞으로 성장세 회복이 이어지고 중기적 시계에서 물가상승률이 목표수준에서 안정될 수 있도록 하는 한편 금융안정에 유의하여 통화정책을 운용해 나갈 것이다. 국내경제가 잠재성장률 수준에서 크게 벗어나지 않는 성장세를 지속하는 가운데 당분간 수요 측면에서의 물가상승압력은 크지 않을 것으로 전망되므로 통화정책의 완화기조를 유지해 나갈 것이다. 이 과정에서 완화정도의 추가 조정 여부는 향후 성장과 물가의 흐름을 면밀히 점검하면서 판단해 나갈 것이다. 아울러 주요국과의 교역여건, 주요국 중앙은행의 통화정책 변화, 신흥시장국 금융·경제 상황, 가계부채 증가세, 지정학적 리스크 등도 주의 깊게 살펴볼 것이다.

보기

ㄱ. 미국 연방준비은행의 통화정책이 급변한다면 국제금융시장의 변동성은 증가할 것이다.

ㄴ. 소비자물가는 앞으로 남은 상반기 동안 1% 미만을 유지하다가 하반기가 되어서야 1%를 초과할 것으로 예상된다.

ㄷ. 국내산업의 수출이 하락세로 진입하였으나, 경제성장률은 잠재성장률 수준을 유지하는 추세를 보인다.

ㄹ. 수요 측면에서 물가상승압력이 급증한다면 국내 경제성장률에 큰 변동이 없더라도 금융통화위원회는 기존의 통화정책 기조를 변경할 것이다.

① ㄱ, ㄴ ② ㄱ, ㄷ

③ ㄴ, ㄷ ④ ㄴ, ㄹ

19 다음은 '건강을 위한 신발 선택'을 주제로 하는 글의 개요이다. 이를 수정ㆍ보완할 내용으로 가장 적절한 것은?

---

1. 서론
   (1) 건강에 대한 최근의 관심
   (2) 신발이 건강에 미치는 영향 ······································· ㉠
2. 신발 선택의 일반적 기준과 문제점 ······························· ㉡
   (1) 일반적 기준
      ㉮ 유행
      ㉯ 모양새
   (2) 잘못된 신발 선택의 폐해
      ㉮ 질병과 사고 발생
      ㉯ 능률 저하
      ㉰ 교통비 감소 ··· ㉢
3. 신발 선택의 바람직한 기준과 이점
   (1) 신발 선택의 바람직한 기준
      ㉮ 건강
      ㉯ 용도
   (2) 건강과 용도에 따른 신발 선택의 이점
      ㉮ 건강 증진
      ㉯ 능률 향상
      _____ ··············· ㉣
4. 결론 : 건강과 용도를 고려한 신발 선택 강조

---

① ㉠ - '1 - (1)'과 '1 - (2)'의 순서를 맞바꾼다.

② ㉡ - '2'의 제목을 '신발 선택의 합리적 기준'으로 바꾼다.

③ ㉢ - '㉰ 교통비 감소' 항목을 삭제한다.

④ ㉣ - 새로운 항목을 설정해 '㉰ 혈액 순환 촉진'을 추가 작성한다.

20 다음은 '도시 광산의 활성화'에 관한 글을 쓰기 위해 작성한 개요이다. 이를 수정·보완 및 자료 제시 방안으로 적절하지 않은 것은?

Ⅰ. 서론 ·· ㉠
　1. 도시 광산 운영의 어려움
　2. 도시 광산 운영 지침 ·· ㉡
Ⅱ. 본론
　1. 도시 광산의 필요성
　　가. 천연 광산보다 높은 효율성 ······································· ㉢
　　나. 희소금속의 확보 수단
　　다. 폐전자제품에서의 금속 추출 기술 개발 ····················· ㉣
　2. 도시 광산의 활성화 방안
　　가. 폐전자제품 수거에 적극적 동참을 위한 캠페인 활동
　　나. 폐전자제품 수거 서비스 홍보
Ⅲ. 결론 : 폐전자제품 수거에 대한 관심 촉구

① ㉠ – '도시 광산'이 생소한 독자를 위해 '도시 광산의 개념 소개'를 하위 항목으로 추가한다.

② ㉡ – 글의 주제를 고려하여 삭제한다.

③ ㉢ – 천연 광산과의 비교를 통해 도시 광산의 높은 효율성을 강조한다.

④ ㉣ – 상위 항목과 어울리지 않으므로 'Ⅱ - 2.'의 하위 항목으로 옮긴다.

※ 다음 글에서 ㉠ ~ ㉣의 수정 방안으로 적절하지 않은 것을 고르시오. [21~22]

21

학생들이 과제물이나 보고서를 작성할 때 무심코 타인의 글을 따오는 경우가 흔하다. '시간이 부족하니까', '남들도 다 하니까', '좋은 점수를 받고 싶어서' 등의 핑계를 대면서 추호의 죄책감도 없이 표절을 한다. 한층 더 심각한 것은 자신의 행위가 범죄에 해당한다는 사실조차 모른다는 점이다. 한 전문가의 조사에 의하면, 우리나라 학생들의 상당수가 실제로 표절을 해 본 경험을 가지고 있다고 한다. 또한 인터넷이 보편화되면서 학습과 관련된 표절 행위가 급증했을 뿐만 아니라, 학생들이 자주 범하는 표절의 유형도 더욱 다양해진 것으로 조사되었다. ㉠ <u>우리나라 학생들의 표절 실태는 매우 심각한 수준이다.</u>

1990년대에 들어서면서부터 선진국에서는 학생들의 표절 행위에 대해 무관용 정책을 펼치고 있다. ㉡ <u>우연한 실수이든 의도적 행위이든</u> 간에 표절 의혹이 제기된 경우에는 학교 차원에서 엄격하게 조사를 실시하고, 만약 표절로 밝혀질 경우에는 반드시 처벌하도록 규정을 ㉢ <u>완화</u>했다. 최근 들어 우리나라의 일부 학교에서도 학생들의 표절 행위를 근절하기 위한 교육을 실시하는 등 표절 방지를 위한 작지만 큰 변화의 움직임이 일어나고 있다.

이러한 시대적 추세에 ㉣ <u>발 맞추어</u> 모든 학교에서 표절 방지 운동을 전개할 필요가 있다. 우리에게 실질적으로 도움이 되고, 우리가 실천할 수 있는 작은 일부터 시작해야 한다. 우선 표절 방지 캠페인을 펼쳐 표절에 대한 우리의 잘못된 인식을 바꾸어야 한다. 표절은 범법 행위에 해당한다는 사실을 깨닫고, 표절을 하지 않겠다는 마음을 갖는 것이 필요하다. 또한 표절 예방 교육을 실시하여 학생들이 자주 범하는 표절의 유형을 알려 주고, 다른 사람의 글을 올바르게 인용하는 방법을 가르쳐 준다면 과제를 작성하면서 표절을 하지 않도록 스스로 주의하게 될 것이다.

① ㉠ – 문장을 자연스럽게 연결하기 위해 문장 앞에 '이처럼'을 추가한다.
② ㉡ – 맞춤법에 어긋나므로 '우연한 실수이던 의도적 행위이던'으로 수정한다.
③ ㉢ – 문맥의 흐름을 고려하여 '강화'로 고친다.
④ ㉣ – 띄어쓰기가 올바르지 않으므로 '발맞추어'로 수정한다.

22

최근 진로 교육이 강화되고 있다. 교육부는 학생들의 현장 직업 체험 교육을 포함해, 진로 교육을 위한 창의·인성 체험활동을 더욱 강화하고 있다고 밝혔다. ㉠ <u>따라서</u> 학교 현장에서는 충분한 준비가 갖추어지지 않아 진로 교육이 내실 있게 운영되지 ㉡ <u>못 하고</u> 있는 실정이다. ㉢ <u>실제로 직업을 체험할 수 있는</u> 사업장을 구하지 못해 직업 체험이 형식적으로 이루어지는 경우가 많고, 교내에서 이루어지는 진로 교육도 직업 관련 영상물을 시청하는 정도의 수준에 머물고 있다. 이러한 현상은 대학 진학에 대한 부담이 큰 고등학교에서 가장 심하게 나타나고 있다. 학생의 개인 특성을 고려하여 실질적이고 체계적인 진로 교육이 이루어지고 있는 선진국들에 ㉣ <u>비춰</u> 보면 우리의 진로 교육은 아직도 매우 미흡한 수준이다.

① ㉠ – 문장을 자연스럽게 연결하기 위해 '하지만'으로 고친다.
② ㉡ – 띄어쓰기가 올바르지 않으므로 '못하고'로 수정한다.
③ ㉢ – 필요한 문장 성분이 생략되었으므로 문장 앞에 '학생들이'를 추가한다.
④ ㉣ – 문맥의 흐름을 고려하여 '비쳐'로 수정한다.

23 다음 글을 내용에 따라 세 부분으로 적절하게 나눈 것은?

(가) 아폴론이 상징하는 것은 찬란한 그리스의 시각예술이다. 아테네의 파르테논 신전을 바라보면서 느낄 수 있는 감동은 그것이 너무나도 비현실적으로 아름답다는 사실에서 비롯된다. 파르테논 신전의 조형미는 어떤 가감도 허용할 수 없는 완벽한 조화의 미를 눈앞에 펼쳐주며, 그것을 보고 있는 사람은 이것이 마치 꿈이 아닌가 하는 착각을 하게 된다. 니체가 아폴론으로 상징하는 예술세계는 마치 꿈과 같은 현실을 시각적으로 보여주는 아름다운 가상의 경험이다. 그 속성상 태양의 신인 아폴론은 그 자체가 아름다운 미적 구현이기도 하다.

(나) 아폴론의 예술적 아름다움은 대낮의 현실과 대비되는 꿈속 상태보다 높은 진리성과 완전성을 의미한다. 아마도 2,500여 년 전 그리스인들은 햇빛을 받아 찬란하게 빛나는 파르테논 신전을 올려다보면서 하루를 시작했을 것이다. 그들에게 파르테논 신전은 아테네 여신을 섬기기 위한 종교시설 이상의 의미를 지녔을 것이다.

신전은 아폴론적 이성과 합리성의 시각화였으며, '적절한 한정'과 '개별화의 원리'의 상징물이었다. 특히 아테네의 아크로폴리스, 즉 파르테논 신전을 중심으로 모든 것이 질서정연한 도시의 보호 아래서 그리스인들은 안정적으로 하루를 살아갈 수 있었을 것이다.

(다) 그러나 니체는 이 명랑한 도시 분위기를 만들어 낸 그리스인들의 삶의 이면을 꿰뚫어 보았다. 그는 그리스인들이 그토록 찬란한 빛의 세계를 만들어 낸 까닭은 그들이 어둠의 공포를 알고 있었기 때문이라고 해석한다. 그들의 민족적 지혜는 사실 염세주의의 극단을 보여준다. 그들은 삶의 공포와 모순을 다른 어떤 민족보다도 명백하게 인식하고 있었고, 그 어둠의 두려움에 맞서기 위해 아크로폴리스 곳곳에 아폴론 신의 정신을 새겨놓았던 것이다.

(라) 그러나 낮의 세계가 언제까지 계속될 수 없는 노릇이다. 아크로폴리스에도 이윽고 어둠이 내려앉게 되고 그리스인들은 다시 삶의 모순과 공포를 느끼지 않을 수 없게 된다. 낮을 지배하던 '개별화의 원리'는 어둠 속에서는 아무런 효과도 발휘하지 못한다. 아름다운 몸매를 뽐내던 벨베데레 아폴론 조각상의 날카로운 선과 손동작은 더이상 세계의 척도로서 기능하지 못한다. 아폴론이 물러나도 더이상 태양의 풍요로움이 아테네 땅에 미치지 못하는 시간에 그들의 삶을 붙들어 준 것은 바로 디오니소스였다.

(마) 역사적으로 볼 때 디오니소스적인 것은 본래 그리스 고유의 것이 아니었다. 그러나 그리스인들은 그들의 삶을 위해 디오니소스를 받아들일 수밖에 없었고, 결국 올림포스 12신에 그 이름을 포함시켰다. 아폴론과 대립적인 성격을 지닌 디오니소스는 모든 '개별화의 원리'의 파괴를 상징한다. 디오니소스적 도취는 개별화의 원리가 파괴되었을 때 느끼는 공포를 즐거움에 넘치는 황홀감으로 전환시킬 수 있는 마력을 지녔다. 그것은 개별화의 고통을 파괴로 보지 않고 오히려 근원적 일자와의 합일로 느끼게 해준다.

- 니체, 「비극의 탄생」

① (가) / (나), (다) / (라), (마)　　　　② (가) / (나), (다), (라) / (마)

③ (가), (나) / (다), (라) / (마)　　　　④ (가) / (나) / (다), (라), (마)

24 다음 글을 읽고 글의 구조를 바르게 파악한 것은?

(가) 대부분의 사람들은 '이슬람', '중동', 그리고 '아랍'이라는 지역 개념을 혼용한다. 그러나 엄밀히 말하면 세 지역의 개념은 서로 다르다.

(나) 우선 이슬람 지역은 이슬람교를 믿는 무슬림이 많이 분포된 지역을 지칭하는 것으로, 종교적인 관점에서 구분한 지역 개념이다. 오늘날 무슬림은 전 세계 약 57개국에 많게는 약 16억, 적게 는 약 13억이 분포된 것으로 추정되며, 그 수는 점점 더 증가하는 추세이다. 무슬림 인구는 이슬람교가 태동한 중동지역에 집중되어 있다. 또한 무슬림은 중국과 중앙아시아, 동남아시아, 북아프리카 지역에 걸쳐 넓게 분포해 있다.

(다) 중동이란 단어는 오늘날 학계와 언론계에서 자주 사용되고 있다. 그러나 이 단어의 역사는 그 리 길지 않다. 유럽, 특히 영국은 19세기 이래 아시아지역에서 식민정책을 펼치기 위해 전략적 으로 이 지역을 근동, 중동, 극동의 세 지역으로 구분했으며, 이후 이러한 구분은 『런던 타임즈』 에 기고된 글을 통해 정착되었다. 따라서 이 단어 뒤에는 중동을 타자화한 유럽 중심적인 사고 관이 내재되어 있다.

(라) 중동 지역의 지리적 정의는 학자에 따라, 그리고 국가의 정책에 따라 다르다. 북아프리카에 위 치한 국가들과 소련 해체 이후 독립한 중앙아시아의 신생 독립국들을 이 지역에 포함시켜야 하는가에 대해서는 확고하게 정립된 입장은 아직 없지만, 일반적으로 합의된 중동 지역에는 아랍연맹 22개국과 비아랍국가인 이란, 터키 등이 포함된다. 이 중 터키는 유럽 연합 가입을 위해 계속적으로 노력하고 있으나 거부되고 있다.

(마) 끝으로, 이슬람 지역이 가장 광의의 지역 개념이라면 아랍은 가장 협소한 지역 개념이다. 아랍 인들은 셈족이라는 종족적 공통성과 더불어 아랍어와 이슬람 문화를 공유하고 있다. 아랍 지역 에 속하는 국가는 아랍연맹 회원국 22개국이다. 아랍연맹 회원국에는 아라비아 반도에 위치한 사우디아라비아, 바레인, 쿠웨이트, 이라크, 오만, 아랍에미레이트 등과 북아프리카 지역의 알 제리, 모로코, 리비아, 튀니지, 이집트, 수단 등이 포함된다.

①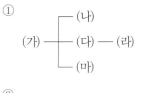

②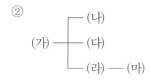

③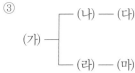

④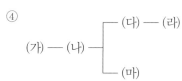

25 다음은 ○○박물관의 관람정보이다. 틀린 단어는 모두 몇 개인가?(단, 띄어쓰기는 무시한다)

〈○○박물관 관람정보〉

■ 안내
  1. 계관시간 : 월 ~ 토, 10:00 ~ 17:00
  2. 휴관일 : 매주 일요일, 공유일, 10월 1일(창사기념일), 5월 1일(근로자의 날)
  3. 관람료 : 무료
  4. 단체관람 : 20인 이상 단체관람은 혼선을 방지하기 위해 사전예약을 받습니다.

■ 박물관 예절
  1. 전시작품이나 전시케이스에 손대지 않습니다.
  2. 음식물을 바닙하지 않습니다.
  3. 안내견 이외 반려동물은 출입하지 못합니다.
  4. 휴대전화는 꺼두거나 진동으로 전환합니다.
  5. 전시실에서는 큰소리로 떠들지 않습니다.
  6. 전시실에서는 뛰어다니지 않습니다.
  7. 박물관 전시실은 금연입니다.
  8. 사진촬영 시 플래시와 삼각대를 사용하지 않습니다.
  9. 전시물은 소중한 문화유산이니 홰손하지 않습니다.
  10. 전시실에서는 전시물을 찬찬히 살펴보고 기록합니다.

① 1개
② 2개
③ 3개
④ 4개

26 다음 중 높임법의 사용이 적절하지 않은 것은?

① (옛 제자에게) 우선 여기 앉아보게.

② 선생님, 아직 저를 기억하시나요?

③ (웃어른이) 그 문제는 선생님한테 물어봐.

④ (관중들을 향해) 조용히 하세요.

27 다음 밑줄 친 부분의 의미가 다른 것은?

① 고혈압 환자는 우유나 곡류, 야채류 등으로 식단을 <u>짜는</u> 것이 좋다.

② 외삼촌은 학교에서 책상 <u>짜는</u> 법을 배웠다고 한다.

③ 친구들이 여행 계획을 <u>짜는</u> 동안 나는 장을 보러 갔다.

④ 그는 이번 사업에서 예산을 <u>짜는</u> 등 자금 관리를 맡고 있다.

28 다음 밑줄 친 부분과 같은 의미로 쓰인 것은?

목표달성을 위해서는 먼저 계획을 세우는 습관을 <u>길러야</u> 한다.

① 그는 화초를 <u>기르는</u> 취미를 가지고 있다.

② 아이를 잘 <u>기르기</u> 위해서는 부모의 많은 노력이 필요하다.

③ 그녀는 오랫동안 <u>기른</u> 머리를 단숨에 잘라버렸다.

④ 아침에 일찍 일어나는 버릇을 <u>길러라</u>.

29 다음 밑줄 친 부분의 관용구의 사용이 적절하지 않은 것은?

① <u>개 발에 땀 나도록</u> 일했더니 계획했던 목표를 달성할 수 있었다.

② 개인주의가 만연하면서 <u>수판을 놓는</u> 사람이 많아졌다.

③ <u>참새 물 먹듯</u> 일을 한 번에 처리해야 해.

④ 그는 <u>얼굴이 두꺼워</u> 어려운 부탁도 서슴지 않고 했다.

30 다음 글의 내용에 가장 적절한 한자성어는?

> 부채위기를 해결하겠다고 나선 유럽 국가들의 움직임이 당장 눈앞에 닥친 위기 상황을 모면하려는 미봉책이라서 안타깝다. 이것은 유럽중앙은행(ECB)의 대차대조표에서 명백한 정황이 드러난다. ECB에 따르면 지난해 말 대차대조표가 2조 730억 유로로 사상 최고치를 기록했다. 3개월 전에 비해 5,530억 유로 늘어난 수치다. 문제는 ECB의 장부가 대폭 부풀어 오른 배경이다. 유로존 주변국의 중앙은행은 채권을 발행해 이를 담보로 ECB에서 자금을 조달한다. 이렇게 ECB의 자금을 손에 넣은 중앙은행은 정부가 발행한 국채를 사들인다. 금융시장에서 '팔기 힘든' 국채를 소화하기 위한 임기응변인 셈이다.

① 피발영관(被髮纓冠) ② 탄주지어(呑舟之魚)

③ 양상군자(梁上君子) ④ 하석상대(下石上臺)

최종점검 모의고사

🕐 응시시간 : 30분   📋 문항 수 : 30문항

01 다음 중 대화 상황에서의 바람직한 경청 방법으로 옳은 것은?

① 상대의 말에 원활하게 대답하기 위해, 상대의 말을 들으면서 미리 대답할 말을 준비한다.

② 대화 내용에서 상대방의 잘못이 드러나는 경우, 교정을 위해 즉시 비판적인 조언을 해준다.

③ 상대의 말을 모두 들은 후에 적절한 행동을 하도록 한다.

④ 상대가 전달할 내용에 대해 미리 짐작하여 대비한다.

02 다음 사례에서 나타난 A사원의 대인관계 양식 유형으로 가장 적절한 것은?

> A사원은 대인관계에 있어 외향적이고 쾌활한 성격이여서 자주 주목이 되곤 한다. 다른 직원들과 대화하기를 좋아하고 주위 사람들로부터 인정받고 싶은 욕구도 가지고 있다. 하지만 혼자서 시간을 보내는 것을 어려워하며, 타인의 활동에 관심이 많아 간섭하는 경향이 있어 나쁘게 보는 직원들도 있다.

① 실리형   ② 순박형

③ 친화형   ④ 사교형

03 다음 글의 빈칸에 들어갈 문장을 〈보기〉에서 찾아 순서대로 바르게 나열한 것은?

요즘에는 낯선 곳을 찾아갈 때 지도를 해석하며 어렵게 길을 찾지 않아도 된다. 기술력의 발달에 따라, 제공되는 공간 정보를 바탕으로 최적의 경로를 탐색할 수 있게 되었기 때문이다. _____ _____ 이처럼, 공간 정보가 시간에 따른 변화를 반영할 수 있게 된 것은 정보를 수집하고 분석하는 정보 통신 기술의 발전과 밀접한 관련이 있다.

공간 정보의 활용은 '위치정보시스템(GPS)'과 '지리정보시스템(GIS)' 등의 기술적 발전과 휴대 전화나 태블릿 PC 등 정보 통신 기기의 보급을 기반으로 한다. 위치정보시스템은 공간에 대한 정보를 수집하고 지리정보시스템은 정보를 저장, 분류, 분석한다. 이렇게 분석된 정보는 사용자의 요구에 따라 휴대 전화나 태블릿 PC 등을 통해 최적화되어 전달된다.

길 찾기를 예로 들어 이 과정을 살펴보자. 휴대 전화 애플리케이션을 이용해 사용자가 가려는 목적지를 입력하고 이동 수단으로 버스를 선택하였다면, 우선 사용자의 현재 위치가 위치정보시스템에 의해 실시간으로 수집된다. 그리고 목적지와 이동 수단 등 사용자의 요구와 실시간으로 수집된 정보에 따라 지리정보시스템은 탑승할 버스 정류장의 위치, 다양한 버스 노선, 최단 시간 등을 분석하여 제공한다. _____

_____ 예를 들어, 여행지와 관련한 공간 정보는 여행자의 요구와 선호에 따라 선별적으로 분석되어 활용된다. 나아가 유동 인구를 고려한 상권 분석과 교통의 흐름을 고려한 도시 계획 수립에도 공간 정보 활용이 가능하게 되었다. 획기적으로 발전되고 있는 첨단 기술이 적용된 공간 정보가 국가 차원의 자연재해 예측 시스템에도 활발히 활용된다면 한층 정밀한 재해 예방 및 대비가 가능해질 것이다. 이로 인해 우리의 삶도 더 편리하고 안전해질 것으로 기대된다.

> **보기**
>
> ㉠ 어떤 곳의 위치 좌표나 지리적 형상에 대한 정보뿐만 아니라 시간에 따른 공간의 변화를 포함한 공간 정보를 이용할 수 있게 되면서 가능해진 것이다.
> ㉡ 더 나아가 교통 정체와 같은 돌발 상황과 목적지에 이르는 경로의 주변 정보까지 분석하여 제공한다.
> ㉢ 공간 정보의 활용 범위는 계속 확대되고 있다.

① ㉠, ㉡, ㉢ 　　　　　　　　② ㉠, ㉢, ㉡
③ ㉡, ㉠, ㉢ 　　　　　　　　④ ㉡, ㉢, ㉠

04 다음 문단을 논리적 순서대로 바르게 나열한 것은?

(가) 이어 경제위기로 인한 경색이 나타나기도 했으나, 1991년에는 거의 모든 산업 분야를 아울러 단일시장을 지향하는 유럽연합(EU) 조약이 체결되었다.

(나) 그 후 이 세 공동체가 통합하여 공동시장을 목표로 하는 유럽공동체(EC)로 발전하였다.

(다) 유럽 석탄철강공동체(ECSC)는 당시 가장 중요한 자원의 하나였던 석탄과 철강이 국제 분쟁의 주요 요인이 되면서 자유로운 교류의 필요성이 대두됨에 따라 관련 국가들이 체결한 관세동맹이었다.

(라) 지향하는 바에 따라 국가를 대체하게 될 새로운 단일 정치체제를 수립하려던 시도는 일부 회원국 내에서의 비준 반대로 실패로 돌아갔다.

(마) 유럽연합(EU)의 기원은 1951년 독일, 프랑스, 이탈리아 및 베네룩스 3국이 창설한 유럽 석탄철강공동체(ECSC)이다.

(바) 이러한 과정과 효과가 비경제적 부문으로 확산되어 암스테르담 조약과 니스 조약 체결을 통해 유럽은 정치적 공동체를 지향하게 되었다.

(사) 그러나 상당수의 전문가들은 장기적으로는 유럽지역이 하나의 연방체제를 구성하는 정치 공동체가 될 것이라고 예측하고 있다.

(아) 이 관세동맹을 통해 다른 산업분야에서도 상호의존이 심화되었으며, 그에 따라 원자력 교류 동맹체인 유럽 원자력공동체(EURATOM)와 여러 산업 부문들을 포괄하는 유럽 경제공동체(EEC)가 설립되었다.

① (가) – (라) – (다) – (아) – (나) – (사) – (마) – (바)
② (다) – (라) – (아) – (가) – (마) – (나) – (바) – (사)
③ (마) – (다) – (아) – (나) – (가) – (바) – (라) – (사)
④ (마) – (아) – (가) – (나) – (다) – (사) – (바) – (라)

05

중세 이전에는 예술가와 장인의 경계가 분명치 않았다. 화가들도 당시에는 왕족과 귀족의 주문을 받아 제작하는 일종의 장인 취급을 받아왔다. 근대에 접어들면서 예술이 독창적인 창조 활동으로 존중받게 되었고, 아름다움의 가치를 만들어내는 예술가들의 독창성도 인정받게 된 것이다. 그리고 이 가치의 중심에 작가가 있다. 작가가 담으려 했던 의도, 그것이 바로 아름다움을 창조하는 예술의 가치인 셈이다. 예술작품은 작가의 의도를 담고 있고, 작가의 의도가 없다면 작품은 만들어질 수 없다. 이것이 작품에 포함된 작가의 권위를 인정해야 하는 이유이다.

또한 예술은 예술가가 표현하고자 하는 것을 창작해내는 그 과정 자체로 완성되는 것이지 독자의 해석으로 완성되는 게 아니다. 설사 작품을 감상하고 해석해 줄 독자가 없어도 예술은 그 자체로 가치 있는 법이다. 예술가는 독자를 위해 작품을 창작하는 것이 아니라 자신의 열정과 열망으로 표현하고자 하는 바를 표현해내는 것이다. 물론 예술작품을 해석하고 이해하는 데에 독자의 역할도 분명 존재하고 필요한 것이 사실이다. 하지만 그렇다고 해도 이는 예술적 가치가 있는 작품에서 파생된 2차적인 활동이지 작품을 새롭게 완성하는 창조적 활동이라고 보기 어렵다. 따라서 독자의 수용과 이해는 _____

① 독자가 가지고 있는 작품에 대한 사전 정보에 따라 다르게 나타날 것이다.

② 작품에 담긴 아름다움의 가치를 독자가 나름대로 해석하는 활동으로 볼 수 있다.

③ 권위가 높은 작가의 작품에서 더욱 다양하게 나타난다.

④ 작가의 의도와 작품을 왜곡하지 않는 범위에서 이루어져야 한다.

PART 5

06

최근 경제·시사분야에서 빈번하게 등장하는 단어인 탄소배출권(CER; Certified Emission Reduction)에 대한 개념을 이해하기 위해서는 먼저 교토메커니즘(Kyoto Mechanism)과 탄소배출권거래제(Emission Trading)를 알아둘 필요가 있다.

교토메커니즘은 지구 온난화의 규제 및 방지를 위한 국제 협약인 기후변화협약의 수정안인 교토 의정서에서, 온실가스를 보다 효과적이고 경제적으로 줄이기 위해 도입한 세 유연성체제인 '공동이행제도', '청정개발체제', '탄소배출권거래제'를 묶어 부르는 것이다.

이 중 탄소배출권거래제는 교토의정서 6대 온실가스인 이산화탄소, 메테인, 아산화질소, 과불화탄소, 수소불화탄소, 육불화황의 배출량을 줄여야 하는 감축의무국가가 의무감축량을 초과 달성하였을 경우에 그 초과분을 다른 국가와 거래할 수 있는 제도로, _____
결국 탄소배출권이란 현금화가 가능한 일종의 자산이자 가시적인 자연보호성과인 셈이며, 이에 따라 많은 국가 및 기업에서 탄소배출을 줄임과 동시에 탄소감축활동을 통해 탄소배출권을 획득하기 위해 동분서주하고 있다. 특히 기업들은 탄소배출권을 확보하는 주요 수단인 청정개발체제 사업을 확대하는 추세인데, 청정개발체제 사업은 개발도상국에 기술과 자본을 투자해 탄소배출량을 줄였을 경우에 이를 탄소배출량 감축목표달성에 활용할 수 있도록 한 제도이다.

① 다른 국가를 도왔을 때, 그로 인해 줄어든 탄소배출량을 감축목표량에 더할 수 있는 것이 특징이다.

② 교토메커니즘의 세 유연성체제 중에서도 가장 핵심이 되는 제도라고 할 수 있다.

③ 6대 온실가스 중에서도 특히 이산화탄소를 줄이기 위해 만들어진 제도이다.

④ 의무감축량을 준수하지 못한 경우에도 다른 국가로부터 감축량을 구입할 수 있다는 것이 특징이다.

07 다음은 은행연합회에서 국군병사들을 대상으로 출시한 적금상품에 관련한 질문과 답변을 정리한 것이다. 이를 이해한 내용으로 거리가 먼 것은?

> Q. 종전 국군병사 적금상품 가입자도 새로운 적금상품에 가입할 수 있나?
>   – 종전 적금상품 가입자도 잔여 복무기간 중에는 새로운 적금상품에 추가로 가입할 수 있습니다. 다만, 종전 적금을 해지하고 신규 적금상품에 가입하려는 경우에는 종전 적금의 중도해지에 따른 불이익, 잔여 복무기간 등을 종합적으로 고려하여 판단할 필요가 있습니다(예 종전 적금의 적립기간이 긴 경우, 새로운 적금에 단기간 가입하기보다는 금리수준이 높은 종전 적금을 계속 유지하는 것이 유리할 수 있음).
>
> Q. 종전 국군병사 적금상품에 대해서는 재정·세제지원 등 추가 인센티브 제공이 불가한지?
>   – 현행 국군병사 적금의 경우, 국방부와 협약을 체결한 2개 은행이 자율적으로 운영하고 있는 상품으로서, 적립기간 산정방식 등 상품조건이 신규 상품과는 상이하며, 재정·세제지원을 위한 체계적인 관리도 현실적으로 어려운 상황입니다. 따라서, 관리시스템이 구축될 신규 적금상품부터 법령개정을 거쳐 추가 인센티브 부여를 추진할 예정이며, 가입자의 혼란 방지 등을 위해 신규상품 출시 후 종전 병사 적금상품 신규 가입은 중단할 계획입니다(계속 적립은 허용).
>
> Q. 병사 개인당 최대 월적립한도가 40만 원인데, 은행 적금상품 월적립한도를 20만 원으로 달리한 이유는?
>   – 국군병사 적금상품은 은행권이 금융의 사회적 책임 이행 등의 차원에서 참여하는 사업으로, 단기간 내 월적립한도 등을 급격히 조정하기에는 어려운 측면이 있습니다. 우선, 금번 신규상품 출시 단계에서는 은행별 월적립한도를 현행 10만 원에서 20만 원으로 2배 수준으로 늘리되, 향후 적금상품 운용 경과, 병사급여 인상 추이 등을 감안하여 월적립한도 상향 등을 단계적으로 협의해 나갈 계획입니다.
>
> Q. 적금가입시 '가입자격 확인서'는 어떻게 발급받는 것인지?
>   – 역종별로 국방부(현역병), 병무청(사회복무요원) 등 신원확인·관리 기관에서 가입자격 확인서를 발급할 예정입니다. 병사들의 가입 편의, 신원확인의 신뢰성 제고 등을 위해 가입확인서는 통일된 양식을 활용하고, 비대면 발급방식 등도 활성화할 계획입니다.
>
> Q. 적금상품 통합공시 사이트는 어떻게 조회하나?
>   – 통합공시 사이트는 현행 은행연합회(www.kfb.or.kr) 홈페이지의 '은행상품 비교공시' 메뉴 내에 구축될 예정입니다. 향후 상품 출시시기에 맞춰 은행연합회 팝업창, 참여은행 홈페이지 연계 등을 통해 적극 홍보할 계획입니다.

① 적금가입 시 가입자격 확인서는 통일된 양식을 활용한다.
② 국군병사 적금상품의 월적립한도는 더 상향될 수 있다.
③ 적금상품 통합공시 사이트는 상품 출시시기에 맞춰 적극 홍보될 예정이다.
④ 종전 적금상품을 해지하고 신규 적금상품에 가입하는 것은 효율적이지 않다.

08 다음은 K은행의 송금과 관련된 내용이다. 이를 바르게 이해한 것은?

구분		영업시간	영업시간 외
송금 종류		소액 송금, 증빙서류 미제출 송금, 해외유학생 송금, 해외체재자 송금, 외국인 또는 비거주자 급여 송금	
송금 가능 통화		USD, JPY, GBP, CAD, CHF, HKD, SEK, AUD, DKK, NOK, SAR, KWD, BHD, AED, SGD, NZD, THB, EUR	
송금 가능 시간		03:00 ~ 23:00(단, 외화계좌출금은 영업시간 09:10 ~ 23:00에 가능)	
인출 계좌		원화 또는 외화 인터넷뱅킹 등록계좌	
환율 우대		매매마진율의 30%	환율 우대 없음
송금 한도	소액 송금	건당 미화 3,000불 상당액 이하	
	증빙서류 미제출 송금	1일 미화 5만 불 상당액 이하, 연간 미화 5만 불 상당액 이하 (미화 3천 불 상당액 이상 송금건만 합산)	
	해외유학생 송금	건당 미화 10만 불 상당액 이하	건당 미화 5만 불 상당액 이하
	해외체재자 송금	건당 미화 10만 불 상당액 이하	건당 미화 5만 불 상당액 이하
	외국인 또는 비거주자 급여 송금	건당 미화 5만 불 상당액 이하, 연간 5만 불 상당액 이하	
※ 인터넷 해외송금은 최저 미화 100불 상당액 이상만 송금 가능합니다.			
거래외국환은행 지정		영업시간 내에 인터넷뱅킹으로 증빙서류 미제출 송금할 경우는 지정이 가능합니다 (유학생, 체재자, 외국인 또는 비거주자 급여 송금은 영업점 방문 후 지정 신청을 하셔야 하며 소액 송금은 지정하지 않습니다).	

① 가까운 일본으로 미화 200불의 소액 송금을 하기 때문에 하루 중 아무 때나 증빙서류를 제출하지 않고 송금할 수 있다.

② 24:00에 해외유학생 송금을 이용하여 미국에 유학생으로 가 있는 동생에게 10만 불을 송금할 것이다. 다만, 환율 우대를 받을 수 없는 것이 아쉽다.

③ 외국에 파견 나가 있는 사원(비거주자)에게 외국인 또는 비거주자 급여 송금을 이용하여 올해 상반기에 3만 불을 보냈고, 올해 하반기에 남은 3만 불을 마저 보낼 것이다.

④ 해외에 체류 중인 부모님에게 해외체재자 송금을 이용하여 생활비 5만 불을 송금하기 위해 10:00에 영업점에 도착했다. 외화계좌에서 출금할 것이고, 환율 우대를 받을 수 있다.

09 다음 글을 읽고 이해한 내용으로 적절하지 않은 것은?

> 2008년 서브프라임 모기지(Sub-prime Mortgage)로 인해 미국의 은행이 위기를 맞이하면서 금융위기가 전 세계로 확산되었고, 미국은 양적완화를 통해 경제를 회복하려 했다. 최근 미국의 GDP 성장률이 오르고 실업률 수준이 낮아지자 미국은 현재 출구전략을 추진 중에 있다. 그렇다면 여기서 양적완화와 출구전략은 무엇일까?
>
> 양적완화는 중앙은행이 정부의 국채나 다른 금융 자산 등을 매입하여 시장에 직접 유동성을 공급하는 정책을 말한다. 이는 중앙은행이 기준금리를 조절하여 간접적으로 유동성을 조절하던 기존 방식과 달리, 시장에 직접적으로 통화를 공급하여 시장의 통화량 자체를 늘림으로써 침체된 경기를 회복하고 경기를 부양시키려는 통화 정책이다.
>
> 간접적으로 통화량을 늘리는 기존의 방식으로는 금리 인하, 재할인율 인하, 지급준비율 인하 등의 방법이 있다. 재할인율 인하는 중앙은행이 시중은행에 빌려주는 자금의 금리를 낮춰 유동성을 조절하는 것이며, 지급준비율 인하는 예금은행이 중앙은행에 예치해야 하는 법정지급준비금의 비율을 낮춰 시장의 통화량을 늘리는 것이다.
>
> 이러한 방법으로도 효과를 기대할 수 없을 때 중앙은행은 시중에 있는 다양한 금융자산을 매입해 직접 돈을 시장에 공급하는 양적완화 정책을 시행할 수 있다. 중앙은행이 국채와 회사채 등을 매입하고, 그 매입에 사용된 돈을 직접적으로 시장에 흘러가게 만들어서 경기를 부양시키는 것이다.
>
> 양적완화를 통해 어느 정도 경기가 회복되었다면 출구전략을 실행할 수 있다. 출구전략은 경기 부양을 위해 취하였던 각종 정책을 정상화하는 것을 말한다. 경기가 회복되는 과정에서 시장에 유동성이 과도하게 공급될 경우 물가가 높아지고 현금 가치가 하락하여 인플레이션과 같은 부작용을 초래할 수 있는데, 이때 출구전략을 활용하여 이러한 정책의 부작용을 최소화할 수 있다.
>
> 출구전략은 통화량 공급 정책을 반대로 실행하되 비교적 영향력이 적은 재할인율, 지급준비율을 먼저 인상하여 시장을 살핀 뒤에 기준금리를 인상해야 한다. 출구전략을 성급하게 추진하여 금리를 너무 빠르게 인상하면, 오히려 기업의 투자가 위축되고 소비가 억제되어 경기가 다시 위축될 수 있기 때문이다.

① 양적완화와 출구전략은 모두 시장경제를 안정시키기 위한 정책이군.

② 미국이 현재 출구전략을 추진하는 이유는 미국의 경기가 회복되었다고 판단했기 때문이야.

③ 한국은행이 시중은행에 대한 금리를 인상하면 금융기관의 매출 및 투자가 감소하겠군.

④ 금리, 재할인율, 지급준비율과 통화량은 비례 관계라고 생각하면 쉽군.

10 다음은 우리나라 국고제도에 대한 개요이다. 이에 대한 설명으로 옳지 않은 것은?

<우리나라 국고제도의 개요>

- 국고금의 범위

  국고금에는 중앙정부가 징수하는 국세와 관련 법규에 따른 각종 범칙금, 과징금, 연금보험료, 고용보험료, 국유재산 등에 대한 점용료·사용료, 각종 벌금 등이 있으며, 지방자치단체가 징수하는 지방세(주민세, 재산세, 자동차세 등)나 공공기관이 부과하는 공과금(전기요금, 전화요금 등)은 포함되지 않는다.

- 국고금의 종류

  국고금이 효율적이고 투명하게 관리·운용되기 위해서는 국고관련 법령에 근거한 계획적인 수입 및 지출이 필요한데, 이를 위해 한국은행은 국고금을 그 성격 및 계리체계 등을 기준으로 '수입금과 지출금', '자금관리용 국고금' 그리고 '기타의 국고금'으로 구분하여 관리한다.

  ① 수입금과 지출금

  수입금은 법령 또는 계약 등에 의해 국가의 세입으로 납입되거나 기금에 납입되는 자금을 말하고, 지출금은 세출예산 및 기금운용 계획의 집행에 따라 국고에서 지출되는 자금을 말한다. 세입·세출은 일반회계, 특별회계를 말하며 기금은 중앙행정기관이 관리하는 공공기금만을 말한다.

  ② 자금관리용 국고금

  국고금의 상호예탁·운용, 일시차입, 결산상 잉여금의 처분 등 수입금과 지출금의 관리를 위하여 부수적으로 따르는 자금관리 거래로 발생하는 자금을 말한다.

  ③ 기타의 국고금

  수입·지출금 및 자금관리에는 포함되지 않으나 한국은행 및 정부관서의 국고금 관리의 정확성, 효율성 또는 편의성을 제고하기 위하여 취급하는 자금을 말한다.

- 국고금 취급기관

  국고금은 정해진 절차에 따라 수입과 지출을 결정하고 결정된 대로 집행(출납)함으로써 종료되는데 국고금의 수입과 지출을 결정하는 국가회계기관을 '결정기관', 동 기관의 결정에 의해 국고금의 실질적인 출납을 담당하는 기관을 '출납기관'이라고 한다. 결정기관은 수입을 담당하는 '수입징수관'과 지출을 담당하는 '지출관'으로 구분되며, 출납기관은 출납공무원과 한국은행 등으로 구성된다. 대부분의 국고금은 최종적으로 한국은행에 예탁하여 출납하고 있으나 일부 기금의 경우에는 금융기관에 예탁하여 출납하고 있다. 한편 국고금 관리법에서는 국가회계 사무의 엄정성을 확보하고 위법·부정을 방지하기 위하여 양 기관의 겸직을 원칙적으로 금지하고 있다.

① 각 가구에서 납부하는 전기요금 및 수도세는 국고금의 구성에 포함되지 않는다.

② 한국은행은 계획적인 국고금 관리를 위해 국고금을 3가지로 분류하여 관리하고 있다.

③ 일시차입으로 인하여 발생하는 자금은 자금관리용 국고금에 해당한다.

④ 자금 관리의 효율성 확보를 위해 국고금 관리법에서는 출납기관과 결정기관 간 겸직을 허용하고 있다.

11 다음 문단을 논리적 순서대로 바르게 나열한 것은?

(가) 여기에 반해 동양에서는 보름달에 좋은 이미지를 부여한다. 예를 들어, 우리나라의 처녀귀신이나 도깨비는 달빛이 흐린 그믐 무렵에나 활동한다. 그런데 최근에는 동서양의 개념이 마구 뒤섞여 보름달을 배경으로 악마의 상징인 늑대가 우는 광경이 동양의 영화에 나오기도 한다.

(나) 동양에서 달은 '음(陰)'의 기운을, 해는 '양(陽)'의 기운을 상징한다는 통념이 자리를 잡았다. 그래서 달을 '태음', 해를 '태양'이라고 불렀다. 동양에서는 해와 달의 크기가 같은 덕에 음과 양도 동등한 자격을 갖춘다. 즉, 음과 양은 어느 하나가 좋고 다른 하나는 나쁜 것이 아니라 서로 보완하는 관계를 이루는 것이다.

(다) 옛날부터 형성된 이러한 동서양 간의 차이는 오늘날까지 영향을 끼치고 있다. 동양에서는 달이 밝으면 달맞이를 하는데, 서양에서는 달맞이를 자살 행위처럼 여기고 있다. 특히 보름달은 서양인들에게 거의 공포의 상징과 같은 존재이다. 예를 들어, 13일의 금요일에 보름달이 뜨게 되면 사람들이 외출조차 꺼린다.

(라) 하지만 서양의 경우는 다르다. 서양에서 낮은 신이, 밤은 악마가 지배한다는 통념이 자리를 잡았다. 따라서 밤의 상징인 달에 좋지 않은 이미지를 부여하게 되었다. 이는 해와 달의 명칭을 보면 알 수 있다. 라틴어로 해를 'Sol', 달을 'Luna'라고 하는데 정신병을 뜻하는 단어 'Lunacy'의 어원이 바로 'Luna'이다.

---

① (가) – (나) – (라) – (다)

② (나) – (라) – (가) – (다)

③ (나) – (라) – (다) – (가)

④ (나) – (다) – (가) – (라)

12 다음 문단을 읽고, 이어질 내용을 논리적 순서대로 바르게 나열한 것은?

> 우리는 자본주의 체제에서 살고 있다. '우리는 자본주의라는 체제의 종말보다 세계의 종말을 상상하는 것이 더 쉬운 시대에 살고 있다.'고 할 만큼 현재 세계는 자본주의의 논리 아래에 굴러가고 있다. 이러한 자본주의는 어떻게 발생하였을까?

> (가) 그러나 1920년대에 몰아친 세계 대공황은 자본주의가 완벽하지 않은 체제이며 수정이 필요함을 모든 사람에게 각인시켜줬다. 학문적으로 보자면 대표적으로 존 메이너드 케인스의『고용 · 이자 및 화폐에 관한 일반이론』등의 저작을 통해 수정자본주의가 꾀해졌다.
>
> (나) 애덤 스미스로부터 학문화된 자본주의는 데이비드 리카도의 비교우위론 등의 이론을 포섭해 나가며 자신의 영역을 공고히 했다. 자본의 폐해에 대한 마르크스 등의 경고가 있었지만, 자본주의는 그 위세를 계속 떨칠 것 같이 보였다.
>
> (다) 1950년대에는 중산층의 신화가 이루어지면서 수정자본주의 체제는 영원할 것 같이 보였지만, 오일 쇼크 등으로 인해서 수정자본주의 또한 그 한계를 보이게 되었고, 빈 학파로부터 파생된 신자유주의 이론이 가미되기 시작하였다.
>
> (라) 자본주의의 시작이라 하면 대부분 애덤 스미스의『국부론』을 떠올리겠지만, 역사학자인 페르낭 브로델에 의하면 자본주의는 16세기 이탈리아에서부터 시작된 것이라고 한다. 이를 학문적으로 정립한 최초의 저작이『국부론』이다.

① (나) – (라) – (다) – (가)　　　　② (나) – (라) – (가) – (다)

③ (라) – (나) – (다) – (가)　　　　④ (라) – (나) – (가) – (다)

※ 다음 글의 중심 화제로 가장 적절한 것을 고르시오. [13~14]

13

경제학에서는 한 재화나 서비스 등의 공급이 기업에 집중되는 양상에 따라 시장 구조를 크게 독점시장, 과점시장, 경쟁시장으로 구분하고 있다. 소수의 기업이 공급의 대부분을 차지할수록 독점시장에 가까워지고, 다수의 기업이 공급을 나누어 가질수록 경쟁시장에 가까워진다. 이렇게 시장 구조를 구분하기 위해서 사용하는 지표 중의 하나가 바로 '시장집중률'이다.

시장집중률을 이해하기 위해서는 먼저 '시장점유율'에 대한 이해가 있어야 한다. 시장점유율이란 시장 안에서 특정 기업이 차지하고 있는 비중을 의미하는데, 생산량, 매출액 등을 기준으로 측정할 수 있다. Y기업의 시장점유율을 생산량 기준으로 측정한다면 '(Y기업의 생산량)÷(시장 내 모든 기업의 생산량의 총합)×100'으로 나타낼 수 있다.

시장점유율이 시장 내 한 기업의 비중을 나타내 주는 수치라면, 시장집중률은 시장 내 일정 수의 상위 기업들이 차지하는 비중을 나타내 주는 수치, 즉 일정 수의 상위 기업의 시장점유율을 합한 값이다. 몇 개의 상위 기업을 기준으로 삼느냐는 나라마다 자율적으로 결정하고 있는데, 우리나라에서는 상위 3대 기업의 시장점유율을 합한 값을, 미국에서는 상위 4대 기업의 시장점유율을 합한 값을 시장집중률로 채택하여 사용하고 있다. 이렇게 산출된 시장집중률을 통해 시장 구조를 구분해 볼 수 있는데, 시장집중률이 높으면 그 시장은 공급이 소수의 기업에 집중되어 있는 독점시장으로 구분하고, 시장집중률이 낮으면 공급이 다수의 기업에 의해 분산되어 있는 경쟁시장으로 구분한다. 한국개발연구원에서는 어떤 산업에서의 시장집중률이 80% 이상이면 독점시장, 60% 이상 80% 미만이면 과점시장, 60% 미만이면 경쟁시장으로 구분하고 있다.

시장집중률을 측정하는 기준에는 여러 가지가 있기 때문에 어느 것을 기준으로 삼느냐에 따라 측정 결과에 차이가 생기며 이에 대한 경제학적인 해석도 달라진다. 어느 시장의 시장집중률을 '생산량' 기준으로 측정했을 때 A, B, C기업이 상위 3대 기업이고 시장집중률이 80%로 측정되었다고 하더라도, '매출액' 기준으로 측정했을 때는 D, E, F기업이 상위 3대 기업이 되고 시장집중률이 60%가 될 수도 있다.

이처럼 시장집중률은 시장 구조를 구분하는 데 매우 유용한 지표이며, 이를 통해 시장 내의 공급이 기업에 집중되는 양상을 파악해 볼 수 있다.

① 시장 구조의 변천사
② 시장집중률의 개념과 의의
③ 독점시장과 경쟁시장의 비교
④ 우리나라 시장점유율의 특성

14

쇼펜하우어에 따르면 우리가 살고 있는 세계의 진정한 본질은 의지이며, 그 속에 있는 모든 존재는 맹목적인 삶의 의지에 의해서 지배당하고 있다. 쇼펜하우어는 우리가 일상적으로 또는 학문적으로 접근하는 세계는 단지 표상의 세계일 뿐이라고 주장하는데, 인간의 이성은 단지 이러한 표상의 세계 만을 파악할 수 있을 뿐이다. 그에 따르면 존재하는 세계의 모든 사물들은 우선적으로 표상으로서 드러나게 된다. 시간과 공간 그리고 인과율에 의해서 파악되는 세계가 나의 표상인데, 이러한 표상의 세계는 오직 나에 의해서, 즉 인식하는 주관에 의해서만 파악되는 세계이다. 쇼펜하우어에 따르면 이러한 주관은 모든 현상의 세계, 즉 표상의 세계에서 주인의 역할을 하는 '나'이다.

이러한 주관을 이성이라고 부를 수도 있는데, 이성은 표상의 세계를 이끌어가는 주인공의 역할을 하는 것이다. 그러나 쇼펜하우어는 여기서 한발 더 나아가 표상의 세계에서 주인의 역할을 하는 주관 또는 이성은 의지의 지배를 받는다고 주장한다. 즉, 쇼펜하우어는 이성에 의해서 파악되는 세계의 뒤편에는 참된 본질적 세계인 의지의 세계가 있으므로 표상의 세계는 제한적이며 표면적인 세계일 뿐, 결코 이성에 의해서 또는 주관에 의해서 결코 파악될 수 없다고 주장한다. 오히려 그는 그동안 인간이 진리를 파악하는 데 최고의 도구로 칭송받던 이성이나 주관을 의지에 끌려 다니는 피지배자일 뿐이라고 비판한다.

① 세계의 본질로서 의지의 세계
② 표상 세계의 극복과 그 해결 방안
③ 의지의 세계와 표상의 세계 간의 차이
④ 표상 세계 안에서의 이성의 역할과 한계

15 다음 글에 나타난 '라이헨바흐의 논증'을 평가·비판한 것으로 적절하지 않은 것은?

> 귀납은 현대 논리학에서 연역이 아닌 모든 추론, 즉 전제가 결론을 개연적으로 뒷받침하는 모든 추론을 가리킨다. 귀납은 기존의 정보나 관찰 증거 등을 근거로 새로운 사실을 추가하는 지식 확장적 특성을 지닌다. 이 특성으로 인해 귀납은 근대 과학 발전의 방법적 토대가 되었지만, 한편으로 귀납 자체의 논리적 한계를 지적하는 문제들에 부딪히기도 한다.
>
> 먼저 흄은 과거의 경험을 근거로 미래를 예측하는 귀납이 정당한 추론이 되려면 미래의 세계가 과거에 우리가 경험해 온 세계와 동일하다는 자연의 일양성(一樣性), 곧 한결같음이 가정되어야 한다고 보았다. 그런데 자연의 일양성은 선험적으로 알 수 있는 것이 아니라 경험에 기대어야 알 수 있는 것이다. 즉, "귀납이 정당한 추론이다."라는 주장은 "자연은 일양적이다."라는 다른 지식을 전제로 하는데, 그 지식은 다시 귀납에 의해 정당화되어야 하는 경험적 지식이므로 귀납의 정당화는 순환 논리에 빠져 버린다는 것이다. 이것이 귀납의 정당화 문제이다.
>
> 귀납의 정당화 문제로부터 과학의 방법인 귀납을 옹호하기 위해 라이헨바흐는 이 문제에 대해 현실적 구제책을 제시한다. 라이헨바흐는 자연이 일양적일 수도 있고 그렇지 않을 수도 있음을 전제한다. 먼저 자연이 일양적일 경우, 그는 지금까지의 우리의 경험에 따라 귀납이 점성술이나 예언 등의 다른 방법보다 성공적인 방법이라고 판단한다. 자연이 일양적이지 않다면 어떤 방법도 체계적으로 미래 예측에 계속해서 성공할 수 없다는 논리적 판단을 통해, 귀납은 최소한 다른 방법보다 나쁘지 않은 추론이라고 확언한다. 결국 자연이 일양적인지 그렇지 않은지 알 수 없는 상황에서는 귀납을 사용하는 것이 옳은 선택이라는 라이헨바흐의 논증은 귀납의 정당화 문제를 현실적 차원에서 해소하려는 시도로 볼 수 있다.

① 귀납이 지닌 논리적 허점을 완전히 극복한 것은 아니라는 비판의 여지가 있다.

② 귀납을 과학의 방법으로 사용할 수 있음을 지지하려는 목적에서 시도하였다는 데 의미가 있다.

③ 귀납과 다른 방법을 비교하기 위해 경험적 판단과 논리적 판단을 모두 활용한 것이 특징이다.

④ 귀납이 현실적으로 옳은 추론 방법임을 밝히기 위해 자연의 일양성이 선험적 지식임을 증명한 데 의의가 있다.

16 다음 글의 주장에 대한 반박으로 적절하지 않은 것은?

> 문화재 관리에서 중요한 개념은 복원과 보존이다. '복원'은 훼손된 문화재를 원래대로 다시 만드는 것을, '보존'은 더이상 훼손되지 않도록 잘 간수하는 것을 의미한다. 이와 관련하여 훼손된 탑의 관리에 대한 논의가 한창이다.
>
> 나는 복원보다는 보존이 다음과 같은 근거에서 더 적절하다고 생각한다. 우선, 탑을 보존하면 탑에 담긴 역사적 의미를 온전하게 전달할 수 있어 진정한 역사 교육이 가능하다. 탑은 백성들의 평화로운 삶을 기원하기 위해 만들어졌고, 이후 역사의 흐름 속에서 전란을 겪으며 훼손된 흔적들이 더해져 지금 모습으로 남아 있다. 그런데 탑을 복원하면 이런 역사적 의미들이 사라져 그 의미를 온전하게 전달할 수 없다.
>
> 다음으로, 정확한 자료가 없이 탑을 복원하면 이는 결국 탑을 훼손하는 것이 될 수밖에 없다. 따라서 원래의 재료를 활용하지 못하고 과거의 건축 과정에 충실하게 탑을 복원하지 못하면 탑의 옛 모습을 온전하게 되살리는 것은 불가능하므로 탑을 보존하는 것이 더 바람직하다.
>
> 마지막으로, 탑을 보존하면 탑과 주변 공간의 조화가 유지된다. 전문가에 따르면 탑은 주변 산수는 물론 절 내부 건축물들과의 조화를 고려하여 세워졌다고 한다. 이런 점을 무시하고 탑을 복원한다면 탑과 기존 공간의 조화가 사라지기 때문에 보존하는 것이 적절하다.
>
> 따라서 탑은 보존하는 것이 복원하는 것보다 더 적절하다고 생각한다. 건축 문화재의 경우 복원보다는 보존을 중시하는 국제적인 흐름을 고려했을 때도, 탑이 더 훼손되지 않도록 지금의 모습을 유지하고 관리하는 것이 문화재로서의 가치를 지키고 계승할 수 있는 바람직한 방법이라고 생각한다.

① 탑을 복원하는 비용보다 보존하는 비용이 더 많이 든다.
② 탑을 복원하면 훼손된 탑에서는 느낄 수 없었던 탑의 형태적 아름다움을 느낄 수 있다.
③ 탑 복원에 필요한 자료를 충분히 수집하여 복원하면 탑의 옛 모습을 되살릴 수 있다.
④ 주변 공간과의 조화를 유지하는 방법으로 탑을 복원할 수 있다.

17 다음 글을 읽고 유추할 수 있는 것은?

> 1895년 을미개혁 당시 일제의 억압 아래 강제로 시행된 단발령으로부터 우리 조상들이 목숨을 걸고 지키려고 했던 상투는 과연 그들에게 어떤 의미였을까? 상투는 관례나 결혼 후 자신의 머리카락을 끌어올려, 정수리 위에서 틀어 감아 높이 세우는 성인 남자의 대표적인 머리모양이었다. 상투의 존재는 고구려 고분벽화에서도 확인할 수 있는데, 그 크기와 형태 또한 다양함은 물론 신라에서 도기로 만들어진 기마인물에서도 나타나는 것으로 보아 삼국 공통의 풍습이었을 것으로 추정되고 있다. 전통사회에서는 혼인 여부를 통해 기혼자와 미혼자 사이에 엄한 차별을 두었기 때문에 어린아이라도 장가를 들면 상투를 틀고 존대를 했으며, 나이가 아무리 많아도 장가를 들지 않은 이들에게는 하댓말을 썼다고 한다. 이러한 취급을 면하고자 미혼자가 장가를 들지 않고 상투를 틀기도 했는데 이를 건상투라 불렀으며, 사정을 아는 동네 사람들은 건상투를 틀었다고 하더라도 여전히 하댓말로 대하였다고 전해진다.

① 일제의 단발령이 없었다고 하더라도 언젠가 상투는 사라질 문화였겠구나.

② 신라 기마인물의 형상을 보아하니 신라의 상투는 모양이 비슷했겠구나.

③ 장가를 들지 않은 이가 상투를 틀었다가는 자칫 큰 벌을 받았겠구나.

④ '상투를 틀었다.'는 말은 장가를 들었거나 제대로 성인 대접을 받을 만하다는 뜻이겠구나.

18 다음 글을 통해 역모기지론 정책이 효과적으로 시행될 수 있는 조건을 추론한 내용을 〈보기〉에서 모두 고르면?

> 정부가 2007년부터 역모기지론*을 도입한다고 발표하였다. 역모기지론을 이용할 수 있는 대상자는 공시가격 8억 원 이하 주택을 한 채만 소유하고 있는 만 65세 이상의 중산·서민층으로 한정된다. 역모기지론 운영 방법에 의하면, 담보로 맡긴 주택가격과 가입 당시의 연령에 따라 매월 지급받는 금액이 달라진다. 주택가격이 높을수록, 가입 당시의 연령이 높을수록 받는 금액이 많아진다. 월 지급금액 산정은 일반 주택담보대출 때처럼 감정가(시세 수준)를 기초로 한다. 예를 들어, 감정가 8억 원짜리 주택을 만 70세에 맡기면 매달 198만 원을 받게 되고, 같은 주택을 만 65세에 맡기면 매달 186만 원을 받게 된다. 감정가 5억 원짜리 주택을 소유하고 있는 고령자가 역모기지론을 신청하면 가입연령에 따라 월 수령액은 만 65세 93만 원, 만 68세 107만 원, 만 70세 118만 원 등이 된다. 월 수령액은 5년마다 주택시세를 재평가하여 조정된다.
> 정부가 역모기지론 이용자에게 부여하는 혜택은 등록세 면제, 국민주택채권매입의무 면제, 재산세 25% 감면, 대출이자비용 200만 원 한도 내 소득공제 등이다. 다만, 등록세 면제는 감정가 5억 원 이하 주택에 해당되며, 나머지 3개의 혜택은 감정가 5억 원 이하, 국민주택규모(전용면적 85m² 이하), 연간 소득 1,000만 원 이하의 조건을 모두 갖추어야 한다.
> *역모기지론 : 주택을 소유하고 있으나 일정 소득 이하의 고령자에게 소유주택을 담보로 매월 또는 일정 기간마다 노후생활자금을 연금 형식으로 대출하는 금융상품

보기

> ㉠ 현재 주택을 소유한 노년층은 대부분 청장년기에 노후 생활을 위한 소득 축적 기회가 적었고, 현재도 특별한 소득이 없다.
> ㉡ 만 65세 이상인 가구주의 주택 소유 비율은 80%로서 만 30세 미만의 24%, 30대의 47%, 40대의 67%에 비하여 매우 높다.
> ㉢ 한 은행의 조사에 따르면, 만 65세 이상의 노인들이 보유하고 있는 주택의 공시가격은 대부분이 8억 원 이하인 것으로 나타났다.
> ㉣ 어떤 연구기관의 조사에 따르면, 86%에 달하는 노인들이 양로원이나 기타 사회복지시설을 이용하는 것보다 자기 집에 그대로 머물러 살기를 원한다고 응답했다.

① ㉠, ㉡

② ㉡, ㉢

③ ㉠, ㉡, ㉢

④ ㉠, ㉡, ㉢, ㉣

19 다음은 '우리말 사용'에 관한 글을 쓰기 위해 작성한 개요이다. 개요의 수정·보완 및 자료 제시 방안으로 적절하지 않은 것은?

---

1. 서론 ·· ㉠
2. 우리말의 오용 원인
   (1) 개인적 측면 ··· ㉡
        우리말에 대한 사랑과 긍지 부족
   (2) 사회적 측면
        가. 우리말의 소중함에 대한 교육 부족
        나. 바른 우리말 교육 자료의 부족
        다. 대중매체가 미치는 부정적 영향에 대한 인식 부족 ······ ㉢
3. 우리말을 가꾸는 방법
   (1) 개인적 차원
        가. 우리말에 대한 이해와 적극적인 관심
        나. 외국어의 무분별한 사용 지양
   (2) 사회적 차원
        가. 우리말 사용 ······································· ㉣
        나. 우리말 연구 기관에 대한 정책적 지원
        다. 대중매체에 사용되는 우리말의 순화
4. 결론 : 우리말을 사랑하고 가꾸기 위한 개인적·사회적 노력 제고

---

① ㉠ – 우리말을 잘못 사용하고 있는 사례들을 제시하여 우리말 오용 실태를 제시한다.

② ㉡ – '3 – (1) – 나'를 고려하여 '외국어의 무분별한 사용'을 하위 항목으로 추가한다.

③ ㉢ – 영화의 한 장면을 모방하여 범죄를 저지른 비행 청소년들의 사례를 활용한다.

④ ㉣ – 내용을 구체화하기 위해 '바른 우리말 사용 교육 프로그램 개발'로 수정한다.

20 다음은 '악성 댓글의 원인과 해소 방안'에 관한 글을 쓰기 위해 작성한 개요이다. 이를 수정·보완할 내용으로 적절하지 않은 것은?

> Ⅰ. 문제 제기 : 개인 정보 유출의 심각성 ······························ ㉠
> Ⅱ. 악성 댓글의 원인
>   가. 사이버 공간에서의 자유로운 의견 교환 ······················ ㉡
>   나. 정보 통신 윤리 의식 미흡
>   다. 인터넷 검색 능력 부족 ····································· ㉢
>   라. 악성 댓글에 대한 처벌의 어려움
> Ⅲ. 악성 댓글 해소 방안
>   가. 인터넷 실명제 실시
>   나. 학교에서의 정보 통신 윤리 교육 강화 ······················ ㉣
>   다. 악성 댓글에 대한 처벌 체계 보완
> Ⅳ. 결론 : 올바른 댓글 문화 정립

① ㉠ – 글의 주제를 고려하여 '악성 댓글의 실태'로 고친다.
② ㉡ – 상위 항목을 고려하여 '사이버 공간에서의 익명성'으로 고친다.
③ ㉢ – 글의 주제를 고려하여 삭제한다.
④ ㉣ – 상위 항목과의 연관성을 고려하여 'Ⅱ – 나'와 위치를 바꾼다.

21 다음 글에서 ㉠~㉣의 수정 방안으로 가장 적절한 것은?

우울증을 초래하는 성향은 창조성과 결부되어 있기 때문에 생존에 유리한 측면이 있었다. 따라서 우울증과 관련이 있는 유전자는 오랜 역사를 거쳐 오면서도 사멸하지 않고 살아남아 오늘날 현대인에게도 그 유전자가 상당수 존재할 가능성이 있다. 베토벤, 뉴턴, 헤밍웨이 등 위대한 음악가, 과학자, 작가들의 상당수가 우울한 성향을 갖고 있었다. ㉠ 천재와 우울증은 어찌 보면 동전의 양면으로, 인류 문명의 진보를 이끈 하나의 동력이자 그 부산물이라 할 수 있을지도 모른다.

우울증은 일반적으로 자기 파괴적인 질환으로 인식되어 왔지만, 실은 자신을 보호하고 미래를 준비하기 위한 보호 기제일 수도 있다. 달성할 수 없거나 달성하기 매우 어려운 목표에 도달하기 위해 엄청난 에너지를 소모하는 것은 에너지와 자원을 낭비할 뿐만 아니라, 정신과 신체를 소진시킴으로써 사회적 기능을 수행할 수 없게 하고 주위의 도움이 없으면 생명을 유지하기 어려운 상태에 ㉡ 이르게도 할 수 있다. 이를 막기 위한 기제가 스스로의 자존감을 낮추고 그 목표를 포기하게 만드는 것이다. 이를 통해 고갈된 에너지를 보충하고 다시 도전할 수 있는 기회를 모색할 수 있다. ㉢ 또한 지금과 같은 경쟁 사회는 새로운 기술이나 생각에 대한 사회적 요구가 커지기 때문에 정신적 소진 상태를 초래하기 쉬운 환경이 되고 있다.

오늘날 우울증은 왜 이렇게 급격하게 늘어나는 것일까? 창조성이란 그 사회에 존재하고 있는 기술이나 생각에 대한 도전이자 대안 제시이며, 기존의 기술이나 생각을 엮어서 새로운 조합을 만들어 내는 것이다. 과거에 비해 현대 사회는 경쟁이 심화되고 혁신들이 더 가치를 인정받기 때문에 창조성이 있는 사람은 상당히 큰 선택적 이익을 갖게 된다. ㉣ 그렇지만 현대 사회처럼 기존에 존재하는 기술이나 생각이 엄청나게 많아 우리의 뇌가 그것을 담기에도 벅찬 경우에는 새로운 조합을 만들어 내는 일은 무척이나 많은 에너지를 요한다. 결국 경쟁은 창조성을 발휘하게 하지만 지나친 경쟁은 정신적 소진을 초래하기 때문에 우울증이 많이 발생할 수 있다.

① ㉠ – 문단과 관련 없는 내용이므로 삭제한다.
② ㉡ – 문장의 주어와 호응되지 않으므로 '이른다'로 수정한다.
③ ㉢ – 두 번째 문단의 내용과 어울리지 않으므로 세 번째 문단으로 옮긴다.
④ ㉣ – 뒷 문장이 앞 문장의 결과이므로 '그리하여'로 수정한다.

22 다음 글에서 ㉠ ~ ㉣의 수정 방안으로 적절하지 않은 것은?

학교를 다니지 않는 학생이라고 하면 무엇이 떠오르는가? 아마도 그것은 비행 청소년, 학교 중도 탈락자 등과 같은 부정적 단어일 것이다. 그러나 정확히 말해 이런 학생들은 '학교 밖 청소년'이라고 부른다. 일반적으로 학교 밖 청소년은 만 19세 미만으로 정규 학교의 교육을 받지 않는 청소년을 ㉠ <u>통칭</u>하는 말이다. 그렇다면 학교 밖 청소년의 수는 얼마나 될까? 정부의 통계에 따르면 2016년 기준 우리나라에서 학교를 다니지 않는 청소년은 약 39만 명에 이르며, 매년 6만여 명씩 증가하고 있다고 한다. 그리고 그중 28만 명 정도는 어디에서 무엇을 하고 있는지 그 소재조차 ㉡ <u>파악하지</u> 않는다고 한다. ㉢ <u>학교 밖 청소년은 당신의 자녀일 수도 있다.</u>

우리나라는 2015년부터 학교 밖 청소년 지원에 관한 법률을 시행하여 지원 센터를 통해 학교 밖 청소년이 건강한 사회 구성원으로 성장할 수 있도록 돕고 있다. ㉣ <u>그러므로</u> 아직은 지원 센터의 기능과 역할이 한정적이어서 학교 밖 청소년이 참여할 수 있는 프로그램이 다양하게 운영되지 못하는 한계가 있다. 또한 지원 센터의 도움을 받고 있는 청소년도 전체 학교 밖 청소년 중 일부에 불과한 문제도 있다.

학교 밖 청소년을 대상으로 조사한 결과에 따르면, 이들의 절반 이상은 학교를 그만둔 후 특별한 근로 경험이 없이 친구 집이나 PC방, 숙박 업체 등에서 생활하였으며, 단순 근로에 종사했던 것으로 나타났다. 또한 사회적 편견으로 인한 차별과 홀대가 학교 밖 청소년이 겪는 어려움 중 가장 큰 비율을 차지하는 것으로 나타났다. 이는 학교 밖 청소년이 학교를 다니는 청소년에 비해 취약한 성장 환경에 노출되어 있음을 보여 주는 것이다.

① ㉠ – 문맥에 어울리지 않으므로 '가칭'으로 수정한다.
② ㉡ – 주어와 서술어의 호응 관계를 고려하여 '파악되지'로 수정한다.
③ ㉢ – 글의 통일성을 해치고 있으므로 삭제한다.
④ ㉣ – 문장을 자연스럽게 연결하기 위해 '그러나'로 고친다.

※ 다음 글의 구조를 바르게 분석한 것을 고르시오. [23~24]

23

(가) 주인 – 대리인 이론의 모델에서 '주인 – 대리인 관계'는 1인 이상의 사람(주인)이 다른 사람(대리인)에게 자신을 대신하여 의사결정을 할 수 있도록 의사결정권한을 위임한 계약 관계라고 정의된다. 주주와 경영자가 주인 – 대리인 관계의 실례라고 할 수 있다.

(나) 주인 – 대리인 관계에 있는 해당 이해 관계자들은 모두 자신의 이익을 극대화하기 위해 노력한다. 이 과정에서 서로 간의 이해가 상충하면 '대리인 문제'가 발생하며, 이 문제를 해결하기 위해서 '대리인 비용'이 발생한다. 대리인 비용은 대리인 문제의 방지 수단에 따라 '감시비용', '확증비용', '잔여손실'로 구분할 수 있다.

(다) '감시비용'은 대리인의 활동이 주인의 이익을 감소시키지 않는지를 감시하는 데 소요되는 비용이다. 기업경영에서 주주는 경영자의 행동이 주주가 바라는 행동에서 벗어나지 못하도록 감시하는 활동을 하게 된다. 대표적인 예는 이사회의 구성, 감사의 임명, 예산제약설정 등이다. 이러한 통제시스템을 운영하는 데 감시비용이 소요된다.

(라) '확증비용'은 대리인의 행동이 주인의 이익에 상반되지 않는다는 것을 증명할 때 소요되는 비용이다. 경영자는 주주가 원하지 않는 행동을 하지 않겠다는 것을 증명해야 한다. 예를 들어, 기업의 재무상황에 대한 공인과 보고, 회계감사를 받은 영업보고서의 공시가 대표적인 증명활동이다. 이런 활동에 소요되는 비용이 확증비용이다.

(마) '잔여손실'이란 확증비용과 감시비용이 지출되었음에도 대리인 때문에 발생한 주인의 손실이다. 주주와 경영자 간에 감시활동과 확증활동이 최적으로 이루어진다고 하더라도 회사의 가치를 극대화하는 의사결정과 경영자의 의사결정 사이에는 괴리가 생길 수 있다. 이러한 차이로 말미암아 생기는 회사 이익의 감소가 바로 잔여손실이다.

①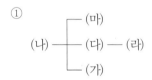

②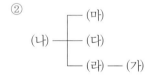

③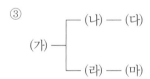

④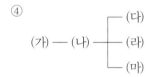

24

(가) 논리학에서 비형식적 오류 유형에는 우연의 오류, 애매어의 오류, 결합의 오류, 분해의 오류 등이 있다.

(나) 우선 우연의 오류란 거의 대부분의 경우에 적용되는 일반적인 원리나 규칙을 우연적인 상황으로 인해 생긴 예외적인 특수한 경우에까지도 무차별적으로 적용할 때 생기는 오류이다. 그 예로 "인간은 이성적인 동물이다. 중증 정신 질환자는 인간이다. 그러므로 중증 정신 질환자는 이성적인 동물이다."를 들 수 있다.

(다) 애매어의 오류는 동일한 한 단어가 한 논증에서 맥락마다 서로 다른 의미를 지니는 것으로 사용될 때 생기는 오류를 말한다. "김씨는 성격이 직선적이다. 직선적인 모든 것들은 길이를 지닌다. 고로 김씨의 성격은 길이를 지닌다."가 그 예이다.

(라) 한편 각각의 원소들이 개별적으로 어떤 성질을 지니고 있다는 내용의 전제로부터 그 원소들을 결합한 집합 전체도 역시 그 성질을 지니고 있다는 결론을 도출하는 경우가 결합의 오류이고, 반대로 집합이 어떤 성질을 지니고 있다는 내용의 전제로부터 그 집합의 각각의 원소들 역시 개별적으로 그 성질을 지니고 있다는 결론을 도출하는 경우가 분해의 오류이다.

(마) 전자의 예로는 "그 연극단 단원들 하나하나가 다 훌륭하다. 고로 그 연극단은 훌륭하다."를, 후자의 예로는 "그 연극단은 일류급이다. 박씨는 그 연극단 일원이다. 그러므로 박씨는 일류급이다."를 들 수 있다.

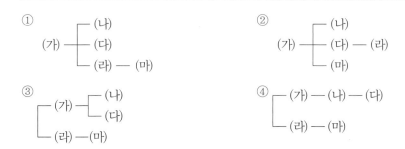

25 다음 중 어법에 맞고 자연스러운 문장은?

① 문학은 다양한 삶의 체험을 보여 주는 예술의 장르로서, 문학을 즐길 예술적 본능을 지닌다.

② 주가가 다음 주부터는 오를 전망입니다.

③ 피로연은 성대하게 치러졌다. 신랑과 신부는 결혼식을 마치고 신혼여행을 떠났다. 하례객들이 식당 안으로 옮겨 앉으면서 시작되었다.

④ 신은 인간을 사랑하기도 하지만, 때로는 인간에게 시련의 고통을 주기도 한다.

PART 5

26 다음 중 높임법의 사용이 적절하지 않은 것은?

① 저는 감자를 즐겨먹습니다.

② 시청자 여러분, 안녕하십니까?

③ 그분은 할머니의 친구야.

④ 선배님께서는 댁에 계신다.

※ 다음 중 밑줄 친 부분과 같은 의미로 쓰인 것을 고르시오. [27~28]

27

> 야근이 끝나고 지친 기색의 남자는 집에 들어와 TV를 <u>컸다</u>.

① 흥부는 아내와 함께 커다란 박을 <u>켜기</u> 시작했다.
② 동굴 안에서 라이터를 <u>켜니</u> 어두웠던 주위가 밝아졌다.
③ 정전이 나자 아버지는 창고에서 가져온 예비발전기를 <u>켰다</u>.
④ 낡은 바이올린을 <u>켜는</u> 순간 줄이 끊어져버렸다.

28

> 그는 잠겨있는 휴대폰의 암호를 <u>풀기</u> 위해 갖은 방법을 동원했지만 실패하였다.

① 이번에 만나면 우리 그동안 못다 한 이야기를 <u>풀자</u>.
② 지난 기출 문제는 <u>풀어</u> 보았니?
③ 이제 그만 노여움을 <u>풀면</u> 안 될까?
④ 우리 목장에서는 소를 <u>풀어서</u> 키우고 있습니다.

29 다음 중 의미가 다른 하나는?

① 일사불란(一絲不亂)　　　　　② 평지풍파(平地風波)
③ 옥석혼효(玉石混淆)　　　　　④ 지리멸렬(支離滅裂)

30 다음 중 밑줄 친 부분의 관용구의 사용이 적절하지 않은 것은?

① 그 사람은 <u>입이 여물어</u> 다른 사람의 신임을 얻기 어렵다.
② 그 계약은 잘못되었다고 사람들이 <u>입을 모아</u> 이야기했다.
③ <u>입에 발린</u> 소리를 잘하는 사람에게는 믿음이 가지 않는다.
④ 그는 자신이 겪은 일에 대해 <u>입이 닳도록</u> 얘기했다.

현재 나의 실력을 객관적으로 파악해 보자!
모바일 OMR
답안채점 / 성적분석 서비스

도서에 수록된 모의고사에 대한 객관적인 결과(정답률, 순위)를 종합적으로 분석하여 제공합니다.

OMR 입력　　　성적분석　　　채점결과

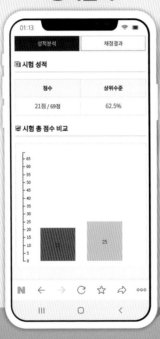

※OMR 답안채점 / 성적분석 서비스는 등록 후 30일간 사용가능합니다.

참여 방법

 도서 내 모의고사 우측 상단에 위치한 QR코드 찍기 → **LOG IN** 로그인 하기 → '시작하기' 클릭 → '응시하기' 클릭 → 나의 답안을 모바일 OMR 카드에 입력 → '성적분석&채점결과' 클릭 → 현재 내 실력 확인하기

SD에듀

금융권 필기시험 시리즈

알차다!
꼭 알아야 할 내용을
담고 있으니까

친절하다!
핵심내용을 쉽게
설명하고 있으니까

명쾌하다!
상세한 풀이로 완벽하게
익힐 수 있으니까

핵심을 뚫는다!
시험 유형과 흡사한
문제를 다루니까

"신뢰와 책임의 마음으로 수험생 여러분에게 다가갑니다."

"농협" 합격을 위한 시리즈

취업의 문을 여는
Master Key!

취약영역 타파하기!

2023

금융권 NCS

NCS
출제 금융권

신한은행
KB국민은행
NH농협은행
지역농·축협
IBK기업은행
Sh수협은행
MG새마을금고
하나은행
신협중앙회
KDB산업은행
한국수출입은행
국민건강보험공단
건강보험심사평가원
국민연금공단
신용보증기금
기술보증기금
주택도시보증공사
예금보험공사

의사소통능력

정답 및 해설

누적 판매량
1위
기업별 NCS

합격의 모든 것!

모바일 OMR
답안채점/성적분석
서비스

NCS 핵심이론
및 대표유형
PDF 제공

[합격시대]
온라인 모의고사
무료쿠폰

[WIN시대로]
AI면접
무료쿠폰

SD에듀
(주)시대고시기획

PART 1

모듈형

CHAPTER 02 유형문제

 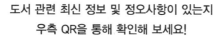

02 | 의사소통능력 유형문제

01	02	03	04	05	06	07	08	09	10	11	12	13	14	15	16	17	18	19	20
②	④	①	③	③	①	①	①	②	①	③	④	③	①	②	③	③	④	①	③
21	22	23	24	25	26	27	28	29	30										
③	④	①	①	④	①	②	④	④	④										

01

정답 ②

일방적으로 듣기만 하고 의사표현을 하지 않는 것도 의사소통상의 문제에 해당한다.

오답분석
- 최대리 : 표현 능력 혹은 이해 능력이 부족하거나, 무책임한 경우에 일방적으로 듣기만 하거나 말하기만 한다.
- 임주임 : 상대가 특정 내용을 알고 있을 것이라 착각하는 것은 평가적이고 판단적 태도에서 야기되는 경우가 많다.
- 양대리 : 전달하지 않아도 알고 있을 것이라는 생각은 과거의 경험에 기반한 선입견, 고정관념에 해당한다.

02

정답 ④

비슷한 부류의 업무를 다루는 동일한 직장, 혹은 직업군 내에서는 전문용어의 사용이 상호 간에 원활한 소통을 이끌 수 있지만, 외부 구성원에게는 생소한 개념일 수 있다. 따라서 후자의 경우 쉬운 일상적 용어를 이용하여 소통하는 것이 적절하다.

오답분석
① 사후 검토 시에는 긍정적 피드백과 부정적 피드백을 균형 있게 전달하여야 한다.
② 단순히 이야기를 듣는 것은 수동적이나, 경청은 능동적 탐색을 의미하므로 효과 또한 다르다.
③ 의사소통의 정확성을 위해서는 대화 시 감정을 절제하는 것이 필요하다.

03

정답 ①

인상적인 의사소통을 위해서는 이전의 표현과 색다른 표현을 사용하기 위해 노력하여야 한다.

인상적인 의사소통을 위한 노력
- 언제나 주위의 언어 정보에 민감하게 반응하고, 자신이 활용할 수 있도록 노력한다.
- 자신이 자주 사용하는 표현을 찾아내 다른 표현으로 바꿔 본다.
- 언제나 '다른 표현은 없을까?' 생각하고, 새로운 표현을 검토해 본다.

04

정답 ③

모든 문서의 내용을 이해했더라도, 그 내용 전체를 기억하는 것은 현실적으로 어렵고 비효율적이다. 따라서 각 문서에서 핵심적 내용만 골라 필요한 정보를 획득하고 종합하는 것이 바람직하다.

문서이해 절차
문서의 목적 이해 → 문서작성의 배경과 주체 파악 → 문서 정보 파악, 현안 문제 파악 → 상대방의 욕구, 의도 및 요구사항 분석 → 목적 달성을 위한 행동 결정 → 상대의 의도를 도표, 그림 등으로 요약, 정리

05

정답 ③

인상적인 의사소통능력을 개발하기 위해서는 자주 사용하는 표현을 섞어 쓰지 않고 자신의 의견을 전달할 수 있는 것이 중요하다.

06

정답 ①

제시된 표는 말하기, 듣기, 쓰기, 읽기의 특성을 가로와 세로 방향에 따라 분류한 것이다. 먼저, 세로 방향으로 말하기와 쓰기는 생각이나 느낌 등을 표현하는 것이기 때문에 산출이고, 듣기와 읽기는 타인의 생각이나 느낌 등을 받아들이는 것이기 때문에 수용이다. 가로 방향으로 쓰기와 읽기는 의사소통 방식으로 문자를 사용한다. 그리고 말하기와 듣기는 의사소통 방식으로 음성을 사용하므로 ㉠에 들어갈 표현으로 적절한 것은 ①이다.

07

정답 ①

판단하기는 상대방에 대한 부정적인 판단 때문에 상대방의 말을 듣지 않는 것을 의미한다.

오답분석

② 조언하기 : 다른 사람의 문제를 본인이 해결해 주고자 하는 것
③ 언쟁하기 : 반대하고 논쟁하기 위해서만 상대방의 말에 귀를 기울이는 것
④ 걸러내기 : 듣고 싶지 않은 것들을 막아버리는 것

08

정답 ①

오답분석

② 기획서 : 적극적으로 아이디어를 내고 기획해 하나의 프로젝트를 문서형태로 만들어, 상대방에게 기획의 내용을 전달하여 기획을 시행하도록 설득하는 문서
③ 보고서 : 특정 일에 관한 현황이나 그 진행 상황 또는 연구·검토 결과 등을 보고하고자 할 때 작성하는 문서
④ 비즈니스 레터 : 사업상의 이유로 고객이나 단체에 편지를 쓰는 것으로 직장업무나 개인 간의 연락, 직접 방문하기 어려운 고객관리 등을 위해 사용되는 비공식적 문시

09

정답 ②

문서이해의 절차

1. 문서의 목적을 이해
2. 문서가 작성되게 된 배경과 주제 파악
3. 문서의 정보를 밝혀내고 문서가 제시하고 있는 현안 문제 파악
4. 문서를 통해 상대방의 욕구와 의도 및 요구되는 행동에 관한 내용 분석
5. 문서에서 이해한 목적 달성을 위해 취해야 할 행동을 생각하고 결정
6. 상대방의 의도를 도표나 그림 등으로 메모하여 요약·정리

10

정답 ①

제품의 특징과 활용도에 대해 세부적으로 언급하는 문서는 상품소개서이다. 기획서는 적극적으로 아이디어를 내고 기획해 하나의 프로젝트를 문서 형태로 만들어, 상대방에게 기획의 내용을 전달하여 기획을 시행하도록 설득하는 문서이다.

11

정답 ③

문서를 작성할 때에는 객관적이고 세련된 내용으로 구성하는 것이 적절하다.

12

정답 ④

문서작성 시 주의사항
1. 문서는 육하원칙에 의해서 써야 한다.
2. 문서는 작성 시기가 중요하다.
3. 문서는 한 사안을 한 장의 용지에 작성해야 한다.
4. 문서작성 후 반드시 다시 한 번 내용을 검토해야 한다.
5. 문서의 첨부자료는 반드시 필요한 자료 외에는 자제하도록 한다.
6. 문서내용 중 금액, 수량, 일자 등의 기재에 정확성을 기하여야 한다.
7. 문장표현은 작성자의 성의가 담기도록 경어나 단어 사용에 신경을 써야 한다.

13

정답 ③

문자가 아니라 숫자를 그래프로 표시해야 한다.

14

정답 ①

상대방의 잘못을 지적할 때는 상대방이 알 수 있도록 확실하게 지적해야 한다. 모호한 표현은 설득력을 약화시킬 수 있다.

15

정답 ②

친구들과의 대화는 의사표현의 종류 중 친교적 말하기에 포함된다.

16

정답 ③

하던 말을 갑자기 멈춤으로써 상대방의 주의를 끄는 것도 설득력 있는 의사표현의 지침이다.

17

정답 ③

상대방에게 잘못을 지적하며 질책을 해야 할 때는 '칭찬의 말+질책의 말+격려의 말'의 순서인 샌드위치 화법으로 표현하는 것이 좋다. 즉, 칭찬을 먼저 한 다음 질책의 말을 하고, 끝에 격려의 말로 마무리한다면 상대방은 크게 반발하지 않고 질책을 받아들이게 될 것이다.

[오답분석]
① 상대방의 잘못을 지적할 때는 지금 당장의 잘못에만 한정해야 하며, 추궁하듯이 묻지 않아야 한다.
② 상대방의 말이 끝나기 전에 어떤 답을 할까 궁리하는 것은 좋지 않다.
④ 상대방을 설득해야 할 때는 일방적으로 강요하거나 상대방에게만 손해를 보라는 식으로 대화해서는 안 된다. 먼저 양보해서 이익을 공유하겠다는 의지를 보여주는 것이 좋다.

18

문서적인 의사소통은 언어적인 의사소통에 비해 권위감이 있고, 전달성이 높고, 보존성도 크다. 반면 언어적인 의사소통은 상대방의 반응이나 감정을 살필 수 있고, 그때그때 상대방을 설득시킬 수 있으므로 유동성이 있다.

19

정답 ①

매뉴얼(Manual)이란 제품이나 시스템을 이용하거나 업무 추진을 위한 절차 및 방법 등을 상세하게 밝혀 도움을 제공하는 문서이다.

20

정답 ③

공식적 말하기는 대중을 상대로 사전에 준비된 내용을 말하는 것이므로 ㉠ 토론, ㉡ 연설, ㉢ 토의가 이에 해당한다.

[오답분석]
㉣·㉤ : 의례적 말하기
㉥ : 친교적 말하기

21

정답 ③

A씨의 경우 문서 내용을 정리하여 요구사항별로 그룹화하고, 중요한 내용만 간추려 메모하기 시작하였으므로 상대방의 의도를 도표나 그림 등으로 메모하여 요약, 정리해보는 단계에 해당하는 것을 알 수 있다.
문서이해의 구체적인 절차는 다음과 같다.

1. 문서의 목적 이해하기
↓
2. 이러한 문서가 작성되게 된 배경과 주제 파악하기
↓
3. 문서에 쓰인 정보를 밝혀내고, 문서가 제시하고 있는 현안을 파악하기
↓
4. 문서를 통해 상대방의 욕구와 의도 및 내게 요구되는 행동에 관한 내용 분석하기
↓
5. 문서에서 이해한 목적 달성을 위해 취해야 할 행동을 생각하고 결정하기
↓
6. 상대방의 의도를 도표나 그림 등으로 메모하여 요약, 정리해보기

22

정답 ④

'왜?'라는 질문은 보통 진술을 가장한 부정적·추궁적·강압적인 표현이므로 사용하지 않는 것이 좋다.

23

정답 ①

공문서는 반드시 일정한 양식과 격식을 갖추어 작성해야 한다.

[오답분석]
② 공문서의 날짜 작성 시 날짜 다음에 괄호를 사용할 경우에는 마침표를 찍지 않는다.
③ 도표를 사용하는 것은 설명서의 특징이며, 공문서의 경우 복잡한 내용은 '-다음-'이나 '-아래-'와 같이 항목별로 구분한다.
④ 공문서의 내용은 한 장에 담아내는 것이 원칙이다.

24

A대리는 자사의 프로젝트 진행 과정에 대한 자료를 토대로 문제가 되는 뉴스 보도에 반박해야 하므로 주로 기업 등에서 언론용으로 발표하는 문서인 보도자료를 작성해야 한다. 기자들은 주로 정부 기관이나 기업에서 배포한 보도자료를 바탕으로 기사를 작성하기 때문에 A대리는 기자들이 H회사의 입장에서 기사를 작성할 수 있도록 보도자료를 제공해야 한다. 일반적으로 보도자료는 회사 자체에 대한 홍보나 기업정보를 제공하는 경우에 필요하다.

오답분석

② 제품설명서 : 제품에 대한 정보를 제공해야 하는 경우
③ 업무지시서 : 관련 부서나 외부기관, 단체에 명령이나 지시를 내려야 하는 경우
④ 제안서 : 업무에 대한 제안을 하거나 기획을 해야 할 경우

25

오답분석

① 외국인 친구를 사귈 수 있는 기회를 만들어 대화를 자주 나누는 것은 기초외국어능력 향상에 도움이 된다.
② 혼자 공부하는 것보다는 라이벌을 정하고 공부하는 것이 기초외국어능력 향상에 도움이 된다.
③ 외국어 공부를 시작하기 전 공부 목적을 정하는 것이 좋다.

26

오답분석

② 출퇴근 시간에 외국어 방송을 보거나 듣는 것만으로도 도움이 된다.
③ 매일 30분씩 반복하여 공부하는 방법도 큰 도움이 된다.
④ 실수를 두려워하지 말고 기회가 있을 때마다 외국어로 말하는 것이 좋다.

27

오답분석

① 직업생활 중에 필요한 문서이해나 문서작성, 의사표현, 경청 등 기초적인 의사소통을 기초적인 외국어로 하는 능력이다.
③ 컴퓨터를 예로 들면, 외국산 제품의 사용법을 확인해야 하는 등 기초외국어를 모르면 불편한 경우가 많기 때문에 기초외국어능력은 외국인과의 업무가 잦은 사람을 포함한 모든 사람에게 중요하다.
④ 세계의 다양한 언어로 의사소통을 할 수 있다.

28

외국어 자신감 부족형은 처음부터 자신이 외국어를 잘 못한다는 사실을 지나치게 의식한다.

29

같은 언어를 사용하는 경우, 사용하는 언어로 보고하면 된다.

30

말을 너무 자주 중지하면 결정적인 의견이 없거나 긴장, 저항하는 것으로 보일 수 있다.

PART 2

문서이해능력

01 | 문장삽입

유형학습

01	02	03	04	05	06	07	08	09	10
④	④	③	③	④	③	④	②	③	③

01

정답 ④

(라)의 앞부분에서는 녹조 현상에 따른 조류의 문제점을 설명하나, (라)의 뒷부분에서는 녹조의 원인이 되는 조류가 수생태계 유지에 중요한 역할을 담당하고 있다고 설명한다. 즉, (라)의 뒤에서는 앞의 내용과 달리 녹조의 긍정적인 면을 설명하고 있으므로 '녹조가 무조건 나쁜 것은 아니다.'라는 보기의 문장은 (라)에 들어가는 것이 가장 적절하다.

02

정답 ④

(라)의 앞부분에서는 위기 상황을 제시하고, 뒷부분에서는 인류의 각성을 촉구하는 내용을 다루고 있다. 각성의 당위성을 이끌어내는 내용인 보기가 (라)에 들어가면 앞뒤의 내용을 논리적으로 연결할 수 있다.

03

정답 ③

보기의 문장은 '~ 때문이다.'로 끝나며 앞 내용의 근거를 의미하는 것을 알 수 있다. 따라서 '세균 오염으로 인해 치명적인 결과를 초래할 수 있다.'는 내용이 수식할 문장은 '유기농 식품이 더 위험할 수 있다.'이며 (다)의 위치가 적절하다.

04

정답 ③

보기의 '또한'이라는 접속어를 보면 외래문화나 전통문화의 양자택일에 대한 내용이 앞에 있고, (다) 다음의 내용이 '전통문화는 계승과 변화가 다 필요하고 외래문화의 수용과 토착화를 동시에 요구하기 때문이다.'이기 때문에 보기는 (다)에 들어가는 것이 적절하다.

05

정답 ④

보기의 문단은 20대 여성 환자가 많은 이유에 대한 설명으로, 20대 여성 환자가 많다는 사실이 거론된 후에 나오는 것이 자연스럽다. (라)의 앞부분에 그러한 사실이 열거되어 있으므로 (라)에 들어가는 것이 적절하다.

06

정답 ③

보기의 내용으로 볼 때 이전의 내용과 다른 근본적인 설명의 예가 나와야 한다. (다) 앞의 문단은 왜 왼손이 배변 처리에 사용되었는지 설명해주지 못한다고 하였고, (다) 뒤의 문단은 뇌의 좌우반구 기능 분화의 내용을 다루는 다른 설명이 있다. 따라서 (다)가 보기의 문장이 들어갈 곳으로 가장 적절하다.

07

보기의 문장은 홍차가 귀한 취급을 받았던 이유에 대하여 구체적으로 설명하고 있다. 따라서 '홍차의 가격이 치솟아 무역적자가 심화되자, 영국 정부는 자국 내에서 직접 차를 키울 수는 없을까 고민하지만 별다른 방법을 찾지 못했고, 홍차의 고급화는 점점 가속화됐다.'의 뒤, 즉 (라)에 위치하는 것이 적절하다.

08

제시문은 베토벤의 9번 교향곡에 관해 설명하고 있으며, 보기는 9번 교향곡이 '합창교향곡'이라는 명칭이 붙은 이유에 대해 말하고 있다. 제시문의 세 번째 문장까지는 교향곡에 대해 설명을 하고 있으며, 네 번째 문장부터는 교향곡에 대한 현대의 평가 및 가치에 대해 설명을 하고 있다. 따라서 보기는 교향곡에 대한 설명과 교향곡에 성악이 도입되었다는 설명을 한 다음 문장인 (나)에 들어가는 것이 가장 적절하다.

09

• 첫 번째 빈칸 : 빈칸 앞 문장의 '개발지원의 효과는 보잘것없었다.'와 빈칸 뒤의 개발원조를 받은 많은 나라가 부채에 시달리고 있다는 내용을 통해 빈칸에는 원조에도 불구하고 더욱 가난해졌다는 내용의 ⓒ이 적절함을 알 수 있다.
• 두 번째 빈칸 : 빈칸 앞 문장의 '공여국과 수혜국 간의 문화 차이'는 빈칸 뒤의 내용에서 잘 드러난다. 공여국 쪽에서는 개인들에게, 수혜국 쪽에서는 경제 개발에 필요한 부문에 우선 지원하고자 하므로 빈칸에는 이들의 문화 차이를 나타내는 내용의 ㉠이 적절하다.
• 세 번째 빈칸 : 빈칸 앞 문장에 따르면 자국민 말고는 그 나라를 효율적으로 개발할 수 없다. 그렇다면 빈칸에는 자국민이 아닌 사람의 경우 그 나라를 어떻게 효율적으로 개발할 수 있는가에 대한 방법이 와야 한다. 따라서 빈칸에는 외국 전문가의 경우 현지 맥락을 고려해야 한다는 내용의 ⓒ이 적절하다.

10

• 첫 번째 빈칸 : 빈칸 앞 문장의 '모든 것이 허용되는 시절'은 ⓒ의 '무제약적으로 자유를 추구하던 시절'을 의미하므로 빈칸에는 ⓒ이 적절하다.
• 두 번째 빈칸 : 제시문의 흐름상 빈칸 앞의 '지속적인 불안감' 때문에 인간은 사회를 구성하게 된다는 내용으로 이어져야 하므로 빈칸에는 공포와 불안이 사회를 구성하는 동기와 근거가 된다는 ㉠이 적절함을 알 수 있다.
• 세 번째 빈칸 : 빈칸 앞의 인간은 고통을 두려워하기 때문에 각종 계약을 맺어야 할 필요성을 느낀다는 내용을 통해 빈칸에는 '관계를 맺음으로써 스스로를 보존한다.'는 ⓒ이 적절함을 알 수 있다.

심화학습

01	02	03	04	05	06	07	08	09	10
④	②	①	②	④	④	①	③	①	①

01

정답 ④

보기는 논점에 대한 글쓴이의 주장을 다루는 내용이다. 글쓴이는 개체별 이기적 유전자가 자연선택의 중요한 특징이며, 종 전체의 이익이라는 개념은 부가적일 뿐 주된 동기는 되지 못한다고 주장한다. 따라서 보기 앞에는 개체가 아닌 종적 단위의 이타심, 종의 번성을 위한 이기심과 같은 다른 사람들의 주장이 드러나야 한다. (라) 문단에서는 개체의 살아남음이 아닌 종의 전체 혹은 어떤 종에 속하는 한 그룹의 살아남음이 기존의 이기주의 – 이타주의 연구에서 주장하는 진화라고 한다. 따라서 보기의 위치는 (라) 문단의 뒤가 적절하다.

02

정답 ②

(라)의 앞 문장에서는 스마트 그리드를 사용함으로써 전력 생산이 불규칙한 한계를 지닌 신재생에너지의 활용도가 증가함을 말하고 있다. 따라서 신재생에너지의 활용도가 높아졌을 때의 장점을 이야기하고 있는 ㉠이 (라)에 오는 것이 적절하다.

(나)의 앞 문장에서는 스마트 그리드의 기본 개념을 설명하고 있다. ㉡의 '이를 활용하여'라는 첫 문장에서 '이를'이 '스마트 그리드'를 뜻하는 것임을 유추할 수 있으며 또한 전력 공급자가 얻을 수 있는 장점을 이어서 말하고 있다. 따라서 스마트 그리드를 사용하였을 때 전력 소비자가 얻는 장점을 뒤 문장에서 설명하고 있는 (나)에 ㉡이 오는 것이 적절하다.

03

정답 ①

- (가) : 이어지는 부연, 즉 '철학도 ~ 과학적 지식의 구조와 다를 바가 없다.'라는 진술로 볼 때, 같은 의미의 내용이 들어가야 하므로 ㉠이 적절하다.
- (나) : 앞부분에서는 '철학과 언어학의 차이'를 제시하고 있고, 뒤에는 언어학의 특징이 구체적으로 서술되어 있다. 그 뒤에는 분석철학에 대한 설명이 따르고 있는 것을 볼 때, 언어학에 대한 일반적인 개념 정의가 들어가야 하므로 ㉡이 적절하다.
- (다) : 앞부분에서 '철학의 기능은 한 언어가 가진 개념을 해명하고 이해'한 것이라고 설명하는 것을 볼 때, '철학은 개념의 분석에 지나지 않는다.'는 내용이 들어가야 하므로 ㉢이 적절하다.

04

정답 ②

- (가) : 계몽의 작업이 공포를 몰아내는 작업이라는 것이 명시되어 있듯이, ㉢은 인간의 계몽 작업이 왜 이루어져 왔는지를 요약하는 문장이다.
- (나) : 이해가 역사 속에서 가능하다는 ㉠은 두 번째 입장을 잘 요약하고 있는 문장이다.
- (다) : 권력과 지식의 관계가 대립이 아니라는 세 번째 입장에 비추어 볼 때, ㉡이 적절하다.

05

정답 ④

보기는 수열에너지에 기반을 두어 융·복합 클러스터 조성사업(K-Cloud Park)을 시행했을 때 기대효과를 말하고 있다. 따라서 융·복합 클러스터 조성사업(K-Cloud Park)을 소개하고 있는 문장의 뒤와 사례를 소개하고 있는 문장의 앞, 즉 (라)에 위치해야 한다.

06

정답 ④

(라)의 앞 문단에서는 정보와 지식이 커뮤니케이션 속에서 살아 움직이며 진화함을 말하고 있다. 따라서 정보의 순환 속에서 새로운 정보로 거듭나는 역동성에 대한 설명의 사례로 보기의 내용이 이어질 수 있다. 한 나라의 관광 안내 책자 속 정보가 섬세하고 정확한 것은 소비자들에 의해 오류가 수정되고 개정되는 것으로, 이는 정보와 지식이 커뮤니케이션 속에서 새로운 정보로 거듭나는 것을 잘 나타내고 있기 때문이다.

07

정답 ①

(가) 문단에서 피타고라스학파가 '근본적인 것'으로 '수(數)'를 선택했음을 알 수 있다. 이후 전개될 내용으로는 피타고라스학파가 왜 '수(數)'를 가장 '근본적인 것'으로 생각했는지의 이유가 전개되어야 한다. 따라서 수(數)의 중요성과 왜 근본적인지에 대한 내용의 보기는 (가) 문단의 뒤에 전개되어야 한다.

08

정답 ③

보기의 '이에 따라'에서 지시 대명사 '이'가 가리키는 내용은 (다) 바로 앞의 문장에서 언급한 '할리우드의 표준화·분업화된 영화 제작 방식'이다. 또한 (다)의 바로 뒤의 문장 '이는 계량화가 불가능한……'에서 지시 대명사 '이'가 가리키는 내용은 보기의 문장 전체를 가리킨다. 따라서 (다)가 보기의 문장이 들어갈 곳으로 적절하다.

09

정답 ①

빈칸의 전 문단에서 '보존 입자는 페르미온과 달리 파울리의 배타원리를 따르지 않는다. 따라서 같은 에너지 상태를 지닌 입자라도 서로 겹쳐서 존재할 수 있다. 만져지지 않는 에너지 덩어리인 셈이다.'라고 하였고, 빈칸 다음 문장에서 '빛은 실험을 해보면 입자의 특성을 보이지만, 질량이 없고 물질을 투과하며 만져지지 않는다.'라고 하였다. 또한 마지막 문장에서 '포논은 광자와 마찬가지로 스핀이 0인 보존 입자다.'라고 하였으므로 광자는 스핀이 0인 보존 입자라는 것을 알 수 있다. 따라서 빈칸에 들어갈 내용으로는 ①이 적절하다.

[오답분석]

② '포논은 광자와 마찬가지로 스핀이 0인 보존 입자다.'라는 문장에서 광자는 스핀 상태에 따라 분류할 수 있는 입자임을 알 수 있다.

③ 스핀이 1/2의 홀수배인 입자들은 페르미온이라고 하였고, 광자는 스핀이 0인 보존 입자이므로 적절하지 않은 내용이다.

④ 광자가 파울리의 배타원리를 따른다면, 파울리의 배타원리에 따라 페르미온 입자로 이뤄진 물질은 우리가 손으로 만질 수 있어야 한다. 그러나 광자는 질량이 없고 물질을 투과하며 만져지지 않는다고 하였으므로 적절하지 않은 내용이다.

10

정답 ①

• 첫 번째 빈칸 : '공동체적 연대를 위해 집단적 노력이 존재한다.'라는 진술로 볼 때 ㉠이 적절하다.

• 두 번째 빈칸 : '아파트의 위치나 평형, 단지의 크기 등에 따라 공동체 형성의 정도가 서로 다르다.'라는 진술로 볼 때 같은 의미의 내용이 들어간 사례로 ㉢이 적절하다.

• 세 번째 빈칸 : '부자 동네와 가난한 동네가 뚜렷이 구분되지 않는 주거 환경'과 '규범'이라는 구절을 볼 때 ㉡이 적절하다.

02 | 빈칸추론

유형학습

01	02	03	04	05	06	07	08	09	10
①	②	①	①	①	③	②	③	④	①

01
정답 ①

제시문에 따르면 우리는 작품을 감상할 때 작품이 지닌 의미보다 작품의 맥락과 내용에 대한 지식에 의존한다. 따라서 빈칸에는 '의미가 중요하다.'는 내용이 들어가야 한다.

02
정답 ②

'그러나 인간의 이성으로 얻은 ~' 이하는 그 앞의 진술에 대한 반론으로, 이를 통해 인간에게 한계가 있는 이상 인간에 의해 얻어진 과학적 지식 역시 완벽하다고는 할 수 없음을 추론할 수 있다.

03
정답 ①

제시문에서 문장의 어색함을 순간적으로 파악할 수 있다는 문장 이후에 '그러나'와 '막상'이라는 표현을 사용하고 있다. 따라서 빈칸에는 이전의 문장과는 반대되는 의미가 포함된 내용이 들어가야 한다.

04
정답 ①

일본 젊은이들이 장기 침체와 청년 실업이라는 경제적 배경 속에서 자동차를 사지 않는 풍조를 넘어 자동차가 없는 현실을 멋지게 받아들이는 단계로 접어든 것은 '못' 사는 것을 마치 '안' 사는 것처럼 포장한 것으로서, 이런 풍조는 일종의 자기 최면이다.

05
정답 ①

제시문은 소비자들이 같은 가격의 제품일 경우 이왕이면 겉모습이 더 아름다운 것을 추구한다는 내용이다. 따라서 '같은 조건이라면 좀 더 낫고 편리한 것을 택함'의 뜻을 지닌 '같은 값이면 다홍치마'가 적절하다.

06
정답 ③

'이러한 작업'이 구체화된 바로 앞 문장을 보면 빈칸은 부분적 관점의 과학적 지식과 기술을, 포괄적인 관점의 예술적 세계관을 바탕으로 이해하는 작업이므로 '과학의 예술화'가 적절하다.

07

빈칸의 내용 때문에 불꽃의 색을 분리시키는 분석법을 창안해 냈으므로, 불꽃의 색이 여럿 겹쳐 보이는 게 문제였음을 추측할 수 있다.

08

제시문을 요약하면 다음과 같다.
- 얼굴을 맞대고 하는 접촉이 매체를 통한 접촉보다 결정적인 영향력을 미친다.
- 새 어형이 전파되는 것은 매체를 통해서보다 사람과의 직접적인 접촉에 의해서라는 것이 더 일반적인 견해이다.
- 매체를 통한 것보다 자주 접촉하는 사람들을 통해 언어 변화가 진전된다는 사실은 언어 변화의 여러 면을 바로 이해하는 핵심적인 내용이라 해도 좋을 것이다.

따라서 빈칸에는 직접 접촉과 간접 접촉에 따라 영향력에 차이가 있다는 내용이 오는 것이 적절하다.

09

제시문에서는 '멋'이 파격이면서 동시에 보편적이고 일반적인 기준을 벗어나지 않아야 하는 것임을 강조하고 있다. 따라서 멋은 사회적인 관계에서 생겨나는 것이라는 결론을 얻을 수 있다.

10

제시문은 '발전'에 대한 개념을 설명하고 있다. 이러한 유형의 문제는 빈칸 앞뒤의 문맥을 먼저 살피는 것도 하나의 요령이다. 빈칸 앞에는 '발전'에 대해 '모든 형태의 변화가 전부 발전에 해당하는 것은 아니다.'라고 하면서 '교통신호등'을 예로 들고, 빈칸 뒤에는 '사태의 진전 과정에서 나중에 나타나는 것은 적어도 그 이전 단계에 내재적으로나마 존재했던 것의 전개에 해당한다는 것이다.'라고 상술하고 있다. 여기에 첫 번째 문장까지 고려한다면, ①의 내용이 빈칸에 들어가는 것이 적절하다.

심화학습									
01	02	03	04	05	06	07	08	09	10
②	①	③	④	③	②	③	②	④	③

01

빈칸 앞에서는 제3세계 환자들과 제약회사 간의 신약 가격에 대한 딜레마를 이야기하며 제3의 대안이 필요하다고 한다. 빈칸 뒤에서는 그 대안이 실현되기 어려운 이유는 '자신의 주머니에 손을 넣어 거기에 필요한 돈을 꺼내는 순간 분명해질 것'이라고 하였으므로 개인 차원의 대안을 제시했음을 추측할 수 있다. 따라서 빈칸에 들어갈 내용으로 ②가 가장 적절하다.

02

빈칸 뒤가 '따라서'로 연결되어 있으므로, '사회적 제도의 발명이 필수적이다.'를 결론으로 낼 수 있는 논거가 들어가야 한다. 따라서 빈칸에 들어갈 내용으로 ①이 가장 적절하다.

03

정답 ③

개별존재로서 생명의 권리를 갖기 위해서는 개별존재로서 생존을 지속시키고자 하는 욕망을 가질 수 있어야 하며, 이를 위해서 자신을 일정한 시기에 걸쳐 존재하는 개별존재로서 파악해야 한다. 따라서 '자신을 일정한 시기에 걸쳐 존재하는 개별존재로서 파악할 수 있는 존재만이 생명에 대한 권리를 가질 수 있다.'는 빈칸 앞의 결론을 도출하기 위해서는 개별존재로서 생존을 지속시키고자 하는 욕망이 개별존재로서의 인식을 가능하게 한다는 내용이 있어야 하므로 ③이 적절하다.

04

정답 ④

빈칸에 들어갈 내용을 판단하기 위해 앞 문단에서 제기한 질문의 형태에 유의해야 한다. 제시문의 중심내용은 '올바른 답을 추론해내는 데 필요한 모든 정보와 정답 제시가 올바른 추론 능력의 필요충분조건은 아니다.'이다. 그렇다면 왓슨의 어리석음은 추론에 필요한 정보를 활용하지 못한 데에 있는 것이다.

오답분석
① 왓슨의 문제는 정보를 올바르게 추론하지 못한 데 있다.
② 왓슨은 올바른 추론의 방법을 알고 있지 못했다.
③ 왓슨이 전문적인 추론 훈련을 받지 못했다는 정보는 없다.

05

정답 ③

빈칸 앞에 접속 부사 '따라서'가 있으므로, 빈칸에는 '공공미술이 아무리 추상적이고 난해해도 대중과의 소통 가능성이 늘 열려있다.'는 내용을 근거로 하여 추론할 수 있는 결론이 와야 문맥상 자연스럽다. 그러므로 '공공미술에서 예술의 자율성은 소통의 가능성과 대립하지 않는다.'는 ③이 들어가는 것이 가장 적절하다.

06

정답 ②

첫 번째 문단에 따르면 범죄는 '취잿거리를 찾아내기가 쉽고 편의에 따라 기사화할 수 있을 뿐만 아니라, 범죄 보도를 통하여 시청자의 관심을 끌 수 있기 때문'에 언론이 범죄를 보도의 주요 소재로 삼지만, 지나친 범죄 보도는 범죄자나 범죄 피의자의 초상권을 침해하여 법적·윤리적 문제를 일으킨다. 따라서 마지막 문단의 내용처럼 범죄 보도가 초래하는 법적·윤리적 논란은 언론계 전체의 신뢰도에 치명적인 손상을 가져올 수도 있다. 이러한 현상을 비유하기에 가장 적절한 표현은 '부메랑'이다. 부메랑은 그것을 던진 사람, 즉 자신에게 되돌아와 상처를 입힐 수도 있기 때문이다.

오답분석
① 시금석(試金石) : 귀금속의 순도를 판정하는 데 쓰는 검은색의 현무암이나 규질의 암석(층샛돌)을 뜻하며, 가치·능력·역량 등을 알아볼 수 있는 기준이 되는 기회나 사물을 비유적으로 이르는 말
③ 아킬레스건 : 치명적인 약점을 비유하는 말
④ 악어의 눈물 : 일반적으로 강자가 약자에게 보이는 '거짓 눈물'을 비유하는 말

07

정답 ③

빈칸 뒤는 최근 선진국에서는 스마트팩토리로 인해 해외로 나간 자국 기업들이 다시 본국으로 돌아오는 현상인 '리쇼어링'이 가속화되고 있다는 내용이다. 즉, 스마트팩토리의 발전이 공장의 위치를 해외에서 본국으로 변화시키고 있으므로 빈칸에 들어갈 내용으로는 ③이 가장 적절하다.

08

정답 ②

제시문은 글을 잘 쓰기 위한 방법은 글을 읽는 독자에게서 찾을 수 있음을 서술한 글이다. 그러므로 독자가 필요로 하는 것이 무엇인지 알아야 하며, 독자가 필요로 하는 것을 알기 위해서는 구어체로 적어보고, 독자를 구체적으로 한 사람 정해놓고 쓰는 게 좋다는 내용이다. 또한, 빈칸의 뒷 문장에서 '대상이 막연하지 않기 때문에 읽는 사람이 공감할 확률이 높아진다.'라고 하였으므로 빈칸에 들어갈 내용으로 ②가 가장 적절하다.

09

정답 ④

제시문은 집단을 중심으로 절차의 정당성을 근거로 한 과도한 권력, 즉 무제한적 민주주의에 대한 비판적인 글이며, 빈칸을 통해 민주주의에 의해 훼손될 수 있는 자유와 권리의 옹호라는 주제에 도달해야 한다. 따라서 빈칸에 들어갈 내용으로는 이를 언급한 ④가 적절하다.

10

정답 ③

제시문은 오브제의 정의와 변화 과정에 대한 글이다. 빈칸 앞에서는 예술가의 선택에 의해 기성품 그 본연의 모습으로 예술작품이 되는 오브제를, 빈칸 뒤에서 나아가 진정성과 상징성이 제거된 팝아트에서의 오브제 기법에 대하여 서술하고 있다. 즉, 빈칸에는 예술가의 선택에 의해 기성품 본연의 모습으로 오브제가 되는 ③의 사례가 오는 것이 가장 적절하다.

03 | 내용일치

유형학습

01	02	03	04	05	06	07	08	09	10
②	①	①	①	③	①	③	①	③	②

01

정답 ②

초음파는 파장이 짧아 투과성과 직진성이 뛰어나지만, 상이한 생체 조직을 각기 다른 속력으로 통과한다.

오답분석
① 진동수가 20,000Hz를 넘는 초음파는 사람의 귀로 들을 수 없다고 하였으므로 적절한 내용이다.
③ 압전 변환기를 피부에 접촉시킬 때 그 사이의 공기층에서 반사되는 음파의 손실을 최소화하기 위해 젤리를 바른다는 내용을 통해 알 수 있다.
④ 압전 변환기로 돌아오는 초음파의 세기는 통과한 조직의 밀도와 두께가 클수록 약해지므로 조직의 밀도와 두께가 작을수록 세기는 강해질 것이다.

02

정답 ①

제시문의 마지막 문단에 따르면 레드 와인의 탄닌 성분이 위벽에 부담을 줄 수 있으므로 스파클링 와인이나 화이트 와인을 먼저 마신 후 레드 와인을 마시는 것이 좋다. 따라서 레드 와인의 효능으로 '위벽 보호'는 적절하지 않다.

오답분석
② 마지막 문단에 따르면 레드 와인은 위액의 분비를 촉진하여 식욕을 촉진시킨다.
③ 세 번째 문단에 따르면 레드 와인에 함유된 항산화 성분이 노화 방지에 도움을 준다.
④ 네 번째 문단에 따르면 레드 와인에 함유된 레버라트롤 성분을 통해 기억력이 향상될 수 있다.

03

정답 ①

보행 동선의 분기점에 설치하는 것은 점형블록이며, 선형블록은 보행 동선의 분기점에 설치된 점형블록과 연계하여 목적 방향으로 설치한다.

04

정답 ①

북몽골, 남몽골로 부른다면 귀속 의식을 벗어난 객관적인 표현이겠지만 중국과의 불화는 불가피한 상황이다. 따라서 예민한 지명 문제는 정부가 나서는 것보다 학계 목소리로 남겨 두는 것이 좋다.

05

정답 ③

□□뱅크 전월세보증금대출은 은행 방문 없이 스마트폰으로 간편하게 전세대출을 신청할 수 있다.

06

정답 ①

[오답분석]

② 차량을 갓길로 이동시킨다고 2차 사고가 일어나지 않는 것이 아니다. 갓길에서도 2차 사고가 일어날 가능성이 크므로 빨리 견인조치를 해야 한다.

③ 도로에서 사고가 일어났을 경우 뒤따르는 차에 의해 2차 사고가 유발될 수 있으므로 신속하게 차량을 갓길로 이동시켜야 한다.

④ 돌발 상황 발견 시 비상등을 작동하여 후행차량에 알려야 한다.

07

정답 ③

응모방법은 응모요건 충족 시 자동 응모가 되는 식이며, 무작위 추첨이다.

08

정답 ①

D조선은 지난달에 이어 이달에도 200여 명이 무급휴직에 들어가지만 지난달 첫 무급휴직자 대상자들은 이달부터 전원 업무에 복귀했다.

09

정답 ③

40대 후반의 여성 고용률이 69.7%로 가장 높지만, 그 이유에 대해서는 언급하지 않았다.

[오답분석]

① 올해 여성 가구주 비율은 2000년에 비해 12.2%p 올랐고, 미혼 여성 가구주는 10년 전과 비교하면 47.8% 증가하였다.

② 2017년 남성 고용률은 71.2%이고, 여성 고용률은 50.8%로 20.4%p 차이가 난다. 따라서 20%p 이상의 차이를 보이고 있다.

④ 2017년 여성 임금근로자 비중은 전년과 같은 77.2%이다. 이 중 정규직 형태는 58.8%이고, 비정규직 형태는 41.2%로 정규직 형태의 근로자 수가 더 많다.

10

정답 ②

12월 10일 12시(정오)까지는 인터넷뱅킹을 통한 대출 신청·실행·연기가 중지된다고 설명되어 있다. 그러나 은행에 방문하여 창구를 이용한 대출 신청에 대해 별다른 언급이 없으므로, 12월 7일(수) 중단일 이후 은행 영업일이라면 이용 가능하다고 볼 수 있다. 따라서 12월 10일 12시 이후부터 은행에서 대출 신청이 가능하다는 설명은 바르게 이해하지 못한 것이다.

[오답분석]

① 12월 10일 정오까지 지방세 처리 ARS 업무가 중단된다고 안내하고 있다.

③ 고객센터 전화를 통한 카드·통장 분실 신고(해외 포함) 등과 같은 사고 신고는 정상 이용이 가능하다고 안내하고 있다.

④ 타 은행 ATM, 제휴 CD기에서 ○○은행으로의 계좌 거래는 제한서비스로 분류하여 안내하고 있다.

01	02	03	04	05	06	07	08	09	10
①	④	②	④	④	②	④	④	①	④

01

정답 ①

P2P대출은 공급자(투자)와 수요자(대출)가 금융기관의 개입 없이도 직접 자금을 주고받을 수 있다.

02

정답 ④

첫 번째 문단에서 동양에서 일찍이 전원적 일원론의 우주관 때문에 풍경화가 발달했다고 하였는데, 마지막 단락의 '자연 풍경과 일체가 되어'로 보아 전원적 일원론이 인간과 자연 풍경을 일체화시키는 사고방식임을 알 수 있다. 즉, 동양에서 풍경화가 일찍 발달한 까닭이 인간이 자연보다 작고 힘없는 존재라는 인식 때문이라고 보기는 어렵다. 따라서 ④는 적절하지 않은 설명이다.

03

정답 ②

평균 비용이 한계 비용보다 큰 경우, 공공요금을 평균 비용 수준에서 결정하면 수요량이 줄면서 거래량이 따라 줄고, 결과적으로 생산량도 감소한다. 이는 사회 전체의 관점에서 볼 때 자원이 효율적으로 배분되지 못하는 상황이다.

오답분석

①은 첫 번째 문단, ③은 두 번째 문단, ④는 마지막 문단에서 확인할 수 있다.

04

정답 ④

정부의 규제 장치나 법률 제정은 장벽을 만들어, 특정 산업의 로비스트들이 지대추구 행위를 계속할 수 있도록 도와준다.

오답분석

①·②·③은 첫 번째 문단에서 확인할 수 있다.

05

정답 ④

담수 동물은 육상 동물과 같이 몸 밖으로 수분을 내보내고 있지만, 육상 동물의 경우에는 수분 유지를 위한 것이 아니므로 수분 유지는 공통점이 아니다.

06

정답 ②

20 ～ 24세 연령층의 여성 고용률이 증가한 이유는 늘어난 시간제 일자리에 흡수되었기 때문이다.

07

정답 ④

한 채굴자가 특정 블록을 생성·전파한 경우, 채굴 중이었던 특정 블록을 포기하고 그 블록을 채택한 후 다음 순서의 블록을 채굴하는 것이 가장 합리적이다.

오답분석

① 특정 숫자 값을 산출하는 행위를 채굴이라 하고 이 숫자 값을 가장 먼저 찾아내서 전파한 노드 참가자에게 비트코인과 같은 보상이 주어진다.

② 블록체인의 일치성은 이처럼 개별 참여자가 자기의 이익을 최대로 얻기 위해 더 긴 블록체인으로 갈아타게 되면서 유지되는 것이다.

③ 네트워크에 분산해 장부에 기록하고 참가자가 그 장부를 공동관리하는 분산원장 방식이 중앙집중형 거래 기록보관 방식보다 보안성이 높다.

08

정답 ④

국제학생증 체크카드는 수령 후 카드사용 등록을 해야 서비스 이용이 가능하다.

09

정답 ①

출입 절차 첫 번째 항목에서 일일 열람증은 첫 방문 이후 열람증 발급기에서 발급이 가능하다고 명시하고 있다.

오답분석

② 이용 대상에 대한 네 번째 항목을 보면 '중·고등학생 중 소속 학교의 학교장 또는 사서교사 또는 도서업무 담당 교직원의 추천을 받은 자'이어야 한다고 명시하고 있다.

③ 출입 절차의 두 번째 항목에서 도서관 방문 전에 미리 국회도서관 홈페이지에서 이용자 등록을 하거나, 국회도서관 이용자 등록대에서 등록을 해야 한다고 명시하고 있다.

④ 이용자 등록 방법에 대한 항목에서 장기 열람증을 발급받고자 하는 사람은 인터넷으로 증명사진을 등록한 후 발급받거나 사진을 직접 제출하도록 안내하고 있다.

10

정답 ④

1972년 8월 8·3조치로 1970년대에 대체로 30% 이상의 신장세를 유지하였으나, 1974년과 1979년에는 제외되었다.

오답분석

① 1945년 광복 이후 1950년대 초까지는 정치적·사회적 혼란과 경제적 무질서, 그리고 극심한 인플레이션뿐만 아니라 일반 국민의 소득도 적었고 은행금리가 실세금리보다 낮았기 때문에 예금실적은 미미한 상태였다.

② 은행 조례에서 '임치'라는 말이 사용되었으며, 당시 예금자는 임주(任主)라고 불렸다.

③ 1980년대에는 물가안정과 각종 우대금리의 확대에 따라 예금은행의 총예금이 1980년 12조 4,219억 원, 1985년 31조 226억 원, 그리고 1990년에는 84조 2,655억 원에 이르렀다.

04 | 배열하기

유형학습

01	02	03	04	05	06	07	08	09	10
②	③	①	③	④	③	③	①	④	③

01

정답 ②

제시문은 사회의 변화 속도를 따라가지 못하는 언어의 변화 속도에 대해 문제를 제기하며 구체적 예시와 함께 이를 시정할 것을 촉구하고 있다. 따라서 (나) 사회의 변화 속도를 따라가지 못하고 있는 언어의 실정 → (라) 성별을 구분하는 문법적 요소가 없는 우리말 → (가) 성별을 구분하여 사용하는 단어들의 예시 → (다) 언어의 남녀 차별에 대한 시정 노력 촉구의 순서로 연결되어야 한다.

02

정답 ③

제시문은 철학에서의 '부조리'에 대한 개념을 설명하는 글이다. 부조리의 개념을 소개하는 (나) 문단이 나오고, 부조리라는 개념을 도입하고 설명한 알베르 카뮈에 대해 설명하고 있는 (라) 문단이 나오는 것이 적절하다. 다음으로 앞 문단의 연극의 비유에 관해 설명하고 있는 (가) 문단이 오고, 이에 대한 결론을 제시하는 (다) 문단 순서로 나열하는 것이 적절하다.

03

정답 ①

제시문은 (가) 친환경 농업은 건강과 직결되어 있기 때문에 각광받고 있음 → (나) 병충해를 막기 위해 사용된 농약은 완전히 제거하기 어려우며 신체에 각종 손상을 입힘 → (다) 생산량 증가를 위해 사용한 농약과 제초제가 오히려 인체에 해를 입힐 수 있음의 순서로 연결되어야 한다.

04

정답 ③

제시문은 반인륜적 범죄에 대한 처벌과 이에 따른 인권 침해에 대해 언급하고 있다. (다) 반인륜적인 범죄의 증가 → (나) 지난석 달 동안 세 건의 범죄(살인 사건)가 발생 → (라) 반인륜적 범죄에 대한 처벌 강화 → (가) 인권 침해에 관한 문제가 제기 순서로 연결되어야 한다.

05

정답 ④

제시문은 가격을 결정하는 요인과 이를 통해 일반적으로 할 수 있는 예상을 언급한다. 하지만 현실적인 여러 요인으로 인해 '거품 현상'이 나타나기도 하며 '거품 현상'이란 구체적으로 무엇인지를 설명하는 글이다. 따라서 (가) 수요와 공급에 의해 결정되는 가격 → (마) 상품의 가격에 대한 일반적인 예상 → (다) 서로 다른 정보를 갖고 시장에 참여 → (나) 이로 인해 예상치 못하게 나타나는 '거품 현상' → (라) '거품 현상'에 대한 구체적인 설명의 순서로 연결되어야 한다.

06

정답 ③

제시문은 황사의 정의와 위험성, 그리고 대응책에 대하여 설명하고 있는 글이다. 따라서 (다) 중국의 전역을 거쳐 대기 물질을 모두 흡수하고 한국으로 넘어오는 황사 → (나) 매연과 화학물질 등 유해물질이 포함된 황사 → (가) 황사의 장점 및 방지의 강조 → (라) 황사의 개인적·국가적 대응책의 순서로 나열하는 것이 적절하다.

07

정답 ③

제시문은 맨체스터 유나이티드가 지역의 축구팀에서 글로벌 스포츠 브랜드로 성장한 방법과 과정에 대하여 설명하고 있다. 앞서 제시된 단락은 맨체스터 유나이티드는 지역 축구팀에서 브랜딩 과정을 통해 글로벌 브랜드가 된 변화에 대해 의문을 제시하고 있으므로 이어지는 단락은 맨체스터 유나이티드의 브랜딩 과정에 대하여 순차적으로 나열될 것임을 추측할 수 있다. 따라서 (가) 맨체스터 유나이티드는 최고의 잠재력을 지닌 세계 유소년 선수들을 모아 훗날 많은 스타선수들을 배출하는 청소년 아카데미를 운영함 → (다) 이후 맨체스터 유나이티드는 자사 제품의 품질을 강화하며 경영 전략에 변화를 줌 → (라) 브랜드 경영 전략의 변화, 다양한 경로로 브랜드를 유통함 → (나) 위 전략을 바탕으로 세계 시장에서의 입지를 다짐의 순서로 나열하는 것이 적절하다.

08

정답 ①

제시문은 초콜릿의 기원과 전파 과정, 그리고 한국으로의 유입 시기와 현재에 이르기까지의 과정을 설명하고 있다. 제시된 단락의 경우 마지막 문장을 통해 이어질 내용이 초콜릿의 기원임을 유추할 수 있다. 따라서 (나) 초콜릿의 원료인 카카오의 원산지와 당시의 가치 → (다) 유럽으로 전파되어 선풍적인 인기를 끌기 시작한 카카오 → (라) 설탕과 카카오 콩의 결합물로서 간식의 대표주자가 된 초콜릿 → (가) 개화기 이후 한국에 전파된 초콜릿과 현재의 순서로 나열하는 것이 적절하다.

09

정답 ④

제시문은 청바지의 시초와 종류, 현재에 이르기까지를 설명하는 글로, 제시된 단락이 '그러나 청바지의 시초는 그렇지 않았다.'로 끝을 맺고 있으므로 다음 단락에는 청바지의 시초에 대한 내용이 나오는 것이 적절하다. 따라서 (가) 광부들의 옷에서 시작된 청바지의 시초 → (다) 패션 아이템으로 선풍적인 인기를 끈 청바지 → (나) 한국에서 패션 아이템화한 청바지 → (라) 청바지의 단점과 그 해결의 순서로 나열하는 것이 적절하다.

10

정답 ③

제시문은 낙수 이론에 대해 설명하고, 그 실증적 효과를 논한 후에 비판을 제기하고 있다. 제시된 단락에서는 낙수 이론에 대한 일반론에 대하여 설명하고 있다. 따라서 (가) 낙수 이론에 의한 경제구조의 변화를 증명한 70년대 한국 → (나) 실질적 성과가 있음에도 여러 비판을 받고 있는 낙수 이론 → (라) 경제적 상류계층의 행동에 의해 좌지우지되는 낙수 효과 → (다) 낙수 효과로 인한 상류층과 하류층 간 사회적 위화감 조성의 순서로 나열하는 것이 적절하다.

01

정답 ②

제시문은 스위스의 사례를 제시하며 신뢰의 중요성에 대해 설명하고 있다. 따라서 (나) 신뢰를 중요하게 여긴 스위스 사람들 → (마) 우리나라와 스위스의 유사점 → (다) 신뢰의 의미와 가치 → (라) 우리나라의 낮은 신뢰도와 이로 인해 발생하는 문제 → (가) 우리나라의 신뢰를 확보할 수 있는 대안 → (바) 신뢰의 중요성의 순서로 나열하는 것이 적절하다.

02

정답 ①

제시문은 우리 몸의 면역 시스템에서 중요한 역할을 하는 킬러 T세포가 있음을 알려주고, 이것의 역할과 작용 과정을 차례로 설명하며 마지막으로 킬러 T세포의 의의에 대해 이야기하는 글이다. 따라서 (라) 우리 몸의 면역 시스템에 중요한 역할을 하는 킬러 T세포 → (가) 킬러 T세포의 역할 → (마) 킬러 T세포가 작용하기 위해 거치는 단계 → (다) 킬러 T세포의 작용 과정 → (나) 킬러 T세포의 의의의 순서로 연결되어야 한다.

03

정답 ④

제시문은 유명인 모델의 광고 중복 출연이 광고 효과가 크지 않음을 지적하며, 광고 효과를 극대화하기 위한 방안을 제시하고 있는 글이다. 따라서 (나) 유명인 모델이 여러 광고에 중복 출연하는 광고계의 관행이 높은 광고 효과를 보장할 수 있는지에 대한 의문 제기 → (가) 상품 특성에 적합한 이미지를 갖는 인물이 지니는 광고 효과와 이미지와 상관없이 여러 상품 광고에 유명인을 출연시켰을 시 줄어드는 광고 효과에 대한 근거 설명 → (라) 유명인의 광고 중복 출연이 지니는 부정적인 광고 효과에 대한 추가 근거 제시 → (마) 유명인이 자신과 어울리는 한 상품의 광고에만 지속적으로 출연했을 때 나타나는 장점 → (다) 유명인의 광고 중복 출연의 부작용과 광고 모델의 적절한 선정 강조의 순서로 나열하는 것이 적절하다.

04

정답 ①

제시문은 풀기 어려운 문제에 둘러싸인 기업적·개인적 상황을 제시하고, 위기의 시대임을 언급하고 있다. 그리고 그 위기를 이겨내는 자가 성공하는 자가 될 수 있음을 말하며, 위기를 이겨내기 위해서 지혜가 필요하다는 것에 대해 설명하고 있는 글이다. 따라서 (나) 풀기 어려운 문제에 둘러싸인 현재의 상황 → (라) 위험과 기회라는 이중 의미를 가지는 '위기' → (다) 위기를 이겨내는 것이 필요 → (가) 위기를 이겨내기 위한 지혜와 성공이라는 결과의 순서로 연결되어야 한다.

05

정답 ③

제시문은 다양한 종류의 금융 상품과 그 특성, 그리고 고객들의 투자 성향과 이에 따른 금융 회사들의 대응에 대해 설명하는 글이다. 따라서 (라) 다양한 유형의 금융 투자 상품 → (나) 주식과 예금의 특성과 차이점 → (가) 투자 성향에 따라 다른 금융 상품을 선호하는 사람들 → (마) 고객의 성향을 고려하여 최적의 투자 상품을 추천하는 금융 회사 → (다) 금융 회사가 투자 성향을 판단하는 기준에 대한 의문 → (바) 고객들의 태도 차이를 기준으로 고객들을 분류하는 금융 회사의 순서로 나열하는 것이 적절하다.

06

정답 ①

제시문은 두 소설가가 그린 비관적인 미래 모습에 대하여 차례대로 설명하고 있는 글이다. 처음 주어진 문단의 내용은 두 소설가인 조지 오웰과 올더스 헉슬리에 대한 소개이므로 이어지는 글에는 오웰과 헉슬리의 소설에 대한 설명이 나와야 한다. 하지만 헉슬리의 소설을 설명하는 (라) 문단에는 '반면에'라는 접속어가 있으므로, 오웰의 소설을 설명하는 (나)가 먼저 오는 것이 적절하다. 따라서 (나) 조지 오웰의 소설에서 나타난 폐쇄적이고 감시당하는 미래의 모습 → (라) 조지 오웰과 정반대의 미래를 생각해 낸 올더스 헉슬리 → (가) 국가가 양육의 책임을 지는 대신 문화적 다양성을 폐쇄하고 정해진 삶을 살도록 하는 올더스 헉슬리의 미래상 → (다) 오웰과 헉슬리의 소설에서 나타난 단점이 중첩되어 나타나고 있는 현대 사회의 순서로 나열하는 것이 적절하다.

07

정답 ②

제시문은 '무지에 대한 앎'을 설명하면서 과거와 현재의 사례를 통해 이에 대한 중요성을 주장하고 있다. 제시된 첫 문단에서는 대부분의 사람들이 자신의 무지에 대해 무관심하다는 상황에 대한 언급이므로, 다음으로는 역접 기능의 접속어 '그러나'로 시작하는 문단이 오는 것이 적절하다. 따라서 (라) 무지의 영역에 대한 지식 확장이 필요한 경우 → (가) '무지에 대한 앎'의 중요성과 이와 관련된 성인들의 주장 → (다) '무지에 대한 앎'을 배제하는 방향으로 흘러간 경우의 예시 → (마) 현대 사회에서 나타나는 '무지에 대한 앎'이 배제되는 경우의 예시 → (나) '무지에 대한 앎'의 중요성의 순서로 나열하는 것이 적절하다.

08

정답 ①

제시문은 돈에 대한 개념을 알고 있는 아이와 없는 아이의 차이점과 더불어 돈의 개념을 가르치는 방법, 그리고 아이들이 돈의 개념을 인지하는 시기와 주의점 등에 대하여 설명하고 있다. 제시된 단락의 경우 돈의 개념에 대하여 아이들에게 가르치려는 부모의 공통된 고민에 대하여 언급하고 있으므로 이어질 단락으로는 돈의 개념을 배운 아이의 장점에 대하여 언급하는 것이 적절하다. 따라서 (가) 돈의 개념을 이해하는 가정의 자녀들이 성공할 확률이 높음 → (다) 아이들에게 돈의 개념을 가르치는 지름길은 용돈임 → (나) 만 7세부터 돈의 개념을 어렴풋이나마 짐작하게 되므로 이때부터 아이들에게 약간의 용돈을 주는 것으로 돈에 대한 교육을 시작하면 좋음 → (라) 하지만 돈에 대해서 부모가 결코 해서는 안 될 일들도 있으므로 부모는 아이들이 돈에 대하여 정확한 개념과 가치관을 세울 수 있도록 좋은 본보기가 되어야 함의 순서로 연결되어야 한다.

09

정답 ③

제시문은 청화백자의 정의와 기원, 원대 청화백자의 특징과 조선시대에 들어오게 된 배경, 그리고 조선시대 청화백자의 특징에 대하여 설명하고 있다. 처음 제시된 단락에서 청화백자란 무엇인지에 대한 설명으로 시작되기에 다음에 이어질 내용으로 청화백자의 기원을 설명하는 문단이 오는 것이 적절하다. 따라서 (라) 청화백자의 기원 → (가) 원대 청화백자의 특징 → (다) 조선에 유입된 청화백자 → (나) 조선시대 청화백자의 특징의 순서로 나열하는 것이 적절하다.

10

정답 ③

제시문은 국내 산업 보호를 위해 정부가 사용하는 관세와 비관세 조치에 대하여 자세하게 설명하고 있다. 제시된 첫 문단에서는 국내 산업 보호를 위해 정부가 사용하는 관세 조치와 비관세 조치를 소개하고 있다. 따라서 (나) 관세 조치의 개념 → (가) 관세 조치에 따른 부과 방법인 종과세 방식에 대한 설명 → (다) 관세 조치에 따른 부과 방법인 종량세 방식에 대한 설명 → (마) 종과세와 종량세를 혼합 적용한 복합세 부과 방식 → (라) 정부의 비관세 조치의 순서로 나열하는 것이 적절하다.

05 | 주제 · 제목찾기

01

정답 ①

제시문은 국경이 없는 글로벌 경영 방식을 설명하고 있다.

02

정답 ②

제시문은 유류세 상승으로 인해 발생하는 장점을 열거함으로써 유류세 인상을 정당화하고 있다.

03

정답 ④

첫 번째 문단은 임신 중 고지방식 섭취로 인해 자식의 생식기에 종양이 발생할 가능성에 대한 연구 결과를 이야기하고 있고, 두 번째 문단은 사지 절단 수술로 인해 심장병으로 사망할 가능성에 대한 조사 결과를 이야기하고 있다. 따라서 제시문의 주제는 '의외의 질병 원인과 질병 사이의 상관관계'이다.

04

정답 ②

제시문에서는 파레토 법칙의 개념과 적용된 사례를 설명한 후, 파레토 법칙이 잘못 적용된 사례를 통해 함부로 다양한 사례에 적용하는 것이 잘못된 해석을 낳을 수 있음을 지적하고 있다.

05

정답 ①

첫 번째 단락이 도입부라 볼 수 있고, 두 번째 단락의 첫 문장이 제시문의 주제문이다.

06

정답 ②

제시문은 재산권 제도의 발달에 따른 경제 성장을 예로 들어 제도의 발달과 경제 성장의 상관관계에 대해 설명하고 있다. 더불어 제도가 경제 성장에 영향을 줄 수는 있지만 동시에 경제 성장으로부터 영향을 받을 수도 있다는 점에서 그 인과관계를 판단하기 어렵다는 한계점을 제시하고 있다. 따라서 제목으로 적절한 것은 '경제 성장과 제도 발달'이다.

07

정답 ①

제시된 글은 CCTV가 인공지능(AI)과 융합되면 기대할 수 있는 효과들(범인 추적, 자연재해 예측)에 대해 말하고 있다. 따라서 AI와 융합한 CCTV의 진화가 제목으로 적절하다.

08

정답 ③

제시문에서 몰랐으면 아무 문제되지 않았을 텐데 알아서 문제가 발생하는 경우도 있음을 말하며 노이로제에 대해 설명하고 있다. 따라서 ③이 제목으로 적절하다.

09

정답 ①

제시문은 인천항을 이용할 경우 발생되는 이점과 인천항의 역할을 이야기하면서 마지막 문단에서 '인천항을 동북아 물류거점으로 집중 투자해야 한다는 주장은 지역주의적인 요구가 아니라 지정학적 우위에 근거한 시대적인 요구라 할 수 있다.'라며 인천항 종합개발의 필요성에 대해 주장하고 있다.

10

정답 ②

제시문은 세계 대공황의 원인으로 작용한 '보이지 않는 손'과 그에 대한 해결책으로 새롭게 등장한 케인즈의 '유효수요이론'을 설명하고 있다. 따라서 제시문의 주제는 '세계 대공황의 원인과 해결책'이다.

오답분석

① 고전학파 경제학자들이 주장한 '보이지 않는 손'은 세계 대공황의 원인에 해당하는 부분이므로 글 전체의 주제가 될 수 없다.
③·④ 유효수요이론은 해결책 중 하나로 언급되었으며, 일부에 지나지 않으므로 글 전체의 주제가 될 수 없다.

심화학습

01	02	03	04	05	06	07	08	09	10
②	②	④	④	②	④	②	②	③	④

01

정답 ②

제시문은 '탈원전·탈석탄 공약에 맞는 제8차 전력공급기본계획(안) 수립 → 분산형 에너지 생산시스템으로의 정책 방향 전환 → 분산형 에너지 생산시스템에 대한 대통령의 강한 의지 → 중앙집중형 에너지 생산시스템의 문제점 노출 → 중앙집중형 에너지 생산시스템의 비효율성'의 내용으로 전개되고 있다. 즉, 제시문은 일관되게 '에너지 분권의 필요성과 나아갈 방향을 모색해야 한다.'는 점을 말하고 있다.

오답분석

①·③ 제시문에서 언급되지 않았다.
④ 다양한 사회적 문제점들과 기후, 천재지변 등에 의한 문제점들을 언급하고 있으나, 이는 글의 주제를 뒷받침하기 위한 이슈이므로 글 전체의 주제로 보기는 어렵다.

02

정답 ②

제시문에서는 노블레스 오블리주의 개념을 정의한 후, 이러한 지도층의 도덕적 의무감을 특히 중요시하는 이유가 지도층이 도덕적 지표가 되어 건전한 사회를 만드는 데 효과적으로 기여하기 때문이라고 설명하고 있다.

03

정답 ④

제시문은 인간이 직립보행을 계기로 후각으로부터 생존의 영향을 덜 받게 되면서, 시각을 발달시키는 대신 후각을 현저히 퇴화시켰다는 사실을 설명하고 있다. 다만 후각은 여전히 감정과 긴밀히 연계되어있고 관련 기억을 불러일으킨다는 사실을 언급하며 마무리하고 있다. 따라서 인간은 후각을 부수적인 기능으로 남겨두었다는 것이 제시문의 주제이다.

04

정답 ④

(라) 문단에서는 부패를 개선하기 위한 정부의 제도적 노력에도 불구하고 반부패정책 대부분이 효과가 없었음을 이야기하고 있다. 따라서 부패인식지수의 개선방안이 아닌 '정부의 부패인식지수 개선에 대한 노력의 실패'가 (라) 문단의 주제로 적절하다.

05

정답 ②

제시문의 마지막 문단에서 '말이란 결국 생각의 일부분을 주워 담는 작은 그릇'이며, '말을 통하지 않고는 생각을 전달할 수가 없는 것'이라고 하며 말은 생각을 전달하기 위한 수단임을 주장하고 있다.

06

정답 ④

제시문은 위계화의 개념을 설명하고, 이러한 불평등의 원인과 구조에 대해 살펴보고 있다. 따라서 제목으로 적절한 것은 ④이다.

07

정답 ②

제시문은 재즈가 어떻게 생겨났고 재즈가 어떠한 것들을 표현해내는 음악인지에 대해 설명하고 있으므로, 제목으로는 ②가 가장 적절하다.

08

정답 ②

제시문은 검무의 정의와 기원, 검무의 변천 과정과 구성, 검무의 문화적 가치를 설명하는 글이다.

09

정답 ③

(다) 문단에서 보건복지부와 국립암센터에서 국민 암 예방 수칙의 하나를 '하루 한두 잔의 소량 음주도 피하기'로 개정하였으며, 뉴질랜드 연구진의 연구에 따르면 '소량에서 적당량의 알코올 섭취도 몸에 상당한 부담으로 작용한다.'고 하였으므로 '가벼운 음주라도 몸에 위험하다.'는 결과를 끌어낼 수 있다. 따라서 가벼운 음주가 대사 촉진에 도움이 된다는 말은 적절하지 않다.

10

정답 ④

(라) 문단은 공포증을 겪는 사람들의 상황 해석 방식과 공포증에서 벗어나는 방법이 핵심 화제이다. 공포증을 겪는 사람들의 행동 유형은 나타나 있지 않다.

06 | 비판·반박

유형학습									
01	02	03	04	05	06	07	08	09	10
②	③	①	④	③	②	③	③	①	②

01

정답 ②

제시문에서 필자는 3R 원칙을 강조하며 가장 필수적이고 최소한의 동물실험이 필요악임을 주장하고 있다. 특히 '보다 안전한 결과를 도출해내기 위한 동물실험은 필요악이며, 이러한 필수적인 의약실험조차 금지하려 한다는 것은 기술 발전 속도를 늦춰 약이 필요한 누군가의 고통을 감수하자는 이기적인 주장'이라는 대목을 통해 약이 필요한 이들을 위한 의약실험에 초점을 맞추고 있음을 확인할 수 있다. 따라서 ②의 주장처럼 생명과 큰 관련이 없는 동물실험을 비판의 근거로 삼는 것은 적절하지 않다.

02

정답 ③

도킨스에 따르면 인간 개체는 유전자라는 진정한 주체의 매체에 지나지 않게 된다. 이러한 생각에는 살아가고 있는 구체적 생명체를 경시하게 되는 논리가 잠재되어 있다. 따라서 무엇이 진정한 주체인가에 대한 물음이 필자의 문제 제기로 적절하다.

03

정답 ①

뉴턴은 시간이 공간과 무관한 독립적이고 절대적인 것이며 모든 우주에서 동일한 빠르기로 흐른다고 보았다. 그러나 아인슈타인은 이러한 뉴턴의 시간관을 근본적으로 거부하고, 시간과 공간은 서로 긴밀하게 연관되어 함께 변하는 상대적인 양이라고 보았다. 따라서 아인슈타인의 입장에서는 시간은 상대적으로 흐르므로 시간을 절대적이라고 보는 뉴턴의 생각을 비판할 수 있다.

오답분석
② 상대 시간 개념이 물체의 운동을 설명할 수 없다는 내용은 본문에서 설명한 아인슈타인의 생각과 같지 않다.
③ 아인슈타인은 시간을 인위적 개념으로 여기지 않았다.
④ 아인슈타인은 시간과 공간은 별개의 물리량이 아니라 서로 긴밀하게 연관되어 함께 변한다고 보았다. 즉, 독립적으로 고려할 수 없다고 본 것이다.

04

정답 ④

제시문에서는 사유 재산에 대한 개인의 권리 추구로 다수가 피해를 입게 된다면 사익보다 공익을 우선시하여 개인의 권리가 제한되어야 한다고 주장한다. 따라서 이러한 주장에 대한 반박으로는 개인인 땅 주인이 권리를 행사함에 따라 다수인 마을 사람들에게 발생하는 피해가 법적으로 증명되어야만 권리를 제한할 수 있다는 ④가 가장 적절하다.

05

정답 ③

제시문은 윤리적 상대주의가 참이라는 결론을 내리기 위한 논증이다. 어떤 행위에 대한 문화 간의 지속적인 시비 논란(윤리적 판단)은 사람들의 윤리적 기준 차이에 의하여 한 문화 안에서 시대마다 다르기도 하고, 동일한 문화와 시대 안에서도 다를 수 있다. 즉, 올바른 윤리적 기준은 그것을 적용하는 사람에 따라 상대적이므로 윤리적 상대주의가 참이라는 논증이다. 따라서 이 논증의 반박은 '절대적 기준에 의한 보편적 윤리 판단은 존재한다.'가 되어야 한다. 그러나 ③은 '윤리적 판단이 항상 서로 다른 것은 아니다.'라는 내용으로, 이 글에서도 윤리적 판단이 '~ 다르기도 하다.', '다른 윤리적 판단을 하는 경우를 볼 수 있다.'고 했으며 '항상 다르다.'고는 하지 않았다. 따라서 ③은 제시문의 논증에 대한 반박이 아니다.

06

정답 ②

A는 경제 성장에 많은 전력이 필요하다는 것을 전제로, 경제 성장을 위해서 발전소를 증설해야 한다고 주장한다. 이러한 A의 주장을 반박하기 위해서는 근거로 제시하고 있는 전제를 부정하는 것이 효과적이므로, 경제 성장에 많은 전력이 필요하지 않음을 입증하는 ②를 통해 반박하는 것이 효과적이다.

07

정답 ③

제시문의 핵심 논지는 4차 산업혁명의 신기술로 인해 금융의 종말이 올 것임을 예상하는 것이다. 따라서 앞으로도 기술 발전은 금융업의 본질을 바꾸지 못할 것임을 나타내는 ③이 비판으로 가장 적절하다.

08

정답 ③

㉠은 기업들이 더 많은 이익을 내기 위해 '디자인의 향상'에 몰두하는 것이 바람직하다는 판단이다. 즉, 상품의 사회적 마모를 짧게 해서 소비를 계속 증가시키기 위한 방안인데, 이것에 대한 반론이 되기 위해서는 ㉠의 주장이 지니고 있는 문제점을 비판하여야 한다. ㉠이 지니고 있는 가장 큰 문제점은 '과연 성능 향상 없는 디자인 변화가 소비를 촉진시킬 수 있는 것인가'가 되어야 한다. 디자인 변화는 분명히 상품의 소비를 촉진시킬 수 있는 효과적인 방법 중의 하나이지만 '성능이나 기능, 내구성'의 향상이 전제되지 않았을 때는 효과를 내기 힘들기 때문이다.

09

정답 ①

전통적인 경제학에서는 미시 건전성 정책에 집중하는데 이러한 미시 건전성 정책은 가격이 본질적 가치를 초과하여 폭등하는 버블이 존재하지 않는다는 효율적 시장 가설을 바탕으로 한다. 따라서 제시문에 나타난 주장에 대한 비판으로는 이러한 효율적 시장 가설에 대해 반박하는 ①이 가장 적절하다.

10

정답 ②

제시문은 인간의 문제를 자연의 힘이 아니라 인간의 힘으로 해결해야 한다는 생각으로 정나라의 재상인 자산(子産)이 펼쳤던 개혁 정책의 특징과 결과를 설명한다. 보기는 통치자들의 무위(無爲)를 강조하고 인위적인 규정의 해체를 주장하는 노자의 사상을 설명한다. 보기에 따른 노자의 입장에서는 인간의 힘으로 문제를 해결하려는 자산의 개혁 정책은 인위적이라고 반박할 수 있다. 즉, 이러한 자산의 정책의 인위적 성격은 마지막 문장에서 지적한 것처럼 사회를 해체해야 할 허위로 가득 차게 한다고 비판할 수 있는 것이다.

오답분석
① 자산의 입장에서 주장할 수 있는 내용이며, 보기의 노자는 오히려 인위적 사회 제도의 해체를 주장했다.
③・④ 자산을 비판하는 입장이 아니라 자산의 입장에서 주장할 수 있는 내용이다.

01	02	03	04	05	06	07	08	09	10
④	②	①	④	④	④	④	②	④	②

01

정답 ④

파울(㉠)은 언어가 변화하고 진화한다고 보았으므로 언어를 연구하려면 언어가 역사적으로 발달해 온 방식을 고찰해야 한다고 주장한다. 소쉬르(㉡)는 언어가 역사적인 산물이라고 해도 변화 이전과 변화 이후를 구별해서 보아야 한다고 주장하고, 언어는 구성요소의 순간 상태 이외에는 어떤 것에 의해서도 규정될 수 없다고 보았다. 따라서 소쉬르는 화자가 발화한 당시의 언어 상태를 연구 대상으로 해야 하며, 그 상태에 이르기까지의 모든 과정을 무시해야 한다고 주장했다.

02

정답 ②

제시문의 핵심 논점은 첫째 문단의 끝에서 '제로섬(Zero-sum)적인 요소를 지니는 경제 문제'와 둘째 문단의 끝에서 '우리 자신의 수입을 보호하기 위해 경제적 변화가 일어나는 것을 막거나 혹은 사회가 우리에게 손해를 입히는 공공정책이 강제로 시행되는 것을 막기 위해 싸울 것'에 대한 것이다. 따라서 이 글은 사회경제적인 총합이 많아지는 정책, 즉 '사회의 총생산량이 많아지게 하는 정책이 좋은 정책'이라는 주장에 대한 비판이라고 할 수 있다.

03

정답 ①

기술이 내적인 발전 경로를 가지고 있다는 통념을 비판하기 위해 다양한 사례 연구를 논거로 인용하고 있다. 따라서 인용하고 있는 연구 결과를 반박할 수 있는 자료가 있다면 글쓴이의 주장은 설득력을 잃게 된다.

04

정답 ④

전선업계는 구릿값이 상승할 경우 기존 계약금액을 동결한 상태에서 결제를 진행하고, 반대로 구릿값이 떨어지면 그만큼의 차액을 계약금에서 차감해줄 것을 요구하는 불공정거래 행태를 보여주고 있다. 이는 자신의 이익만을 꾀하는 행위로, 이에 대한 비판으로는 ④가 적절하다.

오답분석

① 지난 일은 생각지 못하고 처음부터 그랬던 것처럼 잘난 체한다는 뜻이다.
② 일이 이미 잘못된 뒤에는 손을 써도 소용이 없다는 뜻이다.
③ 가까이에 있는 것을 도리어 알아보지 못한다는 뜻이다.

05

정답 ④

제시문은 대중문화가 대중을 사회 문제로부터 도피하게 하거나 사회 질서에 순응하게 하는 역기능을 수행하여 혁명을 불가능하게 만든다는 내용이다. 따라서 이 주장에 대한 반박은 대중문화가 순기능을 한다는 태도여야 한다. 그런데 ④는 현대 대중문화의 질적 수준에 대한 평가에 관한 내용이므로 연관성이 없다.

06

정답 ④

감각으로 검증할 수 없는 존재에 대한 관념은 그것의 실체를 확인할 수 없기 때문에, 거짓으로 보아야 하는 문제가 발생하는 것은 대응설이다.

07

제시문에서는 인간에게 사회성과 반사회성이 공존하고 있다고 설명하고 있으며, 이 중 반사회성이 없다면 재능을 꽃피울 수 없다고 하였으므로 사회성만으로도 자신의 재능을 키울 수 있다는 주장인 ④가 반론이 될 수 있다.

[오답분석]

② 반사회성이 재능을 계발한다는 주장을 포함하는 동시에 반사회성을 포함한 다른 어떤 요소가 있어야 한다는 것은 제시문에 대한 직접적인 반론이 될 수 없다.

08

제시문에 따르면 『일리아스』는 객관적 서술 태도와는 거리가 멀다고 할 수 있다.

09

세 번째 문단에서 혜자는 장자의 말이 '쓸데없다'고 하였다. 장자는 이에 대한 대답으로 무용하다고 생각했던 것이 유용하게 쓰일 수 있는 상대적인 진리를 역설하면서 혜자의 단면적인 시각을 비판하고 있다. 이를 통해 볼 때, 혜자는 자신이 생각하기에 본질에서 거리가 먼 것(無用)까지 진리의 가치(有用)를 부여하는 장자가 답답하게 여겨졌을 것이다.

[오답분석]

①·② 장자의 입장이다.
③ 제시문과 관련 없는 내용이다.

10

제시문의 '나'는 세상의 사물이나 현상을 선입견에 사로잡히지 말고 본질을 제대로 파악하여 이해해야 한다고 말하고 있다. 그러므로 ㉠·㉢·㉣은 '나'의 비판을 받을 수 있다.

07 | 추론

유형학습									
01	02	03	04	05	06	07	08	09	10
③	④	③	①	①	②	①	④	①	④

01
정답 ③

사단은 법인(法人)으로 등기되어야 법인격이 생긴다. 법인으로 등기하지 않은 사단은 '법인이 아닌 사단'이라 한다.

오답분석

① 사람은 생존하는 내내 권리 능력을 갖게 되며, 그리하여 재산에 대한 소유권의 주체가 된다.
② 단체도 일정한 요건을 갖추면 법으로써 부여되는 권리 능력인 법인격을 취득할 수 있다.
④ 사람의 권리 능력과 법인격은 엄격히 구별되기 때문에 사원 개인에게까지 책임이 미치지 않는다.

02
정답 ④

케플러식 망원경은 상의 상하좌우가 뒤집힌 도립상을 보여주며, 갈릴레이식 망원경은 상의 상하좌우가 같은 정립상을 보여준다.

오답분석

① 최초의 망원경은 네덜란드의 안경 제작자인 한스 리퍼쉬(Hans Lippershey)에 의해 만들어졌지만, 이 최초의 망원경 발명에는 리퍼쉬의 아들이 발견한 렌즈 조합이 계기가 되었다.
② 갈릴레오는 초점거리가 긴 볼록렌즈를 망원경의 대물렌즈로 사용하고 초점 거리가 짧은 오목렌즈를 초점면 앞에 놓아 접안렌즈로 사용하였다.
③ 갈릴레오는 자신이 발명한 망원경으로 금성의 각크기가 변한다는 것을 관측함으로써 금성이 지구를 중심으로 공전하는 것이 아니라 태양을 중심으로 공전하고 있다는 것을 증명하였다.

03
정답 ③

수화 반응은 상온에서 일어나기 때문에 콘크리트 역시 상온에서 제작한다.

오답분석

① 로마 시기에 만들어진 판테온은 콘크리트를 이용해 만들어진 구조물이다.
② 콘크리트는 시멘트에 모래와 자갈 등의 골재를 섞어 만든다.
④ 골재들 간의 접촉을 높여야 강도가 높아지기 때문에, 서로 다른 크기의 골재를 배합하여 콘크리트를 만든다.

04
정답 ①

경험론자들은 인식의 근원을 오직 경험에서만 찾을 수 있다고 주장한다. 따라서 파르메니데스의 주장과 대비된다.

오답분석

② 플라톤은 이데아를 감각 세계의 너머에 있는 실재이자 모든 사물의 원형으로 파악하고 있다. 이는 파르메니데스의 존재 개념과 유사하며, 제시문에서도 언급되어 있듯이 파르메니데스에 대한 플라톤의 평가에서 파르메니데스에게 영향을 받았음을 알 수 있다.

③ '감각적으로 지각할 수 있는 세계 전체를 기만적인 것으로 치부하고 유일하게 실재하는 것은 존재라고 생각했다.'는 구절에서
　파르메니데스는 지각 및 감성보다 이성 및 지성을 우위에 두었을 것이라 추측할 수 있다.
④ 제시문의 내용 중 파르메니데스는 '예리한 인식에는 감각적 지각이 필요 없다고 주장'하면서 '존재는 로고스에 의해 인식되며,
　로고스와 같은 것'이란 주장에서 추론할 수 있다.

05　정답 ①

제시문은 제1차 세계대전의 원인을 여러 방면에서 살펴봄과 동시에 방아쇠이자 효시가 되었던 오스트리아 황태자 부처 암살 사건
의 중요성에 대해서도 이야기하고 있다. 즉, 제시문은 역사의 전개 양상이 필연적인 요소에 의해서만 흘러가는 것이 아니라 우연적
인 요소에 의해서도 좌우된다는 것을 강조하고 있다. 따라서 다음에 이어질 내용의 핵심어로 적절한 것은 '역사의 필연성과 우연성'
이다.

06　정답 ②

'인간의 뇌에 프로그램되어 규칙에 따르도록 되어 있다.'라는 것은 교육 또는 사회적 제재를 통하지 않고 인간들이 자연스럽게
준수한다는 것을 뜻한다. 따라서 인간 삶의 초기에 가장 긴밀하게 지냈던 사람은 '성적인 관심이 미약하고, 강하지 않다.'라는 뜻으로
추측이 가능하다. 따라서 친족 이성 간 성적인 욕망이 매우 강해 그로 인한 가정의 재앙을 막기 위해서 '금기'라는 내용을 고안했다는
것은 제시문과 상충된다.

오답분석
① 키부츠에서 친밀하게 어린 시절을 보낸 사람들은 이성 간 서로 이끌려 부부가 된 경우가 없다는 사실로 제시문의 견해를 뒷받침
　하고 있다.
③ 어린 시절에 친밀하게 지냈던 사람들은 서로에 대한 성적인 관심 등이 약화되어 이혼율이 높다고 추측하고 있다. 따라서 이는
　제시문 견해를 뒷받침하고 있다.
④ 유년기 때 친밀도가 높을수록 성 접촉 빈도수가 낮다는 것으로, 수집한 자료(근거)를 통해 제시문의 내용을 뒷받침하고 있다.

07　정답 ①

합리주의적인 언어 습득의 이론에서 어린이가 언어를 습득하는 것은 거의 전적으로 타고난 특수한 언어 학습 능력과 일반 언어
구조에 대한 추상적인 선험적 지식에 의해서 이루어지는 것이다. 반면 경험주의 이론은 경험적인 훈련(후천적)이 핵심이다.

08　정답 ④

제시문의 사례가 되기 위해서는 광고 카피를 기존의 스테레오 타입에서 벗어나 '낯설게' 표현해야 한다. 하지만 ④는 단어의 활용이
어색하지 않고 일상생활에서 쓰이는 표현이므로 적절한 사례가 아니다.

09　정답 ①

낭포성 섬유증 유전자를 가진 사람이 장과 폐에서 염소 이온을 밖으로 퍼내는 작용을 정상적으로 하지 못한다고는 했으나, 그
덕분에 콜레라에서 살아남았으므로, 생명이 위험했는지는 알 수 없다.

10　정답 ④

제시문의 중심내용은 '거대 회사가 정보를 독점적으로 공유하며, 거대 미디어들이 제공하는 뉴스의 사실성・공정성을 검증할 수
있는 정보사용자가 없다.'는 것이다. 따라서 이에 대한 결론으로 적절한 것은 정보 사회의 단점을 언급한 ④이다.

01	02	03	04	05	06	07	08	09	10
③	②	④	②	②	②	④	③	④	④

01

정답 ③

보기의 내용은 독립신문이 일반 민중들을 위해 순 한글을 사용해 배포됐고, 상하귀천 없이 누구나 새로운 소식을 전달해준다는 내용이다. 따라서 ③이 가장 적절하다.

02

정답 ②

(가) 문단에서의 상상은 민족의 특성에 대한 상상이지 실체가 없이 상상된 공동체라는 의미가 아니다. (나) 문단 역시 특정 시기와 근대적 영토국가에 한해서만 사회적 실체라고 주장하고 있다. 따라서 ②의 내용은 추론하기 어렵다.

03

정답 ④

제시문은 인간의 호흡기에 질식사 가능성이라는 불합리한 점이 있게 된 원인에 대해 진화론적으로 규명하고 있다. 몸집이 커지면서 호흡기가 생긴 후 다시 허파가 생기다 보니 이상적인 구조(질식사 가능성 차단)와는 거리가 멀어졌다. 즉, 환경에 적응하려는 각각의 변화 단계에서 '당시에는 최선의 선택'이었으나 결과적으로는 이상적인 구조가 아니게 된 것이다.

04

정답 ②

특정 소비자(13세부터 18세의 청소년)를 한정하여 판매하는 마케팅 전략을 구사하고 있는 것은 ②이다.

[오답분석]

①·③ 제품의 특성을 반영한 마케팅

④ 기업 혹은 상품의 역사를 나타낸 마케팅

05

정답 ②

교환되는 내용이 양과 질의 측면에서 정확히 대등하지 않기 때문에 ②는 비대칭적 상호주의의 예시이다.

06

정답 ②

갑과 을의 수치가 같다면 양분비율이나 백분율의 비율이 같기 때문에 ⓒ은 올바른 판단이다.

[오답분석]

⊙ '기존 믿음의 정도들'이 달라졌다고 해도 변화된 수치를 양분해서 적용시키는 방법과 변화된 수치를 적용된 기존 수치의 백분율에 따라 배분하는 방법에 의해 수정되기 때문에 각 수치의 변동률은 같게 나오게 된다.

ⓛ '갑이 범인'과 '을이 범인'에 대한 믿음의 정도 차이는 방법 A를 이용한 결과와 방법 B를 이용한 결과의 최대치를 놓고 보아도 결과는 달라지지 않는다. 첫 번째 방법은 양분을 하는 것이므로 평균치에 가까워지는 반면, 두 번째 방법은 기존 비율에 비례하게 배분하는 것이므로 비율의 차이는 커지게 된다.

07

정답 ④

과학과 사법 체계는 '자연'이라는 큰 테두리에 종속된 개념이라는 주장은 몇 가지 새로운 분야가 동등한 위치로 합쳐져서 시너지 효과를 낳는 '융합, 컨버전스'와는 다른 차원의 주제이다. 나머지는 과학기술과 법이 융합된 새로운 패러다임의 주제이다.

08

제시문은 테레민이라는 악기를 두 손을 이용해 어떻게 연주하는가에 대한 내용이다. 두 번째 문단에서 '오른손으로는 수직 안테나와의 거리에 따라 음고를 조절하고, 왼손으로는 수평 안테나와의 거리에 따라 음량을 조절한다.'고 하였고, 마지막 문단에서는 이에 따라 오른손으로 음고를 조절하는 방법에 대해 설명하고 있다. 따라서 뒤에 이어질 내용은 왼손으로 음량을 조절하는 방법이 나오는 것이 가장 적절하다.

09

마지막 문단에 따르면, 모든 동물이나 식물종을 보존할 수 없는 것과 같이 언어 소멸 역시 막기 어려운 측면이 있으며, 그럼에도 불구하고 이를 그저 바라만 볼 수는 없다고 하였다. 즉, 언어 소멸 방지의 어려움을 동물이나 식물종을 완전히 보존하기 어려운 것에 비유한 것이지, 언어 소멸 자체가 자연스럽고 필연적인 현상인 것은 아니다.

[오답분석]
① 첫 번째 문단에 따르면, 전 세계적으로 3,000개의 언어가 소멸해 가고 있으며, 이 중에서 약 600개의 언어는 사용자 수가 10만 명을 넘으므로 비교적 안전한 상태이다. 따라서 나머지 약 2,400개의 언어는 사용자 수가 10만 명이 넘지 않는다고 추측할 수 있다.
② 두 번째 문단의 마지막 문장에 의해, 히브리어는 지속적으로 공식어로 사용할 의지에 따라 부활한 언어임을 알 수 있다.
③ 마지막 문단 두 ~ 세 번째 줄의 '가령, 어떤 ~ 초래할 수도 있다.'를 통해 알 수 있다.

10

제시문에 따르면 어떤 대상이 반드시 가져야만 하고 그것을 다른 대상과 구분해 주는 속성이 본질이다. 반(反)본질주의에서 본질은 관습적으로 부여하는 의미를 표현한 것에 불과하며, 단지 인간의 가치가 투영된 것에 지나지 않는다는 것이다.

PART 3

문서작성능력

01 │ 개요수정

유형학습									
01	02	03	04	05	06	07	08	09	10
④	④	④	④	②	②	③	③	④	③

01
정답 ④

개요에서는 현재의 소비 생활을 살펴봄으로써 문제점을 발견하고, 이에 대해 환경친화적 제품을 구매하고 제품 사용 시 환경에 끼칠 영향을 고려하는 소비 생활의 변화가 필요하다는 대안을 제시하고 있다. 따라서 주제문으로 환경친화적 소비 생활을 촉구하는 ④가 가장 적절하다.

02
정답 ④

개요의 내용으로 볼 때, 앞으로 일본 문화의 개방은 불가피하다는 관점을 취하고 있음을 알 수 있다. 따라서 개방이 불가피하다면 이에 걸맞은 대비책을 세워야 하는데, 그것은 선별적·단계적 수용과 저질 문화의 유입 방지이다.

03
정답 ④

'Ⅱ-2' 청소년 디지털 중독의 요인과 관련지어 'Ⅱ-3'의 해결방안을 살펴보면, ⓔ에서는 '자극적이고 중독적인 디지털 콘텐츠의 무분별한 유통'에 대한 해결 방안이 제시되어야 한다.

04
정답 ④

'무분별한 개발로 훼손되고 있는 도시 경관'은 지역 내 휴식 공간 조성을 위한 해결 방안으로 보기 어려우며, 휴식 공간 조성의 장애 요인으로도 볼 수 없다. 따라서 ⓔ은 ④와 같이 위치를 변경하는 것보다 개요에서 삭제하는 것이 적절하다.

05
정답 ②

정부나 지자체의 지난 해외 관광 정책이 중요한 것이 아니라, 현재 국내여행 정책을 조사하고 분석해서 국내여행을 활성화할 수 있는 방안을 마련해야 한다.

[오답분석]
① 외국의 여행 정책의 특성을 파악해서 국내여행 정책과 비교하면 더 나은 방안을 찾을 수 있다.
③ 국내 관광객 수를 파악하는 것은 기본이다.
④ 국내여행과 해외여행의 목적을 분석하면 정책에서 어떤 부분에 역점을 두어야 하는지 파악할 수 있다.

06

정답 ②

개요의 흐름상 '전력 소비에 대한 잘못된 인식'은 '대기전력의 발생 원인'에 해당하므로 'Ⅱ - 1'의 하위 항목으로 새로 추가하기보다는 'Ⅱ - 1 - 1)'의 내용으로 들어가는 것이 적절하다.

07

정답 ③

'Ⅱ - 1 - 1)'에서는 청소년의 신체활동 시간 부족의 원인을 IT 기기 사용 시간의 증가라는 개인적 차원의 문제로 보고 있다. 반면, ③의 '학기당 체육 이수 시간 확대'는 학교 교육 과정과 관련된 내용이므로 개인적 차원보다는 제도적 차원의 해결 방안으로 볼 수 있다. 따라서 ⓒ은 'IT 기기 사용 시간을 줄이고, 신체활동 시간을 늘림'과 같은 개인적 해결 방안으로 수정하는 것이 적절하다.

08

정답 ③

'Ⅱ - 2'에서는 나트륨 과다 섭취의 원인을 개인적 측면과 사회적 측면에서 나누어 제시하고 있으므로 ⓒ에는 사회적 측면에서의 원인이 들어가야 한다. ③의 '국과 찌개류를 즐겨 먹는 식습관'은 사회적 측면보다는 개인적 측면에 가까우므로 ⓒ에 들어갈 내용으로 적절하지 않다. 또한 'Ⅱ - 3 - 2)'에서 제시하는 정부의 급식소를 확대해야 한다는 개선 방안에 대한 원인으로도 보기 어렵다.

09

정답 ④

'미세먼지로부터의 탈출'은 앞서 작성된 서론과 본론의 개요 내용과 어울리지 않는 어휘들이 사용되었고, 시범 사업 계획서와도 어울리지 않는 어휘이다.

10

정답 ③

ⓒ은 수목장의 역사에 대한 내용이므로 수목장 도입 후부터 현재까지 운영 과정이나 현황을 분석하는 것이 적절하다. 수목장에 대한 우리나라 사람들의 인식 조사는 'Ⅰ - 2'에 들어가야 한다.

심화학습									
01	02	03	04	05	06	07	08	09	10
③	④	②	④	②	④	③	④	④	②

01

정답 ③

학기 전체 편성 운영절차를 제시하고, 시기별 세부 운영절차도 제시해야 한다.

오답분석

① 이전 교육과정의 문제점을 지적하고, 학생의 과목 선택권이 필요한 이유에 대해서 서론에 제시할 수 있다.
② 학생의 과목 선택권이 강조되고 있으므로, 필수 이수 과목을 최소 수준으로 설정하면 학생의 과목 선택권이 늘어나기 때문에 개정 교육과정의 주요 사항으로 적절한 내용이다.
④ 실제 교육과정을 운영하기 위한 교육과정 편성 예시를 제시할 수 있다.

02
정답 ④

1인 가구들이 주택을 계약하는 과정에서 어려움을 겪은 인터뷰 내용은 결론보다 서론의 주거지원 정책의 필요성에 추가하는 것이 적절하다.

03
정답 ②

제시된 문제는 '청소년의 잘못된 언어 사용'에 관한 내용으로, 문제 제기 후 실태를 밝히고, 문제 발생의 원인과 해결 방안을 개인적인 측면과 사회적인 측면으로 접근하여 개요를 수정 및 보완하는 문제이다.
ⓒ의 '그릇된 언어를 무비판적으로 수용'이라는 항목은 문제 발생의 개인적 차원에서의 원인으로 적절하다. 따라서 바른 언어 사용을 위한 방안에 해당하는 '바른 언어 사용에 대한 필요성 홍보'로 바꾸는 것은 적절하지 않다.

오답분석
① ㉠의 '외래어의 사용'은 외국에서 들어온 말이 국어처럼 사용되는 예로 상위 항목에 맞지 않아 이를 '비속어의 남용'으로 고치는 것이 적절하다.
③ ⓒ의 '지나친 불법 광고의 확산'은 주제와 무관한 내용이므로 삭제하는 것이 적절하다.
④ ⓔ의 '바른 언어 사용을 권장하는 사회 분위기 조성'은 사회적 차원에서의 해결 방안에 해당하므로 '본론 – 3 – ⑵'의 항목으로 이동하는 것이 적절하다.

04
정답 ④

글감 ⓒ은 에너지 절약 예산을 증액하겠다는 내용이 아니라 대체에너지 개발 지원 금액을 늘리겠다는 내용이다. 에너지 절약은 대체에너지 개발과 직접적 관련성이 적다.

05
정답 ②

ⓒ은 상위 항목의 내용이 하위 항목의 내용을 포괄하지 못한 사례이다. 이를 바르게 수정하려면 '중간 – 1'과 '중간 – 2'를 포괄해야 하는데, 『삼국유사』의 목차는 『삼국유사』의 내용과 『삼국유사』의 의의를 포괄하지 못할 뿐만 아니라 관련이 없는 내용이다. 따라서 '중간 – 1'과 '중간 – 2'를 모두 포괄하기 위해서는 '『삼국유사』의 내용과 의의'로 수정하는 것이 바람직하다.

06
정답 ④

지역 축제들 각각의 특색이 없는 것은 사람들이 축제를 찾지 않는 충분한 이유가 되며, 이에 대해 그 지역만의 특성을 보여줄 수 있는 프로그램을 개발한다는 방안은 적절하다. 즉, 개요를 수정하기 전의 흐름이 더 매끄러우므로 불필요한 수정이다.

07
정답 ③

외국인 환자를 유치하는 데 장애가 되는 제도적 요인의 근거 자료로 언어 장벽이나 까다로운 국내 병원 이용 절차를 활용하는 것은 적절하지 않다.

08
정답 ④

'Ⅱ – 2'의 항목을 보면 미디어 교육의 중요성에 대한 인식 부족을 미디어 교육의 장애 요소라고 하였으므로 미디어 교육의 활성화 방안으로 미디어 교육의 중요성에 대한 인식을 고취하는 내용을 제시해야 한다. 그러나 ⓔ에서는 '사이버 폭력에 대한 규제 강화'라는 항목을 제시하였으므로 'Ⅱ – 2'의 항목을 고려한 것으로 볼 수 없다.

09

처음 작성했던 개요인 (가)는 나노 기술의 유용성에 초점을 두고 있다. 반면 추가로 접한 자료인 (나)는 나노 물질이 인간과 동물의 건강에 악영향을 미칠 위험성을 경고하는 내용이다. 그러므로 (가)와 (나)의 내용을 종합하여 작성한 개요는 나노 기술이 유용성과 위험성을 동시에 지니고 있다는 내용을 담아야 한다. 그런데 ㉣은 나노 기술의 유용성 측면에 초점을 두어 응용 분야를 확대해야 한다는 내용을 담고 있으므로 적절하지 않다.

10

새로 접한 글감 ㉠은 지역 특화 상품 개발을 통한 고용 창출 효과이지, 지역 간 교류를 통한 고용 창출 효과가 아니다.

02 | 내용수정

01

정답 ①

'유발하다'는 '어떤 것이 다른 일을 일어나게 하다.'의 의미를 지닌 단어로, 이미 사동의 의미를 지니고 있다. 따라서 사동 접미사 '-시키다'와 결합하지 않고 ㉠과 같이 사용할 수 있다.

02

정답 ③

㉢의 앞에 있는 문장과 ㉢을 포함한 문장은 여름철 감기 예방법을 설명한다. 따라서 나열의 의미를 나타내는 부사 '또한'이 적절하다. '그러므로'는 인과 관계를 나타내므로 적절하지 않다.

오답분석

① ㉠을 포함한 문단은 여름철 감기에 걸리는 원인을 설명하고 있다. 따라서 ㉠은 문단 내용과 어울리지 않아 통일성을 해치므로 ㉠을 삭제한다.
② ㉡의 '노출되어지다'의 형태소를 분석하면 '노출'이라는 어근에 '-되다'와 '지다'가 결합된 것이다. 여기서 '-되다'는 피동의 뜻을 더하고 동사를 만드는 접미사이다. '지다'는 동사 뒤에서 '-어지다' 구성으로 쓰여 남의 힘에 의해 앞말이 뜻하는 행동을 입음을 나타내는 보조 동사이다. 따라서 피동 표현이 중복된 것이다.
④ ㉣에서 '하다'의 목적어는 '기침'이며, '열'을 목적어로 하는 동사가 없다. '하다'라는 동사 하나에 목적어 두 개가 연결된 것인데, '열을 한다.'는 의미가 성립되지 않는다. 따라서 '열이 나거나'로 고쳐야 한다.

03

정답 ①

제시문에 따르면 기존의 경제학에서는 인간을 철저하게 합리적이고 이기적인 존재로 보았지만, 행동경제학에서는 인간을 제한적으로 합리적이고 감성적인 존재로 보았다. 따라서 글의 흐름상 ㉠에는 '다른'이 적절하다.

04

정답 ③

제시된 글의 맥락상 '뒤섞이어 있음'을 의미하는 '혼재(混在)'가 적절하다.
잠재(潛在)는 '겉으로 드러나지 않고 속에 잠겨 있거나 숨어 있음'을 의미한다.

05

ⓔ의 '오히려'는 '앞의 내용과 반대가 되거나 다르게'라는 뜻이므로 적절하지 않다. 또한 전환의 의미를 나타내는 '그런데'도 적절하지 않다. 앞에서 말한 일이 뒤에서 말할 일의 원인, 이유, 근거가 됨을 나타내는 접속 부사 '그러므로, 따라서' 등이 적절하다.

[오답분석]
① ⓐ은 그 앞의 문장의 내용을 불필요하게 반복하고 있으므로 삭제해야 한다.
② ⓑ은 글의 통일성을 위해 '연구원'으로 통일하는 것이 적절하다.
③ ⓒ은 글의 흐름을 방해하고 통일성을 해치므로 삭제하는 것이 적절하다.

06

주어와 서술어의 관계를 고려하여 고친 것이지만, 피동형인 '선호되고'보다는 '(많은 사람이) 국가기관을 가장 선호하고'로 수정하는 것이 우리말 표현에서 더 자연스럽다.

07

'또한'은 '어떤 것을 전제로 하고 그것과 같게, 그 위에 더'를 뜻하는 부사로, 앞의 내용에 새로운 내용을 첨가할 때 사용한다. 그러나 ⓔ의 앞 내용은 뒤 문장의 이유나 근거에 해당하므로 '또한'이 아닌 '그러므로'를 사용하는 것이 문맥상 자연스럽다.

08

ⓔ의 앞뒤 문장에서는 한글날이 공휴일에서 제외되어 있었기 때문에 한글날 제정의 의미와 한글의 가치를 되새길 수 있는 기회가 제한되어 있었다고 하였으므로 ⓔ에는 앞의 내용이 뒤의 내용의 원인이 될 때 쓰는 접속어인 '그래서'가 들어가는 것이 적절하다.

09

제시문의 앞부분에서는 각 단계에 따른 '프레임'의 각기 다른 정의를 제시한다. 그러나 마지막 문장에서는 정의는 서로 다르지만 일치하는 점이 있음을 설명하고 있다. 그렇기 때문에 '정의는 서로 다르지만'이라는 뜻을 나타낼 수 있는 '어떻게 정의되든 간에'가 들어가야 한다.

10

'황량한'은 황폐하여 거칠고 쓸쓸한 것을 의미하기 때문에 경사가 급하다는 말과는 거리가 멀다.

01	02	03	04	05	06	07	08	09	10
④	②	④	②	③	①	③	④	④	③

01
정답 ④

제시문에 따르면 재산이 많은 사람은 약간의 세율 변동에도 큰 영향을 받는다. 그러므로 '영향이 크기 때문에'로 수정해야 한다.

02
정답 ②

앞 문장에서 움은 봄이 올 것이라는 꿈을 꾸며 추위를 견디고 있음을 설명하고 있으며, 이어지는 문장에서는 무엇인가를 꿈꾸어야 어려움을 견딜 수 있다고 설명하고 있다. 이를 자연스럽게 연결하는 ⓒ을 삭제하는 것은 적절하지 않다.

[오답분석]
① 나뭇잎들이 다 떨어졌음을 볼 때, 기운찬 의미를 가지는 '왕성한'보다는 '앙상한'이 적절하다.
③ 제시문의 흐름을 볼 때, 화제를 바꾸는 '그렇다면'으로 고치는 것이 적절하다.
④ 제시문을 볼 때, 튼실하지 못하다는 것은 흠과 호응되지 않으므로 '흠이 없거나'로 고치는 것이 적절하다.

03
정답 ④

@의 앞뒤 내용을 살펴보면 유행은 취미와 아주 밀접하게 결부된 현상이지만, 서로 다른 특징을 가진다고 하였다. 따라서 역접 기능의 접속어 '그러나'가 오는 것이 맞다.

04
정답 ②

'-(으)로서'는 지위나 신분·자격의 뒤에, '-(으)로써'는 도구나 방법 뒤에 사용된다. 따라서 ⓒ은 '개발함으로써'로 수정해야 한다.

[오답분석]
① 뒤에 이어지는 내용을 살펴보면 문맥상 언어가 대규모로 소멸하는 원인에는 여러 가지가 있으므로, 겹치거나 포개어진다는 의미의 '중첩적'이라는 단어를 사용하는 것이 적절하다. '불투명하다'는 상황 따위가 분명하지 않음을 뜻하는 말이므로 적절하지 않다.
③ ⓒ의 앞 문장은 모든 언어를 보존할 수 없다는 내용이고, ⓒ은 그 이유를 제시하며, ⓒ의 뒤에 오는 두 문장이 ⓒ을 보충설명하고 있다. 따라서 ⓒ은 문맥상 상관없는 내용이 아니므로 삭제할 수 없다.
④ '나누지 않은 덩어리'라는 의미를 가진 단어는 '통째'이다.

05
정답 ③

@의 앞쪽에 제시된 술탄 메흐메드 2세의 행적을 살펴보면 성소피아 대성당으로 가서 성당을 파괴하는 대신 이슬람 사원으로 개조하였고, 그리스 정교회 수사에게 총대주교직을 수여하였으며 '역대 비잔틴 황제들이 제정한 법을 그가 주도하고 있던 법제화의 모델로 이용하였던 것'을 보아 '단절을 추구하는 것'이 아니라 '연속성을 추구하는 것'으로 고치는 것이 적절하다.

06

㉠에서 네 번째 줄의 접속어 '그러나'를 기준으로 앞부분은 사물 인터넷 사업의 경제적 가치 및 외국의 사물 인터넷 투자 추세, 뒷부분은 우리나라의 사물 인터넷 사업 현황에 대하여 설명하고 있다. 따라서 두 문단으로 나누는 것이 적절하다.

오답분석

② 문장 앞부분에서 '통계에 따르면'으로 시작하고 있으므로, 이와 호응되는 서술어를 능동 표현인 '예상하며'로 바꾸는 것은 어색하다.

③ 문맥상 '기술력을 갖추다.'라는 의미가 되어야 하므로 '확보'로 바꾸어야 한다.

④ 사물 인터넷의 의의와 기대효과로 글을 마무리하고 있는 문장이므로 삭제할 필요는 없다.

07

(가) 문단은 이란의 원유에 대해 서술하고 있으며, (다) 문단은 미국의 이란 원유 수입 중단 정책에 대한 주변국의 반응을 서술하고 있다. 이를 볼 때, (다) 문단은 (가) 문단의 내용을 뒷받침한다고 보기 어려우며 앞서 원유 수입 중단을 야기한 (나)의 문단을 뒷받침한다. 따라서 ③은 수정 방안으로 적절하지 않다.

오답분석

① 이란의 원유에 대해 서술하는 상황에서 (A)는 내용상 불필요한 내용이므로 삭제한다.

② 규칙이나 규정의 위반에 대하여 제한하거나 금지함을 의미하는 '제재'가 더 적절한 표현이다.

④ 미국과 다른 국가들의 긴장 상황을 서술하는 내용과 달리, 이란의 원유 수입 중단에 대한 한국의 입장을 서술하는 부분으로 문단을 새로 구분하여 전개하는 것이 적절하다.

08

㉣의 '받아들이다'는 '다른 문화·문물을 받아서 자기 것으로 되게 하다.'라는 뜻이다. 따라서 '급여, 배급 따위를 받다.'라는 뜻의 '수급하다'로는 바꾸어 쓸 수 없다.

09

(가) 세 번째 문단의 '한편', 네 번째 문단의 '또한'을 (나)에서 각각 '혹은'과 '그리고'로 바꾸었다. 그러나 '한편', '혹은', '또한', '그리고'는 모두 앞뒤 문장을 대등하게 연결하는 기능의 접속어이고, 해당 접속어를 바꾸어도 문장의 의미가 달라지지는 않으므로 문맥상 잘못된 접속어라는 설명은 옳지 않다.

오답분석

① (나)에서 두 번째 문단에 추가된 마지막 문장 두 개를 통해 확인할 수 있다.

② (가)의 네 번째 문단 도입부인 '이러한 스포일러 문제를 해결하기 위해서는'이 (나)의 네 번째 문단 첫 번째 문장인 '그렇다면 이러한 스포일러 문제는 어떻게 해결할 수 있을까?'를 통해 확인할 수 있다.

③ (나)의 첫 번째 문단 마지막에 설문조사 결과를 보충하였다.

10

일을 계획하여 시작하거나 펼쳐 놓는다는 뜻의 '벌이다'를 활용한 '벌였으며'가 옳다. '벌렸으며'의 기본형인 '벌리다'는 '둘 사이를 넓히거나 멀게 하다, 열어젖혀서 속의 것을 드러내다.' 등의 뜻이 있다.

오답분석

① '비즈니스'는 '사업'으로 순화할 수 있으며, '생태계'라는 비유적 표현보다는 '환경'이라는 직접적 표현이 뜻을 분명하게 드러낸다.

② '패러다임'은 인식의 체계, 또는 사물에 대한 이론적인 틀이나 체계를 뜻하는 외래어이다. 뒤의 '선도한다'는 표현과 어울리게 '인식 체계로의 변화를'로 순화할 수 있다.

④ '플랫폼'은 운용 환경을 구축하여 개방함으로써 누구나 다양하게 이용·활용할 수 있도록 제공하는 기반 서비스를 뜻한다. 제시된 글에서는 문맥을 고려해 '기반을 제공하는'으로 순화할 수 있다.

03 | 도식화

01

정답 ②

(가)는 우리가 몸에 익히게 된 일상적 행위의 대부분을 의식하지 않고도 수행할 수 있음을 설명하며, (나)와 (다)를 통해 이러한 현상이 우리의 언어 사용 행위에서도 나타남을 설명한다. (라)는 언어 사용 행위뿐만 아니라 사유 행위도 일상적 행위와 같이 의식하지 않고도 수행할 수 있음을 설명한다. 따라서 글의 구조로 ②가 가장 적절하다.

02

정답 ③

(가)는 사람들이 혐오스럽다고 생각하는 소리가 혐오감을 유발하는 까닭에 대해 의문을 제기한다. 이에 대한 원인으로 (나)에서는 소리의 고주파를 제시하고, (다)와 (라)에서는 그 원인이 선천적 이유 때문이라는 블레이크와 힐렌브랜드의 이론을 제시하였다. (마)와 (바)에서는 기존의 이론들을 반박하며 소리보다는 시각이 혐오감을 불러일으킨다고 입장을 바꾼 힐렌브랜드의 주장을 제시하고, 이를 뒷받침하는 필립 호지슨의 실험을 함께 제시하였다. 따라서 글의 구조로 ③이 가장 적절하다.

03

정답 ③

글의 주제는 '노년의 얼굴에 나타난 삶의 자취'로 ㉠은 글의 도입이며, ㉡·㉢·㉣은 이에 대한 일반적 진술이다. 이를 통해 ㉤과 같은 결론을 내리고 있다.

04

정답 ③

㉠에서는 과학 기술이 예술에 영향을 끼친다는 글의 핵심내용을 제시하고 있고, ㉡, ㉣, ㉥은 과학 기술이 예술에 영향을 끼치는 사례에 대한 구체적인 설명이며, ㉢은 ㉡의 보충설명, ㉤은 ㉣의 예시이다. 따라서 ③이 가장 적절하다.

05

정답 ③

'㉠ 문제 제기 및 주장, ㉡ 주장의 논거 1, ㉢ 주장의 논거 2, ㉣ 논거 2의 사례, ㉤ 주장의 논거 3, ㉥ 논거 3의 지지'로 구조를 파악할 수 있다.

심화학습									
01	02	03	04	05	06	07	08	09	10
②	④	④	①	④	③	①	①	②	③

01
정답 ②

(가)에서는 식민사관을 설명하고 있으며, (나), (다), (라)는 각각 식민사관의 일선동조론, 타율성이론, 정체성이론에 대해 설명하고 있다. 즉, (나) ~ (라)는 (가)의 하위 항목에 대해 각각 설명하고 있으므로 글의 구조로 ②가 적절하다.

02
정답 ④

계승에는 긍정적 계승과 부정적 계승이 있고, 계승의 반대는 퇴화이다. 긍정적 계승에는 지속성이 두드러진다. 또한, 전통의 계승 가능성에 따라 퇴화와 단절을 구별해야 한다고 주장하고 있다.

03
정답 ④

(가)는 장마철을 대비한 차량 관리의 필요성을 언급하고 있으므로 글의 서두로 다른 문단들을 아우른다. (나)는 장마철 사고의 원인인 수막현상에 대한 설명이고 (다)는 수막현상을 예방하는 방법이므로 (나) 뒤에 (다)가 이어져야 한다. (라)는 장마철 시야 확보를 위해 와이퍼와 워셔액, 유리 방수 관리를 해야 한다는 것, (마)는 시야 확보와 자신의 위치 노출을 위한 전조등 점검, (바)는 배터리 상태를 점검해야 한다는 것이다. (나), (라), (마), (바)는 (가)의 하위 항목으로 장마철 차량 관리 방법에 해당하므로 글의 구조를 바르게 표현한 것은 ④이다.

04
정답 ①

(가)는 대기오염 물질의 배출원 중 자연적 배출원에 대해 이야기하고 있고, (나)와 (다)는 각각 자연적 배출원의 종류인 생물 배출원과 비생물 배출원에 대해 설명하고 있다. (라)는 대기오염 물질의 또 다른 배출원인 인위적 배출원에 대해 이야기하고, (마)는 인위적 배출원의 종류인 점오염원, 면오염원, 선오염원에 대해 설명하고 있으므로 정답은 ①이다.

05
정답 ④

(가)는 호락논쟁을 통해 낙학과 호학이 정립되었음을 언급하고 있으며, (나)는 본체인 본성을 중시하고, 마음에 대한 탐구를 주장하는 낙학에 대해 설명하고 있다. 이와 달리 (다)와 (라)는 원리와 규범을 중시하고, 세계에 대한 객관적 인식을 주장하는 호학에 대해 설명하며 이러한 호학은 사대부의 자아 정립과 관련이 있다는 것을 이야기한다. 따라서 글의 구조로 ④가 적절하다.

06
정답 ③

(가)는 우리나라 노인 빈곤 문제의 심각성을 제시하고 있으며, (나)는 우리나라 노인들의 경제활동량이 많음에도 불구하고 그러한 빈곤 문제가 심각함을 설명하며 (가)에서 제시한 노인 빈곤 문제의 심각성을 보충하여 설명하고 있다. 그 원인으로 (다)는 공적 연금이 노인 소득에서 차지하는 비중과 급여 수준이 낮음을, (라)는 사각지대로 인해 사회보장제도의 혜택을 받지 못하는 노동자들이 많음을 제시한다. 마지막으로 (마)를 통해 (다), (라)와 같은 문제를 단계적이고 체계적으로 접근하여 해결해야 한다고 주장하며 글을 마무리하고 있다.

07

ⓛ은 ㉠에서 도출되는 결론, ⓒ은 ⓛ의 부연, ⓔ은 전환, ⓜ은 ⓔ에 대한 부연, ⓗ은 ⓜ에 대한 이유이다.

08

(가)에서 신 – 물질계 – 지적 존재로 삼분하고, (라)와 (마)에서 지적 존재를 짐승과 인간으로 세분하고 있다.

09

(가)는 기존의 속담을 다르게 해석하여, '실패를 바탕으로 거듭나는 현명한 사람'이라는 화제를 던지고 있다. (나) · (다)에서는 실패박물관(New Product Works)의 실패작 진열 사례를 통해 (가)의 주장을 뒷받침한다. (라) · (마)에서는 기업들이 성공을 위해 실패박물관을 방문하여 실패사례를 연구한다는 예를 들면서, '실패를 바탕으로 성공을 향한 길을 찾는다.'는 주장을 한 번 더 강조한다.

10

제시된 글의 주제는 자본주의의 발달 요인으로 (가) · (나)에서는 경제적 측면을, (다)에서는 사회적 측면을, (라) · (마)에서는 정신적 측면을 이야기하고 있다.

PART 4

의사표현능력

01 | 언어표현

01
정답 ④

'예선에 들다.'에서 '들다'는 어떤 범위나 기준, 또는 일정한 기간 안에 속하거나 포함된다는 의미로 쓰인 것이므로 적절하지 않다. '어떤 처지에 놓이다.'의 의미의 '들다'는 '함정에 들다.'와 같이 활용된다.

02
정답 ④

'기차표를 끊다.'에서 '끊다'는 옷감이나 표 따위를 산다는 의미로 쓰인 것이므로 적절하지 않다. '거래나 셈 따위를 매듭짓다.'의 의미의 '끊다'는 '외상값을 끊다.'와 같이 활용된다.

03
정답 ④

'집터가 세다.'에서 '세다'는 '운수나 터 따위가 나쁘다.'는 의미로 쓰인 것이므로 적절하지 않다. '사물의 감촉이 딱딱하고 뻣뻣하다.'는 의미의 '세다'는 '생선의 가시가 세다.'와 같이 활용된다.

04
정답 ②

②는 문장 성분 간 호응이 어색하지 않고 맞춤법도 틀린 부분이 없다.

[오답분석]
① 인상이다. → 인상을 준다.
③ 일이 → 일을, 대상이다. → 대상으로 한다.
④ 거칠은 → 거친

05
정답 ①

'본받다'는 '본을 받다'에서 목적격 조사가 생략되고, 명사 '본'과 동사 '받다'가 결합한 합성어이다. 즉 하나의 단어로 '본받는'이 적절한 표기이다.

06
정답 ③

'붙이다'는 '불이 옮아 타기 시작하다.'는 의미를 지닌 '붙다'의 사동사로 어문 규범에 따라 바르게 사용되었다.

[오답분석]
① '가만히'가 올바른 표기이다.
② 의존명사 '만큼'으로 쓰였으므로 '먹을 만큼만'으로 띄어 써야 한다.
④ '바치다'는 '신이나 웃어른께 드리다.'의 의미로 문맥상 '받쳐'로 고쳐 써야 한다.

07

정답 ③

'졸이다'는 '찌개를 졸이다.'와 같이 국물의 양을 적어지게 하는 것을 의미한다. 반면에 '조리다'는 '양념을 한 고기나 생선, 채소 따위를 국물에 넣고 바짝 끓여서 양념이 배어들게 하다.'의 의미를 지닌다. 따라서 ③의 경우 문맥상 '졸이다'가 아닌 '조리다'가 사용되어야 한다.

08

정답 ②

'손님, 주문하신 커피 나오셨습니다.'에서 커피가 손님의 것이긴 하지만 커피까지 높이는 것은 옳지 않다. 따라서 '나오셨습니다.'를 '나왔습니다.'로 바꿔야 한다.

09

정답 ④

'-ㄹ게요'는 주로 1인칭 주어의 의지나 약속을 표현하는 종결어미로 주체를 높이는 '-시-'와 함께 쓰일 수 없으므로 '다음 손님 들어가세요.'와 같이 표현하는 것이 적절하다.

10

정답 ②

- 금세 : 지금 바로, '금시에'가 줄어든 말로 구어체에서 많이 사용된다.
- 일절 : 아주, 전혀, 절대로의 뜻으로, 흔히 행위를 그치게 하거나 어떤 일을 하지 않을 때에 사용된다.
- 낳았다 : 어떤 결과를 이루거나 가져오다.

[오답분석]
- 금새 : 물건의 값. 또는 물건 값의 비싸고 싼 정도
- 일체 : 모든 것
- 나았다 : 감기 등의 병이 나았을 때 사용된다.

PART 4

심화학습									
01	02	03	04	05	06	07	08	09	10
③	③	③	④	②	④	①	①	④	④

01

정답 ③

- 내로라하다 : 어떤 분야를 대표할 만하다.
- 그러다 보니 : 보조용언 '보다'가 앞 단어와 연결 어미로 이어지는 '-다 보다'의 구성으로 쓰이면 앞말과 띄어 쓴다.

[오답분석]
① 무엇 보다 → 무엇보다 / 인식해야 만 → 인식해야만
  - 무엇보다 : '보다'는 비교의 대상이 되는 말에 붙어 '~에 비해서'의 뜻을 나타내는 조사이므로, 붙여 쓴다.
  - 인식해야만 : '만'은 한정, 강조를 의미하는 보조사이므로 붙여 쓴다.
② 두가지를 → 두 가지를 / 조화시키느냐하는 → 조화시키느냐 하는
  - 두 가지를 : 수 관형사는 뒤에 오는 명사 또는 의존 명사와 띄어 쓴다.
  - 조화시키느냐 하는 : 어미 다음에 오는 말은 띄어 쓴다.
④ 심사하는만큼 → 심사하는 만큼 / 한 달 간 → 한 달간
  - 심사하는 만큼 : 뒤에 나오는 내용의 원인, 근거를 의미하는 의존 명사이므로 띄어 쓴다.
  - 한 달간 : '동안'을 의미하는 접미사이므로 붙여 쓴다.

02

정답 ③

'새로운 물건을 만들거나 새로운 생각을 내어놓음'의 용법으로 쓰이는 '개발'로 써야 한다.

03

정답 ③

• 오랫동안 → 오랫동안
• 발명 → 발견

04

정답 ④

'듯'은 의존 명사이므로 앞에 오는 관형형 '올'과 띄어 써야 한다.

05

정답 ②

'찌개 따위를 끓이거나 설렁탕 따위를 담을 때 쓰는 그릇'을 뜻하는 어휘는 '뚝배기'이다.

오답분석

① '손가락 따위로 어떤 방향이나 대상을 집어서 보이거나 말하거나 알리다.'의 의미를 가진 어휘는 '가리키다'이다.
③ '사람들의 관심이나 주의가 집중되는 사물의 중심 부분'의 의미를 가진 어휘는 '초점'이다.
④ '액체 따위를 끓여서 진하게 만들다, 약재 따위에 물을 부어 우러나도록 끓이다.'의 의미를 가진 어휘는 '달이다'이다.(다려 → 달여)

06

정답 ④

'계시다'는 존칭 명사가 주어이고, '존재'의 의미를 나타낼 때 사용된다. '말씀'의 경우, 자체로 존대의 대상이 될 수 없고 '존재할' 수 있는 명사가 아니므로 '계시다'를 사용할 수 없다. 따라서 '말씀이 있겠습니다.'와 같이 표현하는 것이 적절하다.

07

정답 ①

오답분석

② 은익한 → 은닉한
③ 남존녀비 → 남존여비
④ 잎 → 닢

08

정답 ①

첩어, 준첩어인 명사 뒤에는 '이'로 적는다. 따라서 번번이로 고쳐야 한다.

09

정답 ④

• 가게용 → 가계용
• 증빈자료 → 증빙자료
• 재출 → 제출
• 가담 → 부담

10

정답 ④

• 캠패인 → 캠페인(2개)
• 보간하기 → 보관하기
• 재공 → 제공

02 | 다의어

유형학습									
01	02	03	04	05	06	07	08	09	10
①	③	①	④	④	③	④	③	①	④

01

정답 ①

어떤 작용에 따른 효과, 결과 따위의 현상이 이루어져 나타나다.

오답분석

② 이름이나 소문 따위가 알려지다.
③ 농산물이나 광물 따위가 산출되다.
④ 인물이 배출되다.

02

정답 ③

목숨, 명예 따위를 담보로 삼거나 희생할 각오를 하다.

오답분석

① 다리를 움직여 바닥에서 발을 번갈아 떼어 옮기다.
② 긴급하게 명령하거나 요청하다.
④ 벽이나 못 따위에 어떤 물체를 떨어지지 않도록 매달아 올려놓다.

03

정답 ①

몸에 간직하여 가지다.

오답분석

② 기억하여 잊지 않고 새겨 두다.
③ 본래의 모양을 그대로 간직하다.
④ 바탕으로 갖추고 있다.

04

정답 ④

어떠한 감정이 강하게 솟아나다.

오답분석

① 액체가 몹시 뜨거워져서 소리를 내면서 거품이 솟아오르다.
② 많이 모여 우글거리다.
③ 소화가 안 되거나 아파 배 속에서 소리가 나다.

05

어떤 상황이 자기에게 미치다.

오답분석

① 다른 사람이나 대상이 가하는 행동, 심리적인 작용 따위를 당하거나 입다.
② 다른 사람의 어리광, 주정 따위에 무조건 응하다.
③ 점수나 학위 따위를 따다.

06

시간의 흐름에 따라 오는 어떤 때

오답분석

① 말, 육감, 사실 따위가 틀림이 없다.
② 오는 사람이나 물건을 예의로 받아들이다.
④ 자연 현상에 따라 내리는 눈, 비 따위의 닿음을 받다.

07

바닥이나 거죽의 지저분한 것을 문질러서 깎거나 닦아 내다.

오답분석

① 일정한 방향으로 움직이도록 반대쪽에서 힘을 가하다.
② 눌러서 얇게 펴다.
③ 바닥이 반반해지도록 연장을 누르면서 문지르다.

08

시간적으로 사이가 오래 걸리거나 길다.

오답분석

① 시력이나 청력 따위를 잃다.
② 거리가 많이 떨어져 있다.
④ 사람과 사람 사이가 서먹서먹하다.

09

힘이나 타격 따위를 가하다.

오답분석

② 사이에 어떤 것을 끼우거나 위에 어떤 것을 입혀 서로 어우러지게 하다.
③ 다른 것에 섞거나 타다.
④ 은행에 입금하다.

10

재물이나 목숨을 아낌없이 내놓다.

오답분석

① 어떤 행동을 상대편에게 하다.
② 바둑이나 장기에서, 도중에 진 것을 인정하고 끝내다.
③ 손에 든 물건을 다른 곳에 떨어지게 팔과 손목을 움직여 공중으로 내보내다.

01	02	03	04	05	06	07	08	09	10
②	④	④	③	④	④	③	②	③	④

01

정답 ②

②는 '모두 하나와 같이'라는 의미로 쓰였고, ①·③·④는 '변함없이'와 같은 의미로 쓰였다.

> **한결같다**
> • 처음부터 끝까지 변함없이 같다.
> • 여럿이 모두 꼭 같이 하나와 같다.

02

정답 ④

점수나 자격 따위를 얻다.

[오답분석]

① 이름이나 뜻을 취하여 그와 같게 하다.
② 꽉 봉한 것을 뜯다.
③ 노름, 내기, 경기 따위에서 이겨 돈이나 상품 따위를 얻다.

03

정답 ④

사태의 진상을 판단하여 드러내 알린다.

[오답분석]

① 드러나게 좋아하다.
② 드러나지 않거나 알려지지 않은 사실, 내용, 생각 따위를 드러내 알리다.
③ 빛을 내는 물건에 불을 켜다.

04

정답 ③

시간이 흐름에 따라 오는 어떤 때를 대하다.

[오답분석]

① 오는 사람이나 물건을 예의로 받아들이다.
② 적이나 어떤 세력에 대항하다.
④ 점수를 받다.

05

정답 ④

무엇에 대해 자신의 생각과 느낌을 표현하다.

[오답분석]

① 설득하다.
② 평가하다.
③ 부탁하다.

06

어떤 일에 들이는 시간적인 여유나 겨를

오답분석

① 어떤 한정된 모임이나 범위 안
② 사람과 사람과의 관계
③ 어떤 때에서 다른 한때까지의 시간적인 동안

07

①·②·④는 동의어 또는 다의어의 관계로 사전에 하나의 단어로 등재되어 있으나, ③의 '쓰다'는 동음이의어의 관계로 사전에서 서로 다른 단어로 각각 등재되어 있다.

• 쓰다[1] : 원서, 계약서 등과 같은 서류 따위를 작성하거나 일정한 양식을 갖춘 글을 쓰는 작업을 하다
• 쓰다[2] : 힘이나 노력 따위를 들이다.

오답분석

① 들다
   1. 물감, 색깔, 물기, 소금기가 스미거나 배다.
   2. 어떤 일이나 기상 현상이 일어나다.
② 머리
   1. 머리털
   2. 생각하고 판단하는 능력
④ 손
   1. 손가락
   2. 어떤 일을 하는 데 드는 사람의 힘이나 노력, 기술

08

제시문의 '쓰다'는 '사용하다'는 의미이고, ②의 '쓰다'는 '글을 적다'의 의미이다.

09

제시문의 '유연하다(柔軟-)'는 '부드럽고 연하다.'는 뜻으로 썼으며, 보기의 '유연하다(悠然-)'는 '침착하고 여유가 있다.'는 뜻으로 썼다.

10

제시문의 '완숙'은 '사람이나 동물이 완전히 성숙한 상태이다.'라는 의미로 썼으나 ④에서는 '재주나 기술 따위가 아주 능숙하다.'라는 의미로 사용되었다.

03 | 관용적 표현

유형학습									
01	02	03	04	05					
③	③	①	②	③					

01

정답 ③

'치다'가 앞에 오는 말과 어울려 여러 가지 뜻으로 사용되는 것을 찾는 문제이다.

- 돼지를 '치다' : 가축을 기른다.
- 도랑을 '치다' : 물길을 낸다.
- 사군자를 '치다' : 그림을 그린다.
- 술을 '치다' : 술을 부어 잔을 채운다.

02

정답 ③

밑줄 친 ㈀은 '남보다 앞장서서 행동해서 몸소 다른 사람의 본보기가 됨'을 의미하는 ③ 솔선수범(率先垂範)의 의미와 유사하다.

오답분석

① 결자해지(結者解之) : 맺은 사람이 풀어야 한다는 뜻으로, 자기가 저지른 일은 자기가 해결하여야 함을 이르는 말
② 박람강기(博覽强記) : 여러 가지 책을 널리 읽고 기억을 잘한다는 의미
④ 일취월장(日就月將) : 나날이 자라거나 발전함을 이르는 말

03

정답 ①

- 단김에 소뿔 빼기 : 든든히 박힌 소의 뿔을 뽑으려면 불로 달구어 놓은 김에 망설이지 말고 해치워야 함

오답분석

② 남의 말도 석 달 : 소문은 시일이 지나면 흐지부지됨
③ 냉수 먹고 이 쑤시기 : 실속은 없으면서 있는 체함
④ 단솥에 물 붓기 : 형편이 이미 기울어 아무리 도와주어도 보람이 없음

04

정답 ②

- 신상필벌(信賞必罰) : 상을 줄 만한 훈공이 있는 자에게 반드시 상을 주고, 벌할 죄과가 있는 자에게는 반드시 벌을 준다는 뜻으로, 곧, 상벌(賞罰)을 공정(公正)・엄중(嚴重)히 하는 일

오답분석

① 신언서판(身言書判) : 중국 당나라 때 관리를 등용하는 시험에서 인물평가의 기준으로 삼았던 몸・말씨・글씨・판단의 네 가지를 이르는 말
③ 순망치한(脣亡齒寒) : 입술이 없으면 이가 시리다는 말로 서로 떨어질 수 없는 밀접한 관계라는 뜻
④ 각주구검(刻舟求劍) : 어리석고 미련하여 융통성이 없다는 뜻

05

- 자는 호랑이에게 코침 주기(숙호충비; 宿虎衝鼻) : 가만히 있는 사람을 건드려서 화를 스스로 불러들이는 일
- 평지풍파(平地風波) : 고요한 땅에 바람과 물결을 일으킨다는 뜻으로 공연한 일을 만들어서 뜻밖에 분쟁을 일으키거나 사태를 어렵고 시끄럽게 만드는 경우

오답분석

① 전전반측(輾轉反側) : 걱정거리로 마음이 괴로워 잠을 이루지 못함
② 각골통한(刻骨痛恨) : 뼈에 사무치도록 마음속 깊이 맺힌 원한
④ 백아절현(伯牙絶絃) : 자기를 알아주는 절친한 벗의 죽음을 슬퍼함

심화학습									
01	02	03	04	05	06	07	08	09	10
②	③	①	③	④	④	④	④	②	③

01

- 눈 위의 혹 : 몹시 미워서 눈에 거슬리는 사람을 비유하는 말

오답분석

① 난장을 치다 : 함부로 마구 떠들다.
③ 한몫 잡다 : 단단히 이득을 취하다.
④ 간을 꺼내어 주다 : 비위를 맞추기 위해 중요한 것을 아낌없이 주다.

02

- 전철을 밟다 : 이전 사람의 잘못이나 실패를 되풀이하다.

오답분석

① 꼽사리 끼다 : 남이 하는 일에 곁다리로 끼다.
② 변죽을 울리다 : 바로 집어 말을 하지 않고 둘러서 말을 하다.
④ 경을 치다 : 호된 꾸지람이나 나무람을 듣거나 벌을 받다.

03

'깐깐오월'은 해가 길어서 일하기 지루한 달이라는 뜻으로, 음력 5월을 이르는 말이다. 너무 바빠 시간이 언제 지나는지도 모른다는 것은 음력 8월을 이르는 말로, 동동팔월이라 한다.

오답분석

② 사개가 맞다 : 말이나 사리의 앞뒤 관계가 빈틈없이 딱 들어맞다.
③ 곁을 주다 : 다른 사람으로 하여금 자기에게 가까이할 수 있도록 속을 터주다.
④ 엉너리를 치다 : 능청스러운 수단을 써서 남의 환심을 사다.

04

①·②·④는 비가 올 날씨에, ③은 맑은 날씨에 관련된 표현이다.

05

④

제시된 글은 모든 일에는 신중해야 함이 주제이다. 이를 가장 잘 설명하는 속담은 무슨 일이든 낭패를 보지 않기 위해서는 신중하게 생각하여 행동해야 함을 이르는 말인 '일곱 번 재고 천을 째라.'이다.

[오답분석]

① 사공이 많으면 배가 산으로 간다 : 주관하는 사람 없이 여러 사람이 자기주장만 내세우면 일이 제대로 되기 어려움을 이르는 말

② 새가 오래 머물면 반드시 화살을 맞는다 : 편하고 이로운 곳에 오래 머물며 안일함에 빠지면 반드시 화를 당한다는 뜻

③ 달걀에도 뼈가 있다 : 늘 일이 잘 안되던 사람이 모처럼 좋은 기회를 만났건만, 그 일마저 역시 잘 안됨을 이르는 말

06

정답 ④

천재일우(千載一遇)는 '(천년에나 한 번 만날 수 있는 기회) 좀처럼 얻기 힘든 기회'를 뜻하는 말이고, 나머지는 모두 뛰어난 인물을 나타내는 말이다.

[오답분석]

① 군계일학(群鷄一鶴) : 많은 사람 가운데서 뛰어난 인물을 이르는 말

② 철중쟁쟁(鐵中錚錚) : 같은 무리 가운데서도 가장 뛰어남. 또는 그런 사람을 이르는 말

③ 태산북두(泰山北斗) : 모든 사람들이 존경하는 뛰어난 인물을 비유하는 말

07

정답 ④

등하불명(燈下不明)은 '가까이 있는 것인데 오히려 알아내기가 어려움'을 뜻하는 말이고, 나머지는 모두 거만하고 버릇없음을 나타내는 말이다.

[오답분석]

① 안하무인(眼下無人) : 방자하고 교만하여 다른 사람을 업신여김을 이르는 말

② 오만무도(傲慢無道) : 태도나 행동이 건방지거나 거만하여 도의를 지키지 아니함

③ 방약무인(傍若無人) : 곁에 사람이 없는 것처럼 아무 거리낌 없이 함부로 말하고 행동하는 태도가 있음

08

정답 ④

고성낙일(孤城落日)은 '외딴 성과 서산에 지는 해'라는 뜻으로, 세력이 다하고 남의 도움이 없는 매우 외로운 처지를 가리킬 때 쓰는 말이다.

[오답분석]

① 만시지탄(晚時之歎) : 시기가 늦었음을 안타까워하는 탄식

② 망양보뢰(亡羊補牢) : 양을 잃고 우리를 고친다는 뜻으로, 실패한 뒤에 뉘우쳐도 소용없음

③ 서제막급(噬臍莫及) : 배꼽을 물려고 하여도 입이 닿지 않는다는 뜻으로, 일이 그릇된 뒤에는 후회하여도 아무 소용이 없음을 비유한 말

CHAPTER 03 관용적 표현 • 57

09

읍참마속(泣斬馬謖)은 큰 목적을 위하여 자기가 아끼는 사람을 버림을 이르는 말로, 중국 촉나라 제갈량이 군령을 어기어 전투에서 패한 마속을 눈물을 머금고 참형에 처하였다는 데서 유래하였다. 그밖에 괄호 안에 들어갈 수 있는 말로는 자기 몸을 상해 가면서까지 꾸며 내는 계책이라는 뜻의 '고육지책(苦肉之策)'이 있다.

오답분석

① 일패도지(一敗塗地) : 싸움에 한 번 패하여 간과 뇌가 땅바닥에 으깨어진다는 뜻으로, 여지없이 패하여 다시 일어날 수 없게 되는 지경에 이름을 이르는 말
③ 도청도설(道聽塗說) : 길에서 듣고 길에서 말한다는 뜻으로, 길거리에 퍼져 돌아다니는 뜬소문을 이르는 말
④ 원교근공(遠交近攻) : 먼 나라와 친교를 맺고 가까운 나라를 공격함

10

제시문에서는 협업과 소통의 문화가 기업에 성공적으로 정착하려면 기업의 작은 변화부터 필요하다고 주장한다. 따라서 제시문과 관련 있는 한자성어로는 '높은 곳에 오르려면 낮은 곳에서부터 오른다.'는 뜻의 '일을 순서대로 하여야 함'을 의미하는 '등고자비(登高自卑)'가 가장 적절하다.

오답분석

① 장삼이사(張三李四) : 장 씨의 셋째 아들과 이 씨의 넷째 아들이라는 뜻으로, 이름이나 신분이 특별하지 아니한 평범한 사람들을 이르는 말
② 하석상대(下石上臺) : 아랫돌 빼서 윗돌 괴고 윗돌 빼서 아랫돌 괸다는 뜻으로, 임시변통으로 이리저리 둘러맞춤을 이르는 말
④ 주야장천(晝夜長川) : 밤낮으로 쉬지 아니하고 연달아 흐르는 시냇물이라는 뜻으로, '쉬지 않고 언제나', '늘'이라는 의미

PART 5

최종점검 모의고사

01	02	03	04	05	06	07	08	09	10	11	12	13	14	15	16	17	18	19	20
②	①	④	③	④	①	②	④	④	②	④	④	③	②	④	①	③	③	③	④

21	22	23	24	25	26	27	28	29	30										
②	④	③	①	④	④	②	④	③	④										

01

정답 ②

ㄱ. 정보의 양이 과다한 경우 의사소통에 혼선을 줄 수 있다.
ㄹ. 실시간 의사교환이 필요한 경우에는 전화가 메일보다 효과적인 소통 수단이다.

오답분석

ㄴ. 지나치게 과업에 집중한 대화는 과업이 아닌 다른 부분에 소홀하게 하며 원활한 의사소통을 저해할 수 있다.
ㄷ. 상호 신뢰가 부족하면 업무상이라도 하지 못할 말들이 있기 때문에 효율성이 낮을 수 있다.

02

정답 ①

ㄱ. 물론 상대방의 성격에 따라 부담을 느낄 수도 있지만, 반응을 지레짐작하여 거리를 두는 것보다는 상대방의 말에 집중해서 경청하는 것이 바람직하다.

03

정답 ④

• 첫 번째 빈칸 : 빈칸 앞 문장의 플라스틱은 석유를 증류하는 과정에서 얻어진다는 내용과 빈칸 뒤 문장의 폐기물의 불완전 연소에 의한 대기 오염이 환경오염의 원인이 된다는 내용을 통해, 빈칸에는 석유로 플라스틱을 만드는 과정과 이를 폐기하는 과정에서 온실가스가 많이 배출된다는 내용의 ⓒ이 적절함을 알 수 있다.
• 두 번째 빈칸 : 빈칸 앞 문장에서는 생분해성 플라스틱의 친환경적인 분해 과정을 이야기하고 있으나, 빈칸 뒤 문장에서는 생분해성 플라스틱보다 바이오 베이스 플라스틱의 개발을 진행하고 있다고 이야기한다. 따라서 빈칸에는 생분해성 플라스틱의 단점을 언급하는 ⓒ이 적절함을 알 수 있다.
• 세 번째 빈칸 : ㉠은 빈칸 앞 문장에서 언급한 '이산화탄소의 총량을 기준으로 볼 때 바이오 베이스 플라스틱이 환경 문제가 되지 않는' 이유와 연결된다. 따라서 빈칸에는 ㉠이 적절하다.

04

정답 ③

먼저 각국에서 추진 중인 오픈뱅킹에 관해 설명하는 (다) 문단이 오는 것이 적절하며, 그다음으로는 우리나라에서 추진하고 있는 오픈뱅킹 정책을 이야기하며 지난해 시행된 오픈뱅킹시스템에 관해 설명하는 (나) 문단과 올해 도입된 마이데이터 산업에 관해 설명하는 (라) 문단이 차례로 오는 것이 자연스럽다. 마지막으로 이러한 오픈뱅킹 정책을 성공적으로 시행하기 위해서는 현재의 오픈뱅킹시스템에 대한 법적 근거와 효율적 문제 해결 체계를 갖춰야 한다는 내용의 (가) 문단이 오는 것이 적절하다.

05

제시문을 통해 4세대 신냉매는 온실가스를 많이 배출하는 기존 3세대 냉매의 대체 물질로 사용되어 지구 온난화 문제를 해결하는 열쇠가 될 것임을 알 수 있다.

06

제시문에서는 '전통'의 의미를 '상당히 이질적인 것이 교차하여 견고 튼 끝에 이루어진 것', '어느 것이나 우리화시켜 받아들인 것'으로 규정하고, '전통의 혼미란 곧 주체 의식의 혼미란 뜻에 지나지 않는다.'라는 주장을 펴고 있다.

07

2016년 6월 30일까지 적용 대상은 만 70세 이상이었으나 2016년 7월 1일 이후 만 65세 이상으로 확대되었다. 따라서 대상자에 해당한다.

08

'급여이체 우대이율'은 신규일로부터 3개월 이내에 1회 이상의 급여이체 실적이 있는 고객의 계좌에 연 0.3%p 적용된다.

09

파산재단의 자산을 이용해 채권자에게 변제하는 것은 파산관재인의 업무이며, 파산관재인은 파산재단 자산이 실질적으로 파산관재인의 점유가 되도록 파산재단의 현금, 예금통장 등을 확보하고 장부를 폐쇄한다.

오답분석
① 파산제도는 자율적 절차가 아닌 재판상 절차임을 알 수 있으며, 제시문의 내용을 볼 때 파산제도가 파산 관재인과 법원에 의해 강제적 성격을 띠고 집행됨을 알 수 있다.
② 파산재단은 법원의 파산선고와 동시에 구성된다.
③ 파산관재인은 누락되는 자산이 없도록 파산재단 자산을 조사한다.

10

오답분석
① 비트코인의 총발행량은 2,100만 개로 희소성을 가지고 있으며 2017년 12월 기준 전체의 약 80%가 채굴되었다.
③ 비트코인을 얻기 위해서는 컴퓨팅 파워와 전기를 소모해서 어려운 수학 문제를 풀어야 한다.
④ 비트코인은 통화를 발행하고 통제하는 중앙통제기관이 존재하지 않는 구조이다.

11

제시문은 인터넷쇼핑 시장의 성장과 함께 수많은 업체가 경쟁하는 상황에서 대기업이 매출 상위를 기록하는 이유에 대해서 설명하고 있다. 처음 제시된 문장에서는 인터넷쇼핑 시장의 성장에 대해 이야기하고 있으므로 (나)의 첫 문장에 나타난 '위와 같은 급격한 성장'에 관련된 이야기라고 할 수 있다. 따라서 (나) 경제학의 기본 이론이 통하지 않는 인터넷쇼핑 시장 → (마) 온라인마켓과 오프라인마켓의 차이점 → (가) 역선택의 정의 → (라) 역선택과 도덕적 해이의 문제에 노출되어 있는 소비자와 생산자 → (다) 인터넷 쇼핑에 대한 생산자의 인식 변화 촉구의 순서로 문단이 나열되어야 한다.

12

제시문은 20세기 이후 극단으로 치달은 '본성 대 양육 논쟁'에 대하여 소개하며 본성과 양육 모두 중요하다는 의견으로 끝을 맺고 있다. 따라서 (나) 나치주의의 극단 이후 '본성 대 양육 논쟁'에서 승리한 양육 → (다) 노엄 촘스키에 의해 극적으로 반전되기 시작한 '본성 대 양육 논쟁' → (라) 인간 게놈 프로젝트로 인해 재연된 '본성 대 양육 논쟁' → (가) '본성과 양육 논쟁'의 가열 전망 및 인간 행동에 필수적인 요인인 본성과 양육의 중요성 강조의 순서로 나열하는 것이 적절하다.

13

제시문은 산업 사회의 여러 가지 특징에 대해 설명함으로써 산업 사회가 가지고 있는 문제점들을 강조하고 있다.

14

제시문은 제4차 산업혁명으로 인한 노동 수요 감소로 인해 나타날 수 있는 문제점으로 대공황에 대한 위험을 설명하면서도, 긍정적인 시각으로 노동 수요 감소를 통해 인간적인 삶 향유가 이루어질 수 있다고 말한다. 따라서 제4차 산업혁명의 밝은 미래와 어두운 미래를 나타내는 ②가 제목으로 가장 적절하다.

15

수출주도형 성장전략은 수요가 외부에 존재한다는 측면에서 공급중시 경제학적 관점을 띄고 있다. 따라서 수요가 외부에 존재한다는 점과 공급을 중시하는 점에 대해 비판할 수 있다. ④에서 내부의 수요를 증대시키는 것은 비판의 입장이지만, 수요 증대를 위해 물품 생산의 공급을 강조하는 것은 비판하는 내용으로 적절하지 않다.

16

마지막 문단에 따르면 와이츠가 말하는 예술의 '열린 개념'은 '가족 유사성'에 의해 성립하며, 와이츠는 '열린 개념'은 무한한 창조성이 보장되어야 하는 예술에 적합한 개념이라고 주장한다. 따라서 ①처럼 '아무런 근거 없이 확장된다.'는 내용은 적절하지 않다.

오답분석

② 와이츠는 예술을 본질이 아닌 가족 유사성만을 갖는 '열린 개념'으로 보았다. 즉, 예술의 근거를 하나의 공통적 특성이 아닌 구성원 일부의 유사성으로 보았으므로 예술 내에서도 두 대상이 서로 닮지 않을 수 있다.
③ · ④ 와이츠가 말하는 '열린 개념'은 '주어진 대상이 이미 그 개념을 이루고 있는 구성원 일부와 닮았다면, 그 점을 근거로 하여 얼마든지 그 개념의 새로운 구성원이 될 수 있을 만큼 테두리가 열려 있는 개념'이다. 따라서 와이츠의 이론은 현대와 미래의 예술의 새로운 변화를 유용하게 설명할 수 있다.

17

하향식 방법에 대한 설명에 이어 상향식 방법에 대한 설명이 나와야 하므로, 이어질 내용으로 적절한 것은 ③이다.

18

ㄴ. 네 번째 문단에서 소비자물가가 아니라 소비자물가의 상승률이 남은 상반기 동안 1% 미만의 수준에서 등락하다가 하반기에 들어 1%대 중반으로 상승할 것임을 알 수 있다.
ㄷ. 세 번째 문단에 따르면, 국내의 수출이 하락세로 진입한 것이 아니라 수출의 증가세가 둔화된 것뿐이다.

오답분석

ㄱ. 두 번째 문단에 따르면, 미 연방준비은행의 통화정책 정상화가 온건한 속도로 이루어짐에 따라 국제금융시장의 변동성이 축소되는 경향이 지속되었음을 알 수 있다. 그러므로 미 연준의 통화정책의 변동성이 커진다면 국제금융시장의 변동성도 확대될 것임을 예측할 수 있다.

ㄹ. 마지막 문단에 따르면, 금융통화위원회는 국내 경제가 잠재성장률 수준에서 크게 벗어나지 않으면서 수요측면의 물가상승압력도 크지 않기 때문에 통화정책 기조를 유지할 것이라고 하였다. 따라서 국내 경제성장률은 잠재성장률 수준을 유지하더라도, 수요 측면에서의 물가상승압력이 급증한다면 완화기조를 띠고 있는 통화정책 기조를 변경할 수 있을 것이라 추론할 수 있다.

19
정답 ③

ⓒ에서 ㉷는 '2 – (2)'의 하위 항목이므로 신발을 잘못 선택해 생기는 폐해를 다뤄야 한다. 그러나 '교통비 감소'는 상위 항목인 '2 – (2)'와 무관하므로 삭제하는 것이 적절하다.

오답분석

① ㉠에서 건강에 대한 관심이 증가했기 때문에 신발이 건강에 미치는 영향에 대한 관심도 증가한 것이므로 '1'의 (1)과 (2)는 순서를 맞바꾸면 논리적 흐름이 부자연스럽게 된다.
② ㉡에서 '2'의 제목을 '신발 선택의 합리적 기준'으로 바꾸면 그 하위 항목인 '(2) 잘못된 신발 선택의 폐해'를 포괄할 수 없게 된다.
④ ㉣에서 '혈액 순환 촉진'은 '3 – (2) – ㉮ 건강 증진'에 포함될 내용으로 적절하다. 따라서 '혈액 순환 촉진'이라는 ㉷를 새로 추가하면 '㉮ 건강 증진'과 중복된다.

20
정답 ④

'Ⅲ. 결론'을 통해 글의 주제는 도시 광산의 활성화를 위해서는 폐전자제품 수거에 대한 관심이 필요하다는 관점에 있음을 알 수 있다. 따라서 ㉣은 'Ⅱ – 2.'의 하위 항목으로 옮기는 게 아니라 삭제하는 것이 적절하다.

21
정답 ②

한글 맞춤법에 따르면 지난 일을 나타내는 어미는 '–던'으로 적고, 물건이나 일의 내용을 가리지 아니하는 뜻을 나타내는 어미는 '–든'으로 적는다. ㉡의 경우 과거의 경험이 아닌 선택의 의미로 사용되었으므로 '–든'이 올바른 표기이다.

22
정답 ④

'비춰'는 '비추+어'의 준말로, '비추다'는 '어떤 것과 관련하여 견주어 보다.'의 의미를 지닌다. 따라서 ㉣은 '선진국들에 견주어 보면'의 의미로 문맥의 흐름상 적절하게 사용되었다. '비쳐'는 '비치+어'의 준말로, '비치다'는 '빛이 나서 환하게 되다.', '빛을 받아 모양이 나타나 보이다.' 등의 의미를 지닌다.

23
정답 ③

제시문의 흐름으로 볼 때 (가)와 (나)는 아폴론의 아름다움과 그 의미를 서술하고 있으므로 하나로 묶을 수 있으며, (다)와 (라)는 아폴론의 아름다움에 대한 그리스인들의 삶의 이면(어둠에 대한 공포)과 어둠 속의 아폴론을 서술하면서 하나로 묶일 수 있다. (마)는 아폴론과 대립적인 성격을 지닌 디오니소스를 서술함으로써 다른 문단들과 구분된다.

24
정답 ①

(가)는 대부분의 사람들이 서로 다른 개념의 '이슬람', '중동', '아랍'이라는 지역 개념을 혼용한다는 것을 언급하며, (나)는 '이슬람' 지역, (다)와 (라)는 '중동' 지역, (마)는 '아랍' 지역의 개념을 각각 구분지어 설명한다.

25

- 1. <u>게관시간</u> ~ : 게관 → 개관
- 매주 일요일, <u>공유일</u>, ~ : 공유일 → 공휴일
- 음식물을 <u>바닙</u>하지 ~ : 바닙 → 반입
- 문화유산이니 <u>홰손</u>하지 ~ : 홰손 → 훼손

26

공식적인 자리에서 다수의 청자에게 이야기할 때는 해요체를 사용하는 경우에 부자연스러울 수 있고, '합쇼체'를 사용하는 것이 청자를 정중히 예우하는 높임법이다.

27

②의 '짜다'는 '사개를 맞추어 가구나 상자 따위를 만들다.'의 의미로 쓰였고, ① · ③ · ④의 '짜다'는 '계획이나 일정 따위를 세우다.'의 뜻으로 쓰였다.

28

밑줄 친 '길러야'는 습관 따위를 몸에 익게 하다의 의미를 가지고 있다.

[오답분석]

① 동식물을 보살펴 자라게 하다.
② 아이를 보살펴 키우다.
③ 머리카락이나 수염 따위를 깎지 않고 길게 자라도록 하다.

29

관용구 '참새 물 먹듯'은 음식을 조금씩 여러 번 먹는 모양을 비유적으로 이르는 말로 ③의 문맥상 어울리지 않는 표현이다.

30

부채위기를 해결하려는 유럽 국가들이 당장 눈앞에 닥친 위기만을 극복하기 위해 임시방편으로 대책을 세운다는 내용을 비판하는 글이다. 글과 가장 관련이 있는 한자성어는 '아랫돌 빼서 윗돌 괴고, 윗돌 빼서 아랫돌 괴기'라는 뜻으로, '임기응변으로 어려운 일을 처리함'을 의미하는 '하석상대(下石上臺)'이다.

[오답분석]

① 피발영관(被髮纓冠) : '머리를 흐트러뜨린 채 관을 쓴다.'는 뜻으로 머리를 손질할 틈이 없을 만큼 바쁨
② 탄주지어(呑舟之魚) : '배를 삼킬만한 큰 고기'라는 뜻으로 큰 인물을 비유하는 말
③ 양상군자(梁上君子) : '들보 위의 군자'라는 뜻으로 도둑을 지칭하는 말

제2회 최종점검 모의고사

01	02	03	04	05	06	07	08	09	10	11	12	13	14	15	16	17	18	19	20
③	④	①	③	④	④	④	④	④	④	③	④	②	④	④	①	④	④	③	④

21	22	23	24	25	26	27	28	29	30										
③	①	④	①	④	③	③	②	①	①										

01

 정답 ③

상대의 말을 중간에 끊거나, 위로를 하거나 비위를 맞추기 위해 너무 빨리 동의하기보다는 모든 말을 들은 후에 적절하게 대응하는 것이 바람직하다.

오답분석

① 상대가 말을 하는 동안 대답을 준비하면서 다른 생각을 하는 것은 바람직하지 못하다.
② 상대의 행동에 잘못이 드러나더라도, 말이 끝난 후 부드러운 투로 이야기하도록 한다. 적극적 경청을 위해서는 비판적, 충고적인 태도를 버리는 것이 필요하다.
④ 상대의 말을 미리 짐작하지 않고 귀기울여 들어야 정확한 내용을 파악할 수 있다.

02

 정답 ④

사교형은 외향적이고 쾌활하며 타인과 함께 대화하기를 좋아하고 타인으로부터 인정받고자 하는 욕구가 강하다. 또한 혼자서 시간 보내는 것을 어려워하며 타인의 활동에 관심이 많아서 간섭하는 경향도 가지고 있다. 이런 유형의 사람은 타인에 대한 관심보다 혼자만의 내면적 생활에 좀 더 깊은 관심을 지니고, 타인으로부터 인정받으려는 자신의 욕구에 대해 깊이 생각해 볼 필요가 있다.

오답분석

① 실리형 : 대인관계에서 이해관계에 예민하고 치밀하며 성취지향적이다. 또한 자기중심적이고 경쟁적이며 자신의 이익을 우선적으로 생각하기 때문에 타인에 대한 관심과 배려가 부족하다.
② 순박형 : 단순하고 솔직하며 대인관계에서 너그럽고 겸손한 경향으로 타인에게 잘 설득 당할 수 있어 주관 없이 타인에게 지나치게 끌려 다닐 수 있으며 잘 속거나 이용당할 가능성이 높다.
③ 친화형 : 따뜻하고 인정이 많아 대인관계에서 타인을 잘 배려하며 도와주고, 자기희생적인 태도를 취한다. 타인의 요구를 잘 거절하지 못하고 타인의 필요를 자신의 것보다 앞세우는 경향이 있다.

03

 정답 ①

- 첫 번째 빈칸 : 공간 정보가 정보 통신 기술의 발전으로 시간에 따른 변화를 반영할 수 있게 되었다는 빈칸 뒤의 내용을 통해 빈칸에는 시간에 따른 공간의 변화를 포함한 공간 정보를 이용할 수 있게 되면서 '최적의 경로 탐색'이 가능해졌다는 내용의 ㉠이 적절함을 알 수 있다.
- 두 번째 빈칸 : ㉡은 빈칸 앞 문장의 '탑승할 버스 정류장의 위치, 다양한 버스 노선, 최단 시간 등을 분석하여 제공하는' 지리정보시스템이 '더 나아가' 제공하는 정보에 관해 이야기한다. 따라서 빈칸에는 ㉡이 적절하다.
- 세 번째 빈칸 : 빈칸 뒤의 내용에서는 공간 정보가 활용되고 있는 다양한 분야와 앞으로 활용될 수 있는 분야를 이야기하고 있으므로 빈칸에는 공간 정보의 활용 범위가 계속 확대되고 있다는 ㉢이 적절함을 알 수 있다.

PART 5

04

제시문은 유럽연합에 대한 설명으로, 유럽연합의 설립 과정과 전망에 대해 이야기하고 있다. 따라서 (마) 유럽연합의 기원 – (다) 유럽 석탄철강공동체(ECSC)의 정의 – (아) 유럽 경제공동체(EEC)의 설립 – (나) 유럽공동체(EC)로의 발전 – (가) 유럽연합(EU) 조약의 체결 – (바) 유럽의 정치적 공동체 지향 – (라) 단일 정치체제 수립 시도의 실패 – (사) 유럽연합의 전망으로 연결되어야 한다.

05

정답 ④

빈칸 앞의 내용은 예술작품에 담겨있는 작가의 의도를 강조하며, 독자가 예술작품을 해석하고 이해하는 활동은 예술적 가치 즉, 작가의 의도가 담긴 작품에서 파생된 2차적인 활동일 뿐이라고 이야기하고 있다. 따라서 독자의 작품 해석에 있어, 작가의 의도와 작품을 왜곡하지 않아야 한다는 내용의 ④가 빈칸에 들어갈 내용으로 가장 적절하다.

오답분석

①·② 두 번째 문단에 따르면 예술은 독자의 해석으로 완성되는 것이 아니며, 작품을 해석해 줄 독자가 없어도 예술은 그 자체로 가치가 있다.
③ 작품에 포함된 작가의 권위를 인정해야 한다는 것일 뿐, 작가의 권위와 작품 해석의 다양성은 서로 관련이 없다.

06

정답 ④

탄소배출권거래제는 의무감축량을 초과 달성했을 경우 초과분을 거래할 수 있는 제도이다. 따라서 온실가스의 초과 달성분을 구입 혹은 매매할 수 있음을 추측할 수 있으며, 빈칸 이후 문단에서도 탄소배출권을 일종의 현금화가 가능한 자산으로 언급함으로써 이러한 추측을 돕고 있다. 따라서 ④가 빈칸에 들어갈 말로 가장 적절하다.

오답분석

① 청정개발체제에 대한 설명이다.
② 제시문에는 탄소배출권거래제가 가장 핵심적인 유연성체제라고는 언급되어 있지 않다.
③ 제시문에서 탄소배출권거래제가 6대 온실가스 중 이산화탄소를 줄이는 것을 특히 중요시한다는 내용은 확인할 수 없다.

07

정답 ④

종전 적금의 중도해지에 따른 불이익, 잔여 복무기간 등을 종합적으로 고려하여 판단할 필요는 있으나 효율적이지 않다고 단언할 수는 없다.

오답분석

① 병사들의 가입 편의, 신원확인의 신뢰성 제고 등을 위해 가입확인서는 통일된 양식을 활용한다.
② 향후 적금상품 운용 경과, 병사급여 인상 추이 등을 감안하여 월적립한도 상향 등을 단계적으로 협의해 나갈 계획이다.
③ 적금상품 출시시기에 맞춰 은행연합회 팝업창, 참여은행 홈페이지 연계 등을 통해 적극 홍보할 계획이다.

08

정답 ④

오답분석

① 송금 가능 시간은 03:00 ~ 23:00이다.
② 24:00은 영업시간 외로 건당 미화 5만 불 상당액 이하만 송금이 가능하다.
③ 외국인 또는 비거주자 급여 송금은 연간 5만 불 상당액 이하만 가능하다.

09

정답 ④

금리 인하, 재할인율 인하, 지급준비율 인하는 시장의 통화량을 늘리려는 방법이므로 통화량과 서로 반비례 관계이다. 즉, 중앙은행이 금리, 재할인율, 지급준비율을 인하하면 시장의 통화량은 늘고, 반대로 인상할 경우에는 시장의 통화량이 줄어든다.

10

정답 ④

국고금 취급기간 부분에 따르면, 국고금 관리법에서는 국가회계 사무의 투명성을 확보하기 위하여 출납기관과 결정기관 간 겸직을 원칙적으로 금지하고 있으므로 옳지 않은 설명이다.

오답분석

① 국고금의 범위 부분에 따르면, 공공기관이 부과하는 공과금은 국고금에 포함되지 않으므로 옳은 설명이다.
② 국고금의 종류 부분에 따르면 계획적 수입 및 지출을 위해 국고금을 수입금과 지출금, 자금관리용 국고금, 기타의 국고금으로 구분하여 관리하고 있으므로 옳은 설명이다.
③ 국고금의 종류 부분 중 자금관리용 국고금 부분에 따르면, 자금관리용 국고금에는 일시차입 등 수입금과 지출금 관리를 위한 부수적 자금관리 거래로 인한 자금이 포함된다.

11

정답 ③

제시문은 동양과 서양에서 서로 다른 의미를 부여하고 있는 달에 대해 설명하고 있는 글이다. 따라서 (나) 동양에서 나타나는 해와 달의 의미 → (라) 동양과 상반되는 서양에서의 해와 달의 의미 → (다) 오늘날까지 지속되고 있는 달에 대한 동서양 간의 의미 차이 → (가) 최근 동양에서의 변화된 달의 이미지의 순서로 나열하는 것이 적절하다.

12

정답 ④

제시문은 자본주의의 발생과 한계, 그로 인한 수정자본주의의 탄생과 수정자본주의의 한계로 인한 신자유주의의 탄생에 대해 다루고 있다. 주어진 단락의 마지막 문장인 '이러한 자본주의는 어떻게 발생하였을까?'를 통해, 이어질 내용이 자본주의의 역사임을 유추할 수 있다. 따라서 (라) 자본주의의 태동 → (나) 자본주의의 학문화를 통한 영역 공고화 → (가) 고전적 자본주의의 문제점을 통한 수정자본주의의 탄생 → (다) 수정자본주의의 문제점을 통한 신자유주의의 탄생의 순서로 나열하는 것이 적절하다.

13

정답 ②

제시문은 시장집중률의 정의와 측정 방법, 그 의의에 대해 이야기하고 있다.

14

정답 ④

쇼펜하우어는 표상의 세계 안에서의 이성의 역할, 즉 시간과 공간, 인과율을 통해서 세계를 파악하는 주인의 역할을 함에도 불구하고 이 이성이 다시 의지에 종속됨으로써 제한적이며 표면적일 수밖에 없다는 한계를 지적하고 있다.

오답분석

① 세계의 본질은 의지의 세계라는 내용은 쇼펜하우어 주장의 핵심 내용이라는 점에서는 옳지만, 제시된 글의 주요 내용은 주관 또는 이성 인식으로 만들어내는 표상의 세계는 결국 한계를 가질 수밖에 없다는 것이다.
② 제시문에서는 표상 세계의 한계를 지적했을 뿐, 표상 세계의 극복과 그 해결 방안에 대한 내용은 없다.
③ 제시문에서 의지의 세계와 표상 세계는 의지가 표상을 지배하는 종속관계라는 차이를 파악할 수는 있으나, 중심 내용으로는 적절하지 않다.

PART 5

15

정답 ④

마지막 문단에 따르면 '라이헨바흐는 자연이 일양적일 수도 있고 그렇지 않을 수도 있음을 전제'하며, '자연이 일양적인지 그렇지 않은지 알 수 없는 상황에서는 귀납을 사용하는 것이 옳은 선택'이라고 한다. 그러나 ④와 같이 귀납이 현실적으로 옳은 추론 방법임을 밝히기 위해 자연의 일양성이 선험적 지식임을 증명하고 있는 것은 아니다.

오답분석

① 라이헨바흐는 '어떤 방법도 체계적으로 미래 예측에 계속해서 성공할 수 없다는 논리적 판단을 통해 귀납은 최소한 다른 방법보다 나쁘지 않은 추론'이라고 확언한다. 하지만 이것은 귀납의 논리적 허점을 현실적 차원에서 해소하려는 것이며, 논리적 허점을 완전히 극복한 것은 아니라는 점에서 비판의 여지가 있다.

② 라이헨바흐는 '귀납의 정당화 문제로부터 과학의 방법인 귀납을 옹호하기 위해 현실적 구제책을 제시'한다. 이것은 귀납이 과학의 방법으로 사용될 수 있음을 지지하려는 것이다.

③ 라이헨바흐는 '자연이 일양적일 경우 우리의 경험에 따라 귀납이 점성술이나 예언 등의 다른 방법보다 성공적인 방법'이라고 판단하며, '자연이 일양적이지 않다면 어떤 방법도 체계적으로 미래 예측에 계속해서 성공할 수 없다는 논리적 판단을 통해 귀납은 최소한 다른 방법보다 나쁘지 않은 추론이라고 확언'한다. 따라서 라이헨바흐가 귀납과 다른 방법을 비교하기 위해 경험적 판단과 논리적 판단을 활용했음을 알 수 있다.

16

정답 ①

제시문에서는 탑을 복원할 경우 탑에 담긴 역사적 의미와 함께 탑과 주변 공간의 조화가 사라지고, 정확한 자료 없이 탑을 복원한다면 탑을 온전하게 되살릴 수 없다는 점을 들어 탑을 복원하기보다는 보존해야 한다고 주장한다. 따라서 이러한 근거들과 관련이 없는 ①은 주장에 대한 반박으로 적절하지 않다.

17

정답 ④

상투는 관례나 결혼 후 머리카락을 틀어 높이 세우는 성인 남자의 대표적인 머리모양으로, 전통사회에서는 나이가 어리더라도 장가를 들면 상투를 틀고 존대를 받았다. 따라서 '상투를 틀었다.'라는 뜻에 '성인이 되었다.', 혹은 '장가를 들었다.'라는 의미가 있다는 것을 유추할 수 있다.

18

정답 ④

㉠ 현재 주택을 소유한 노년층은 소득 축적 기회가 적었고 현재도 특별한 소득이 없다면 역시 금융소비자가 될 것이므로 역모기지론 정책이 효과적으로 시행될 수 있다.

㉡ 만 65세 이상인 가구주의 주택 소유 비율이 높을수록 역모기지론 정책이 효과적으로 시행될 수 있다.

㉢ 역모기지론을 이용할 수 있는 대상자는 공시가격 8억 원 이하의 주택을 한 채만 소유하고 있는 만 65세 이상의 중산ㆍ서민층이므로, 만 65세 이상의 노인들이 보유하고 있는 주택의 공시가격이 대부분 8억 원 이하라면 역모기지론 정책이 효과적으로 시행될 수 있다.

㉣ 86%에 달하는 노인들이 양로원이나 기타 사회복지시설을 이용하는 것보다 자기 집에 그대로 머물러 살기를 원한다고 응답했다면 노인들의 집을 담보삼아 금융을 소비하는 역모기지론 정책이 효과적으로 시행될 수 있다.

19

정답 ③

㉢은 '2. 우리말의 오용 원인' 중 '(2) 사회적 측면'의 하위 항목이므로 대중매체에서 잘못 사용되고 있는 우리말의 사례를 활용해야 한다. 따라서 ③은 우리말이 잘못 사용되고 있는 사례로 보기 어려우므로, 활용 방안으로 적절하지 않다.

20

정답 ④

'Ⅱ - 나'는 악성 댓글 해소 방안보다는 원인으로 적절하며, ㉣은 이에 대한 해소 방안으로 적절하다. 따라서 서로 위치를 바꾸는 것은 적절하지 않다.

21

정답 ③

두 번째 문단은 우울증의 긍정적인 면모인 보호 기제로서의 측면에 대한 내용을 다루고 있다. ⓒ은 지금의 경쟁사회가 정신적인 소진 상태를 초래하기 쉬운 환경이라는 내용이므로, 오늘날 우울증이 급격히 늘어나는 원인을 설명하고 있는 세 번째 문단의 마지막 문장 바로 앞에 들어가는 것이 더 적절하다.

[오답분석]
① 우울증과 창조성의 관계를 설명하면서 그 예시로 우울증을 갖고 있었던 위대한 인물들을 들고 있다. 따라서 천재와 우울증이 동전의 양면과 같으므로 인류 문명의 진보를 이끌었다고 볼 수 있다는 내용의 ⓒ은 문단의 결론이므로 삭제할 필요가 없다.
② 문장의 주어가 '엄청난 에너지를 소모하는 것' 즉, 행위이므로 이 행위는 어떤 상태에 이르게 '만드는' 것이 되어야 문맥이 자연스럽다. 따라서 문장의 주어와 호응하는 것은 '이르게도 할 수 있다.'이다.
④ ⓔ을 기준으로 앞 문장은 새로운 조합을 만들어내는 창조성 있는 사람이 이익을 갖게 된다는 내용이고, 뒤 문장은 새로운 조합을 만들어내는 일이 많은 에너지를 요하는 어려운 일이라는 내용이다. 따라서 뒤 문장은 앞 문장의 결과라고 보기 어렵다.

22

정답 ①

제시문의 맥락상 '공통으로 이름. 또는 그런 이름'을 의미하는 '통칭'이 적절하다.
• 가칭 : 1. 어떤 이름을 임시로 정하여 부름. 또는 그 이름
       2. 거짓으로 이름. 또는 그런 이름

23

정답 ④

(가)는 주인 – 대리인 이론에서의 '주인 – 대리인 관계'에 대해 정의하고 있으며, (나)는 이러한 주인 – 대리인 관계에서 발생하는 '대리인 문제'를 해결하기 위해 '대리인 비용'이 발생한다고 이야기한다. 이어서 (다), (라), (마)는 이 '대리인 비용'을 대리인 문제의 방지 수단에 따라 구분한 '감시비용', '확증비용', '잔여손실'에 관해 각각 설명한다. 따라서 글의 구조로 ④가 가장 적절하다.

24

정답 ①

(가)는 논리학에서의 비형식적 오류 유형에 대해 제시하고 있으며, (나)와 (다), (라)는 이러한 비형식적 오류 유형인 우연의 오류, 애매어의 오류, 결합과 분해의 오류에 관해 설명하고 있다. 즉, (나), (다), (라)는 (가)의 하위 항목에 대해 각각 설명하며, (마)는 (라)에서 설명하는 결합의 오류와 분해의 오류의 예를 들어 이해를 돕는다. 따라서 글의 구조로는 ①이 가장 적절하다.

25

정답 ④

[오답분석]
① '~문학을 즐길 예술적 본능을 지닌다.'의 주어가 생략되었다.
② '전망'은 동작성 명사이므로, '~ㄹ 것으로 전망됩니다.'처럼 쓰인다.
③ '~시작되었다.'의 주어가 생략되었다.

26

정답 ③

할머니의 친구라면 할머니와 대등한 존대를 사용하는 것이 자연스러우므로 '할머니의 친구분이셔.'로 바꿔야 한다.

27

정답 ③

전기나 동력이 통하게 하여, 전기 제품 따위를 작동하게 만들다.

오답분석

① 나무를 세로로 톱질하여 쪼개다.
② 등잔이나 양초 따위에 불을 붙이거나 성냥이나 라이터 따위에 불을 일으키다.
④ 현악기의 줄을 활 따위로 문질러 소리를 내다.

28

정답 ②

모르거나 복잡한 문제 따위를 알아내거나 해결하다.

오답분석

① 생각이나 이야기 따위를 말하다.
③ 일어난 감정 따위를 누그러뜨리다.
④ 가축이나 사람 따위를 우리나 틀에 가두지 아니하다.

29

정답 ①

일사불란(一絲不亂)은 '질서 정연하여 조금도 어지러운 데가 없음'을 뜻하는 말이고, 나머지는 모두 뒤죽박죽이 되어 어지럽고 질서가 없는 상황을 나타내는 말이다.

오답분석

② 평지풍파(平地風波) : 평온한 자리에서 뜻밖의 분쟁이 일어남
③ 옥석혼효(玉石混淆) : 옥과 돌이 섞여 있다는 뜻으로, 좋은 것과 나쁜 것이 뒤섞여 있음
④ 지리멸렬(支離滅裂) : 갈가리 찢기고 마구 흩어져 갈피를 잡을 수 없게 됨

30

정답 ①

말이 분명하고 실속이 있다는 의미의 '입이 여물다'는 ①의 문맥상 사용이 적절하지 않다.

오답분석

② 입을 모으다 : 여러 사람이 같은 의견을 말하다.
③ 입에 발린 소리 : 마음에도 없이 겉치레로 하는 말을 의미한다.
④ 입이 닳다 : 다른 사람이나 물건에 대하여 거듭해서 말하다.

2023 최신판 취약영역 타파하기!
금융권 NCS 의사소통능력 + 무료NCS특강

개정3판1쇄 발행	2023년 05월 30일 (인쇄 2023년 04월 12일)
초 판 발 행	2020년 06월 25일 (인쇄 2020년 05월 19일)
발 행 인	박영일
책 임 편 집	이해욱
편 저	SD적성검사연구소
편 집 진 행	안희선 · 강승혜
표지디자인	김지수
편집디자인	김지수 · 곽은슬
발 행 처	(주)시대고시기획
출 판 등 록	제10-1521호
주 소	서울시 마포구 큰우물로 75 [도화동 538 성지 B/D] 9F
전 화	1600-3600
팩 스	02-701-8823
홈 페 이 지	www.sdedu.co.kr
I S B N	979-11-383-5049-5 (13320)
정 가	22,000원

SD에듀가 합격을 준비하는 당신에게 제안합니다.

성공의 기회! **SD에듀**를 잡으십시오.
성공의 Next Step!

결심하셨다면 지금 당장 실행하십시오.
SD에듀와 함께라면 문제없습니다.

기회란 포착되어 활용되기 전에는
기회인지조차 알 수 없는 것이다.

– 마크 트웨인 –